农场经营管理学

姜法竹　翟绪军　甫永民　刘秀岩
韩光鹤　程　巍　金光春　姜彦坤　编著

科学出版社
北　京

内 容 简 介

本书从“理论先进、实践创新、经验适用”的理念出发，在借鉴国内外农场发展的先进经验基础上，针对垦区国有农场作为国家重要的大宗商品粮、农副产品生产基地，以及农场率先采用先进的现代化技术和装备的特点，秉承“一业为主，多种经营”的经营方针，因地制宜地实施现代农业及其延伸产业全面、协调发展，实现农工贸一体化经营；同时对家庭农场的发展给予系统阐述。

本书体系合理，内容明确，突出农场经营管理特点，注意理论联系实际，此外，本书素材新颖、视野开阔，尽可能地吸纳农场经营管理的前沿进展，是一部指导农场经营与管理的前瞻性著作。

本书作为黑龙江八一农垦大学特色专业与省重点培养学科建设学术成果之一，可作为高等农林院校农业经济管理专业本科生与研究生课程特色教材，又可供农业经营管理者、研究者与政策制定者参考。

图书在版编目(CIP)数据

农场经营管理学/姜法竹等编著. —北京：科学出版社，2015.10
ISBN 978-7-03-045924-4

Ⅰ.①农… Ⅱ.①姜… Ⅲ.①农场管理 Ⅳ.①F306.1

中国版本图书馆 CIP 数据核字（2015）第 239632 号

责任编辑：刘思佳 / 责任校对：刘玉靖
责任印制：吕春珉 / 封面设计：艺和天下

科学出版社 出版
北京东黄城根北街 16 号
邮政编码：100717
http://www.sciencep.com

北京中科印刷有限公司 印刷
科学出版社发行 各地新华书店经销
*
2015 年 10 月第 一 版 开本：B5（720×1000）
2021 年 10 月第七次印刷 印张：20 3/4
字数：400 000

定价：120.00 元

（如有印装质量问题，我社负责调换〈中科〉）
销售部电话 010-62134988 编辑部电话 010-62130750

《农场经营管理学》顾问委员会

《农场经营管理学》编著委员会

主　任：姜法竹　黑龙江八一农垦大学经济管理学院

副主任：翟绪军　黑龙江八一农垦大学经济管理学院

　　　　甫永民　黑龙江八一农垦大学经济管理学院

委　员：程　巍　黑龙江八一农垦大学经济管理学院

　　　　韩光鹤　黑龙江八一农垦大学经济管理学院

　　　　金光春　黑龙江八一农垦大学经济管理学院

　　　　姜彦坤　黑龙江八一农垦大学经济管理学院

　　　　刘秀岩　黑龙江八一农垦大学人文学院

前　言

农垦作为屯垦戍边、保障供给、培养人才的特殊组织，是服从服务于国家核心利益的战略力量。国有农场作为我国耕地规模最大、现代化程度最高、综合生产能力最强、农产品保障作用最好的农产品生产基地和农业战略储备基地，作为我国经济社会发展重要的经济组织，多年来其在促进经济发展、保障社会安定、支援国防建设，特别是在保障国家农产品安全、粮食安全和引领现代农业发展方面做出了巨大贡献。

目前，国有农场在探索建立新型农地制度、规范农村土地流转和发展适度规模经营方面，在走新型农业现代化道路——生产技术先进、经营规模适度、市场竞争力强、生态环境可持续的中国特色新型农业现代化道路等方面，都已经成为我国经济社会发展，特别是现代农业发展的排头兵。

本著作从农场经营与管理的内涵入手，在第 1 章、第 2 章分别介绍了农场历史发展与变革、主要经营类型与组织机构设置；第 3 章针对农场土地经营制度、农场土地承包经营以及农场土地资源综合利用进行了详细的阐释；第 4 章重点对农场农业生产管理中各重点环节进行介绍；第 5 章对农业机械作业、农业机械操作人员管理、农机基础设施管理、农业机械技术管理、农业机械作业管理进行介绍；第 6 章介绍了农场人力资源管理的农场人力资源规划、农场人力资源的招聘与甄别、农场员工培训、农场员工绩效管理、农场的薪酬管理、农场劳动关系管理；第 7 章对农场会计与财务管理的国有农场会计、国有农场财务管理、农发等专项项目管理、家庭农场财务与会计分别阐述；第 8 章对农场二、三产企业经营管理的农场农产品加工业生产管理、农场农产品流通业进行梳理；第 9 章对农场社会化管理，特别是农场社会化管理概述、农场思想文化建设、农场城镇化管理、农场社会保障服务进行重点研究；第 10 章对农场文化，包括北大荒文化内涵、北大荒文化主要内容、精神与核心价值观及北大荒文化功能进行深入探讨；第 11 章针对目前学术界较前沿，且有较多理论与实践仍需要探讨的家庭农场，包括家庭农场概述、家庭农场模式、家庭农场管理制度、家庭农场相关扶持政策进行论述。

综上，本书是国内第一本关于农场经营管理，包括国有农场与家庭农场，特别是对现代化大型国有农场经营方面进入深入介绍的专业书籍。

该书由姜法竹博士、教授，翟绪军博士、副教授组织创作及统稿，由程巍讲师负责撰写第 1 章、第 2 章，由金光春博士、讲师负责撰写第 3 章、第 4 章，由韩光鹤博士、讲师负责撰写第 6 章、第 8 章，由姜彦坤讲师负责撰写第 5 章、第 7 章，由刘秀岩讲师负责撰写第 9 章、第 10 章，由甯永民博士、讲师负责撰写第 11 章。

本著作在创作过程中，经过大量实地调研，并参阅本领域内前期开拓性贡献学者、作者、实践者的大量资料，为本书提供了许多智慧而丰富的营养，本书的完成离不开他们的辛勤劳动，对此表示深深的谢意。

本书作者在写作中，努力争取作品的完美，但由于该书所涉知识面广泛，且该领域发展迅速，加之作者水平的局限，以及查阅资料及调研研究仍显不足，书中难免出现不妥之外，恳请广大同行与读者给予批评指正，以便我们在本书修订与再版时加以更正完善。

编著者

2015 年 3 月

目　录

第1章　绪　论

本章通过介绍农场发展的历史变迁，使读者了解我国农场与国外农场发展的时代背景和主要特点，并对国有农场和家庭农场的性质与任务进行了详细的阐述。对混合型农场、种植型农场、养殖型农场和休闲观光旅游型农场进行了详细介绍，以便对农场经营的不同类型有更为深入的把握。最后介绍了国有农场和家庭农场的组织与管理。

1.1　农场经营与管理概述

党的十一届三中全会以来，我国农村实行了重要变革，建立了以家庭联产承包经营为基础、统分结合的双层经营体制，由此形成了 2.4 亿个分散的、小规模农户家庭经营的农业生产经营方式。随着工业化、城镇化以及农业现代化的快速发展，农业生产经营面临着新形式。党的十八大围绕构建新型农业经营体系提出了“四化”要求，即集约化、专业化、组织化和社会化。“四化”共同服务于保障重要农产品有效供给和农民持续增收的目标。农场作为提供和保障社会成员生存和生活所需基本农产品的物质生产部门，也经历了一系列的改革发展。

1.1.1　国有农场经营管理概述

1. 国有农场的建立与发展

国有农场是农场的重要组成部分，为国家的经济发展和社会进步起到重要作用。要了解国有农场的内涵就先要了解国有农场是如何建立起来的。

1949 年以前，中国有两类性质完全不同的国营农场。一类是国民党政府创办的少数农场，其中有的是由农业科学研究机构举办的农事试验场，有的是利用联合国善后救济总署赠送的一部分农业机械举办的农场。另一类是由共产党领导的抗日根据地政府和解放区人民政府创建的，如 1939 年在延安创办的主要生产牛奶、蔬菜等的光华农场，1941 年八路军在陕西省南泥湾开荒建立的军垦农场，1947 年在东北解放区建立的宁安、通北、赵光、花园、永安、查哈洋等农场，1948 年华北人民政府在河北省建立的翼衡农场等。

国有农场在黑龙江垦区建立最早（新疆建立的属于军垦区，在当时属于部队建制）。黑龙江农垦事业的发展是以 1947 年创建国有农场为开端的，当时解放战争胜利在望，东北地区出现了新的转折点，党和国家提出要巩固东北根据地，为了解决新的历史条件下提出的新问题，全民所有制的前提下诞生了社会主义黑龙江国有农场，第一阶段：东北局财经委员会召开会议，在分析了当时形势以后，一批公营机械农场先后诞生。第二阶段：1954 年 1 月，中央军委决定中国人民解放军农业建设第二师集体转业，组成八千官兵的垦荒大军，从山东广饶北上挺进以沼泽地闻名的三江平原。第三阶段：1958 年 3 月，党中央在祖国西南召开了成都会议。毛泽东主席在会上提出了完整的建设社会主义的总路线，这就是：鼓足干劲，力争上游，多快好省地建设社会主义。十万官兵进军北大荒的重大战略决策形成。短短两三个月时间，“移民队伍”迅速进入荒原腹地。经过这三次大规模的垦荒建设，黑龙江省的国有农场逐渐建立起来。

农场，是指用机械进行大规模农业生产的一定规模的企业单位。现代农场不再是单单用来种农作物的场地，更是一种种植＋养殖＋休闲＋娱乐的混合型场地。

国有农场是全民所有制农业企业，是依法自主经营、自负盈亏、自我发展、自我约束的商品生产和经营单位，并依法负责场区范围内的经济和社会行政管理工作。所以，国有农场的概念界定为，国家投资建立的农业经济组织，在产权上属于社会主义全民所有，在法律上被赋予了农业企业的性质。国营农场的土地、森林、草原、水域和其他自然资源，以及作为主要生产资料的建筑物、机器装备、水利设施等，均属国家所有。其生产和经营活动在国家计划指导下进行，所需资金由国家财政拨款或从银行贷款，其产品归国家所有。但由于国有农场大都在偏远地区开发建成，农场既是生产的组织者，又是公共服务的提供者。即国营农场在生产经营的同时还承担社会责任，具有企业和行政两个系统的职能。

2. 国有农场经营管理特点

国有农场是在特殊历史条件下发展起来的农业特定经济单位，其不仅具有一般企业的共性特征，也具备有别于一般企业的个性特征。从其经营管理来看，它的主要特征体现在以下几个方面：

① 社会双重属性。作为农业企业，农场具有一般企业的本质特征，即在商品经济条件下，以盈利为目的从事商品生产和劳务活动，参与市场竞争和社会分工，有完整的组织机构，实行自主经营、自负盈亏。企业性是国有农垦场的本质属性。此外，国有农垦场为满足自身发展和职工生活的需要，其还承担了辖区内学校、医院、住房、公路、水利及通信管网等公共基础设施建设，以及社会治安、民政、社会保障、计划生育等公共服务配套建设等职能。从形式上看，它虽然可以是一个“小企业”，但更像一个功能完备的“大社会”，具有典型的社会性特征。虽有政企分离，行政事业部分划归属地管理的案例，但对于绝大部分黑龙江垦区的国有农场，“农场办社会”依然在延续进行。

② 经济发展的独立性与区域性。农场创建之初主要是在人烟稀少、交通不便的戈壁荒漠、湖滨滩涂、丘陵山区等地屯边围垦而建，占地面积少则几十平方公

里，多则数千平方公里。由于地理环境和交通条件的限制，农垦场基本上只能依靠自身来组织生产活动，形成一个相对封闭、独立的经济发展区域。与自然色彩较重的县、乡经济相比，农垦经济发展的独立性、有组织化特色十分明显，经济发展的综合能力和对区域的辐射带动能力相对较强。

③ 结构的多元性与经济结构的多样性。回顾农垦发展的历史，国有农垦场先后经历过创建初期的垦殖阶段、单一的生产经营阶段、农工商综合生产经营阶段，在向着现代企业的集团化、股份化经营方向迈进。国有农垦场的产业结构也从过去单一从事的农业生产向着农工商综合经营、贸工农一体化的多元方向发展，门类不断增加，工业和商贸服务业的比重不断提高，二、三产业得到长足进步。同时，经济结构也发生了巨大变化。尽管全民所有制经济仍然在农垦系统占主导，但在各农垦场内部，集体、个私、合资及混合所有制等非国有经济与国有经济并存。特别是对于农垦一些大型的现代企业集团，这一特征更加明显。

④ 法人产权的不完整性和经济责任的无限性。企业法人制度是社会主义市场经济的基本制度。农垦场作为企业法人应该享有包括资产处置权在内的资产经营权。然而实际情况是，国有农垦场最重要的生产资料——土地属国有资产而并非农垦场资产，农垦场作为企业只有使用权而没有处置权，所有权与使用权的分离，造成国有农垦场即使出现严重经营亏损，资不抵债，也因土地这一特殊资产而既不能流转也不能变现，无法做到依法破产。

3. 国有农场经营管理内容

按照职能将国有农场经营管理内容划分如下：

（1）农场土地经营管理。

土地是农场占有的最重要的自然资源，以黑龙江垦区为例，截止到2013年，土地总面积2 373万公顷（内有耕地400多万公顷）；管理的农牧场113个。粮食总产达到424.2亿斤，较上年新增3.2亿斤，增长0.76%。垦区粮食总产已跻身于我国13个粮食生产省（区）行列，全年提供商品粮400亿斤以上，商品率达到94%。垦区用全省1/5的耕地面积，生产了全省1/3的粮食，提供了全省1/2的商品粮，贡献了全省约4成的粮食增量。这些成绩都离不开各农场对土地进行的合理经营和管理。农场土地经营管理具体包括：农场土地所有权的确认和划分；农场土地承包权的经营管理；农场土地综合整理与利用等方面。

（2）农场生产经营管理。

农场生产经营管理主要涉及耕地管理、种子管理、化肥农药管理及现代农业生产管理等方面。以黑龙江垦区为例，农场在进行生产经营管理中，制定和健全了农业生产标准化，严格、科学进行生产。

（3）农机经营管理。

农机经营管理的内容主要包含农机人员管理、农机生产安全管理、农机技术管理等方面。以黑龙江垦区农场为例，在进行农机管理过程中制定了农机管理标准化，创新农机“六统一，七加强”，坚持实行“优机、优质、优价”制度，加强了田间作业机械及作业质量检查验收，实行田间作业质量追究制，提升了“三全”农机标准化作业水平。

（4）农场人力资源管理。

农场职工是农场拥有的宝贵资源，在进行人力资源管理中，主要涉及社会保障、工资等具体事务。

（5）农场财务管理。

农场财务管理主要涉及农场会计核算流程、专项项目管理等管理内容。

（6）农场二、三产业经营管理。

农场二、三产业经营管理主要涉及农场企业的生产、物流、市场影响等管理内容。

（7）农场社会化管理。

农场社会化管理主要涉及农场社区管理、农场思想文化管理、城镇化及农场社会保障等方面内容。

1.1.2 家庭农场经营管理概述

世界各国都有家庭农场，因此，其经营特点也因国别不同而不同。

俄罗斯《家庭农场法》规定：家庭农场是享有法人权利的独立生产运营主体。它可由农民个人及家庭成员组成，并在利用终身占有、继承的土地和资产的基础上进行农业生产、加工和销售。

按照美国农业部《1998 年农业年鉴》的定义，一个家庭农场应满足以下 5 个条件：①生产一定数量用于出售的农产品，可以被认为是一个农场而不仅仅是一个乡下住户；②有足够的收入支付家庭和农场的运营、支付债务、保持所有物；③农场主自行管理农场；④由农场主及其家庭成员提供足够的劳动力；⑤可以在农忙时使用季节工，也可以雇用少量的长期农工。仅占全国人口 1.8%的美国农民，不仅养活了近 3 亿美国人，而且还使美国成为全球最大的农产品出口国，世界各国粮食进口总量的一半来自美国。美国大半农产品出自数量仅占农场数量 2%的大型农场。美国的农业产业有向大型农场集中、产品单一化的趋势。以美国为代表的大中型家庭农场的两个显著特点是土地所有权的私有化和生产经营的专业化。美国地广人稀，劳动力资源相对短缺，工业基础和能源优势显著。美国农业现代化主要借助工业机械化优势，开展大规模家庭农场的机械化耕作，以机械力代替人力为主要手段，以提高劳动生产率为基础目标的节约劳动型发展模式。加拿大、澳大利亚、新西兰都属于这种发展模式。

欧洲的家庭农场很大程度属于中等资源禀赋的发展模式，以英国、德国农业现代化为主要代表。在农业经济高度现代化的德国，农业的基本经济组织依然是家庭农场。家庭农场是农业的普遍形式，构成了德国农业的实体基础。2012年，“大型”家庭农场（经营土地规模在100公顷以上）全国有2.93万个，占德国农业企业总数的8.29%；“中型”家庭农场（经营土地规模在30～100公顷）全国有10.4万个，占总数的29.44%；“小型”家庭农场（经营土地规模在2～30公顷）全国有21.85万个，占总数的61.94%。德国各类家庭农场都配备了专门的电脑和其他信息工具。对于各项采购和投入、各项销售收入和产出等明细都入账记载，以进行企业核算。用现代工业装备、用现代科技改造、用现代管理方式管理家庭农场，以及用现代科学文化知识提高农民素质，建立起优质高效的农业生产体系和持续发展的农业系统。今天的德国农民家庭农场，全面实现了机械化、信息化、精准化和知识化。

东亚地区的家庭农场基本属于资源短缺的发展模式，以日本农业现代化为主要代表。日本农业资源的特点是人多地少，可耕种土地资源短缺，有比较先进的生物科技和小型机械。因此，日本家庭农场主要借助高度农业科技优势，开展较小规模家庭经营的精耕细作，以农业科技弥补资源短缺的主要方式，以提高土地生产率为基本目标的节约土地型发展模式。这一模式的主要特点是高科技、高投入和高度集约化经营。韩国也属于这种发展模式。此外，日本发展家庭农场还非常注意培养年轻人，在政策上向有经营家庭农场意愿的年轻人倾斜。不到45岁的农业从事者，在农业学校、先进农家、农业法人等研修，每年提供150万日元的经费，最长两年，独立办家庭农场者每年提供150万日元经费，最长时间5年。对培养提高经营能力、农业带头人的农业经营者教育机构提供资金援助，购买机械设施等提供支援资金。吸引年轻人务农的目的则是为家庭农场提供有朝气和新型思维的人才。

2008年，十七届三中全会公报中出现了“有条件的地方可以发展专业大户、家庭农场、农民专业合作社等规模经营主体”。这是“家庭农场”首次出现在我国的农业政策文件中。2009年，“家庭农场”首次进入中央一号文件。文件中表明，“逐步加大对专业大户、家庭农场种粮补贴力度”。意味着这一新型农业经营主体得到了进一步的实践认可。2013年，中央一号文件中，“家庭农场”被作为三种新型农业生产经营主体之一，与专业大户、农民合作社同时出现。

大部分的中国学者认为，家庭农场是以农户家庭为基础组织单位，是一个面向市场，以利润最大化为目标，从事适度规模的农林牧渔的生产、加工和销售，实行自主经营、自我积累、自我发展、自负盈亏和科学管理的企业化经济实体。家庭农场是在家庭经营的基础上，以现代化技术、规模化经营、企业化管理为组织特征的一种现代农业经营主体。从市场特征看，具有外向性、开放性、竞争性等特点。从自身制度特征来看具有市场化、专业化、社会化等特征。

根据农业部2013年的调查，截至2012年年底，全国共有符合统计标准的家庭农场87.7万个，经营耕地面积1.76亿亩*，平均经营规模200.2亩，其中，从事种养业的家庭农场达到86.1万个，占家庭农场总数的98.2%，据不完全统计，目前全国已经有9个省、55个市出台了扶持家庭农场发展的文件，并明确了具体扶持措施。

1.1.3 国有家庭农场介绍

20世纪80年代以来，国有农场在借鉴和学习各地家庭联产承包责任制成功经验的基础上，实行了家庭农场承包经营。在改革过程中，农场逐步改变原国有农场高度集中统一管理的经营模式，实行以家庭为基本作业单位的经营体制，通过鼓励原国有农场职工兴办家庭农场等方式，建立了统分结合的国有家庭农场。国有家庭农场指国有农场内部的职工在国家计划指令的指导下，长期固定的承包国家的土地、山林、草原和水面。以家庭为单位进行生产经营。按照同农场签订的合同，完成各项承包任务。自身进行自主经营，独立核算和自负盈亏。所以，国有家庭农场也称为职工家庭农场。从1983年8月起，全国试办国有家庭农场23万个，通过试点工作的展开，为日后大规模发展职工家庭农场打下了坚实的基础。国有家庭农场改变了国有农场的经营模式。

国有家庭农场的基本特征表现为主要生产资料属全民所有。即耕地、草原、山林及重要农田水利设施和大型农用机械等均属于国家。这些重要生产资料规定给职工家庭长期使用，职工不得自行变卖、出租他人及组织、随意废弃和自由转让使用权。

国有家庭农场是以家庭经营为主体，在特殊情况下可以雇佣少数其他劳动力来完成农业生产。家庭成员是国有家庭农场的主要劳动力构成要素。

国有家庭农场是自负盈亏的经济实体。

1.2 农场历史发展延革

不同国家和地区农场的发展呈现不同的特点，首先体现在不同国家的经济发展水平不同导致了农场发展的不同。其次农场发展对当地的地理位置、气候条件有较强的依赖，体现在经济发展水平相似的国家与地区的农场发展水平也不尽相同。

1.2.1 国外农场发展主要演变历程

1. 美国农场的发展历程

美国国土总面积为96 291万公顷，其中耕地达19 745万公顷，占世界耕地总

---

* 1亩=1/15公顷，下同。

面积（150 151 万公顷）的 13.15%，是世界上耕地面积最大的国家。在现代农业发展过程中，美国选择了机械化为主的农业现代化发展道路，机械化促进了农业生产的专业化分工，使生产力得到极大解放。同时，农业劳动力大量转向非农行业，逐渐实现了土地集中和规模化经营。据统计，2010 年美国的农场约有 220 万个，农场占地面积为 3.72 亿公顷，平均每个农场的面积为 169.16 公顷。从美国农场的经营效果来看，大规模的经营方式是与经营效率正相关的，正因如此，在美国农场构成的数量变化趋势中，美国农场的总数在迅速减少，小农场有所减少，中型农场有所增加，大农场保持稳定，相应地农场的平均用地面积不断扩大。

农场是美国农业生产经营的基本单位，第二次世界大战结束以来，在第三次科技革命浪潮的推动下，美国农业生产的现代化水平迅速提高。大量新技术被广泛应用，农场装备和土地投入巨大，中小农场经营困难，农场发展变化显现出数量急剧减少，平均规模迅速扩大的大型化趋势。这种发展新趋势不可避免地对美国的农业、农民和农村产生了广泛而又深远的影响。

2. 日本农场的发展历程

日本农业走了一条与欧美先进国家实现农业现代化不同的道路，取得显著效果，被誉为“日本模式”。日本农业的最大特点是人多地少，土地分散，小规模经营。二战前的日本长期存在的农地制度是地主制和租佃制，耕者无其田。第二次世界大战后，日本实行了全国范围内的农场改革，废除了长期存在的地主制和租佃制，确立了自耕农制，即农民小土地私有制。绝大多数农户因此而成了自耕农（当时占总农户的 95%），其余为半自耕农和佃农。强制性的土地低价买卖，让土地改革近似于土地的无偿解放。之后，1952 年《农地法》的颁布妨碍了土地所有权的自由流动，限制了经营规模的扩大，从而阻碍了农业技术、农业投资和农业生产率的发展和提高。但 1962 年修改了的《农业法》再次允许土地租佃，土地流动朝借贷和买卖的方向发展。随着外部产业的发展和国民收入水平的提高，为提高效率和生活水平，部分农户扩大生产经营规模，谋求规模经济效益，走农业专业化生产道路，成为专业农户，其他农户则成为兼业农户。这个时候大量的日本农场成立。日本在农业现代化的整个过程中，始终没有改变其小规模私有制经营的基本格局（基本农业经营制度），政府也从未采取过强制办法改变这种经营模式，而在注重选择与适应这种经营模式的技术、政策和措施上作文章，同样使日本的农场经济得到了迅速的发展。

3. 荷兰农场的发展历程

荷兰位于欧洲大陆西北部，自 1989 年以来一直是世界第三大农产品出口国，近年来如以净出口量计算，荷兰居于美国之后排名世界第二。荷兰的设施农业发达，牧场和大型的玻璃温室覆盖率高。在这些现代化的温室内，农业生产方式实现了高度的程序化、标准化和自动化。依靠先进的技术农业生产基本摆脱了对气候的依赖。

荷兰的农业生产多以家庭为主的大农场经营，集约化程度高、专业化水平也普遍较高。据统计，1996 年荷兰农场的总数为 11.07 万个，其中专业化农场为 9.11 万个。在这些农场中，种植业农场（包括大田作物、园艺、多年生作物、混种作物）3.81 万个，其中专业化农场 3.23 万个；畜牧业农场（包括放牧牧场、猪和家禽养殖场、畜禽混养场）6.76 万个，其中专业化农场 5.51 万个；混合农牧场（即多种经营农场）4 927 个，其中专业化农场 3 682 个。每个农场的平均规模在 18 公顷左右。

1.2.2　国有农场发展主要演变历程

以时间为划分原则，国有农场的发展历史如下。

从第一批国有农场创建到 1978 年年底，我国国有农场的一次创业经历了三个阶段：艰苦创业阶段、快速发展阶段和曲折前进阶段。国有农场的二次创业至今经历了三个阶段：试验探索阶段、深刻变革阶段和开拓前进阶段。

1. 艰苦创业阶段（1947 年至 1956 年）

这是开始创业到初具规模的 10 年。新中国成立后，掀起了一场波澜壮阔的拓荒大潮，国有农场的开发建设进入了一个新的阶段。这个阶段发生了六件具有重要影响的大事：一是党中央发出“建立巩固的东北根据地”的重要指示，开垦处女地的先锋们创建了宁安、通北和赵光等第一批国有机械化农场，为我国特别是国有农场事业发展闯出了一条路子。二是在中央军委和中央东北局的关怀下，革命残废军人以惊人的毅力创建了伊拉哈、伏尔基河等一批荣军农场，有力地推动了农垦事业的发展。三是以安置被解放的国民党军官劳动就业为目的，在东北地区创建了宝泉岭、二龙山和笔架山等一批解放团农场，为后来发展成为具有一定规模的机械化农场奠定了基础。四是人民解放军农建二师成建制移垦北大荒，以团为单位创建了二九零、二九一农场等一批农建二师农场并就地集体转业，开创了世界军垦史上调动整建制军队进行屯垦戍边的先河。五是按照国务院关于建立国营友谊农场的决定，利用苏联人民援助的机械设备，创建了我国第一个用先进农业机械装备起来的国营农场，对我国特别是对农垦事业机械化的发展产生了重大影响。六是在时任铁道兵司令员王震将军的倡导下，铁道兵 9 个师的复转官兵开赴东北地区，创建了八五〇、八五二等一批综合性半机械化的铁道兵农场并成立了铁道兵农垦局。

在国有农场的开发建设中，青年是一支重要的生力军。在这一阶段的后期，一批又一批的城市青年，响应党中央的号召奔赴祖国各地的各个农场，揭开了全国支边青年志愿垦荒的序幕。以黑龙江垦区为例，在短短两个多月的时间里，全国19个省、16个大中城市、2 000多名青年先后来到北大荒，创建了北京庄、天津庄、河北庄、哈尔滨庄等青年集体农庄，为北大荒的开发建设增添了新鲜血液。据史料记载，1956年与初创时相比，垦区国营农场由15个增加到96个，耕地面积由41万亩增加到457万亩，机械总动力由1.1万千瓦发展到6.2万千瓦，农场职工由3 900人增加到4.65万人，年粮食总产由2 400万斤增加到4.54亿斤，年工农业总产值由236万元增加到5 263万元。

2. 快速发展阶段（1957年至1966年）

这是国有农场事业由初具规模到快速发展的10年。随着党在过渡时期总路线的贯彻执行，全国掀起了轰轰烈烈的经济建设新高潮，国有农场的开发建设也进入了一个新阶段。这个阶段发生了八件具有重要影响的大事：一是农业部召开第一次全国国营农场工作会议，讨论通过第二个五年计划中发展国营农场的总体规划，对东北、西北和华南地区的大规模垦荒作出了战略部署。二是中央军委发出《关于动员十万干部转业复员参加生产建设的指示》，中共中央成都会议通过《关于发展军垦农场的意见》，充分肯定了军垦农场在屯垦戍边等方面的重要作用。三是按照党中央和中央军委的战略部署，王震将军亲率10万复转官兵挺进北大荒，在三江平原上展开了规模宏大的垦荒战斗，创建了军川、名山、江滨和延军等一批国营农场。四是全国开展“大跃进”和农村人民公社化运动，特别是20世纪60年代初期的严重自然灾害，使加快发展的农垦事业遇到了暂时困难。五是东北局召开东北地区国营农场工作会议，进一步明确国营农场的经营方针是“以粮为纲、农牧并举、多种经营”，并作出“调整农场内部生产关系不适应生产力发展的部分”等一系列重大决定，在当时的情况下为国营农场顺利地进行调整和提高指明了方向。六是国务院批准黑龙江省设立农垦厅，下设九三、赵光、查哈阳和红色草原农垦局等派出机构，并把其他地区的省属国营农场划归省农垦厅，加强了省委、省政府对地方国营农场的集中统一领导。七是党中央、国务院决定合并合江和牡丹江农垦局，成立东北农垦总局（局址设佳木斯市，下辖萝北和虎林两个分局），进一步加强了开发三江平原和建设商品粮基地的领导。八是人民解放军沈阳军区所属部队万余名官兵，即“六六·三”复转官兵分批到29个农牧场插队，组建农建第一师（黑河农建师）和第二师（合江农建师），为后来黑龙江生产建设兵团的成立奠定了一定基础。这个阶段的国有农场开发建设，也包括一批劳改农场的建立。以黑龙江垦区为例，自1950年松江省公安厅在汤原县创建第一个劳改农场起，到60年代初先后建立了密山、兴凯湖、尾山、长水河等38个劳改农场。北大荒人以宽阔的胸怀，接纳了这些农场的劳改犯人，并用党的政策对他们实行了劳动改造。在这一阶段具有重要影响的大事中，王震将军亲率10万复转官兵挺进北大荒，堪称是北大荒开发建设史上最为壮丽的一页。在10万复转官兵挺进北大荒的同时，一批大专院校毕业生和有经验的教师、医生、记者，以及在反右斗争中国家直属机关被错划的 1 500 名“右派分子”相继来到北大荒，这些拓荒者为北大荒开发建设作出了应有的特殊贡献。经过这个阶段的开发建设，在纵横千里的北大荒，建成了一大批国营农场，成为国家重要的商品粮基地，北大荒变成了海内外闻名的“北大仓”。

3. 曲折前进阶段（1967 年至 1978 年）

这是国有农场事业在遭受严重挫折中奋力向前推进的 12 年。正当全国经济蓬勃发展的时候，“文化大革命”这场长达 10 年之久的浩劫席卷全国。随着“文化大革命”的发展，“左”倾错误思潮泛滥，对国有农场的冲击也愈演愈烈。到 1968 年，全国各地的农牧场及工矿企业，从领导体制、经营管理方式到各项规章制度等被全盘否定，一大批富有经验的领导干部被批斗，致使国有农场事业发展遭受了严重挫折。这个阶段发生了四件具有重要影响的大事：一是黑龙江生产建设兵团正式成立和撤消。1968 年 6 月 18 日，根据党中央及军委指示组建中国人民解放军黑龙江生产建设兵团，主要任务是屯垦戍边即保卫边疆，建设边疆，发展生产。随着黑龙江生产建设兵团的组建，一批国营农场和劳改农场相继被军队接管。1976 年 2 月 25 日，经国务院和中央军委批准，撤消黑龙江生产建设兵团，在佳木斯市成立黑龙江省国营农场总局，下设宝泉岭、红兴隆等 11 个国营农场管理局，为垦区经济和社会发展带来了新的生机。二是大批城市知识青年开赴北大荒和返城。从 1968 年到 1971 年，北京、天津、上海、杭州和哈尔滨等大中城市的知识青年，纷纷响应毛主席“知识青年到农村去，接受贫下中农再教育”的号召相继开赴北大荒。大批城市知识青年来到农场，提高了垦区职工队伍的文化素质，为北大荒的开发建设增添了新生力量，特别是对农场生产技术改进和文教卫生事业发展，以及职工思想观念和生活方式的转变起了重要作用。开创了独特的北大荒文化。自 1981 年开始，由于国家落实政策，大批知识青年陆续返城。在农场艰苦的环境中，广大知识青年得到严格锻炼，后来有不少人脱颖而出成为全国各行各业的杰出人物，现在有相当一部分人成为国家各级党政机关的栋梁之才。三是兵团新建第六师开发三江平原东北部抚远荒原。当时，将原第三师所属二十七团等 4 个团场，归属新建第六师作为基地和依托，抢修并沿着二龙山至抚远的“二抚”公路“二战荒原”，新建了六十团（前进农场）、六十一团（创业农场）等 7 个团场。四是在社会保障体系不够完善的条件下建设农垦小城镇。生产建设兵团成立后，农垦小社会得到了进一步发展。不仅粮油和副食供应，以及文教卫生和劳保福利等可以自给自足，就是生产建设领域的许多方面，如交通、通信、科研和广播电视等也都自成网络，逐步形成了 130 多个具有一定规模的农垦小城镇的雏形。特别是由于当时战备形势的需要，垦区在交通和通信等方面的建设有很大发展，为进一步开发三江平原铺平了道路，并为 20 世纪 90 年代的加快发展奠定了基础。

4. 试验探索阶段（1979 年至 1984 年）

主要特点是：以解放思想为先导，积极进行试验探索，调整传统经营模式，改革经济管理体制，由封闭逐步走向开放，为加快发展提供动力。这个阶段发生了几件具有重要影响的大事：一是调整产业结构，发展农工商综合经营。各地区国有农场从调整产业结构入手，实行农工商综合经营，进一步改变单一经营农业局面。通过调整产业结构，初步实现了农林牧副渔全面发展和农工商综合经营，使国有农场经济逐步走上了区域化布局、专业化生产、集约化经营、系列化服务的轨道。二是实行对外开放，建立农业现代化窗口。在我国实行改革开放的前夕，国有农场积极从农业发达国家如美国、荷兰和日本等国引进先进的大型农业机械。极大地提高的农业生产效率。积极利用世界银行贷款开荒，引进了一大批先进的大型农业和工程机械。这些农业现代化窗口的建立，受到了党和国家领导人的高度重视。三是实行承包责任制，试办职工家庭农场。从 1981 年开始，我国开始了试行生产责任制与实行浮动工资相结合的办法，农场对生产队实行“整体承包，统一核算，利润分成，亏损受罚”的生产责任制。1982 年，开始试行以机械化作业为主的机农联合承包，部分农场实行机务单独承包或车组承包。这一系列生产责任制的实行，较好地解决了长期存在的农场职工吃企业“大锅饭”的问题。实行承包责任制后，从国有农场分离农业劳动力 6 万多人，为发展多种经营创造了条件。1984 年初，借鉴近三年改革成功经验，国有农场开始试办一批家庭农场，从而在农业经营体制改革上找到了新的突破口。

5. 深刻变革阶段（1985 年至 1995 年）

这个阶段的主要特点是：经济体制改革，由试验探索转向能动推进，由单项突破转向配套实施。在经济体制改革进一步深化，不断取得突破性进展的同时，国有农场社会生产力水平明显提高。这个阶段发生了四件具有重要影响的大事：一是建立大农场套小农场的双层经营体制。1985 年初，国有农场兴办家庭农场工作在全国全面铺开，逐步推行了生产生活费用由“两借”变为“两自”的改革，在兴办以家庭农场为主的小农场的同时，国营农场（大农场）强化统一经营功能，初步建立了国营农场统一经营和家庭农场分散经营相结合的大农场套小农场的双层经营体制。二是实行场（厂）长负责制和承包经营责任制。从 1984 年下半年开始，在部分地区的国有农场进行场（厂）长负责制试点，到 1988 年试点单位达到企业总数的 60%以上。20 世纪 90 年代初期，在全国范围内全面推行多种形式的承包经营责任制，实行了企业所有权和经营权的分离。大力推进企业内部“三项制度”改革，逐步建立了“干部能上能下，职工能进能出，收入能高能低”的竞争机制。三是实行以“四到户、两自理”为标志的农业改革。1992 年，邓小平同志南巡讲话发表后，一些经营困难的农场，在无力为家庭农场垫支生产生活费，而银行又不给农场贷款的情况下，率先对家庭农场采取了“两自理”和“四到户”（土地承包到户、核算到户、盈亏到户、风险到户）的办法。这种办法既调动了农场职工的积极性，增强了农场职工的风险意识，又使农场甩掉包袱并摆脱了困境。四是启动实施国家 100 亿斤商品粮基地建设项目。随着“八五”计划开始实施，凭借着改革开放焕发出的生机与活力，国有农场肩负起了建设国家 100 亿斤商品粮基地的历史重任。这是列入国家“八五”计划的重点建设项目，也是 90 年代农业现代化建设的一项标志性工程。这个重点建设项目的完成，意味着国有农场粮食生产登上了一个新台阶，用 10 年时间达到了过去 40 年才能达到的水平。

6. 开拓前进阶段（1996 年以来）

这个阶段的主要特点是：国有农场进一步解放思想，开拓进取，改革开放取得新突破，现代化建设实现新跨越，推动经济和社会步入了发展快车道。交通、通信、教育、卫生、文化、体育、新闻和广播电视等各项社会事业进一步发展，政法、民政、信访、统战和民兵等方面工作明显加强。通过加强党的建设，各级领导班子建设的整体水平明显提高。精神文明创建活动不断深入，涌现一大批省级文明单位标兵和文明单位。加强和改进思想政治工作，党群干群关系进一步密切，民主政治和法制建设明显加强。这个阶段的国有农场，得天时，倚地利，聚人和，政治局面安定，社会形势稳定，人民安居乐业。广大干部职工始终保持奋发进取、昂扬向上的良好精神状态，凝聚起了自我加压、负重奋进、不甘人后、努力争先和创造性地开展工作的伟大力量。

1.2.3 家庭农场发展历史变迁

家庭农场是一个新提法，但是家庭农场并非一个全新的产物。从农业生产开始，农业的家庭经营就是普遍现象。

新中国的农村土地制度经历了四次重大变革。第一次是土地改革（1949 年到 1953 年）。1949 年 9 月 29 日通过的《中国人民政治协商会议共同纲领》规定，“凡已实行土地改革的地区，必须保护农民已得土地的所有权。凡尚未实行土地改革的地区，必须发动农民群众，建立农民团体，经过清出土匪恶霸、减租减息和分配土地等项步骤，实现耕者有其田”。1950 年 6 月颁布实施《中华人民共和国土地改革法》，我国土地改革在全面展开。到 1953 年春，除了中共中央决定不进行土地改革的一些少数民族地区（约 700 万人）外，中国大陆的土地改革已宣告完成，3 亿多无地和少地的贫苦农民获得了 7 亿多亩土地，免除了 350 亿千克的粮食地租，实现了几代人“耕者有其田”的夙愿。土地改革产生的深刻影响在随后几年的农业增长中已经表现得淋漓尽致。1952 年与 1949 年相比，粮食总产量由 11 318 万吨增加到 16 392 万吨，年平均递增 13.14%；棉花总产量由 44.4 万吨增加到 130.4 万吨，年平均递增 43.15%；油料由 256.4 万吨增加到 419.3 万吨，年平均递增 21.17%。

第二次是互助合作运动中的土地制度变革（1953 年至 1957 年）。互助合作运动大致上经历了两个阶段。一是从全国解放到 1955 年夏的互助组和初级社阶段；二是自 1955 年夏至 1957 年的高级社阶段。互助组有临时互助组和常年互助组等形式，按照自愿互利原则，在保留土地和其他生产资料农户私有制的基础上，农户间通过人工互变、人工变畜工、搭庄稼、并地种、伙种等形式，相互提供帮助，解决生产中的困难或者借此提高收入。

第三次是公社体制下的集体所有、统一经营的制度安排（1958 年到 1978 年）。公社体制下实行农村土地三级所有。其做法是：原属于各农业合作社的土地和社员的自留地、坟地、宅基地等一切土地，连同耕畜、农具等生产资料以及一切公共财产都无偿收归人民公社三级所有。公社对土地进行统一规划、统一生产、统一管理，实行平均主义的“按劳分配”。

第四次是“集体土地、家庭承包经营”改革（1979 年至今）。改革开放以来，我国农村土地制度变迁经历了两个大的阶段。第一阶段（1978 年至 1999 年），恢复和拓展农业生产责任制，逐步确立“土地集体所有、家庭承包经营、长期稳定承包权、鼓励合法流转”的新型农村土地制度。第二阶段（2000 年至 2008 年），农村土地制度改革沿两条主线展开：一是继续完善并用立法规范承包土地制度；二是探索和推进土地征用制度及农村建设用地制度的改革。

我国土地从耕者有其田的农民个人所有制，互助合作到社员共有其田的农村集体所有制，再到农者有其田的家庭联产承包责任制，发生了四次大的制度变革。每次变革都是生产关系适应生产力发展的一次调整，都会带来深远的社会影响。尤其是实行家庭联产承包责任制后，确立了以家庭为中心的土地耕作制度，使人民从集体土地的大锅饭中解放出来，释放了农民被束缚的生产热情，极大地推动了生产力的发展，1984 年，我国粮食生产实现了粮食自给自足，基本解决了人民的温饱问题。

随着改革的不断深入，社会的不断发展，家庭联产承包责任制产生了农村土地过于零散地细碎化经营问题。这个问题不利于农业的规模化经营和农业技术的传播与推广，不利于大型农业机械耕作，也不利于农业生产效率和农业经济效益的进一步提高，导致农民收入较低，种田积极性下降。农民向城市转移去寻求更高的收入。于是一部分承包的土地无人耕种，一部分有丰富农业经营经验的农民希望有更多的耕地，于是就出现了土地经营权转让、转包、出租、互换等不同形式的土地流转。家庭农场在这种情况下应运而生。进入 21 世纪以来，浙江省宁波市、上海市松江区、吉林省延边州等地栽培与家庭农场方面进行了积极探索。

家庭农场在我国有非常好的发展前景，从家庭农场发展的经济环境来看，自 2010 年中国 GDP 规模取代日本成为全球第二之后，中国经济出现了明显不同于前 30 年的特征，经济增速持续下滑，自 2010 年至 2012 年经济增速连续 11 个季度下滑，2012 年至 2014 年，GDP 年增速连续两年低于 8%。中国经济在经历 30 多年的快速增长之后，旧的增长模式已经难以为继，经济增速的下滑是必然的。需要引导更多的劳动力投入服务业，培养新的可持续的经济增长点。因此，中国政府提出了中国经济发展的新常态。家庭农场能够降低农民市民化进程中的失地风险，促进土地流转与规模经营，为城镇化提供良好的社会环境。在农村劳动力持续转移和快速推进城镇化的背景下，越来越多的农民脱离农业生产，但是无法做到真正脱离农村。因为城市收益的不稳定性和社会保障的不完善，大多数农民不敢轻易放弃土地，也不会倾向于长期流转土地，这严重阻碍了城镇化进程。对于家庭农场而言，由于其自身的社区扎根性、生产经营灵活性等特点，可以在土地转出农户难以在城市立足返乡时，有条件地将土地返还给农户耕种，与之相对，家庭农场还能充分利用社区信任性、信息共享性等特点，可以长期流入在城市有稳定收入农户的土地。由此可见，家庭农场不仅可以为城镇化提供一个缓冲，给市民化失败的农民保留一份最后的生活保障，还可以为进城农民提供更多的启动资金，促进城镇化健康发展。可以说家庭农场不但继承了农户优点，还克服了农户的缺点，是未来农业的发展方向。

1.3　农场的性质与任务

1.3.1　国有农场的性质

按照功能性质划分，国有农场属于企业，区别于行政机关和事业单位具有企业特征，企业成立的目标是为了赢得利润。国有农场的生存与发展离不开创造利润。

同时国有农场属于企业中的国有企业，即社会主义全民所有制的农业企业，由国家投资兴办。国营农场的土地、森林、草原、水域和其他自然资源，以及作为主要生产资料的建筑物、机器装备、水利设施等，均属国家所有。其生产和经营活动在国家计划指导下进行，所需资金由国家财政拨款或从银行贷款，其产品归国家所有。

我们在分析国有农场性质时要考虑其特殊性，在国有农场属于国有企业，以赢利为经营管理的目的前提下，因为国有农场的历史原因、自然条件原因等，又使得国有农场要担负很多社会管理功能，社会管理功能是行政机关和事业单位的管理范围，所有在分析国有农场的性质时要正确看待国有农场的“小农场办大社会”现象。

1.3.2　国有农场的任务

1. 保障粮食安全和农产品安全

我国 14 亿多人口的吃饭问题是治国安邦最重要的事情。今后，随着人口总量增长、城镇人口比重上升、居民收入水平提高和农产品加工业及能源用途拓展等，全社会对农产品数量、质量、品种的需求将进一步提升，基本保障农产品总量平衡、结构平衡和质量安全的压力越来越大。农垦的优势和特点决定了它可以在保障国家粮食安全、农产品质量安全和生态安全上发挥更加重要的战略作用。

首先，从数量安全上看，农垦的支撑作用更加凸显。农垦系统由一百多个国有农场组成，农垦粮食在全国粮食供求格局中可以说是总量不大作用大，份额不大贡献大，块头不大地位高。农垦耕地面积约占全国4.5%，去年生产粮食688亿斤，占全国粮食总产量的5.7%，粮食商品率接近90%，约620亿斤，且主要是谷物，绝大部分是口粮。更重要的是，农垦粮食生产规模化、市场化和组织化程度高，部分垦区形成了一批规模较大、水平较高的大型生产基地和实力较强的粮食加工、流通企业。国家在关键时刻可以抓得住、调得动、顶得上，发挥战略性支撑作用。

其次，从质量安全上看，农垦的优势更加凸显。目前，全国农产品质量和食品安全问题依然不少，已成为社会各界关注的焦点。但从农垦看，这方面问题就比较少。长期以来，组织化、规模化、标准化程度高一直是农垦的优势。从20世纪90年代开始，农垦就大力推行标准化生产，经过多年建设，一些垦区的主要农产品生产已经实现全程标准化，从投入品到生产环节再到产品销售，都有一套严格的标准体系，并严格按标准执行。因此，农垦的农产品质量就比较高。

2. 在现代化农业中起到示范作用

2006年农垦在全国率先开展高产创建活动，辐射引领周边农业实现高产稳产。同年率先在全国农垦选择了100个农场和单位，开展“全国农垦现代农业示范区”创建工作，以示范园（区）为窗口，通过跨区作业、科技服务、窗口展示、辐射供种、产业联结等形式，展示先进技术、标准化生产、产业化运作和可持续发展模式，并作为新技术、新品种、新装备的展台和科技培训的讲台，以点带面带动辐射区，发挥农垦对现代农业的示范带动作用。目前，农垦已创建不同类型现代农业示范区600多个，并与地方有关方面合作共建了一批农业科技示范园、产业开发园。2013年，全国农垦实现跨区作业面积6 155万亩，农用航空跨区作业面积超过450万亩。向农村培训人员超过87万人次，发放技术资料307万份，输出新技术377项，销售种猪87.9万头，冻精605万支以上。示范带动农村现代农业建设，是新时期国家赋予农垦的责任，我们要义不容辞地担当起来，也是农垦应尽的义务，因为我们是“国家队”。当然，这种示范带动也是遵循市场经济规律的，是要实现“互利双赢”的。今后，各垦区都要在这方面多动脑筋，采取措施多为地方经济发展，特别是现代农业建设作贡献。这也是争取各方面重视和支持的切入点。

3. 促进新型城镇化的发展

在国有农场的发展过程中，一部分国有农场分布在大中城市周边，基本与地方结合在一起；一部分分布在边远地区，形成了以场部为中心的小城镇，其周边也与农村的人口资源等要素紧密地结合起来。国有农场在区域经济社会发展中发挥了越来越大的促进作用。首先，通过产业发展带动农民增收就业。现在，国有农场的发展，带动了农场附近非国有经济的快速发展，一批农产品加工、农村服务业和休闲旅游等新型产业蓬勃兴起，已经成为吸纳周边农村劳动力的"蓄水池"，在带动当地农民就近就地就业、增加工资性收入方面发挥了重要作用。其次，通过小城镇建设带动当地居民居住条件的改善和新型城镇化的发展。初步实现了人口向场部集中、产业向园区集中转变。这些星罗棋布的农垦小城镇在集聚周边农村地区人口、资源和要素，促进场地共同繁荣上发挥了重要作用。部分农场场部已经成为当地的经济、文化和社区服务中心。

1.3.3 家庭农场的性质

家庭农场的提出顺应了当前我国农业发展的新趋势。随着我国农村基本经营制度的深刻变革、农村劳动力的转移和工业化与城镇化进程的加快，农业经营主体已经出现了分化，除了一般的小农经营主体外，专业大户、农民合作社等现代农业经营主体在推动农业农村发展、促进农民增收等方面也发挥了重要的作用。按照家庭农场的三大标准（以家庭成员为主要劳动力，从事农业规模化、集约化、商品化生产经营，以农业收入为家庭主要收入来源），家庭农场必然会来源于专业大户，但是其界定标准要高于专业大户。家庭农场作为专业大户的升级版，引领着现代农业的发展方向，代表着中国农业的先进生产力。因此，通过家庭农场注册登记制度，明确家庭农场认定标准、登记办法，制定专门的财政、税收、用地、金融、保险等政策来重点扶持家庭农场，正好顺应了新阶段我国农业生产的新变革。

家庭农场破解了我国未来农业经营主体的稳定性和持续性难题。改革开放30多年来，随着工业和城市的蓬勃发展，农村劳动力大规模转移，农村的经济社会结构已经发生了巨大的变化，如知名学者黄宗智所言，我国农村社会整体上进入了一种"制度化的半工半耕的小农经济形态"。在这种背景下，农业生产的兼业化、老龄化、女性化趋势愈发严重。农村和农业生产一线精壮劳动力严重匮乏，大量的老、弱、病、残和妇女成为农业生产的主力军，未来由谁来种粮已经成为一个迫切需要解决的问题。而家庭农场作为培养职业农民的重要途径，会在其发展过程中自动实现代际传承和新老交替，从而有效破解我国未来农业经营主体的稳定性和持续性难题。

家庭农场坚持了农业家庭生产经营的优势。无论是在"人少地多"的美国、加拿大，“人地平衡”的法国、德国，还是“人多地少”的日本、韩国，农业家庭经营都是最普遍的农业经营形式。农业家庭经营之所以具有如此广泛的适应性，是基于农业生产的特殊性质和家庭经营的特殊优势。农业是一个经济再生产与自然再生产相交织的特殊产业，其生产活动的分散性、频繁性导致对其监督和计量非常困难，因此容易产生信息不对称、委托-代理及机会主义行为等问题，从而导致农业生产效率低下。家庭作为一种特殊的利益共同体，拥有包括血缘、感情、婚姻伦理等一系列超经济的社会纽带，更容易形成共同目标和行为一致性，在农业生产过程中不需要进行精确的劳动计量和监督，使劳动者具有更大的主动性、积极性和灵活性。因此，家庭农场作为一种有效率的组织形式，完美地解决了农业生产中的合作、监督和激励问题，是农业生产经营的先天最佳组织形式，也是世界各国农业生产中占绝对优势的经营形式。

家庭农场具有适度规模经济效应。目前我国一家一户的超小农业规模经营虽然具有内部效率，但却缺乏外部效率。首先，一家一户的农业超小规模经营，不利于农业生产的专业化、标准化、科技化等，因此难以实现农业现代化；其次，一家一户的农业超小规模经营，资源配置效率不高，难以实现规模效应；最后，一家一户的农业超小规模经营，不利于农户与农业龙头企业等其他农业相关利益主体的博弈，维护自身利益的力量微薄。而通过家庭农场产生规模经济效应，则可有效促进农业增效、农民增收。但是，家庭农场的规模也不是越大越好，要以一个家庭所能顾及的范围为限，如果家庭农场的经营规模超过自身经营能力，则资源利用率、土地产出率和经济效益都可能下降。

家庭农场是对工商资本汹涌下乡潮的一种矫正。近些年，一些工商资本借助地方政府的招商引资政策，大肆圈占农民耕地，引发了一股工商资本下乡潮。如果城市工商资本长时间大规模地直接参与农业经营，必然会对原来土地上工作的农民产生挤出效应，影响农村人口的就业。另外，一些工商资本擅自改变土地用途，使流转的土地出现“非农化”、“非粮化”等现象，也会在某种程度上危及国家粮食安全。但是，工商资本下乡同样有其正面作用。工商资本下乡可以盘活分散的农业资源，带来农村匮乏的物质资本、人力资本乃至社会资本。关键在于，工商资本进入农业领域要对农民形成带动效应，而非挤出效应；要确保农户家庭的农业生产经营主体地位，而非替代其地位。因此，对工商资本进入农业既要有所鼓励又要有所限制，既要鼓励工商资本积极为农业生产提供产前、产后等社会化服务，发展设施农业、规模化养殖和“四荒”资源开发等适合企业化经营的产业，又要建立严格的工商资本租赁农户承包土地准入和监管制度，防止其与家庭农场竞争。

1.3.4 家庭农场的任务

当前，我国农业和农村发展进入新阶段，要应对农业兼业化、农村空心化、农民老龄化，解决谁来种地、怎样种好地的问题，亟须加快构建新型农业经营体系。家庭农场作为新型农业经营主体，以农民家庭成员为主要劳动力，以农业经营收入为主要收入来源，利用家庭承包土地或流转土地，从事规模化、集约化、商品化农业生产，保留了农户家庭经营的内核，坚持了家庭经营的基础性地位，适合我国基本国情，符合农业生产特点，契合经济社会发展阶段，是农户家庭承包经营的升级版，已成为引领适度规模经营、发展现代农业的有生力量。各级农业部门要充分认识发展家庭农场的重要意义，把这项工作摆上重要议事日程，切实加强政策扶持和工作指导。

要把握好家庭农场基本特征。现阶段，家庭农场经营者主要是农民或其他长期从事农业生产的人员，主要依靠家庭成员而不是依靠雇工从事生产经营活动。家庭农场专门从事农业活动，主要进行种养业专业化生产，经营者大都接受过农业教育或技能培训，经营管理水平较高，示范带动能力较强，具有商品农产品生产能力。家庭农场经营规模适度，种养规模与家庭成员的劳动生产能力和经营管理能力相适应，符合当地确定的规模经营标准，收入水平能与当地城镇居民相当，实现较高的土地产出率、劳动生产率和资源利用率。各地要正确把握家庭农场特征，从实际出发，根据产业特点和家庭农场发展进程，引导其健康发展。

发展家庭农场有利于建立家庭农场管理服务制度。为增强扶持政策的精准性、指向性，县级农业部门要建立家庭农场档案，县以上农业部门可从当地实际出发，明确家庭农场认定标准，对经营者资格、劳动力结构、收入构成、经营规模、管理水平等提出相应要求。各地要积极开展示范家庭农场创建活动，建立和发布示范家庭农场名录，引导和促进家庭农场提高经营管理水平。依照自愿原则，家庭农场可自主决定办理工商注册登记，以取得相应市场主体资格。

有利于强化面向家庭农场的社会化服务。基层农业技术推广机构要把家庭农场作为重要服务对象，有效提供农业技术推广、优良品种引进、动植物疫病防控、质量检测检验、农资供应和市场营销等服务。支持有条件的家庭农场建设试验示范基地，担任农业科技示范户，参与实施农业技术推广项目。引导和鼓励各类农业社会化服务组织开展面向家庭农场的代耕代种代收、病虫害统防统治、肥料统配统施、集中育苗育秧、灌溉排水、贮藏保鲜等经营性社会化服务。

有利于完善家庭农场人才支撑政策。各地要加大对家庭农场经营者的培训力度，确立培训目标、丰富培训内容、增强培训实效，有计划地开展培训。要完善相关政策措施，鼓励中高等学校特别是农业职业院校毕业生、新型农民和农村实用人才、务工经商返乡人员等兴办家庭农场。将家庭农场经营者纳入新型职业农民、农村实用人才、“阳光工程”等培育计划。完善农业职业教育制度，鼓励家庭农场经营者通过多种形式参加中高等职业教育提高学历层次，取得职业资格证书或农民技术职称。

有利于引导家庭农场加强联合与合作。引导从事同类农产品生产的家庭农场通过组建协会等方式，加强相互交流与联合。鼓励家庭农场牵头或参与组建合作社，带动其他农户共同发展。鼓励工商企业通过订单农业、示范基地等方式，与家庭农场建立稳定的利益联结机制，提高农业组织化程度。

1.4　农场经营类型

农场是农业最为具体的实物表现形式之一，按照农场经营权的角度，农场可以分为国有农场和家庭农场。按照农场经营规模的角度，农场可以分为大型农场、中型农场和小型农场。按照专业化生产经营的角度，农场可以分为四类：种植型农场、混合型农场、养殖型农场和休闲观光农场。本教材从专业化生产经营角度来介绍农场。

1.4.1　种植型农场

1. 种植型农场的经营内容

种植型农场是农场的主要组成部分之一。种植型农场是指利用植物的生活功能，通过栽培各种农作物以及收获植物性产品或者通过人工培育以取得粮食、副食品、饲料和工业原料的社会生产部门。也可以理解为种植型农场是以种植业为主要经营对象的农场。就其本质来说，种植型农场是以土地为重要生产资料，利用绿色植物，通过光合作用把自然界中的二氧化碳、水和矿物质合成有机物质，同时，把太阳能转化为化学能贮藏在有机物质中。它是一切以植物产品为食品的物质来源，也是人类生命活动的物质基础。

种植型农场的发展与种植业的发展紧密结合在一起。在我国种植业产生于新石器时代，即原始社会的后期。在长达约 200 万年的旧石器时代和中石器时代，由于生产力极其低下，人们只能靠采集和狩猎为生。但在长期的采集过程中，人们逐渐地了解了一些植物的生长习性，学会了栽培技术，于是形成了原始的种植业。以后，随着生产力的发展，种植业不断地进步。这主要表现在农作物种类增多，单位面积产量提高，播种面积扩大，总产量增加，产品品质改善等方面。

种植业是大农业的重要基础，种植物一般包括各种农作物、林木、果树、药用和观赏等植物，也包括有粮食作物、经济作物、蔬菜作物、绿肥作物、饲料作物、牧草、花卉等园艺作物。在我国，种植型农场的生产通常指粮、棉、油、糖、麻、丝、烟、茶、果、药、杂等作物的生产，亦称农作物栽培农场。种植作物不仅是人类赖以生存的食物与生活资料的主要来源，还为轻纺工业、食品工业提供原料，为畜牧业和渔业提供饲料。同时，种植业的分布和发展对种植农场的经营产生直接影响。中国种植业历史悠久，中国农业中种植业的比重较大，其产值一般占农业总产值的 50%以上，它的稳定发展，特别是其中粮食作物生产的发展对畜牧业、工业的发展和人民生活水平的提高，对中国国民经济的发展和人民生活的改善均有重要意义。

2. 种植型农场的经营特点

首先，种植物南北农场差异性大。在我国种植型农场主要分布在东部地区，南方种植型农场以水田为主，北方种植型农场以旱田为主。我国幅员辽阔，经度和纬度跨度很大，种植作物的条件、制度、作物结构、生产布局和商品化程度，以及发展生产的方向、措施，差异性很大。东北地区以大豆、春麦、玉米、甜菜等作物为主；北部高原以小杂粮、甜菜等作物为主；黄淮海地区以棉、麦、油、烟、果等作物为主；长江中下游区以稻、棉、油、桑、茶等作物为主；南方丘陵以双季稻、茶、柑橘等作物为主；华南以双季稻、甘蔗、热带作物为主；川陕盆地以稻、玉米、薯类、柑橘、桑等作物为主；云贵高原以稻、玉米、烟草等作物为主；西北绿州以麦、棉、甜菜、葡萄等作物为主；青藏高原以青稞、小麦、甜菜等作物为主。

其次，经营风险大。种植型农场经营风险可以分为自然风险、经济风险、社会风险三大类。种植业与其他行业的显著区别在于，其主要生产活动都是在自然条件下露天完成的，更直接、更紧密、更经常地依赖于自然界的力量。因此，种植业生产最容易受到自然界的影响。在人类社会所拥有的科学技术手段还不能更好地控制和消除自然界的影响时，种植业生产者就成为受自然灾害（主要是气象灾害、病虫灾害和地质灾害等），如干旱、暴风、暴雨、洪水、涝渍、霜冻、冰雹、火灾和病虫害等影响最大的风险承担者。

经济风险主要是指因经济前景的不确定性，各经济实体在从事正常的经济活动时，蒙受经济损失的可能性。对于农业生产来说，因为较长的生产周期，经济风险更为明显。随着市场经济的发展，生产规模不断扩大，社会需求变化剧烈，经济风险已成为每个农场经营者必须正视的问题。

社会风险是一种导致社会冲突，危及社会稳定和社会秩序的可能性，更直接地说，社会风险意味着暴发社会危机的可能性。一旦这种可能性变成了现实性，社会风险就转变成了社会危机，对社会稳定和社会秩序都会造成灾难性的影响。目前我国社会和谐稳定，经济稳步增长，社会风险可以忽略，但是在境外进行农业生产时，要注意当地的社会风险，避免造成巨大损失。

1.4.2 养殖型农场

1. 养殖型农场的经营内容

养殖型农场是利用畜禽等已经被人类驯化的动物，或者鹿、麝、狐、貂、水獭、鹌鹑等野生动物的生理机能，通过人工饲养、繁殖，使其将牧草和饲料等植物能转变为动物能，以取得肉、蛋、奶、羊毛、山羊绒、皮张、蚕丝和药材等畜产品的生产部门。也可以理解为养殖型农场是以养殖业为主要经营对象的农场。就其本质来说，养殖型农场是以种植型农场的发展与种植业的发展紧密结合在一起。养殖型农场的本质是指养殖牛、马、驴、骡、骆驼、猪、羊、鸡、鸭、鹅、兔、蜂等家畜和驯养鹿、貂、水獭、麝等野生经济动物为纺织、油脂、食品、制药等工业提供原料，也为人民生活提供肉、乳、蛋、禽等丰富食品，为种植型农场提供役畜和粪肥的生产部门。

养殖型农场的发展与养殖业地发展紧密地联系在一起。养殖业是农业的主要组成部分之一，与种植业并列为农业生产的两大支柱。养殖业在经济发展的早期阶段，常常表现为农作物生产的副业，即所谓“后院养殖业”。随着经济的发展，逐渐在某些部门发展成为相对独立的产业。例如，蛋鸡业、肉鸡业、奶牛业、肉牛业、养猪业等。中国的养殖业在经历了40年的发展特别是十一届三中全会后，到1990年，养殖业产值占农业总产值的比重按当年价格计算已达到26.6%。随着相对独立的养殖业产业的出现，又开始分化出一个强大的工业部门，这就是为养殖业及生产服务的各种养殖业投入工业，包括机器、设备、兽药、配合饲料等的生产，以及各种养殖业产品的加工业，如肉类加工业、奶品加工业等。因此，广义的养殖业还常常包括为其服务的农工联合企业，如各种种畜禽公司、牧工商联合公司、配合饲料公司等。

世界上许多发达国家，无论国土面积大小和人口密度如何，养殖业都很发达，除日本外，养殖业产值均占农业总产值的50%以上，如美国为60%，英国为70%，北欧一些国家高达80%～90%。中国自20世纪80年代以来，养殖业增长速度远远超过世界平均水平，但养殖业的人均产量或产值，仍低于世界平均水平。要通过各种途径大力发展养殖业。例如，因地制宜地调整养殖业结构，开辟饲料来源，改良畜种，加强饲养管理，防止疾病，提高单位家畜的生产力，同时增殖家畜数量。

2. 养殖型农场的特点

养殖型农场是指用放牧、圈养或者二者结合的方式，饲养畜禽以取得动物产品或牲畜的生产部门。它包括牲畜饲牧、家禽饲养、经济兽类驯养等。主要特点包括以下几个方面。

首先，它的扩大再生产同各类畜禽内部的公畜、母畜、仔畜、幼畜的比例有十分密切关系。因此，保持合理的畜群结构，对加快养殖业的发展十分重要。目前农区养殖业仍是中国养殖业的主要部分。在草原和荒漠地区，以放牧为主的养殖业称为牧区养殖业。家畜主要是草食动物。经营管理粗放，农牧结合不密切，饲草供应季节性波动大，易受灾害性天气的威胁，家畜生产力低而不均衡。中国的牧区位于北部和西部边疆，包括内蒙古、新疆、西藏、青海、四川、甘肃、宁夏、黑龙江、吉林、辽宁、河北、山西等省、自治区，共有 266 个牧区、半农半牧区县（旗），面积占全国土地总面积 50%以上，牧畜头数占全国牲畜总头数的 22%。

其次，养殖业对于自然条件和经济条件有较大的适应性，既可以放牧，又可以舍饲。正是由于这个特点，与种植业相比，养殖型农场承担的自然风险要低于种植型农场。

最后，养殖型农场污染较重。1999 年 7 月国家计委、科技部在《当前优先发展的高技术产业化重点领域指南》中，明确将“高效有机肥商品化生产工艺与成套设备”列为优先发展的产业。2002 年国家环保总局出台了《畜禽养殖污染防治管理办法》，正式将养殖业污染控制纳入法制轨道；2003 年又出台了《畜禽养殖业污染物排放标准》，明确了各类养殖业污染治理的目标。农业部 2002 年出台的《商品有机肥》行业标准中也明确规定“未经腐熟的畜禽粪便不能作为商品有机肥销售和应用”。

养殖型农场的生产对于促进经济发展，改善人民生活，增加出口物资，增强民族团结都具有十分重要的意义。发展养殖农场的条件是：自然条件适宜，即光、热、水、土适合各类牧草和牲畜的生长发育，草场面积较大，质量较好，类型较多；有一定的物质基础，生产潜力很大，能做到投资少、见效快、收益高；广大农民具有从事养殖业生产的经验和技能等。

1.4.3　混合型农场

1. 混合型农场的经营内容

混合型农场特点是专业化程度较低，有的混合型农场以种植业为主，有的混合型农场以养殖业为主，有的二者兼营。混合型农场的经营内容参考本节第一部分和第二部分的内容，在此不再赘述。

2. 混合型农场的特点

首先，混合型农场经营对象复杂。混合型农场是种植业和畜牧业相互结合的综合性农场，即生产农作物和牲畜两种产品。混合农业的形式多种多样，但生产形式比较稳定、分布比较广泛、商品生产有一定的规模。在我国，大部分的混合农场，已成为谷物和牲畜混合的农场。这种农业种植的作物是小麦、玉米等谷物及牧草和饲料，饲养的牲畜主要是牛、猪、羊。

混合型农场中谷物和牲畜的混合混场，主要分布在欧洲（英国、法国、德国、西班牙、波兰、乌克兰等）、北美（美国的混合农业区）、南非、澳大利亚、新西兰等地。澳大利亚是世界上出口羊毛最多的国家，也是世界上重要的小麦出口国之一，其羊毛和小麦主要产于东南部和西南部的草原地区。其中，东南部的墨累—达令盆地是主要的小麦-牧羊带。我国的珠江三角洲地区的混合型农场主要是将甘蔗、果树、桑蚕的生产与养鱼有机结合起来。

其次，良性的农业生态系统，便于开展养殖业与耕地保护相结合。合理规划适度规模养殖用地，将畜禽排泄物就地用于改良土壤，提高肥力，提高耕地质量。对耕地特别是基本农田划定保护面积和布局。将畜禽排泄物作为有机肥还田，减少农业面源污染。混合型农场内的土地交替种植小麦、牧草或休耕，可充分保持土壤的肥力；种植的饲料饲养绵羊，而羊粪又可成为麦田的肥料。

最后，有效合理地安排农业活动。以“小麦-绵羊”混合型农场为例，小麦种植的农忙季节是秋季和春季，农闲季节是冬季；绵羊饲养的农忙季节是冬季，农闲季节是秋季和春季。小麦的耕作活动和牧羊活动在一年内交替进行。混合型农场还可以规避单一类型农场经营风险。混合型农场可根据市场需求决定以种植作物为主还是以养殖动物为主，生产具有很大的灵活性和对市场的适应性。混合型农场不但综合了种植型农场和养殖型农场的优点，还有效的规避了单一类型农场经营风险。但是仍需注意的是，混合型农场一般规模较大，对员工的需求数量也较多。

1.4.4 休闲观光农场

1. 休闲农场的经营对象

休闲农场是利用田园景观、自然生态及环境资源，结合农林渔牧生产、农业经营活动、农村文化及农家生活，提供国民休闲，增进国民对农业及农村的体验为目的的综合型农场。休闲农场主要是为满足人们对精神方面的需求而开展的、可吸引游客前来观、赏、习、品、考、书、画、摄、购的现代农业形态，是利用旅游业与农业之间的交叉性而共同发展的新兴农场类型。休闲农场可以成为人们观光旅游、丰富农业知识、交流农业经验、体验农业生产劳动与农民生活、享用农业成果、利用田园休憩健身的场所和农业深层次开发的基地，从而促进当地绿色产业的发展。休闲农场不仅具有生产功能，还具有改善生态环境质量，为人们提供观光、休闲、度假的生活功能。

2. 休闲农场的特点

休闲农场的建设可以就地取材，对启动资金没有特别要求。一般来说项目建设周期较短，能迅速产生经济效益，休闲农场的收入包括农业收入和旅游收入，而两者的结合使得其效益优于传统农场。例如，农产品在狩猎、垂钓等旅游活动中可以直接销售给游客，其价格高于市场价格，减少了运输和销售费用。

3. 推进第一、二、三产业综合发展

发展休闲农场有效地延长了农业产业链，提高了农产品的附加值。我国历史悠久，民族特色鲜明，可以借此发展具有历史、地域特点的特色休闲农场。发展休闲农场需要对基础建设进行投入，还需要对经营项目进行品牌打造、营销推广和服务游客等多项管理活动。

4. 类型多样化

休闲农场可以采取“公司＋农户”的类型，这类具有旅游特色的乡村旅游，通过引进有经济实力和市场经营能力的企业，进行公共基础设施建设和改善环境，指导乡村居民开发住宿、餐饮接待设施，组织村民开展民族风情、文化旅游活动，形成具有浓郁特色和吸引力的乡村旅游产品，吸引和招徕国内外旅游者。

还可以采取“政府＋公司＋农村旅游协会＋旅行社”的开发模式。这类乡村旅游开发发挥旅游产业链中各环节的优势，通过合理分享利益又各司其责，政府负责乡村旅游的规划和基础设施建设，优化发展环境；乡村旅游公司负责经营管理和商业运作；农民旅游协会负责组织村民参与地方戏的表演、导游、工艺品的制作、提供住宿餐饮等，并负责维护和修缮各自的传统民居，协调公司与农民的利益；旅行社负责开拓市场，组织客源，避免乡村旅游开发过度商业化，保护本土文化，增强当地居民的自豪感，从而实现乡村旅游可持续发展。

发展生态农业响应了我国政府加快农业现代化建设和加大改革创新的要求，是现代农业发展的方向。

1.5　农场组织机构管理

无论是国有农场还是家庭农场，其组织机构设置的合理性是保证其管理效率的基础，本节我们重点介绍国有农场的组织机构设置及家庭农场登记条件。国有农场数量繁多，面临的具体情况差异较大，本书梳理出具有普遍共性的组织机构管理。

1.5.1　国有农场组织机构设置

1. 组织机构界定

所谓组织，是指两个以上人的集合，并为了实现共同目标而协同行动的集合体。本书所指组织特指国有农场。

组织结构就是把人力、物力和智力等按一定的形式和结构，为实现共同的目标、任务或利益有秩序有成效地组合起来而开展活动的社会单位。

本书界定国有农场的组织结构，国有农场从产权性质上划分属于企业，所以也有一般企业组织机构设置包含的内容。

2. 国有企业组织机构设计包含的内容

① 依据岗位说明书，确定岗位，进而按照活动的功能确定部分职能。

② 设计管理幅度和管理层次。管理幅度是指一个人能直接有效管理下属的人数。管理层次是指在等级链上涉及管理职位的层数。

③ 权力体系设计，确定集权分权的管理方式。

④ 沟通协调机制，确定信息沟通运行机制。

3. 国有农场组织机构设置的原则

组织结构的设置直接决定了管理的有效性，组织结构设置应遵循一定的原则，具体如下：

① 权责对等的原则。国有农场在进行组织结构设置时，一定要坚持权责对等的原则，权利过大，职责过小，容易滋生以权谋私，滥用权力的情况。反之，责任过大，权利过小会导致岗位人员消极怠工，效率低下的问题。

② 适应原则。国有农场在进行组织结构设置时不仅要关注农场内部的管理效率，更应关注外部环境的变化，农场受外部环境影响很大，只有在组织结构设置时充分考虑适应外部环境的组织结构才能应对变化。

③ 集权分权原则。集权分权是两种不同的管理方式，但是在农场进行组织结构设置时，要充分分析两种管理方式的优势，充分利用分权的民主性和集权的高效性，分权集权相结合的原则。

④ 精干高效的原则。在涉及管理幅度和管理层次时，要考虑如何能提高农场的经营管理效率。管理幅度和管理层次既有联系又有区别，一般来说管理幅度越大，管理层次就越少；管理幅度越少，管理层次就越多。但为了保证管理效率，在设计管理幅度和管理层次时要互相制约。

⑤ 目标明确原则。在农场进行组织结构设置时要遵循目标明确原则，第一是对谁负责，管理目标明确。二是整个组织的目标明确。

⑥ 均衡原则。国有农场在进行岗位结构设置时要充分考虑部门与部门之间的权责平衡，在部门内部岗位与岗位之间的权责平衡。避免出现权力集中在少数部门和少数人手中。

4. 国有农场组织机构类型

按照惯例模式划分，国有农场的组织机构类型可以划分以下几类：

① 党群部门。具体包括：纪检委、政法委、组织部、宣传部、团委、武装部、工会、老干部科、广播电视局。

② 行政部门。具体如下：林业科、气象局、新农村办、计生办、卫生科、环保科、办公室、政研室、审计科、机关党委、信访办、计财科。农业科、农机科、水利科、畜牧科、科研所、城管中心、经贸委教育科、劳动保障科、安全科、民政局、建设科等行政部门。

③ 政法机关。具体如下：公安局、司法局、检查室、法庭。

④ 上划单位。具体如下：交通科（客运站）、电业局、国土资源所、工商所、社会保障局。

⑤ 驻场单位。例如国税、银行等驻场单位。

⑥ 农场驻外机构。因管理等问题产生的驻外机构。

5. 不同类型机构的职能职责简介

① 负责农场共青团组织建设，协助党组织管理、考核、选拔、培训团的干部。

② 领导少先队组织，并管理、指导青少年社团。

③ 调查了解农场青年的思想动态和工作情况，指导和组织青少年的宣传、文化思想、理论教育以及青少年活动阵地建设，围绕农场中心工作，发挥团组织的生力军和突击队作用。

④ 维护青少年合法权益，协助农场党委、农场协调处理与青少年利益相关的事务。

⑤ 协助教育部门，做好中小学生的教育管理工作，承担实施“希望工程”的有关工作，维护农场稳定和社会安定团结。

⑥ 完成农场党委、农场以及上级团组织部署的各项任务。

6. 农场办公室职责职能简介

① 协助常务领导安排全年及阶段性重要工作、重大部署和重要活动；确保政令畅通和各部门工作协调与配合。

② 负责农场应急管理工作和农场政务值班工作，负责协助场领导组织处理重大突发事件。

③ 负责农场机关政务接待、后勤管理、安全保卫、财务工作；负责组织协调农场机关承担的各项社会事务工作。

④ 负责推进、指导、协调、监督垦区的政务公开工作。

⑤ 负责农场办公自动化建设和网络管理；管理办公室公文、印信、文书档案、机要通信和保密工作。

⑥ 负责管理会议室、领导办公室，做到清理到位、及时；准确发放报刊、信件。

⑦ 负责维护农场办公楼区域内正常工作秩序，外来人员及时登记，文明服务。

⑧ 完成农场党委和农场交办的工作。

7. 工商所职责职能简介

依据法律、法规的规定，对辖区内的企业、个体工商业户和市场经济活动进行监督管理，保护合法经营，取缔非法经营，维护正常的经济秩序。

① 办理辖区由区、县工商登记管理的企业登记初审和。年检、换照审查手续，并对区县核准登记的企业进行监督管理。

② 监督检查辖区内经济合同的订立及履行。

③ 受理、初审、呈报辖区内个体工商户的开业、变更、歇业的申请事项，对个体工商户的生产经营活动进行监督管理。

④ 指导辖区的企业、事业单位、个体工商正确申请商标注册，并对其使用商标进行监督管理。

⑤ 对辖区内设置、张贴的广告进行监督管理。

⑥ 宣传工商行政管理法律、法规和有关政策。

⑦ 法律、法规规定的其他工商行政管理职责。

⑧ 监督检查辖区价格违法行为。

1.5.2　家庭农场的组织与管理

1. 家庭农场的认定与登记

家庭农场既能享受到国家政策，同时可以继承和发展。而且家庭农场涉及农业规划、财产、品牌建设、农场集成等一系列问题，也必须进行登记。只有登记为家庭农场才能获得国家认可，便于认定识别、政府管理与政策支持。除此之外，尽管有了官方的定义，但是在现实操作中却并非如此，造成家庭农场成为了某些主体通过政策进行套利的手段。家庭农场的登记注册也是保障家庭农场稳定性、政策针对性的要求。

各地在涉及农业的部门基本上都出台了对家庭农场登记管理工作的意见。这些意见中，对家庭农场的登记范围、名称称谓、经营场所等方面做出了说明。党中央鼓励家庭农场发展的政策思路出台，还有很多细化的政策没有具体公布，据不完全统计。我国已有 9 个省、55 个市出台了扶持家庭农场发展的文件，并明确了具体扶持措施，家庭农场将受到更多、更有力的政策支持。

如河南省社旗县农业局和工商局共同出台的《家庭农场认定标准和登记注册办法（试行）》第三条中规定：根据农业部农办经［2013］6 号文件精神，重点鼓励引导符合以下条件的家庭农场办理注册登记：

① 家庭农场经营者应具有农村户籍（即非城镇居民）。

② 以家庭成员为主要劳动力。即无常年雇工或常年雇工数量不超过家庭务农人员数量。

③ 以农业收入为主。即农业净收入占家庭农场总收益的 80%以上。

④ 经营规模达到一定标准并相对稳定。即从事粮食种植的，租期或承包期在 5 年以上的土地经营面积达到 100 亩以上；从事蔬菜种植的，租期或承包期在 5 年以上的土地经营面积达到 50 亩以上；从事水产养殖的，养殖面积达到 50 亩以上；从事畜牧养殖的，养猪年出栏达到 500 头以上；养牛年出栏 100 头以上；养羊年出栏 300 只以上；肉禽年出栏 10 000 只以上；蛋禽年存栏 2 000 只以上；肉兔年

存栏 1 000 只以上；从事特色种植（养殖）业的，年收入达到 10 万元以上。

⑤ 家庭农场经营者应接受过农业技能培训。

⑥ 家庭农场经营活动有比较完整的财务收支记录。

⑦ 对其他农户开展农业生产有示范带动作用。

湖南省常宁市的《常宁市家庭农场认定标准和登记注册办法（试行）》中第三条规定：根据农业部农办经［2013］6 号文件精神，重点鼓励引导符合以下条件的家庭农场办理注册登记：

① 家庭农场经营者应具有农村户籍（即非城镇居民）。

② 以家庭成员为主要劳动力。即无常年雇工或常年雇工数量不超过家庭务农人员数量。

③ 以农业收入为主。即农业净收入占家庭农场总收益的 80%以上。

④ 经营规模达到一定标准并相对稳定。即从事粮食、经作等种植业的租赁期或承包期在 5 年以上，土地流转面积达到 50 亩以上，从事养殖业或种养结合的，土地流转面积在 10 亩以上或产业投入在 50 万元以上。

⑤ 家庭农场经营者应接受过农业技能培训。

⑥ 家庭农场经营活动有比较完整的财务收支记录。

⑦ 对其他农户开展农业生产有示范带动作用。

可以看出，我国不同省份对家庭农场的认定细则上还是有所不同的。申请人在申请家庭农场注册时要注意政策细节的不同，以避免注册失败。

国家规定，乡（镇）政府对辖区内成立专业农场的申报材料进行初审，初审合格后报县（市）农经部门复审。经复审通过的，报县（市）农经部门认定其专业农场资格，作出批复并推荐到县（市）工商行政管理部门注册登记。注册完成后课享受国家相关政策优惠。中国人民银行发布《关于做好家庭农场等新型农业经营主体金融服务的指导意见》，要求各银行业金融机构加大对家庭农场等新型农业经营主体的信贷支持力度，并且应适当延长贷款期限，积极拓展抵质押担保物范围，符合条件的新型农业经营主体贷款，利率原则上低于同类同档次贷款利率平均水平，指出，对于从事林木、果业、茶叶及林下经济等生长周期较长作物种植的，贷款期限最长可为 10 年，具体期限由金融机构与借款人根据实际情况协商确定。在贷款利率和期限确定的前提下，可适当延长本息的偿付周期。

而在贷款额度上，原则上，央行要求从事种植业的专业大户和家庭农场贷款金额最高可以为借款人农业生产经营所需投入资金的 70%，其他专业大户和家庭农场贷款金额最高可以为借款人农业生产经营所需投入资金的 60%。家庭农场单户贷款原则上最高可达 1 000 万元。贷款利率方面，对于地方政府出台了财政贴息和风险补偿政策以及通过抵质押或引入保险（放心保）、担保机制等符合条件的新型农业经营主体贷款，利率原则上应低于本机构同类同档次贷款利率平均水平。各银行业金融机构在贷款利率之外不应附加收费，不得搭售理财产品或附加其他变相提高融资成本的条件，切实降低新型农业经营主体融资成本。

“《关于做好家庭农场等新型农业经营主体金融服务的指导意见》，是全国层面首次出台家庭农场扶持政策，预计未来将陆续出台实质性扶持政策。”中国农业大学农民问题研究所所长朱启臻表示，以往家庭农场仅停留在概念层面，扶持政策也仅仅局限于农业部门和地方层面。这次央行出台的支持政策，可以称为家庭农场实质性扶持政策出台的大幕拉开。

2. 家庭农场的经营

经营一个家庭农场，并非像当初经营一个农户那么简单，也不像农业企业那样，可以雇佣职业经理人来打理公司事物。家庭农场事无巨细，全部都要由农场主一人决定。因此，农场主的经营意识、经营理念、经营方式都显得尤为重要。作为农场主，在经营过程中要首先解决以下问题。

（1）适度规模经营。

规模化经营是家庭农场的发展基础。家庭农场作为我国发展现代化农业而产生的新型生产经营主体，最显著特征就是规模化经营。以规模化经营改变以往土地细碎化带来的不便从而实现利润最大化。这个特征不仅来源于家庭农场的定义，同时也是世界许多家庭农场发展成熟国家的普通特征。美国农业发达，农业人口仅占全部人口的2%，但农业生产力惊人，不仅能够完全满足美国3亿人口的粮食需求，而且还能够出口创汇。美国是全球谷物出口大国，2011年美国玉米出口量占全球交易总量的39%。2013年6月13日，联合国粮农组织发表世界粮食前景报告。报告中指出，2013年至2014年度，因为美国小麦和玉米产量的增加，全球谷物产量将升至纪录高位。美国这样高产的农业主要依赖家庭农场，截至2010年，全美有约220万个农场，这220万个农场主平均生产经营面积为2 400亩，220万个农场共有350多万个劳动力，平均每个农场有1.6个劳动力。因为科技的发展，在美国生产2 500千克玉米只需要花费不到2小时的人工，两三个劳动力一年就能生产上千吨的玉米，一个农民的产粮满足155个人生存所需的粮食。根据美国农业部的统计，在全美所有农场中，有98%是家庭农场。那么计算一下，构成美国农业生产支柱的220万户农场中有约215万个家庭农场，这些家庭农场的经营面积、劳动力构成以及产能都符合上面提到的农场平均值。美国的农场主很多都是富人，即便在国家经济形势恶化的情况下，农业发展依然蒸蒸日上，特别是从2010年到2011年这两年间，农业逆势而上，2011年农业收入达到了250亿美元，农场主收入也以惊人的速度增长，2010年收入超百万的农场中家庭农场占到近九成。和美国情况相同的，还有美国的邻国、领土面积世界排名第二位的加拿大，以及领土面积世界排名第六位的澳大利亚，这些国家的家庭农场都规模大、现代化机械经营程度高、具备相当强的盈利性。

我国的家庭农场目前还不能达到美国家庭农场的规模，首先，我国的家庭农场还处在开发阶段，经验积累不足。而美国的家庭农场已经有上百年的发展史。其次，我国的国情与美国有很大的不同，我国是人多地少，美国是人少地多，且美国的农业机械化水平远高于我国，黑龙江垦区农业机械化率到达了90%以上，但在整个中国还不具有普遍性。究竟我国的家庭农场应实现何种程度的规模经营，也应该因地制宜，循序渐进。

（2）新型农产品市场体系。

要想做好家庭农场，也要为产品找到市场。市场是有需求的客户的集合。我国传统的农产品市场，是指从20世纪70年代末改革开放以后形成的，有农产品批发市场和农贸市场为代表的传统农产品市场，即农民生产出农产品以后，由经纪人带来的批发商来到田间地头采购。然后再卖到本地的农产品批发市场，再转运到大城市的消费地批发市场，最后由农贸市场上的个体商贩出售给城市中的消费者。传统的农产品市场中，营销渠道一般达到4～5级，过长的营销渠道带来了诸如流通时间长而产生的农产品变质和损耗、价格浮动大、信息流动不畅等问题。

新型农产品市场是指随着消费者对安全、优质农产品需求的发展，连锁经营方式的推动，而形成的潜力巨大的新兴农产品市场；新型农产品市场的基本特征是，营销主体规模化、组织化，交易方式现代化；高效率的物流配送系统，以连锁经营为主体的销售业态，交易行为与市场秩序规范化。

在新型农产品市场中，超市是一个非常具有潜力的市场渠道，这就是我们所说的“农超对接”。在发达国家，农产品通过超市的销售比例超过70%，在我国，2012年试点企业鲜活农产品产地直接采购比例达到50%，但是超市一般倾向于与大的家庭农场和专业合作社合作，原因是超市卖的农产品必须符合国家“三品一标（无公害农产品、绿色食品、有机农产品和地理标志农产品）”标准的规定。

3. 家庭农场的管理

家庭农场的管理就是对本农场的经济活动进行组织、指挥、协调和控制等管理活动，也就是把劳动者、劳动手段和劳动对象科学地组织起来进行生产。以获得数量多、质量好、成本低的产品，实现高土地利用率、高劳动生产率、高资金利润率、高商品率，取得最佳经济效果。具体来说，包括以下工作内容：

（1）统筹兼顾，合理安排生产。

规划生产布局，必须首先考虑国家有关农业生产的方针政策，其次要适应社会主义市场经济规律。农场的种植种类、面积和比例要根据市场需求来考虑，尽可能做到适销对路。在提高单位面积耕地产量的同时，要提高综合经济效益，还要考虑扩大再生产对种子、肥料及副业原料的需要，做到资源的合理配置。

（2）根据品种特性，因地因土种植。

作物生产有强烈的地域性和严格的季节性，生产布局要根据作物和品种特性及当地气候、土质、肥力、前季作物等条件，科学地进行安排。把作物种植在最适宜的自然环境中，发挥自然优势，以获取最佳的产量和品质效益。

（3）坚持用地与养地相结合，保持农业生态平衡。

保持农业生态平衡的核心是养地与用地相适应。随着农业现代化水平的提高和农村经济的发展，化肥、农药的使用量呈递增趋势。加上使用技术欠佳，当季有效利用率偏低，大量残留物积累于土壤中，流失到河流中，散发在空气中，导致农业生态环境质量逐年恶化，造成农产品多级污染，品质每况下降，严重威胁着人们的身体健康。过去一年四季倍受人们青睐的青菜，现如今一到夏季既即遭冷眼足以说明当前农业污染的严重性。与此同时，随着农业产业化结构调整的不断深化，养殖业特别是规模养殖业大力发展，畜禽养殖废弃物综合治理不到位，大部分畜禽场晴天蚊蝇成片，雨天粪水漫流。大量有机物和氮、磷营养元素的污水、污物直接或间接进入河流、土壤，成为新的环境污染源。据有关资料介绍，一个年产万头肥猪和年养20万只蛋鸡的现代化养殖场相当于一个5万或14万人口城镇的排污量。

4. 家庭农场与新型经营主体的结合

培育新型农业经营主体和建立完善新型农业社会化服务体系是构建新型农业经营体系的两个基本点。新型农业经营主体既是农业社会化服务的需求者，更是农业社会化服务的供给者。建立新型农业社会化服务体系需要新型农业经营主体发挥更大的作用。现阶段我国各类农业社会化服务还不能充分满足广大农民的需求，公共服务能力还不够强，农业公益性服务能力特别是农业技术推广、动植物防疫、农产品质量监管等还有待进一步提高。这就需要非政府性行为，为农业社会化服务供主体发挥作用，加快构建以公共服务机构为依托、合作经济组织为基础、龙头企业为骨干、其他社会力量为补充，公益性服务和经营性服务相结合、专项服务和综合服务相协调的新型农业社会化服务体系。然而，我国的家庭农场发展才刚刚起步，农民专业合作组织的凝聚力、吸引力、服务能力和规范程度有待进一步提升，农业产业化龙头企业与农民的利益联结机制还不够完善，带动能力不强。为此，需要进一步培育新型农业经营主体，为建立完善新型农业社会化服务体系贡献力量。

家庭农场作为专业大户的升级版，主要面临着与农民专业合作社和农业企业的关系处理问题。以下重点分析三种合作模式。

（1）家庭农场＋合作社。

目前，农民组织化程度低的重要原因在于分散的小农户缺乏组织起来的驱动力，培育家庭农场为农民的组织化提供了基础。家庭农场具有较大规模，刺激农户合作的需求。合作社是实现农民利益的有效组织形式，2007年我国颁布了《农民专业合作社法》，但是没有显著激发农民的合作行为，其中小规模的生产方式是限制农民合作需求的主要原因之一。因为小规模的农户经营加入合作社与否，并不能带来显著的利益。家庭农场则不一样，加入合作社对其利益的获得具有显著影响，合作的需求就会被激发出来。

山东省出台了“家庭农场办理完工商登记后，可以成为农民专业合作社的单位成员或公司的股东”以及“农户家庭成员超过 5 人，可以以自然人身份登记为家庭农场专业合作社”等相关规定。

（2）家庭农场＋农业企业。

中国的农业企业在 1949 年以前为数很少。中华人民共和国成立以后才迅速发展起来。1979 年以后，随着改革，开放和农村商品经济的发展，农业企业出现了多种形式。主要有农作物种植企业、林业企业、畜牧业企业、副业企业、渔业企业生产、加工、销售紧密结合的联合企业等。农业企业作为公司可以降低对家庭农场而言高昂的信息成本、技术风险、农用设备投资。农业企业，特别是龙头企业可以和家庭农场或者合作社来进行合作经营，以订单为契约，寻求对合作双方都有经济利益的合作模式。“家庭农场＋农业企业”的模式可以克服传统“农户＋农业企业”带来的弊端。家庭联产承包责任制下以户为单位的中国小农户害怕参与竞争，以力量薄弱的自然人参与市场竞争就会发生种粮、种菜、种果均难卖，与农业企业通过订单合作，也会发生受实力强大的农业企业价格压榨，进而造成农产品销量好但利润低的困境。家庭农场与农业企业的合作建立在实力相当的基础上，在均能享受优惠的国家扶持政策的前提下，通过合作共赢，实现生产经营形式的灵活多变以应对市场变化。

广州温氏集团也采取了“家庭农场＋农业企业”模式，以外部组织的规模收益相对有效率地克服了小农经营规模不经济的弊端，并化解了利益分配难题，实现了龙头企业与农户间更紧密的联结机制，创新了现代农业经营方式。

（3）家庭农场＋合作社＋龙头企业。

合作社与龙头企业都是农业产业化的重要依靠力量，在带动农业产业发展的过程中，他们之间的关系既可以体现为合作也何以体现为竞争。如何把龙头企业的市场优势和合作社的组织优势有效结合起来，兼顾双方利益，同时借助合作社的组织优势，提升家庭农场在市场竞争中的地位，可以采取此种模式，将家庭农场有效组织起来，构建产销一体化的产业组织体系，实现多赢的效果。

建立新型农业经营主体根本目的和要求是利益的合理分配，就是要通过创新发展各种经营模式，使农业生产经营主体分享到农产品在加工、流通过程中增值的平均利润，如果不能形成合理的利益分配机制，任何一个合作方的利益得不到保障，建立新型农业经营主体也就失去了经济动力。合作社在企业有股份，企业也有合作社的股份，为了保证原材料的质量与规模，企业会督促合作社标准化的生产，合作社也占有企业的股份，不会出现哄抬原材料价格等现象。通过利益分配机制，双方紧密合作，抱团闯市场。

这三者应该是合作的关系，互惠互利。只是现在一些企业缺乏这种竞合意识，目光短浅，宁愿花费更多的时间与交易成本，也不去联合一些有一定基础的合作社。现在对于家庭农场的研究政府还停留在政策阶段，没有从经营层面去规范家庭农场的发展。体制研究的结果是合作的三方应该如何规范合作行为，内部治理机制如何建立，盈余如何返还等。在合作的过程中缺乏利益驱动，或者是合作环节烦琐，家庭农场很可能是最先退出合作环节的一方。只有在当地政府的支持下，合作三方有了产业项目，找准三方共同的市场，赚到了利润，家庭农场、合作社与龙头企业的联合才会更紧密，合作的规范化才能得以实现。这种模式才能在实践中经得起考验。

主要参考文献

常绍峰. 2012. 转变方式促强工创新管理优发展：黑龙江省农垦红兴隆管理局“六字”精细管理的实践与思考[J]. 农场经济管理，(9)：14-15.

蒋高明. 2013. 生态文明决策者必读丛书：生态农场纪实［M］. 北京：中国科学技术出版社：15-30.

李红梅，尤飞. 2010. 新时期农垦改革问题研究［J］. 开发研究，(5)：21-23.

麦广慧. 2006. 浅述农业现代化［J］. 农业经济，(10) 49-50.

阮英梓. 2012. 国有农场要在新村镇建设中发挥示范带动作用［J］. 中国农垦，(12) 52-53.

徐更生. 2007. 美国农业政策［M］. 北京：经济管理出版社：25-27.

张斌. 2010. 黑龙江垦区农业现状及发展对策［J］. 农场经济管理，(1)：42-43.

张黎明. 2002. 关于国有农场产业结构调整的思考［J］. 安徽农业科学，(3)：455-456.

第 2 章　农场经营管理基本内涵

本章首先阐述了农场经营管理的相关概念，介绍了农场经营管理的基本职能、基本特点和管理原则，从宏观角度对农场经营管理进行了描述。从农场经济管理的方针目标与思想入手，详细地介绍了农场经营管理涉及的管理制度体系，包括耕地保护制度、土地承包的管理制度、承包权转移制度、土地确权颁证制度等各项农场经营管理制度。最后从土地经营制度、发展模式和社会管理体系和城镇化管理等农场管理的具体工作入手，介绍了以上工作环节进行管理创新工作的方法。

2.1　农场经营管理概念界定

2.1.1　农场经营管理概念

1. 经营管理概念

经营，其引申义为筹划营谋，指个人或者团体为了达到特定的目的而运用一些手段使某些有形或者无形的物质发生运动从而得到某种结果的人类活动。在经济学的角度是指人们在社会商品的生产领域和流通领域内进行的社会活功。指企业以市场为对象，以商品生产和商品交换为手段，为了实现组织的目标，使组织的投资、生产、销售等经济活动与企业的外部环境保持动态均衡的一系列有组织的活动。

管理，从字面上来看，“管”就是约束人和物，“理”就是整理归顺，管理是指通过计划、组织、领导、控制及创新等手段，结合人力、物力、财力、信息、环境、时间这六要素，以其高效地达到组织目标的过程。管理是由计划、组织、指挥、协调及控制等职能为要素组成的活动过程。广义的管理是指应用科学的手段安排组织社会活动，使其有序进行。其对应的英文是 administration 或 regulation。狭义的管理是指为保证一个单位全部业务活动而实施的一系列计划、组织、协调、控制和决策的活动，对应的英文是 manage 或 run。它作为一种活动跟随着人类的出现很早就产生了。随着学者的研究和社会的发展，大家对管理的意义也逐渐理解透彻，它主要包括 4 个含义：第一，是为了实现预期目标的一种活动；第二，其工作本质是协调；第三，管理有一个范围限制；第四，管理对象的重点是人和集体。总而言之，管理就是通过合理利用人力和物质资源来计划、组织、影响和控制，进而实现组织目标的过程。

经营和管理的关系是极为密切的，在市场经济运作背景下的民营企业制度中，通常以“经营”为中心，视“管理”为手段，用“经营”带动“管理”，依靠“管理”，二者相辅相成，相互渗透。他们的高度统一是实现经营要素完美组合和实现经营目标最佳期望的重要前提。

综上所述，所谓经营管理，是指在特定组织内，为使生产、营业、劳动力、财务等各种业务，能按经营目的顺利地执行、有效地调整而所进行的系列管理、运营之活动。

2. 农场经营管理内涵

农场，指农业生产单位、生产组织或生产企业，以从事农业生产或畜牧养殖为主，经营各种农产品和畜牧产品等的单位。农场可以作为一个企业，由个人、家庭或社群所有和经营，或由联合体、公司所有和经营，农场的规模可以从数亩到成百上千公顷不等，在美洲，一个农场的规模大的可以大到几万公顷或几十万公顷。在我国的人民公社时期，一个大的国有农场面积，相当于一个乡或几个乡镇的规模；原来以大型农场为主的新疆生产建设兵团、黑龙江生产建设兵团即黑龙江垦区自 20 世纪 90 年代以来相继改为城镇建制。现代新农场，不再是单单用来种农作物的场地，更是一种种植＋养殖＋休闲＋娱乐的混合型场地。农场在我国发展已经有了较长的历史，它被认为是市场经济条件下发展农村经济的一个重要组成部分，在世界各国都有不同程度的发展。我国的农场在新中国成立前就有了一定程度的发展。

农场的经营管理应该严格坚持土地资源公有制、坚持承包户的生产经营服从农场宏观指导、坚持以按劳分配为主体的多种分配形式、坚持正确处理各方利益关系、坚持统分结合原则的前提下，通过推行各项灵活的制度安排和经营制度来提高管理效率、提高管理效果。农场资源的整合包括资金、资产以及土地资源的整合。土地是农场最大的资本，应对农场土地资源进行详细的摸底、登记，全面掌握土地资源的现实状况，在此基础上进行整体规划，以发挥土地资源的最大优势，取得最大的经济效益。对农场的资金、资产进行整合，充分发挥资金、资产的最大效能，把资金、资产用到最需要的地方，最能带来高产值高效益的地方。

综上所述，本书界定农场经营管理为，在农场经营管理范围内，为使生产、营业、劳动力、财务等各种业务，能按经营目的顺利地执行、有效地调整而所进行的系列管理、运营活动。

2.1.2　农场经营管理职能

包括五个方面的内容，即战略职能、决策职能、开发职能、财务职能和公共关系职能。

1. 战略职能

战略职能是农场经营管理的首要职能，原因是农场所面对的经营环境是一个非常复杂的环境。影响这个环境的因素很多，变化很快，而且竞争激烈。在这样一个环境里，农场欲求长期稳定的生存与发展，就必须高瞻远瞩，审时度势，随机应变。

经营管理的战略职能包括五项内容：

经营环境分析、制定战略目标、选择战略重点、制定战略方针和对策及制定战略实施规划。明确和检验公司战略与竞争战略，而不仅仅是受其制约。精心制定职能战略，可使公司战略与竞争战略明朗化，以指导各项具体经营活动，可使公司战略与竞争战略具体化，以将战略目标和任务落到实处。同时使公司战略与竞争战略面向行动，以检验其是否正确、可行。从上述意义上讲，只有提炼出切合实际的战略，战略才有实际的操作价值，否则，战略就很难凑效。职能战略是公司战略、竞争战略与实际达成预期战略目标之间的一座桥梁。

制定农场的发展战略应该根据使命，在分析内部条件和外部环境的基础上来进行；除此之外，农场的经营战略还会受到最高管理层的社会价值体系的影响，这种情况下形成的战略目标往往是由掌握农场关键资源的那些人按照自己的社会价值体系来制定的。因此农场战略目标会因为使命的不同而呈现多样化。对于具有多种经营业务的农场来说，战略存在于不同的管理层次。战略按照其影响的范围可以划分成农场战略、经营单位战略和职能战略。对一个大型农场来说，有多种战略选择。一般来说可以分成以下几类：稳定发展战略、发展战略、防御战略。其中发展战略具体包括集中生产单一产品和劳务的战略、同心多样化战略、纵向一体化战略和复合多样化战略。防御战略具体可以分为收获战略、调整战略、放弃战略和清算战略。

2. 决策职能

经营职能的中心内容是决策。农场经营的优劣与成败，完全取决于决策职能。决策正确，农场的优势能够得到充分的发挥，扬长避短，在风险经营环境中以独特的经营方式取得压倒性优势，决策失误，将使企业长期陷于困境之中。任何一项决策都是为了实施，因而必须是可行的。要保证决策的可行性，必须分析现有的人力、物力、财力、科学技术水平等主客观条件，分析事物发展过程中可能发生的各种变化，分析决策实施后产生的各种影响，经过慎重的、全面的、科学的论证、审定、评估，做出可行性分析，确定可行性的程度，在此基础上做出的决策才是科学的。

决策的一般步骤：

① 发现问题，找出原因，明确决策目标。为了保证决策科学，确定决策目标

时需遵循以下原则：第一，遵循针对性原则。针对性原则即有针对性地解决问题，实现目标。例如面对亏损，如果认为问题出在人浮于事上，可以通过制定减员目标以解决亏损问题。第二，具体化原则。目标不是侃侃而谈，而是有很强的操作性，最好能制定量化目标。量化的目标便于指导实际工作也便于日后的考核。

② 拟订可行方案。问题和目标明确之后，就应考虑如何解决问题和实现目标，这就是决策的第二步，拟定可行方案，即寻找实现目标的途径。这一步应注意以下几个方面的问题：方案的可行性，一般考虑方案是否具有经济可行性、技术可行性、人员可行性、法律可行性和社会道德可行性，方案的完备性，方案间的互斥性。

③ 选择行动方案。在选择时应考虑以下几个方面的问题：方案是否能实现农场决策的目标、方案是否有利于社会目标的实现、方案是否掺杂个人目标。

④ 合理确定评价标准。针对决策问题，选择恰当的决策标准。先定标准，再找方案。可以借助一些定量的综合评价方法，如层次分析法，数据包络法、人工神经网络法等。

⑤ 合理地确定决策方法。决策方法对方案的选优也非常重要。常用的决策方法有定性决策方法和定量决策方法。定性决策法又称主观决策法，是指在决策中主要依靠决策者或有关专家的智慧来进行决策的方法，常用的有经理人员决策法、专家会议法、头脑风暴法、德尔斐法等。德尔斐法的实施步骤：

首先，拟定决策提纲。先把决策的项目写成几个提问的问题，问题的含义必须十分明确，不论谁回答，对问题的理解都不应两样，而且最好只能以具体明确的形式回答。

其次，选定决策专家。选择的专家一般是指有名望的或从事该项工作多年的专家，最好包括多方面的有关专家，选定人数一般以 20～50 人为宜，一些重大问题的决策可选择 100 人以上。

再次，征询专家意见。向专家邮寄第一次征询表，要求每位专家提出自己决策的意见和依据，并说明是否需要补充资料。修改决策意见。决策的组织者将第一次决策的结果及资料进行综合整理、归纳，使其条理化，发出第二次征询表，同时把汇总的情况一同寄去，让每一位专家看到全体专家的意见倾向，据此对所征询的问题提出修改意见或重新做一次评价。

最后，确定决策结果。征询、修改以及汇总反复进行三四轮，专家的意见就逐步集中和收敛，从而确定出专家们趋于一致的决策结果。

定量分析方法即通过数学模型决策法，分析方案的成本、效益和风险。最后，试验决策法，即在较小范围内做试验，及时发现问题，完善决策方案，保证更大范围的成功。上述两类决策方法各有利弊，最理想的决策是能融三种方法于一体的决策。即通过经验决策法确定决策方向，用数学模型法精确分析成本、收益和风险，用试验决策法在小范围内进行实际论证。当两种方法的决策结果一致时，所确定的方案就是最稳妥的方案。

⑥ 执行决策。选定可行方案之后就应付诸实施，执行决策。执行决策之前，应广泛征求意见，反复推敲，集中力量再次分析检验方案的可行性，以保决策万无一失。做出决策固然艰难，执行决策也不轻松。为了保证决策的有效实施，需做好以下几个方面的工作。首先，编制实施决策的计划。计划明确什么时间，在什么阶段，谁做什么，保证决策结果有效执行。其次，建立以决策者为首的责任制。决策者最了解决策的目标，对决策执行过程中可能出现的问题更有预见性，是决策执行中的理想责任者和指挥者。最后，建立信息沟通系统。保证能及时了解决策执行进度，及时解决执行中出现的问题。

3. 开发职能

开发不仅仅限于人、财、物，经营管理的开发职能的重点在于产品的开发、市场的开发、技术的开发，以及能力的开发。农场要在激烈的市场竞争中稳操胜券，就必须拥有第一流的人才，第一流的技术，制造第一流的产品，创造出第一流的市场竞争力。只有农场在技术、人才、产品、服务、市场适应性方面都出类拔萃，农场才能在瞬息万变的市场竞争中，得心应手，应付自如。

开发职能的要点：①质量保证。产品开发流程确定开发项目的阶段和沿着开发流程的节点。假定这些阶段和节点的选择是明智的，那么遵循产品开发流程就是一种保证最终产品质量的方式。②协调。一个清晰的开发流程发挥着主计划的作用，它规定开发团队中每一个活动者的角色。当需要团队成员的贡献以及团队成员需要交换信息和材料时，该计划将保证团队成员之间的信息传递。③计划。开发流程包含了完成每一阶段的自然界限。开发流程是评估即将完成的开发活动效果的标准。通过实际事件和已经建立的流程之间的对比，管理者可以识别出可能出现问题的地方所在。④提高。应将组织的开发流程进行整理归档，这有助于提高机会的识别。

4. 财务职能

财务职能，是指发挥资金的筹措、运用与增值过程的职能。财务职能集中表现为资金筹措职能、资金运用职能、增殖价值分配职能以及经营分析职能。经营的战略职能、决策职能、开发职能，都必须以财务职能为基础，并通过财务职能做出最终的评价。农场的财务管理工作是农场日常工作中比较重要的一部分，财会人员是财务工作责任的承担者，会直接对会计信息产生影响。经济发展得越快，对会计人员的要求就越高。所以，要对会计人员的管理体制和其工作内容进行不断的改革，以适应新的经济发展需要。随着社会主义市场经济体制的确立和改革的逐步深化，农场的财务管理要从基础抓起，通过以集中核算与内控制度为核心来开展各项工作。加强制度实行过程中监督力度，加大各项制度的实施力度，以促进农场经济的有序运转和经济质量的提高。农场财务管理的有效进行，债务结构的不断完善，都为农场财务管理工作的实行奠定了坚实的基础。农场经济利益与国家利益关系的经济关系也变得越来越复杂。对会计人员的管理，我们可以借鉴发达国家的管理改革经验，但也要从适合我国国情的角度出发，制定出适合社会主义国家发展的管理体制，从而能更好地、更有效地规范财会工作，达到为我国经济发展作出卓越贡献的目的。

5. 公共关系职能

农场同它赖以存在的社会经济系统的诸环节保持协调，这种同外部环境保持协调的职能，被称为社会关系职能或公共关系职能。公共关系的内容包括：农场与投资者的关系，与往来业务单位的关系、与竞争者的关系、与顾客的关系、与职工的关系、与地区社会居民的关系、与公共团体的关系、与政府机关的关系。

2.1.3　农场经营管理的特点

农场作为经营主体，与其他经营主体相比较有其自身特点，具体归纳如下。

1. 资源多样性

土地等自然资源是基本的不可替代的生产资料。在一些非农业部门里，土地仅仅是作为劳动的场所，不直接参与劳动生产过程。而在农业部门中，土地则不仅仅是劳动场所，更是劳动对象和劳动手段，直接参与劳动生产过程。尤其对于农场来说，在其经营管理过程中，土地、水、草场等自然资源是必不可少的资源。

2. 地域性和波动性

农场经营管理受自然环境影响大，具有地域性和波动性。农场生产的对象是动植物。动植物的生长发育需要空气、水分、阳光和各种养料。不同生物生长发育规律不同，各自要求适应不同的自然环境。世界各地的自然条件、经济技术条件和国家政策差别很大，因而形成农业生产极为明显的地域性。农场生产主要在广阔的田野上进行，受自然环境的影响很大。不同地区的气候、地形、土壤和植被等自然条件不同，而不同的动植物对环境要求也不同，从而形成不同动植物在不同地区的分布情况不同，呈现出强烈的地域性。而在同一地区的自然条件也不是一成不变的，自然条件的突变对农场经营管理的影响很大，农场经营管理具有地域性和波动性。

3. 连续性

农场进行生产周期长，具有连续性。农业的生产周期主要取决于动植物的生长发育周期，而整个生长发育周期是连续性的。但动植物的并不是一年四季都在成长，所以人类投入劳力时间只是其中的一部分，这就表现了其强烈的生长连续性。

4. 具有季节性和周期性

由于作物生长发育受热量、水分、光照等自然因素影响，这些自然因素随季节而有变化，并有一定的周期，所以农业生产的一切活动都与季节有关，从播种到收获需要按季节顺序安排，季节性和周期性很明显。同样，捕鱼、造林、畜牧等也有季节性和周期性。农场在进行经营管理时要遵循其季节性和周期性的规律。

5. 一业为主，全面发展的特点

以农为主，在农场经营过程中，占主导地位的是农业，收益比重最高的也是农业，这就决定了农场在经营管理过程中以农业为主，全面发展的特点。

6. 职能和环境的复杂性

很多农场，尤其是偏远国有农场，在开垦最初就是小农场办大社会，科教文卫设置齐全，肩负着社会观的职能，体现了农场在经营管理过程中职能的复杂性。同时作为企业，以赢利为主要目标，在市场经济竞争中，所处的环境更加复杂。

2.1.4 农场经营管理原则

不同类型的农场，其生产经营活动是千差万别的。可是，所有的经营活动都可以遵守以下的原则，这些原则是根据不同时期、不同国家和地区各种类型农场的经验总结而成的。

1. 是“细”

就是要目标清晰化，指标系统化，操作精细化。目标清晰化，就是清晰地设定企业总体目标、中期目标、年度目标、阶段目标，并通过细化、量化和标准化，分解为具体的、可操作的子目标，落实到每个部门、每个层次、每个成员，纵向到底，横向到边，不留死角。指标系统化，就是系统地设置企业的财务类、客户类、运行类、学习创新类指标，以较少的指标全面反映考核对象的主要内容，通过各项指标之间的有机联系，达到统筹兼顾，整体最优，促使企业实现发展目标。操作精细化，就是要用具体明确的量化标准取代笼统、模糊的管理要求，把管理内容逐一分解、量化为具体数字、程序、责任，使每项工作都能看得见、摸得着、说得准。

2. 是“全”

就是要全方位覆盖，全过程管控，全体系联动。全方位覆盖，就是要把精细化管理覆盖到企业全部生产经营活动范围，从企业项目、物资、生产、绩效、财务到市场营销、人事管理等多环节各方面都能网络化覆盖，没有盲点，不留空白，确保任务落到实处，工作取得实效。全过程管控，就是对企业生产运作的全过程进行有效的管理和控制，建立市场调研、产品设计开发、原材料供应、生产制造、销售服务等一整套的管理控制体系，对每一个环节都严格把关，进而达到控制成本、保证质量、提高效益的目的。全体系联动，就是垦区现代产业体系内的各个系统、各个单位、各个部门都能有机衔接、顺畅沟通、相互协同，在宏观上能够统筹规划、整合资源，在管理上能够协调运作、优势互补，在服务上能够营造环境、保驾护航。

3. 是“高”

就是高起点规划，高标准推进，高质量完成。高起点规划，就是加强战略思维，搞好企业定位，在科学判断行业发展趋势的基础上，制定企业中长期发展规划和年度发展计划，牢牢抓住战略机遇，把企业要素潜力充分挖掘出来，掌握发展主动权。高标准推进，就是以卓越的执行力实施每一个项目、工程和各项管理工作，日事日毕，月清月结。高质量完成，就是要突出重点，抓住细节，创新机制，形成合力，有计划地完成工作任务和经营目标，每年都能登上一个新台阶。

4. 是“新”

就是推广新科技，创建新模式，构筑新格局。推广新技术，就是要加快建立完善以企业为主体的技术创新体系，建立科学规范的研发管理制度，提高研发资源配置效率，切实提高企业自主创新能力，突出重点，改造传统产业。创建新模式，就是要充分利用互联网技术实现企业生产过程的自动化、企业管理的信息化、产品质量的可追溯化和商业模式的电子化。构筑新格局，就是纵向上拉长产业链，横向上扩展产品覆盖面，在牢固占据中低端市场的基础上，不断向产业链高端推进，形成主体型的产业系统，构建体系化竞争新格局。

5. 是“严”

就是要严格考核，严明纪律，严谨作风。严格考核，就是要根据目标来量化指标，根据指标来科学制定考核办法，动态监控，奖罚分明，严格兑现，将干部的使用与考核挂钩，将员工的薪酬与绩效挂钩，最大限度地克服考核中的主观性，坚决避免随意性。严明纪律，就是要从严治企，加强组织性、计划性、准确性和纪律性，严格执行法规制度，坚决纠正管理松懈、作风松散、纪律松弛等现象。严谨作风，就是对待工作要认真细致、周到严谨，完成任务兢兢业业、高度负责，处理事务秉公办事、坚持原则，从事管理恪尽职守、执行标准。

6. 是“实”

就是基础扎实，全员参与，深入持久。基础扎实，就是要强化企业基础管理，夯实企业发展根基，从制度、流程、规范上理顺基础管理内容，有章可循，以操作人员为重点全面推进基础管理，有人负责，以常规性的定期检查为重点预先控制，查漏补缺。全员参与，就是要尊重职工的企业主人翁地位，制度化地安排全体职工参与企业战略管理、质量管理、绩效管理、日常基础管理，以集体力量构成企业整体合力，群策群力提高企业核心竞争力。深入持久，就是要建立企业持续快速发展的长效机制，实现强化领导与全员参与相结合、岗位竞争与学习成长相结合、激励机制与约束机制相结合，把企业管理工作推向深入。应该说，一个团队如果形成一种战斗合力的话，就会全员参与，这个团队无论做什么事都有可能成功。

2.2　农场经营管理方针目标与思想

2.2.1　农场经营管理方针目标的管理

农场作为农业生产单位，以从事农业生产或畜牧养殖为主，是经营各种农产品和畜牧产品的物质生产部门，具有较为明确的经营方针目标。农场经营管理方针目标是指农场在一定时期内管理活动总的发展方向、战略、规模和所要达到的行为结果。农场经营管理的方针目标，应具体体现国家经济运行宏观目标的要求，并反映基本任务的发展方向和达到的目标水平。

为保障农产经营方针目标的顺利实现，有必要对农场的方针目标进行管理。农场经营管理方针目标的管理包括目标方针的制定、展开与实施三个环节。

农场经营管理方针目标的制定应满足以下特征：

① 方针目标的方向必须符合国家相关法律和政策安排，明晰无误，以防止产生方向性错误和理解的歧义。

② 方针目标要具有能鼓励执行者的工作热情，提高执行者工作积极性、创造性并努力实现目标的积极作用。

③ 方针目标要简明扼要的表达，便于记忆和贯彻执行。

农场制定的方针目标满足国家相关法律和政策安排是底线，新中国成立以来，现行有效的农业法律 10 件、行政法规 18 件，以及相关法律法规 22 件，农业部门规章 110 件。《中华人民共和国农业法》、《中华人民共和国农业技术推广法》、《中华人民共和国种子法》、《中华人民共和国动物防疫法》、《中华人民共和国草原法》、《中华人民共和国渔业法》、《中华人民共和国野生动物保护法》、《中华人民共和国乡镇企业法》、《中华人民共和国进出境动植物检疫法》、《中华人民共和国农村土地承包法》是农场目标方针底线的政策性指导和说明。作为农场的经营者，在制定方针目标时必须遵从国家制定的相关法律。

2014 年度，黑龙江农垦总局的经营管理方针目标为：站在新的历史起点，面对新的发展机遇，全面贯彻落实党的十八大和十八届三中全会精神，紧紧围绕全省“五大规划”，“十大重点产业项目”和“十大民生工程”，积极推进“两大平原”现代农业综合配套改革先行先试，巩固提高粮食综合生产能力，建设国家安全食品生产基地，打造国际化大粮商，努力承担起维护国家粮食安全、食品安全、生态安全和实施农业走出去的战略新使命，为率先全面建成小康社会、实现北大荒中国梦而努力奋斗。

在该方针目标中，黑龙江垦区全面贯彻落实了党的十八大、十八届三中全会、十八届四中全会精神，以邓小平理论、“三个代表“重要思想、科学发展观为指导，深入贯彻习近平总书记系列讲话的重要精神，主动适应经济发展新常态。既响应了近年来中共中央和国务院在农业工作中的政策安排，也体现了黑龙江垦区作为国有农场在保障国家粮食安全方面的重要地位和承担的责任。

1. *农场经营管理方针目标的展开*

方针目标的展开主要指确定中长期经营规划或年度方针，在年度方针里做好以下 3 项工作：第一，明确工作重点；第二，从全员的立场出发，明确目标和实施计划；第三，通过实施过程中的检查、跟踪，进行管理的循环，完成目标。有效而合理的方针目标展开便于全体员工了解农场的发展方向和可行的实施手段。

以下是黑龙江省大庆市肇源县某农场管理方针目标，见表 2-1。

表 2-1　黑龙江省大庆市肇源县某农场 2014 年度方针目标

目标	新品种开发提高到 0.5 种/年
	水稻出芽率提高到 95%以上
	农业机械化率达到 80%以上
对策	依托产-学-研相结合的路径
	加强自主管理，全力推动作业改善
	加大投资力度，争取农机补贴

如果在目标的展开过程中，没有体现出农场的工作重点，就说明该农场负责目标方针工作的管理者，没有深刻理解本农场的经营工作重心。不能理解经营工作中心，在目标展开活动中，就抓不到重点，只能泛泛而谈。最终，很难体现出自身的发展优势。

在目标展开的过程中，也要注意从全员角度出发，如果目标展开最后落实成类似于“振兴民族产业”、“实现充分就业”及“实现人与自然和谐发展”、“中国第一”、“世界领先”与“受人尊敬”等口号，则很难让全体员工明白自身在实现目标过程中应发挥的作用和扮演的角色。最终那些被高层管理者精心设计的口号只留在了墙上、印在了纸上。目标展开不仅是目标制定者的经营意图的反映，也必须经过农场全员的努力去加以实现。所以，必须从全员角度出发来进行目标展开。

目标展开是一项动态性的工作，不是制定了“新品种开发提高到 0.5 种/年，水稻出芽率提高到 95%以上，农业机械化率达到 80%以上。”就“万事大吉”了。良好的执行力是目标展开工作顺利完成的最终保障。一线员工在接到任务时，要做到服从目标、服从领导、服从变化，这是做好每项工作的前提条件。仅仅依靠目标无法使员工有效的执行农场的策略，目标只是一个方向，而如何采取恰当的方式来达成目标，才是推动工作的重要手段。一项工作如果领导布置过后再也不过问，下级员工就不会有自觉落实的行为，通常领导布置工作一段时间后，还要跟踪下达的任务是否都已完成。否则会导致农场内部运作效率低下，员工有依赖思想。

经营目标的展开是一个系统性的工作，以上提到的三个环节缺一不可，这三个环节相互依存、相互制约。管理者必须在管理实践过程中，把这三个环节有机地结合在一起，为农场经营目标的实现提供有力支撑。

2. 农场经营管理方针目标的实施

在落实方针目标的过程中，实施环节是落实目标的最终步骤。方针管理的实施步骤如下：

① 明确未来的发展方向和现状的差距。农场的经营性质、规模、地理位置、经营范围不尽相同，但是每一个农场都存在对现状的不满足，都希望在未来能发展得更好。在分析现状，找准差距的过程中，应综合使用定性和定量相结合的方法。通常接触到的市场调查中，小组座谈会、深度访谈等是定性研究的具体方法，而大量的问卷调查、电话访问等是定量研究。不同的分析方法各有其不同的特点与性能，但是都具有一个共同之处，即它们一般都是通过比较对照来分析问题和说明问题的。正是通过对各种指标的比较或不同时期同一指标的对照才反映出数量的多少、质量的优劣、效率的高低、消耗的大小、发展速度的快慢等，才能为作鉴别、下判断提供确凿有据的信息。

② 制定年度方针。制定年度方针要基于农场现状，符合本农场发展的战略目标、品类规划目标、品牌规划目标、年度经营目标的层级要清晰。年度目标与农场资源现状基本匹配，与市场容量、市场需求及其增长速度基本匹配。与市场发展可能性的预测基本匹配。

③ 贯彻实施对策。农场中各层次、各部门的成员为达成分目标，必须从事一定的活动，活动中必须利用一定的资源。为了保证他们有条件组织目标活动的展开，必须授予相应的权力，使之有能力调动和利用必要的资源。有了目标，组织成员便会明确努力的方向；有了权力，他们便会产生强烈的与权力使用相应的责任心，从而能充分发挥他们的判断能力和创造能力，使目标执行活动有效地进行。

④ 评价结果和过程。成果评价就是实行奖惩的依据，也是上下左右沟通的机会，同时还是自我控制和自我激励的手段。成果评价既包括上级对下级的评价，

也包括下级对上级、同级关系部门相互之间以及各层次自我的评价。上下级之间的相互评价，有利于信息、意见的沟通，从而有利于组织活动的控制；横向的关系部门相互之间的评价，有利于保证不同环节的活动协调进行；而各层次组织成员的自我评价，则有利于促进他们的自我激励、自我控制以及自我完善。

我国幅员辽阔，每个农场由于所处地理位置不同，种植作物或畜牧养殖的品种也不尽相同，最终的产出品总值和产出效率有较大差异。每个农场在进行方针目标管理时，都要考虑自身特点，不能盲目照搬其他农场的方法。

2.2.2　农场管理的经营思想

经营思想是指个人或团体为了实现某些特定的目的，运用经营权使某些物质发生运动从而获得某种结果的人类最基本的活动。在实践、经营活动中发生的各种关系和认识的总和就是经营思想。正如按载体来划分经营活动一样，经营思想也可分为政府经营思想、农场经营思想、家庭经营思想、个体经营思想等。

从广义上来说，农场经营思想包括三个部分。第一个部分是对农场经营环境的基本认识，包括社会及其结构、市场、消费者及科技情况的预见。以科技因素为例，科技增产的作用是巨大的，更是我国农业提高综合生产能力的必由之路。农业科技成果推广应用于生产，并不是一项简单的宣传普及工作，而是一个复杂的由潜在生产能力转化为现实生产力的过程。农业是资源消耗型产业，在有限的水土资源条件下实现农业的持续增产，科技是根本出路。从世界范围内来看，世界农业正孕育着新的科技革命，对此必须有充分准备。第二个部分是对农场特殊使命的基本认识。2014 年中央一号文件指出：“2014 年及今后一个时期，农业农村工作要……按照稳定政策、改革 创新、持续发展的总要求，力争在体制机制创新上取得新突破，在现代农业发展上取得新成就，在社会主义新农村建设上取得新进展，为保持经济社会持续健康发展提供有力支撑。”农场作为农业生产的重要主体之一，是我国实现中长期粮食安全的重要保障。第三部分是对完成农场使命的核心竞争力的基本认识。核心竞争力是建立在组织核心资源上的技术、产品、管理、文化的综合优势在市场上的反映。构建农场核心竞争力的方法，可参照波特的钻石模型，由于篇幅有限，在此不再赘述。对经营思想的基本认识是使本农场在新的经济与社会环境中脱颖而出的优势力量集合。经营理念的形成是经过日积月累的思考、努力及实践才能形成的。

从狭义上来说，农场经营管理思想应该包含市场观念、竞争观念、效益观念、市场观念、创新观念、生态观念和民主观念等。市场观念是指是农场在经营管理时处理自身与顾客关系之间关系的经营思想。顾客需求是农场经营活动的出发点和归宿，是农场的生存发展之源。农场生产什么、生产多少、什么时候生产以及生产的产品以什么方式去满足顾客的基本需求。

竞争观念是农场处理自身与竞争对手之间的关系的经营思想。市场竞争是在市场经济的条件下，各农场之间为争夺更有利的生产经营地位，从而获得更多的经济利益的斗争。市场竞争具有客观性，排他性、风险性和公平性。农场对这方面的认识和态度，反映出农场竞争观念的表现方式和强度。

效益观念是农场处理自身投入与产出之间关系的经营思想。农场可视为一个资源转换器，以一定的资源投入，经过内部的转移技术，转换出社会和市场所需要的产品。经济效益是产出和投入之比，这个比率越大，经济效益就越高。效益观念的本质就是以较少的投入（资金、人、财、物）带来较大的产出（产量、销售收入和利润）。因此，农场的效益观念涉及处理好投入、转化和产出的综合平衡，解决好投入、转换的经济、高效和产品的适销对路的产品。

创新观念是农场处理现状和变革之间关系的经营思想。创新是农场经营者抓住市场的潜在机会，对经营要素、经营条件和经营组织的重新组合，以建立效能更强、效率更高的新的经营体系的变革过程。农场的创新观念主要体现在以下三个方面：一是技术创新，包括新产品开发、老产品的改造、新技术和新工艺的采用以及新资源的利用；二是市场创新，即向新市场的开拓；三是组织创新，包括变革原有的组织形式，建立新的经营组织。变革是有风险的，然而不变革也是有风险的。对两种风险的认识和态度是创新观念的本质。

长远观念是农场处理自身近期利益与长远发展关系的经营思想。近期利益和长远发展是一对矛盾统一体，商品生产的特点是扩大再生产，然而投资者和职工当前的利益又不能不考虑。农场领导者如何兼顾这对矛盾，是长远观念的核心。

社会观念是农场处理自身发展之间关系的经营思想。现代农场越来越感到社会责任的重要性。农场之所以能存在，就在于能对社会做出某些贡献。除了生产适销对路的产品外，农场还负有诸如对国家、生态环境、文化教育事业、社区发展、就业、职工福利和个人发展等方面的责任。社会观念的本质，就是谋求农场与社会的共同发展。农场的发展为社会做出了贡献，社会的发展又为农场的发展创造了一个良好的外部环境，所以也称为生态平衡观念。推而广之，生态观念是指农场与所有利益相关者互惠互利，共同发展的观念。

民主观念是农场领导在决策时处理与下属以及职工关系的经营思想。决策是农场经营的核心问题，现代农场的经营决策要科学化、民主化。农场的广大职工中蕴藏着丰富巨大的想象力和创造力，农场领导者如何把这种想象力和创造力激发出来，予以加工提炼，是民主观念的核心。

2.2.3　北大荒精神的核心价值观

所谓价值观念，是人们基于某种功利性或道义性的追求而对人们（个人、组织）本身的存在、行为和行为结果进行评价的基本观点。可以说，人生就是为了价值的追求，价值观念决定着人生追求行为。价值观不是人们在一时一事上的体现，而是在长期实践活动中形成的关于价值的观念体系。企业的价值观，是指企业职工对企业存在的意义、经营目的、经营宗旨的价值评价和为之追求的整体化、个异化的群体意识，是组织全体员工共同的价值准则。只有在共同的价值准则基础上才能产生正确的价值目标。有了正确的价值目标才会有奋力追求价值目标的行为，组织才有希望。因此，价值观决定着员工行为的取向，关系组织的生死存亡。只顾组织自身经济效益的价值观，就会偏离社会主义方向，不仅会损害国家和人民的利益，还会影响组织形象；只顾眼前利益的价值观，就会急功近利，搞短期行为，使组织失去后劲，导致灭亡。企业精神要通过企业全体职工有意识的实践活动体现出来。因此，它又是企业职工观念意识和进取心理的外化。企业精神是企业文化的核心，在整个企业文化中起着支配的地位。企业精神以价值观念为基础，以价值目标为动力，对企业经营哲学、管理制度、道德风尚、团体意识和企业形象起着决定性的作用。可以说，企业精神是企业的灵魂。企业精神通常用一些既富于哲理，又简洁明快的语言予以表达，便于职工铭记在心，时刻用于激励自己；也便于对外宣传，容易在人们脑海里形成印象，从而在社会上形成个性鲜明的企业形象。

北大荒精神，是在特定历史条件和极其艰苦的环境下培育和锤炼出来的，是英雄的北大荒人的政治觉悟、精神境界、道德情操、意志品格、行为规范和工作作风的集中体现。这种精神已在全国产生了广泛而深远的影响，成为全国人民共同拥有的一笔宝贵的精神财富，“艰苦奋斗、勇于开拓、顾全大局、无私奉献”这十六个字，成为推动我国经济发展和社会进步的强大动力，它将永远激励着我们在建设有中国特色社会主义的道路上奋勇前进。

在新时期、新阶段，面临新形势、新任务，尤其是在当前工业化、市场化、城市化加速发展的今天，北大荒精神的内涵发生了深刻的变化。目前，我国的市场经济体系已经基本健全。经济基础的变化要求作为上层建筑的人们的观念体系也必须发生变化，这是由上层建筑要适应经济基础的规律所决定的。因此，总局党委提出的以“诚信、务实、创新、卓越”为基本内涵的北大荒核心价值观是北大荒精神在当代的具体体现。“诚信”是当代北大荒人的做人之本，是最首要的人品。“务实”是北大荒人一以贯之的政治品格。没有北大荒人脚踏实地的干，就没有北大荒的今天。在市场经济高度发展的今天，北大荒人更应该讲务实。务实是艰苦奋斗精神在今天的具体体现。“创新”是北大荒事业生生不息的不竭动力，是北大荒人弃旧纳新、自觉求变的内在品质，是“勇于开拓”精神在新时期的体现。在新时期、新阶段，北大荒人创新的任务更加繁重，它决定着垦区的前途和命运。没有创新，北大荒的事业就没有动力的源泉，就没有生命力。“卓越”是北大荒农垦事业发展壮大的最高价值追求和目标指向。“卓越”既包涵着北大荒精神中“艰苦奋斗、勇于开拓、顾全大局、无私奉献”的全部内涵，又具有当今时代的鲜明特征。我国加入 WTO 后，农产品在国际市场上的竞争越来越激烈，没有更好，没有最佳，就将被淘汰。没有最小的投入、最大的产出，就不会占有较大的市场份额。

因此，北大荒核心价值观是同北大荒精神一脉相承的，是时代化、与时俱进的北大荒精神。在新时期，坚持北大荒核心价值观，就是坚持北大荒精神，决不能把两者割裂开来。践行着诚信、务实、创新、卓越的北大荒核心价值观。

2.3 农场经营管理制度体系

2.3.1 农场土地经营制度

农场土地经营制度形成于特定的历史、经济背景下。目的都是使各项农业工作按计划按要求达到预计目标。2009 年国土资源部、农业部颁布了《关于加强国有农场土地使用管理的意见》，为建立现代农场土地经营制度提供了依据。科学的农场土地经营制度可以有效加强农场的土地承包管理，完善农场土地承包经营责任制，切实减轻农场经营者的负担，促进农场经济发展和社会和谐稳定。由于我国幅员辽阔，地理条件差别明显，因此土地经营管理制度也不尽相同。农场土地经营制度应该包括以下内容：

1. 耕地保护的制度

土地利用总体规划确定的农场范围内的基本农田保护区，任何单位和个人不得擅自占用或者改变用途。各农场应当按照《基本农田保护条例》的要求，利用农用地分等定级成果，做到地块、面积、标志、档案、措施、责任制“六落实”，确保基本农田总量不减少、用途不改变、质量有提高。一般耕地和新开垦出的耕地凡具备划入基本农田条件的，由国土资源厅统筹安排，依法划为基本农田。在具备条件的农场建立基本农田保护示范区，按照“基本农田标准化、基础工作规范化、保护责任社会化、监督管理信息化”的要求，健全各项规章制度，落实管理责任，提升基本农田管理水平。

2. 土地承包的管理制度

农场土地承包管理必须依据国家有关法律、法规，坚持公开、公平、公正的原则，正确处理国家、国有农场及承包方三者利益关系。农场土地承包要坚持国有土地有偿使用的原则，土地承包方必须依法缴纳规定的土地承包费，国家依法保护土地承包关系的长期稳定。农场土地承包应当遵守法律、法规，保护土地资源的合理开发和可持续利用。未经依法批准，不得改变土地用途。

3. 承包权转移的管理制度

升学、参军、劳教人员与在册农工及其家属享有同等承包权。具体分配标准由国有农场职工代表大会讨论确定，并按隶属关系报本级国有农场主管部门和财政部门备案。常年有固定薪金收入的在职、在岗的各级管理人员、工勤人员、教职员工、在社保部门或国有农场领取离退休金的离退休人员、1997 年 12 月 31 日后户籍由农村迁入农场并在原村已分配耕地的人员和自愿申请不参加责任田承包的人员，均不享有责任田的承包权。国有农场农工退休（享受退休薪金待遇的退休人员）、提干、死亡，农工家属户籍迁出，参军转干或分配工作和升学后已就业者，应收回责任田纳入机动田管理。

4. 土地登记颁证工作的管理制度

加快农场土地登记发证的工作步伐。凡权属来源清楚、无争议的，要抓紧登记发证；对有异议的土地，调处一宗，登记一宗。为减少工作重复，维护土地确权登记结果的统一性，各地应加快开展农村特别是国有农场周边农村集体土地所有权的登记发证工作。

5. 违法侵权行为的管理制度

制止非法侵占国有农场土地行为，加强对土地违法行为的监督检查。要依照国家有关法律规定严格控制建设占用国有农场土地，确需占用农场土地搞建设的，要依法办理审批手续，并依法给予补偿和安置，不得随意强行划转国有农场土地。对少数侵占国有农场土地的不法分子，要坚决依法查处；对非法占用国有农场土地的，要坚决退还；对破坏国有农场财产、挑起事端的，必须坚决予以打击；对违反法律规定程序将国有农场所属土地确定给其他单位或个人的，除宣布其批准文件和证书无效外，还要按照《中华人民共和国土地管理法》等有关规定对直接责任人进行严肃处理。

2.3.2　农场产业发展管理制度

20 世纪 20 年代，国际劳工局最早对产业做了比较系统的划分。即把一个国家的所有产业分为初级生产部门、次级生产部门和服务部门。后来，许多国家在划分产业时都参照了国际劳工局的分类方法。第二次世界大战以后，西方国家大多采用了三次产业分类法。在中国，产业的划分是：第一产业为农业，包括农、林、牧、渔各业；第二产业为工业，包括采掘、制造、自来水、电力、蒸汽、热水、煤气和建筑各业；第三产业分流通和服务两部分，共 4 个层次：①流通部门，包括交通运输、邮电通信、商业、饮食、物资供销和仓储等业。②为生产和生活服务的部门，包括金融、保险、地质普查、房地产、公用事业、居民服务、旅游、咨询信息服务和各类技术服务等业。③为提高科学文化水平和居民素质服务的部门，包括教育、文化、广播、电视、科学研究、卫生、体育和社会福利等业。④为社会公共需要服务的部门，包括国家机关、政党机关、社会团体以及军队和警察等。农场产业发展并不是孤立的农业生产的发展。只有各个产业协调有序发展才能促进每个产业更好更快的发展。

1. 国有农场产业发展管理制度

现在全国各地区的国有农场采取了多样化的产业发展模式，因此产业发展制度也不尽相同。但是国有农场产业发展的本质依然是遵循国家政策安排，国有农场产业发展要以保证粮食生产为前提。

传统农业经营模式是一种军事化或半军事化的生产模式，生产技术相对落后，主要是传统的生产技术，生产过程主要依靠人力，生产的目的是为了满足自身生存的需要。基本的经营制度是以连队为单位组成生产单位，统一配发劳动工具，职工的基本生活物资统一供给制，农业生产的最终成果统一向上级上缴，上级根据劳动成果和人数的多少进行配给。由于再生产过程中，继续沿用部分军队的体制，所以当时的农业生产具有浓厚的军队色彩，上级的旨意一旦传达，很快就会得到切实的贯彻和落实。这种体制在当时的农业生产设施落后的形势下发挥了巨大的作用，集中了所有的力量建设了一大批大型农业生产基础设施，如大兴水利建设、大面积开垦良田工程。但是，这种产业发展模式随着机械化程度的提高，半军事化经营模式不利于灵活机动的开展生产活动；同时也容易滋生大锅饭的消极思想。

现在在部分国有农场采用“统分结合的双层经营体制”。它是以大农场的统一经营为主导，以家庭农场的分散经营为核心与基础，以国有土地为依托，通过承包与租赁环节，实行统分结合的一种新型的农业产业发展制度。它标志着大、小农场之间除了原有的行政隶属关系，即领导与被领导的固有关系外，还有发包方与承包方、出租方与租赁方之间的契约关系，这实质上是承认大小农场在经济活动中的平等关系。新的关系要求农场转换职能，为此农场在管理上做了大量的工作。

2. 家庭农场产业发展管理制度

我国是社会主义国家。集体所有制是社会主义公有制的组成部分，共同富裕是社会主义的本质特征。发展家庭农场生产经营必须有利于缩小城乡收入差距，破解“三农”问题，要让尽可能多的农户家庭通过发展家庭农场提高生活水平。政府在推动家庭农场适度规模经营过程中，必须处理好公平与效率的关系。另外，家庭农场生产经营规模在客观上受到我国现阶段农业生产技术水平、不同地区的自然资源禀赋差异、农村土地小规模碎片化格局等因素制约。因此，我国家庭农场的生产经营规模将呈现出政府家庭农场是未来农场发展的趋势。发展家庭农场有利于推进土地适度规模经营，有利于促进农业经营体制创新和现代农业发展。家庭农场模式已经成为农业和农村改革的新途径。

家庭农场的发展首先需要以下条件作为保障。①具备土地适度聚集的条件。即具有较高的工业化、城市化发展水平，农业生产力向二三产业转移程度较高，在家庭承包制下的一家一户流转出承包土地成为可能，这是首要条件。否则，发展家庭农场就没有集聚土地、无法实现适度规模的基本条件。农业家庭经营就会出现“有地无人种、有人无地种”的现象，大大地降低了农业生产效率。②需要有良好的财产权利保障。在家庭承包制下，推进土地流转是发展家庭农场的基本路径。其前提是土地产权的清晰界定和有效保障。包括农民土地家庭承包权的保障和流转后土地经营权的保障，二者缺一不可。没有家庭承包经营权的物权化保障，农民就不愿意也不敢流转土地，以避免土地承包权的受损和丧失；没有流转后土地经营权的保障，土地流入主体的家庭农场就难以获得长期、稳定的土地使用权，生产经营就没有可持续性。③需要具有一定的科技装备的支撑。小规模普通农户引入现代物质技术装备等技术资源要素缺乏经济实力，也没有规模经济支撑，因而其缺乏引入现代物质资源要素的能动性；而在物质装备匮乏科技落后的条件下，无论是普通农户还是家庭农场等其他农业生产经营主体，均达不到提高现代物质技术装备的环境支撑。因此，从事规模经营的家庭农场，在其内部有主动性、积极性引进现代物质技术装备的同时，也需要外部存在或供应与之相适用的物质技术装备，否则难以有效发挥劳动和土地的生产潜能。

2.3.3　农场安全管理制度

农场安全管理主要包括农用机械安全管理、禽规模养殖污染管理、消防管理、治安管理等几大内容。农业安全管理范畴涉及的范围广，容易在各个环节上出现安全问题。没有明确的安全管理制度，容易出现管理交叉或者管理空白等问题。因此，有必要对农场安全管理范畴作出明确的界定，方便管理主体作出行之有效的管理。

1. 农用机械安全生产制度

2010 年，全国农机总动力达 9.2 亿千瓦，农机拥有量 4 000 多万套，其中拖拉机和联合收割机约 3 500 万台。农业机械，包括拖拉机、联合收割机、机动植保机械、机动脱粒机、饲料粉碎机、插秧机、铡草机等。在农业生产中，必须规范农机操作者的生产行为。

目前，我国农业机械已经建立进入机制（经营者购买农机、进行注册登记、检验、合格投入使用），却没有建立相应的农机报废更新机制。随着《农业机械化促进法》和《农业机械安全监督管理条例》的出台和实施，建立农机报废更新机制势在必行。

《农业机械安全监督管理条例》已经在 2009 年 9 月 7 日国务院第 80 次常务会议上通过，自 2009 年 11 月 1 日起施行。在总则中指出：“为了加强农业机械安全监督管理，预防和减少农业机械事故，保障人民生命和财产安全，制定本条例。在中华人民共和国境内从事农业机械的生产、销售、维修、使用操作以及安全监督管理等活动，应当遵守本条例。”在该条例中，从生产、销售和维修、使用操作、事故处理、服务与监督、法律责任五大方面规范了农机使用、操作的条例。并在附则中补充说明农业机械证书、牌照、操作证件和维修技术合格证的颁发和拖拉机操作证件考试收费、安全技术检验收费和牌证的工本费，应当严格执行国务院价格主管部门核定的收费标准。在农机使用达到一定年限后，应遵守报废制度。

拖拉机报废具有以下情形之一的拖拉机一律禁用：在标定工况下，燃测消耗率上升幅度大于出厂标定值20%的；大型和中型拖拉机发动机有效功率或动力输出轴功率降低值大于出厂标定值 15%的；小型拖拉机发动机有效功率降低值大于出厂标定值 15%的。经过一定时期使用后，具有下列条件之一的拖拉机应报废；大型链轨式拖拉机使用年限超过 12 年（或累计作业 1.5 万小时）；大型和中型轮式拖拉机使用年限超过 15 年（或累计作业 1.8 万小时），小型拖拉机使用年限超过 10 年（或累计作业 1.2 万小时）；皮带传动拖拉机（手扶和小四轮拖拉机）使用年限超过 8 年（或累计作业 1 万小时），由于各种原因造成严重损坏，无法修复的；预计大修费用大于同类新机价格 50%的；未达报废年限或规定的累计使用时限，但技术状况差且无配件来源的；国家家明令淘汰的。

联合收割机报废具有以下情形之一的拖拉机一律禁用：配套发动机油耗超过出厂标定值 20%；配套发动机功率降低值大于出厂标定值 15%；作业时的损失率、含杂率分别超过出厂标定值的 10%和 20%；经两次年检不合格的。经过一定时期使用后，具有下列条款之一的应报废：全喂入联合收割机使用年限 15 年（或参加跨地区作业者使用年限 8 年或累计作业 1.5 万小时）、半喂人联合收割机使用年限 20 年（或参加跨地区作业者使用年限 8 年或累计作业 2 万小时），由于各种原因造成严重损坏，无法修复的；预计大修费用超过新机价格 50%的；未达报废年限，但技术状况差且无配件来源的；国家明令淘汰的。

2. 畜禽规模养殖污染防治条例

近年来，我国畜禽养殖业发展迅速，已经成为农业产业最具活力的增长点，对保障消费者“菜篮子”供给、促进农民增收致富具有重要意义。但是，由于我国畜禽养殖业发展缺乏必要的引导和规划，更多地是自发地单纯地面向市场需求自由发展，导致我国畜禽养殖业布局不合理、种养脱节，部分地区养殖总量超过环境容量，加之畜禽养殖污染防治设施普遍配套不到位，大量畜禽粪便、污水等废弃物得不到有效处理并进入循环利用环节，导致环境污染。第一次全国污染源普查数据表明，畜禽养殖业 COD、总氮、总磷的排放量分别为 1 268 万吨、106 万吨和 16 万吨，分别占全国总排放量的 41.9%、21.7%、37.7%，分别占农业源排放量的 96%、38%、65%。近年的污染源普查动态更新数据显示，畜禽养殖污染物排放量在全国污染物总排放量中的占比有所上升。可见，畜禽养殖污染物减排已不容小觑，事关国家节能减排目标的实现，事关国家生态环境质量的整体改善。

畜禽养殖业环境问题也已经成为妨碍产业本身健康发展的重要因素。粪便、尸体、废水等废弃物处置不当，将恶化生产环境，大量病原体、高浓度恶臭气体、粉尘等，都将严重危害畜禽健康，甚至导致疫病，直接威胁生产安全，导致经济损失。畜禽养殖造成的环境污染也常常引发社会问题，如由于恶臭或水污染等原因导致农村地区的民事纠纷，直接妨碍畜禽养殖经营活动。畜禽养殖业环境保护滞后，畜禽养殖废弃物资源的浪费，也直接妨碍产业综合效益的提高。农业要提升效益，就必须走综合利用的路子，走生态化、循环化的路子。畜禽养殖业要实现可持续发展、实现产业优化和升级，就必须搞好废弃物的综合利用，走种养结合、种养平衡的路子。为此，畜禽养殖业环境保护必须加强。

《畜禽规模养殖污染防治条例》已在 2013 年 10 月 8 日国务院第 26 次常务会议上通过，已于 2014 年 1 月 1 日起施行。条例以生态文明建设的精神为指导，引领现代农业、生态农业发展，推动产业发展走绿色农业、循环农业和低碳农业的路子，采取全过程管理的思路，对产业的布局选址、环评审批、污染防治配套设施建设等前置环节做出了规定，对废弃物的处理方式、利用途径等环节做出了规定。为推动将综合利用作为防治畜禽养殖污染的根本手段，条例还特设专章对综合利用的激励措施做出了规定，如对污染防治和废弃物综合利用设施建设进行补贴、对有机肥购买使用实施不低于化肥的补贴等优惠政策、鼓励利用废弃物生产沼气以及发电上网等。这些规定，贯彻落实了生态文明制度建设的要求，将从根本上对提高畜禽养殖废弃物综合利用水平、实现以环境保护促进产业优化和升级、促进实现畜禽养殖产业发展与环境保护的和谐统一提供有力的制度保障。

2.4　农场经营管理环节

2.4.1　农场生产环节管理

1. 农场生产环节管理的原则

（1）坚持市场导向原则。

我国经济由于长期受计划经济体制的影响，农场管理人员对市场的认识还不够，自觉性上不去，必然在思考问题、处理问题时，思路不够开阔，甚至还把自己禁锢在生产的小圈子里，其结果必然就会在农产品生产、设备更新、技术改造等一系列方面因循守旧，墨守成规，以至耽误了时机，在激烈的市场竞争中利润空间缩小。因此，农产管理人员必须从思想观念到行动上，坚定树立市场为导向的原则，要主动去面对市场，迎接市场的挑战。纵观农场生产经营中的经济增长方式，长期以来主要依靠生产要素数量的增加来实现经济增长，走的是一条粗放型的路子。其结果，资源浪费严重，投入量大，而产出并不丰厚。效益问题始终是困扰农场经营的大问题。为此，必须高度重视效益问题，要在符合市场需求的前提下，充分合理地调配和利用资源，以最低劳动消耗和资金占用，生产出尽可能多的适销对路产品。按照市场需求开发种植和养殖产品，引进、培育和推广优良品种，提高集约化水平。既要考虑国内市场，更要考虑全球市场；既要瞄准现实需求，也要考虑潜在需求。要立足多样化、优质化市场需求，重点发展市场占有率高、市场美誉度高、国内或全球市场前景广阔的优势农产品。

（2）坚持以质取胜原则。

适应市场竞争日趋激烈和消费者消费水平提高的要求，大力优化农产品的品种和品质结构，提高优势农产品的内在品质，进一步提高产品的分级、包装、储藏、保险和加工水平。建立最严格的覆盖全过程的食品安全监管制度，完善法律法规和标准体系，落实地方政府属地管理和生产经营主体责任。支持标准化生产、重点产品风险监测预警、食品追溯体系建设，加大批发市场质量安全检验检测费用补助力度。开展园艺作物标准园、畜禽规模化养殖、水产健康养殖等创建活动。

在《中华人民共和国农产品质量安全法》中，规定了果树种植、蔬菜种植、水产养殖种植户的种（养）植标准，并要求种（养）植签订农业投入品安全承诺书。以蔬菜种植户为例，质量承诺书内容如下：为了确保本单位（人）组织生产销售的果品达到安全、卫生、优质的质量要求，本着对消费者负责，对自己负责的态度，现郑重承诺：①果树生产过程中，使用的农业投入品符合生产无公害食品（果品）、绿色食品（果品）的相关要求，不使用国家禁止使用的农业投入品；②按照农业部无公害食品农药使用准则、肥料使用准则的要求使用农药、肥料。特别是农药的选择和使用上严禁甲胺磷、氧化乐果等高毒、高残留农药及其他明令禁止的化学物质的使用，积极使用生物农药；③果品的包装材料、贮存、运输和装卸果品的容器包装、工具等无毒无害，符合有关的卫生要求，保持清洁，对果品无污染；④本人（单位）如不按照上述承诺操作而发生食物中毒事件，造成严重后果由本人（单位）承担一切经济与法律责任。

蔬菜种植户坚决杜绝国家明令禁止的甲胺磷、甲基对硫磷（甲基 1605）、对硫磷、久效磷、磷铵等 5 种高毒、高残留农药及其他明令禁止的化学物质的使用。选择高效、低毒、低残留农药，严格执行农药使用安全间隔期。按照平衡施肥的原则，以有机肥为主，重施基肥，少施、早施追肥。对于一次性收货的叶菜类蔬菜，保证在收获前 20 天禁止施用化学氮肥。保证在食用菌生产中只使用已登记的 40%噻菌灵可湿性粉剂、4.3%高氟氯氰、加阿维乳油等农药，杜绝在食用菌采后保鲜中使用护色剂、荧光增白剂等违禁添加剂。

水产养殖户决不使用国家禁用药品和无公害生产禁用药品，如：五氯酚钠、喹乙醇、地虫硫磷、六六六、林丹、毒杀芬、滴滴涕、甘汞，从生产源头确保农产品质量优良。

（3）坚持可持续发展原则。

促进生态友好型农业发展。落实最严格的耕地保护制度、节约集约用地制度、水资源管理制度、环境保护制度。分区域规模化推进高效节水灌溉行动。大力推进机械化深松整地和秸秆还田等综合利用支持开展病虫害绿色防控和病死畜禽无害化处理。加大农业面源污染防治力度，支持高效肥和低残留农药使用。坚持发挥比较优势原则。合理利用和保护农业自然资源。要坚持农业资源的开发利用与保护节约并举的方针，把节约放在首位，提高农业资源的利用效率。按照地域农业自然资源的特点进行农业林牧资源的合理配置，发展方向各有侧重。要保护好基本农田，培育土壤地力；要通过增加复种、立体种植、带状种植等形式，提高光、热资源利用效率和土地生产力；要建立科学的灌溉制度和推广节水技术，提高水资源的利用效率，以防止和减少水土流失。

根据地域性的农业经济条件和生态环境条件，规划设计出各具特色的可持续发展农业生态系统的生产结构体系。总的原则是：兼顾经济效益和生态效益这两个中心，从资源状况和经济目标出发，在较大范围内，结合各地的气候、水利、农田、山地等自然资源的实际情况，着力搞好农业区域性开发规划，建立各具特色的农业生态经济系统。在小范围内，以建立良性农田生态系统为中心，调整种植、养殖结构。抓好生态管理。一是注意在不断提高农业经济效益的前提下，根据农业生产地域特点和农业生态系统的实际，采取相应的管理措施；二是按所采取的生态技术和农业生产技术特点，采取相应的管理措施。要摆正开发与生态建设的关系。建立由政府主导的农业风险防范机制，提高降低各类灾害对资源环境破坏的能力。要通过工程和非工程措施，减轻灾害造成的损失。与此同时，要大力加强农业生态环境建设保护法律法规的宣传教育，增强农村广大群众特别是各级领导干部的可持续发展意识和环境保护意识，同时加大农业生态环境执法保护力度。

2. 农场经营生产的可追溯体系和农产品认证

2008 年农业部启动了“农垦农产品质量追溯系统建设项目”，运用信息化手段，对农产品物流、质量安全实行全程、动态、开放式管理，实现农产品生产全过程可监控，产品流向可追踪，产品质量信息可查询，不合格产品可召回的从市场到田间的全程质量监控体系。

农产品质量安全问题直接关系到百姓的身体健康，对中国现代农业的发展、农民增收具有重大影响。2001 年以来，农业部通过推进农业标准化，逐步规范农业生产行为，从农业投入品、农产品生产、市场准入三个关键环节加强管理，取得了较好的成效，农产品质量安全水平有了大幅提高。但由于我国农业生产分散、农产品流通环节复杂、市场准入机制不健全，农产品质量安全隐患依然存在，农药、兽药残留的现象仍无法杜绝。近几年的实践证明，解决农产品质量安全问题，需要从源头开始抓起、严格监管，建立一套质量追踪、追查、追溯的机制和制度，才能保证农产品质量安全。农产品质量追溯体系是应用现代信息技术和管理理念，通过对农产品全过程质量安全信息的管理，建立各环节质量管理责任体系，从而规范生产经营者行为，使农业生产从几千年以来粗放型管理、广种薄收、质量不高的生产模式，逐步向集约化、精细化管理、注重产品品质、保证消费安全转变，实现产品生产全过程可监控，产品流向可追踪，产品质量信息可查询，不合格产品可召回，建立从市场到田间的全程质量监控体系，农产品生产全过程的质量状况和各环节的责任主体直接接受社会和消费者的监督。全面构建农产品质量追溯体系，将是解决当前农产品质量安全问题、消费者对食品生产者、政府管理者的诚信危机问题的最有效的手段，是突破农产品出口技术贸易壁垒的迫切需要。

近年来我国各级政府部门逐步推进了农产品质量追溯相关法律法规的建设。2001 年 7 月，上海市政府颁布了《上海市食用农产品安全监管暂行办法》，提出了在流通环节建立“市场档案可溯源制”。2002 年，北京市商委制定了食品信息可追踪制度，明确要求食品经营者购进和销售食品要有明细账。为了应对欧盟在 2005 年开始实施水孝品贸易可追溯制度，国家质检总局出台了《出境水产品溯源规程（试行）》。2007—2014 年中央一号文件均对加快建立农产品质量可追溯制度提出了要求，2007 年 11 月颁布实施的《农产品质量安全法》对农产品质量安全信息发布、农产品生产记录提出了明确的要求。2009 年颁布实施的《食品安全法》要求建立食用农产品生产记录制度和食品召回制度。2010 年中央一号文件明确要求加快农产品质量安全监管体系和检验检测体系建设，推进农产品质量可追溯体系建设，国务院成立了食品安全委员会，进一步落实了食品安全监管的责任。最近国务院办公厅《关于统筹推进新一轮“菜篮子”工程建设的意见》要求转变发展方式、提高质量安全水平、推进标准化生产、健全检验检测体系和质量追溯体系，支持建立国家级“菜篮子”产品质量追溯信息处理平台，建立完善的农产品全程质量追溯信息采集系统，逐步形成产地有准出制度、销地有准入制度，产品有标识和身份证明，信息可得、成本可算、风险可控的全程质量追溯体系。

2.4.2 农场管理环节的要点分析

农业比较优势的形成是多种因素共同作用的结果。农业是一个具有自然属性的产业，自然资源禀赋是一个农场比较优势的基础条件。不同国家、不同地区劳动力资源状况的不同，导致产出效率及效益水平也不尽相同。在 WTO 条件下，不能只看到我国农场劳动力资源数量上的优势，单纯依靠劳动密集型产品参与国际竞争，应该从长期发展的角度出发，通过内生性比较优势提高产业竞争力。

经营管理的主要内容合理地组织生产力，使供、产、销各个环节相互衔接，密切配合，人、财、物各种要素合理结合，充分利用，以尽量少的活劳动消耗和物质消耗，生产出更多的符合社会需要的产品。

在生产前，合理确定适合农场发展的经营形式和管理体制，设置管理机构，配备管理人员；搞好市场调查，掌握经济信息，进行经营预测和经营决策，确定经营方针、经营目标和生产结构；编制经营计划，签订经济合同；建立、健全经济责任制和各种管理制度；搞好劳动力资源的利用和管理，做好思想政治工作；加强土地与其他自然资源的开发、利用和管理；搞好机器设备管理、物资管理、生产管理、技术管理和质量管理；合理组织产品销售，搞好销售管理；加强财务管理和成本管理，处理好收益和利润的分配；全面分析评价生产经营的经济效益，开展经营诊断等。

经营是对外的，追求从外部获取资源和建立影响；管理是对内的，强调对内部资源的整合和建立秩序。经营追求的是效益，要开源，要赚钱；管理追求的是效率，要节流，要控制成本。经营是扩张性的，要积极进取，抓住机会，胆子要大；管理是收敛性的，要谨慎稳妥，要评估和控制风险。

经营与管理是密不可分的。经营与管理，必须共生共存，在相互矛盾中寻求相互统一：光明中必定有阴影，而阴影中必定有光明；经营与管理也相互依赖，密不可分。忽视管理的经营是不能长久，不能持续的。

2.4.3　农场流通环节管理

经营是选择对的事情做，管理是把事情做对。所以经营是指涉及市场、顾客、行业、环境、投资的问题，而管理是指涉及制度、人才、激励的问题。简单地说，经营关乎企业生存和盈亏，管理关乎效率和成本。这就是两者的区别。

1. 批发环节

批发是农产品大批量在流通中转移的流通环节，这一环节主要由生产推销部门、商业批发农场、代理商、经纪人、贸易货栈、农副产品批发市场所构成。批发环节介于流通渠道的始端和中间部位，其社会功能在于把分散在各地的生产农场的产品输入流通过程中，并完成商品在流通过程中间阶段移动的任务。因此，商业批发农场是生产过程和流通过程的衔接纽带，是社会产品进入流通的第一阀门。同时，由批发关口进入的商品，决定商品流通输出的程度与速度，进而决定整个商品流通的效率。商品在流通过程的运动，有可能经过多次批发环节，把商品送到更远的地点，如我国的一级站、二级站和三级批发农场。目前，积极拓宽地菜产销渠道，密切了地产蔬菜基地和种植大户、蔬菜经纪人的沟通联系，鼓励和帮助地菜进入市场参与批发经营。

2. 零售环节

是直接向消费者提供农产品及服务的环节，包括生产农场所设的门市部、商业零售农场、个体商贩、各部门所设的小卖部、服务社等。零售环节位于商品流通终端，是流通过程与消费领域的结合点，也是商品流通的最后关口。当商品经过零售送达消费者手中，商品运动也就最后终止。目前，我国农产品的零售环节普遍存在“最后一公里”现象。只有通过强化管理，保证区域内通道的畅通。同时对经营场地进行整合，扩大地产蔬菜的经营交易场地。在四川省成都市通过设立地菜种植大户经营窗口，以协议形式邀请规模生产大户和种植基地，设立批发交易经营窗口。在江苏省苏州市，对凡持有村委会、农场提供的地菜生产上市证明的规模种植大户，优先提供经营场地、免收进场停车费、义务提供磅秤服务，同时实行交易服务费减半收取的优惠办法。市场为扩大地产菜批发销路，帮助菜农组织调剂青菜、韭菜、水芹等地产蔬菜向江苏江阴、浙江嘉兴等地进行运销。进一步加强与地菜基地和大户的沟通联系。

3. 仓储环节

农产品在流通过程中的停留，形成农产品储存。我国农产品仓储基础设施建设薄弱，应加大基础设施建设，建立完善的冷链物流体系。农产品仓储物流主体功能不明确，市场竞争力差，农产品流通的组织程度不高。合理地组织农产品储存，保证储存量和储存结构合理化，对于保证农产品流通顺利地进行，缩短流通时间，加速资金周转，提高农产品加工水平，降低流通费用，具有重要作用。

对于农产品冷链物流的发展，我国冷链物流基础设施相对落后，冷库建设供不应求，全国冷库容量只有 900 万吨左右，与美国 2 200 万吨相比差距甚大。此外，各类冷库的结构比例不平衡，大型生产性冷库比较多，小型零售冷库比较少，肉类冷库比蔬果冷库多。我国冷冻产品损坏率达 20%～30%，每年水果及蔬菜腐烂数量分别约为 1 200 万吨及 1.3 亿吨。在欧美发达国家，超过 80%的易腐食品已采用冷藏运输，损坏率不足 5%。由于全程冷链物流的技术要求高，需要投入的资金相当多，国内中小型的第三方冷链物流企业较难为大型食品企业提供覆盖全国的物流服务。国家发改委在 2010 年发布的《农产品冷链物流发展规划》中强调，加快培育第三方冷链物流企业，加强冷链物流基础设施建设，建成一批高效益、规模化、现代化的跨区域冷链物流配送中心。

2.4.4　农场管理服务环节

现代农场在经营过程中，不能重生产轻服务。农业现代化的实践表明，生产的专业化与服务的社会化相辅相成，是一对共生关系。如果缺乏社会化服务的支撑，农场还延续全过程封闭式自我服务的传统发展路径，就没有精力和能力扩大经营规模。即使是扩大了规模，也只能是粗放型经营，专业化生产难以深入、有效开展。因此，发展现代化农场需要有相应的社会化服务基础设计建设。从整体上来看，农场经营服务内容有着丰富的内涵，至少包含以下几个方面的内容：

① 良种服务。为农场生产提供粮食、畜禽、水产、苗木等优质种子种苗。农场在进行良种选择过程时，一定选择农作物品种审定委员会审（认）定的品种，以水稻为例，通过农作物品种审定委员会审（认）定的水稻均包括该品种的审定

编号、名称、培育单位、审定情况、特征特性、产量表现、适宜地区、栽培技术要点等。

② 农资服务。为农场生产提供化肥、农药等农业生产物资服务。

③ 农技服务。发展以农业科研院所、农业企业、农业专业性服务组织为主要内容的新型农技服务体系，为农场提供高效适用种养模式和技术咨询。

④ 培训服务。培育新型农业人才，走科技创收道路。

⑤ 信息服务。及时掌握政府的各项农业政策、农产品市场行情及先进高效种养技术等急需的信息服务。

⑥ 休闲服务。满足城镇居民久居城市、体验农耕文化的需求，创造农场增收新的经济增长点。

⑦ 金融服务。对农产种养产品实施政策性及商业性保险，减轻灾害造成的经济损失，增强应对各种灾害的能力。

基础国情决定我国的服务业发展还处在起步阶段，与农业发达国家现代化农场相比，服务环节还存在很多不足。

2.5　农场经营管理的管理创新

2.5.1　农场土地经营制度创新

所谓经营制度，是指在一定生产资料所有制中经营单位的具体组织形式和经营管理制度。如企业采取合伙制、合作制、公司制等组织形式以及企业的财产占用、资产经营管理以及人事、财务、分配等经营管理制度。农场土地经营制度是农场经营制度的重要组成部分。

农场土地经营制度创新首先要完善农村土地承包政策。稳定农村土地承包关系并保持长久不变，在坚持和完善最严格的耕地保护制度前提下，赋予农民对承包地占有、使用、收益、流转及承包经营权抵押、担保权能。在落实农村土地集体所有权的基础上，稳定农户承包权、放活土地经营权，允许承包土地的经营权向金融机构抵押融资。有关部门要抓紧研究提出规范的实施办法，建立配套的抵押资产处置机制，推动修订相关法律法规。切实加强组织领导，抓紧抓实农村土地承包经营权确权登记颁证工作，充分依靠农民群众自主协商解决工作中遇到的矛盾和问题，可以确权确地，也可以确权确股不确地，确权登记颁证工作经费纳入地方财政预算，中央财政给予补助。稳定和完善草原承包经营制度，2015 年基本完成草原确权承包和基本草原划定工作。切实维护妇女的土地承包权益。加强农村经营管理体系建设。深化农村综合改革，完善集体林权制度改革，健全国有林区经营管理体制，继续推进国有农场办社会职能改革。

其次，引导和规范农村集体经营性建设用地入市。在符合规划和用途管制的前提下，允许农村集体经营性建设用地出让、租赁、入股，实行与国有土地同等入市、同权同价，加快建立农村集体经营性建设用地产权流转和增值收益分配制度。有关部门要尽快提出具体指导意见，并推动修订相关法律法规。各地要按照中央统一部署，规范有序推进这项工作。

最后，加快推进征地制度改革。缩小征地范围，规范征地程序，完善对被征地农民合理、规范、多元保障机制。抓紧修订有关法律法规，保障农民公平分享土地增值收益，改变对被征地农民的补偿办法，除补偿农民被征收的集体土地外，还必须对农民的住房、社保、就业培训给予合理保障。因地制宜采取留地安置、补偿等多种方式，确保被征地农民长期受益。提高森林植被恢复费征收标准。健全征地争议调处裁决机制，保障被征地农民的知情权、参与权、申诉权、监督权。

2.5.2　农场发展模式创新

农场发展模式创新首先要发展多种形式规模经营。鼓励有条件的农户流转承包土地的经营权，加快健全土地经营权流转市场，完善县乡村三级服务和管理网络。探索建立工商企业流转农业用地风险保障金制度，严禁农用地非农化。有条件的地方，可对流转土地给予奖补。土地流转和适度规模经营要尊重农民意愿，不能强制推动。扶持发展新型农业经营主体。鼓励发展专业合作、股份合作等多种形式的农民合作社，引导规范运行，着力加强能力建设。允许财政项目资金直接投向符合条件的合作社，允许财政补助形成的资产转交合作社持有和管护，有关部门要建立规范透明的管理制度。推进财政支持农民合作社创新试点，引导发展农民专业合作社联合社。按照自愿原则开展家庭农场登记。鼓励发展混合所有制农业产业化龙头企业，推动集群发展，密切与农户、农民合作社的利益联结关系。在国家年度建设用地指标中单列一定比例专门用于新型农业经营主体建设配套辅助设施。鼓励地方政府和民间出资设立融资性担保公司，为新型农业经营主体提供贷款担保服务。加大对新型职业农民和新型农业经营主体领办人的教育培训力度。落实和完善相关税收优惠政策，支持农民合作社发展农产品加工流通。

其次，健全农业社会化服务体系。稳定农业公共服务机构，健全经费保障、绩效考核激励机制。采取财政扶持、税费优惠、信贷支持等措施，大力发展主体多元、形式多样、竞争充分的社会化服务，推行合作式、订单式、托管式等服务模式，扩大农业生产全程社会化服务试点范围。通过政府购买服务等方式，支持具有资质的经营性服务组织从事农业公益性服务。扶持发展农民用水合作组织、防汛抗旱专业队、专业技术协会、农民经纪人队伍。完善农村基层气象防灾减灾组织体系，开展面向新型农业经营主体的直通式气象服务。

2.5.3　社会管理体系创新

以国有农场社会管理体系创新管理为例。农垦国有农场创立之初，受自然及社会条件限制，初期大多在边远或人烟稀少地区，同时进行着开荒和建设家园的任务。最终形成了“小农场大社会”的社会管理格局。严格来说国有农场在性质划分上属于企业性质，更多承载的是企业功能，但在特定历史条件霞国有农场承担起了兴办医院、学校、公检法等社会管理体系。这些为保证国有农场经济顺利发展起到了重要作用，但更多的是加重了国有农场及其职工的负担。

为减轻国有农场和职工的负担，从 20 世纪 80 年代开始，农垦系统一直在理顺国有农场社会管理体系问题。例如，1988 年，黑龙江省政府决定在友谊农场进行农垦社会管理改革试验，建立友谊县。负责辖区的司法、教育等社会管理工作，行政上友谊县隶属于双鸭山市。此次改革经过 10 年的运行，带来的益处是友谊农场的纳税留在了友谊县，促进了区域经济的发展，但同时由于财力的限制，农场基层连队的社会管理体系依然由友谊农场负责，每年的运行成本近千万元，另一方面农场依然保留了部分社会管理职能，这样政企不能彻底分开，由于管理职能的冲突，经常引发矛盾，第三方面是改革成本巨大，省政府为此每年需额外投入千万元，但是国有农场——友谊农场，与友谊县隶属于不同系统很难统一管理。虽然此次涉及国有农场的社会管理体系改革没有达到预期的效果，但是农垦系统的国有农场意识到了社会管理体系改革的必要性，一直在进行有益的探索，在现金的社会管理体系改革中能因地制宜、因时制宜，通过省政府、人社部等多方磋商，解决了部分职工农转非的问题。同时在条件成熟的国有农场剥离了教育、医疗、公检法等社会管理功能，这些社会管理体系创新减轻了国有农场的负担，推动了国有农场经济的快速发展。

2.5.4 城镇化管理创新

改革开放以来，中国经历了人类历史上最大规模的农民向市民、农业就业向非农业就业的大转移。据统计，1978—2011 年，中国的城市数量从 93 个激增到 657 个，城市化率从 17.92%提升至 51.27%，基本以年均 1.01%的速度上升。仅从数据上比较，可以说中国只用 30 年的时间就赶上了西方 200 年的城市化历程。2011 年中国城镇化率超过了 50%，一定程度上标志着中国社会已经进入一个新的历史性阶段——城市社会。然而，高速城市化在推动中国经济和社会快速发展的同时，也带来大量负面影响：城市就业岗位不足，城乡居民公共服务水平低，城市经营效率低下，农民市民化与本土化难度大，城市水荒、电荒、地荒、房荒和民工荒等事件频频出现。

十八大报告中要大力发展城镇化，新型城镇化是以城乡统筹、城乡一体、产城互动、节约集约、生态宜居、和谐发展为基本特征的城镇化，是大中小城市、小城镇、新型农村社区协调发展、互促共进的城镇化。新型城镇化的核心在于不以牺牲农业和粮食、生态和环境为代价，着眼农民，涵盖农村，实现城乡基础设施一体化和公共服务均等化，促进经济社会发展，实现共同富裕。与人们日常生活中单纯从字面理解的意思不同，城镇化，就是指涉及社会方方面面、关系大至都市，小到农户的产销、合作、互动、和谐的新型社会关系。农场的发展也离不开城镇化之路，但针对国有农场的现实情况，国有农场必须结合自身特色优势、产业优势大力发展城镇化。城镇化是国有农场现代化的必由之路，大力发展农场城镇化是解决农业、农场、职工问题的重要途径。

农场社会管理创新是经济社会转型的产物。经济体制的剧烈变革必然引起社会结构的深刻调整，社会矛盾频发。进而倒逼政府进行社会管理创新。随着国家层面关注重点由效率向公平转移，社会管理创新的话语开始在政治生活中传播，并逐渐成为一个公共话题。中共十八大报告进一步对社会管理创新进行深刻解读，并且明确提出在改善民生和创新管理中加强社会建设，为今后加强和创新

社会管理指明了方向。农场城镇化创新管理首先要解决流动人口的半城市化问题；其次解决城乡基本公共服务均等化发展问题；最后破解城镇化空间载体问题。

主要参考文献

陈志国．2014．调整种植业结构大力发展优势产业［J］．安徽农业科学，（1）：167-170．

邓华林．2003．黑龙江省国有农场经营管理体制创新研究与实证分析［D］．哈尔滨：东北农业大学．

丁履枢．2013．家庭农场是农垦改革发展的亮点［J］．中国农垦，1（7）：1．

高跃辉．2010．引领北大荒人实现新跨越的价值准则与核心理念：论践行北大荒核心价值观［J］．农场经济管理，（11）：9-11．

李静．2011．财务管理在农场发展中遇到的问题和对策［J］．财会天地，（3）：66-67．

李晓乐．2012．石河子垦区现代化农业经营模式研究［D］．石河子：石河子大学．

刘佳明．2013．八五零农场粮食现代物流综合运输平台的探索与思考［J］．农场经济管理，（12）：25-27．

农业部产业政策与法规司．2003．农业法律法规规章汇编［M］．北京：中国农业出版社．

王家庆．2013．农业生产的特点及其经营管理［J］．中国农资，（36）：89-90．

王文建．2012．围绕”六字”管理原则强化农场经营管理［J］．农场经营管理，（9）：23-24．

魏仕腾．2011．广东农垦国有农场经营模式与可持续发展战略研究［D］．南宁：广西大学．

第 3 章　农场土地经营

本章首先对国有农场土地经营进行了概述，在阐述农垦和农村的 10 个方面的差别后，提出了国有农场土地的性质、制度改革的意义、使用管理以及农垦土地管理面临的新形势和新要求。第二，对国有农场土地经营制度进行了介绍，主要从农场土地经营权流转和土地确权两个方面进行了研究。第三，对农场土地承包经营进行了阐述。提出农垦土地承包经营的指导思想、土地承包原则、土地使用权配置方式以及一事一议的筹资与使用等 10 个方面。第四，在农场土地整理及土地资源综合利用方面，阐述了土地整理的基本含义、绩效评价产生与研究意义等内容。最后，本章对农场中家庭农场的土地经营进行了探讨。

3.1　农场土地经营概述

土地是农垦生存和发展的重要物质基础。在加快推进工业化、信息化、城镇化、农业现代化的大背景下，加强土地资源管理对农垦率先实现农业现代化和率先全面建成农垦小康社会具有十分重要的意义。另外，土地是国有农场最重要的资产和依托，是经营收入的主要来源，也是最大的竞争优势。土地管理关系到国有农场的生存、发展和稳定，是国有农场最重要的工作。

农垦与农村的差别在于以下 10 个方面的内容。

第一，土地的来源与形成背景不同。农村土地的主要来源是土地改革时，通过政权交接形成；而国有农场的土地属于国家所有，并被赋予农场耕作、使用、经营和收益权。国有农场的土地是由几代农垦人开荒造田垦殖而形成的土地，投入了大量的人力、物力和财力，包括农田基本建设，水利设施、道路建设等而形成的资源性资产，通过自主开发形成。同时，由于国有农场的社会性、综合性和区域性决定了其依法负责场区的经济、社会发展和行政管理工作，承担了较为沉重的社会负担，农村则完全不具备以上特征，一切均由政府负责。

第二，土地的所有权性质不同。农村土地是农民赖以生存的基本生产资料，属集体所有；而国有农场土地是农垦企业的主要生产经营资本，属全民所有。国有农场是独立的经济实体和独立承担民事责任的企业，具有独立的法人资格和独立的经济利益。例如，根据《内蒙古自治区国有农牧场条例》第十一条规定，农牧场对国家授予经营的土地、草原、林木、水面等自然资源依法享有保护、使用、收益的权利；或者根据《黑龙江省垦区条例》第十八条规定，国有农场对权属内的国有土地、林地、草原、水资源等资源性资产享有使用权、经营权和收益权，对国家授予其经营管理的国有资产享有占有、使用、收益和依法处分的权利，保护自然资源和生态环境，建设资源节约型和环境友好型企业。因此，国有农场有权依托土地资源进行规模集约经营，实行土地竞价发包，经营和管理国有农场国有资产，确保国有资产保值增值，为家庭农场和其他经济组织提供生产、技术、信息、营销、培训等服务，指导其应用先进农业科学技术，降低生产成本，提高土地产出率、资源利用率、劳动生产率，创造企业利润，实现土地价值和效益最大化。

第三，农垦国有土地与农村集体土地适用的法律依据不同。国有农场的本质属性是企业，依法拥有企业法人财产权，体现出资人的意志建立法人治理结构，追求利益最大化。农场通过行政划拨等方式取得土地并将其作为最基本的生产资料，开展各种方式的生产经营活动。国有农场由《企业法》、《民法通则》等法律法规赋予其自主经营的权利，《企业法》明确规定：全民所有制企业是生产资料归全体劳动人民所有，依法自主经营，自负盈亏，独立核算的商品生产和经营单位，是独立享有民事权利和承担民事义务的企业法人。《民法通则》第八十二条规定：全民所有制企业对国家授予它经营管理的财产依法享有经营权，受法律保护。

而农村集体土地适用《中华人民共和国农村土地承包法》，农村土地由集体经济组织所有，分包到户，统分结合经营，如果农场像农村那样发包土地，就会丧失农场企业管理的基本功能，企业法和有关法规赋予农场的经营自主权将会丧失。农场合理的内部经营自主权将遇到一连串的法律法规障碍。农场利益受损，则职工的整体利益也将难以保障。

第四，发包主体不同。国有农场作为国有农用地发包方，其本身的性质，拥有的法律赋予的权利及其经营管理方式，与农村集体经济组织作为农村集体土地的发包者，都是不一样的。土地的发包方——农牧场是国有企业，而不是农村集体组织，负有以盈利办社会和为职工提供福利的义务，承包方是国家职工而不是农民，享有退休保障和其他福利待遇等权益，农牧场为了解决办社会等事业，只得从土地承包提取费用。因此，农牧场土地承包交纳费用是农牧场发展的需要。农牧场是土地承包的发包方，是土地承包合同的管理者，而承包方，不但是践行土地承包的劳动者，也是受农牧场管理和约束的职工，双方的权力和义务是明确的。

第五，土地的承包期限不同。农垦的土地属于国有土地，在所有权方面不同于农村集体土地，《中华人民共和国土地管理法》规定：“农民集体所有的土地由本集体组织的成员承包经营，从事种植业、林业、畜牧业、渔产业，土地经营承包期限为 30 年。”“国有土地可以由单位或个人承包经营，从事种植、林业、畜牧业、渔产业，土地经营期限由承包合同约定。”这表明国有土地和农村集体土地的承包期限是有区别的。国有土地承包期限不及农村那么长，通常为一年一订，原则上谁会种地、效益高、贡献大谁就多承包土地。因此，实行土地合理有序流转，向种田能手集中，向规模经营集中。

第六，人员构成不同。农村以农民为构成主体，而国有农场以职工为构成主体。农民依靠土地经营收入解决基本生活保障问题，而国有农场职工承包土地，一方面把从事农业生产经营视为工作岗位和就业渠道，解决了就业问题，同时又享受一定数量的基本生活保障田待遇，为参加社会养老保险统筹提供了保障，解决了基本生活收入来源问题，并且规模经营田承包费还包含社会管理、社会服务和社会发展等费用。

第七，民主管理的依据和方式不同。农村实行以党支部为核心的村民自治，依据的是《村民委员会组织法》，而国有农场实行职工代表大会制度，依据的是《企业法》，《企业法》规定：职工代表大会是企业实行民主管理的基本形式，是职工行使民主管理权力的机构。国有农场依据职代会通过的决议，组织生产经营和发展社会事业。

第八，与农村相比，农场“政企”共生，“社企”共存，国有农场由于主要从事农业生产，占据的地域空间广，又大多地处偏僻，远离地方政治经济中心，决定了它既是企业，又不同于企业，地处农村，又不全是农村，国有农场实际上是介于农村和城市之间非城非乡，非企非政，非工非农的一个经济社区，一种产业组织体系。区域化、综合化、内部利益主体和法人实体的多样化，是国有农场的重要特征。作为“企业”的农场，要从事生产经营，作为“社区”的农场，它又不得不进行社会经济行政管理和兴办各种公益事业。农场的这种状况与生俱来，而且随着农场区域内各类经济繁衍壮大，社会与经济行政管理的任务愈加复杂繁重，兴办公益事业的要求、标准和内容也会越来越高。从这个层面讲，要求农场无政无社是不可能的。相反，“政企”和“社企”共存，却是农场经济发展的内在需要和必要条件。

第九，承包合同的客体土地与农村主要是劳动群众集体所有不同，农场土地是清一色的国家所有，并且农场作为国家所有者的代表，直接享有对土地的管控、使用、收益和监督。农场有许多土地承包经营以外的内容，如其他债务关系、农建工、交纳管理费用、农产品的代销、企业办社会的支出费等内容捆绑到土地的合同内，这样做便于农牧场实施管理，强化对承包方的义务约束。

第十，农垦与农村不同的重要一面，是农垦具有较高的组织化水平和机械化大规模生产，这就决定了农垦在实施现代农业建设和产业化发展中的引领作用，如果失去了这些优势也就失去了农垦应有的作用和地位。

3.1.1　国有农场土地经营的性质

农垦是国有农业企业，是国有农业用地的主要经营者，国有农场现有的生产、经营用地是几代农垦人开垦出来的，是农垦生存发展的基本。原国家土地管理局 1995 年发布的《确定土地所有权和使用的若干规定》指出：“依据 1950 年《中华人民共和国土地改革法》及有关规定，凡当时没有将土地所有权分配给农民的土地属于国家所有，按照 1998 年国家《土地法管理实施条例》规定，国家所有土地包括：农村和城市郊区中已经依法没收、征收、征购为国有的土地；依法不属于集体所有的林地、草地、荒地、滩涂及其他土地。1992 年国家统计局与国家工商行政管理局联合制发了《关于统计上划经济成分的推算办法》中规定：凡是从事农、林、牧、渔业的农场，不论其经营方式如何，如果其使用的土地（含水面）为国家所有的，一律以农场为单位列为“国有”。国办［2001］8 号文件又进一步明确：国有农场的土地是国有农场经济发展的基本生产资料，是国有资产的重要组成部分。土地的国有性质，决定了农垦是一个以土地资源为依托的国有企业。土地是农场的立足之本，农业是农场的基础产业，要把土地从资源变成资产，再把资产变成资本，对土地要确立强烈的资本意识，对农业用地要按照“稳定承包权，搞活使用权”的思路，鼓励土地使用权有序流转，发展规模经营，按照“效率优先，兼顾公平”的原则，提倡农用地向社会竞价发包，通过市场发现和确定其实际价值。土地可作为股权投资进行合资或合作经营，使土地资源优势尽快地转变成经济优势。

3.1.2 国有农场土地经营制度改革的意义

第一，推行农场土地经营制度改革是应国家和上级部门农垦政策和形势，推进新农垦建设和现代农业发展的需要。当前，国家对农垦改革发展的支持力度不断增强。特别是 2009 年，党的十七届三中全会在《中共中央关于推进农村改革发展若干重大问题的决定》中，明确提出了“推进国有农场体制改革”,“发挥国有农场运用先进技术和建设现代农业的示范作用”的重大历史任务。以内蒙古自治区兴安盟农牧场管理局为例，2009 年初，兴安盟发展和改革委员会、行政公署研究决定:“将兴安盟农牧场管理局纳入全盟‘6＋1’管理体制，对农牧场管理局实行计划单列，赋予必要的职能和权限，并对经济和社会发展给予和其他旗县市同等的政策待遇”。因此，为了顺应国家和上级部门深化农牧场体制改革、推进新农垦建设和现代农业发展的政策和形势，抢抓千载难逢的历史性发展机遇，必须对兴安农垦现行土地经营制度进行改革。

第二，推行国有农场土地经营制度改革是调整农垦企业生产力和生产关系的需要。国有农场是以农牧业为发展基础、以土地资源为立足之本的国有企业。土地不仅是农牧场国有资产的重要组成部分，更是农牧场经济发展的主要经营资本。以内蒙古自治区兴安盟农牧场管理局为例，兴安农垦面临的最大问题就是生产关系不能适应生产力的发展要求，由于过去一味照搬照抄农村改革模式，忽视了农垦与农村的区别，导致农牧场在改革过程中“分”的过散，“统”的不够，丧失了对土地等重要资源的统驭能力，削弱了组织化、机械化、规模化、集约化的经营优势，生产力受到了较为严重的损害，破解这一问题的根本途径就是要按照“稳定承包权，搞活使用权，增强‘统’的功能”的思路，一方面，农垦企业集中一部分土地搞规模经营，在现代农业建设中发挥示范和引导作用；另一方面，通过土地使用权面向市场竞价发包，鼓励土地使用权合理有序流转，实现农牧场土地规模集约经营，最大限度地发挥国有土地价值，使土地资源优势尽快地转变为经济优势。

第三，推行国有农牧场土地经营制度改革是推动农垦企业改革发展稳定的需要。以内蒙古自治区兴安盟农牧场管理局为例，近年来，兴安农垦逐步剥离了公安、教育等社会职能，企业社会负担大为减轻。但由于长期以来农垦企业分散的土地经营方式，导致农牧业综合生产能力和经营水平较低，企业原始积累较少，基础设施建设滞后，造成“产出低导致投入低、投入低决定效益低”的恶性循环，企业与职工之间一度陷入“收租与抗租、增租与减租”的对抗性冲突和相互争夺利益的矛盾之中。同时，由于职工群众承包耕地、草场面积差别较大，从几十亩到几千亩不等，得到国家农业政策补贴差额较大，职工与职工之间利益分配和贫富差距也不断拉大。这些矛盾和问题多次引发职工上访，造成“管理局压力大、农牧场困难大、领导干部畏难情绪大、职工群众意见大”的被动局面。为了正确处理农垦企业改革发展稳定三者关系，必须全面彻底地调整当前不合理的企业内部管理体制、经营机制和利益格局，在深化农牧场国有土地经营制度改革上实现重大突破。

第四，推行农牧场土地经营制度改革是实现农垦企业可持续发展的需要。推行农牧场土地经营制度改革，增强企业经济实力，一是有利于整合土地资源，组织机械化生产和标准化作业，发展精准高效有机农业，提高农产品的商品率和附加值。二是有利于人口、生产力布局和产业结构调整，加快新农垦和小城镇建设步伐，促进养殖小区和第二、三产业发展，为延伸产业链条和培育非农产业创造条件。三是有利于彻底结束和改变农牧场长期以来以包代管，没有实体经营内容，没有实质性经营自主权和自主投资能力，单纯依靠收取土地承包费维持企业生存的不利状况。四是有利于企业扩大再生产，保障企业职工福利，加强基础设施建设和发展社会事业。

3.1.3　国有农场土地使用管理

最近，国土资源部和农业部对国有农场土地使用管理提出了建议，出台了《关于加强国有农场土地使用管理的意见》。具体内容如下。

为进一步贯彻落实《国务院办公厅转发<国土资源部农业部关于依法保护国有农场土地合法权益意见>的通知》（国办发［2001］8 号），保护好国有土地资源，规范国有农场土地管理行为，维护国有农场的合法权益，促进国有农场经济社会的可持续发展，现就加强国有农场土地管理提出如下意见：

1. 对国有农场耕地实行最严格的保护制度

国有农场土地是确保国家粮食等重要农产品安全的基础，必须实行最严格的保护制度。土地利用总体规划确定的国有农场基本农田保护区，任何单位和个人不得擅自占用或擅自改变用途。建设项目的确需要占用国有农场基本农田或改变其用途的，必须报国务院批准。地方各级国土资源行政主管部门应认真履行职责，对占用国有农场基本农田的建设项目，要加强审核。地方各级国有农场主管部门要积极协助国土资源行政主管部门开展审核工作。

国有农场应按照《基本农田保护条例》的要求，利用农用地分等定级成果，做到地块、面积、标志、档案、措施、责任制“六落实”，确保基本农田总量不减少、用途不改变、质量有提高。国有农场要加强土壤肥力监测和质量动态管理，建立基本农田地力与施肥效益长期定位监测网点，定期对基本农田环境污染进行监测和评价，监测和评价结果报国有农场主管部门备案。

国有农场主要领导对农场耕地保护工作负领导责任。国有农场主管部门应将耕地保护状况作为对国有农场主要领导的考核指标，与绩效挂钩。

2. 加快国有农场土地确权发证工作

土地登记是土地管理的重要环节，依法登记的国有农场土地使用权受法律保护。各地要加大土地确权力度，加快推进国有农场土地登记工作，对国有农场依法申请登记并提交符合要求的土地登记申请资料，经审核权属来源合法、界址清楚、面积准确、无争议的土地，要尽快登记发证。对存在土地权属争议的，要严格按照国办发［2001］8号文件及相关法律规定依法调处，确定权属并登记发证。自本意见下发之日起，对符合登记发证条件的，各地应在两年内基本完成国有农场土地的登记发证工作。

3. 规范国有农场土地使用权收回行为

因国家经济建设或地方公益性建设需要收回国有农场农用地的，需依法办理农用地转用审批手续，并参照征收农民集体土地的补偿标准进行补偿；需要收回国有农场建设用地的，参照征收农民集体建设用地的补偿标准进行补偿，保障农场职工的长远生计。收回的国有农场土地使用权，按照国有土地使用权供应的规定，办理供地手续。严禁擅自通过调整国有农场隶属关系、撤销国有农场建制等方式收回国有农场土地或改变国有农场农用地用途。

对拟收回的国有农场土地使用权，在依法报批前，必须将拟收回土地的用途、位置、补偿标准、安置途径告知该农场和所涉及的职工。对拟收回土地的现状调查结果，必须经该农场和所涉及的职工确认，并将该农场和所涉及职工的知情、确认等有关材料作为收回土地报批的必备材料。依法收回国有农场土地使用权，应给予经济补偿。经济补偿参照征收农民集体土地的补偿标准计算，并安排相应的社会保障费用。国有农场因土地被收回而不具备失地职工基本安置条件的，各地应将失地职工纳入当地城镇职工再就业体系。具备安置条件的，在安排失地职工新的劳动岗位后，国有农场可将土地补偿费和安置补助费用于农场基本农田的建设保护和补充社会保障资金。

4. 节约集约利用国有农场土地

各地要加强国有农场土地利用计划管理，国有农场新增建设用地应纳入当地土地利用年度计划。凡不符合规划、没有新增建设用地计划指标的，不得申请使用国有农场土地进行非农建设。国有农场兴办二、三产业和招商引资新建非农建设项目需要使用国有农场土地的，也必须依法办理农用地转用审批手续和土地供应手续。国有农场规模化畜禽养殖用地，参照《关于促进规模化畜禽养殖有关用地政策的通知》（国土资发［2007］220 号）的有关规定执行。

城市建设规划区范围外的农场职工住宅用地，可暂按划拨用地供应，同时要严格控制用地标准。

国土资源行政主管部门组织修编土地利用总体规划，要征求国有农场主管部门和国有农场的意见，保障国有农场经济社会可持续发展。

国有农场应根据经济社会发展规划和土地利用总体规划，统筹安排，合理利用土地。要加快国有农场居民点撤并工作，引导职工向场镇居民点集中居住。腾退出来的土地，能复垦的要及时复垦。

国有农场要积极进行土地整理复垦开发。在省级土地利用总体规划和土地整理复垦开发专项规划指导下，由省级农垦主管部门统一组织国有农场按照项目管理要求，向项目所在地县级以上国土资源行政主管部门申报。

5. 严厉查处违法侵占国有农场土地行为

各地要加强对国有农场土地利用情况的监督检查，严肃查处擅自改变土地用途和非法侵占国有农场土地的行为，特别是国家机关及其工作人员违法批准收回国有农场土地和违法低价转让国有农场土地使用权的行为。已经登记的国有农场土地被周边农村集体、农民个人以及其他单位非法侵占的，要坚决依法责令退回。

6. 加强对国有农场土地管理工作的领导

各地要充分认识国有农场土地管理的重要性，坚决贯彻执行中央关于加强土地管理的各项政策措施。坚持依法行政，切实维护国有农场土地使用权人合法权益。地方各级国土资源行政主管部门要发挥对国有农场土地管理的主导作用，认真履行职责，加大工作力度，加强对派驻垦区机构的领导，提高管理水平。地方各级国有农场主管部门对国有农场土地管理工作负有重要责任。要改善管理方式，主动配合国土资源行政主管部门，加强国有农场土地管理，规范国有农场用地行为。大型垦区和集团化垦区应设立专门机构，明确工作职责，切实加强对所属国有农场土地的管理工作，提高土地利用效率。

3.1.4　农垦土地管理面临的新形势和新要求

土地是农垦保障国家粮食安全和支撑现代农业建设及经济社会发展的重要物质基础，是农垦的生存之本、发展之基、民生所依，也是当前各种利益冲突的矛盾焦点。在全面建设小康社会和工业化、城镇化、农业现代化加快推进的大背景下，充分认识农垦土地管理面临的新形势，对推动农垦科学发展，加快建设资源节约型、环境友好型新垦区具有十分重要的意义。

第一，全国土地管理面临的新形势，要求农垦必须进一步加强国有农场土地管理。我国是一个人口众多、资源相对不足的发展中大国，目前正处在全面建设小康社会的关键时期和深化改革开放、加快转变经济发展方式的攻坚时期，国土资源利用、保护和管理面临巨大的挑战。特别是随着农业现代化和工业化、城镇化的快速发展，建设用地供需矛盾越来越尖锐，环境承载负担越来越重，既要稳定耕地数量，更要提升耕地质量；既要守住 18 亿亩耕地红线，又要保障经济社会发展对建设用地的需求；既要实现经济社会持续发展，又要保护并节约集约利用资源。这些问题和挑战已经并将继续对农垦现代农业建设和经济社会发展产生深刻影响，也对加强国有农场土地管理提出了新的要求。

第二，中央关于国土资源管理的新政策、新任务，要求农垦必须进一步加强国有农场土地管理。党中央、国务院对做好新形势下国土资源管理工作高度重视，明确指出国土资源问题始终是我国现代化进程中带有全局性、战略性、根本性的问题。强调加强新形势下国土资源管理工作，是保障国家粮食安全、经济安全、生态安全的战略举措，是造福子孙后代、实现中华民族伟大复兴和永续发展的长远大计。党的十六大以来，特别是最近几年，围绕加强国土资源管理，中央及相关部门出台了一系列政策措施，制定、修订了一系列法规规章，明确了“五个坚持”的重大政策导向和目标任务，即坚持最严格的耕地保护制度，确保耕地保有量不减少、质量有提高；坚持最严格的节约用地制度，努力扩展建设用地新空间；坚持加强和改善土地调控，促进国家宏观调控目标实现；坚持严格执法督察，遏制违规违法用地高发态势；坚持依法行政，进一步提高国土资源系统的执行力和公信力。为确保上述目标任务的实现，还采取了一系列保障措施，如在耕地保护上，制定了包括划定永久性基本农田，严控建设用地占用优质耕地；大力推进土地整治，在“十二五”规划期内投资 6 000 亿元建设 4 亿亩高标准农田；严格落实耕地占补平衡，把好补充耕地质量关；积极推行“移土培肥”，做好建设占用优质耕地耕作层剥离和再利用；加强监督检查，严禁工商企业租赁农地改变用途进行非农业建设；加强监测评价，及时掌握耕地质量动态变化等等。同时要求切实加强党委领导，全面落实政府责任，进一步强化部门协同，积极拓宽公众参与渠道，不断完善上下联动机制，加快构建土地管理工作新格局。农垦既是国有农用地的使用者，也是对自身使用土地的管理者，中央在新形势下提出的土地管理政策措施及目标任务，要求我们必须大力加强国有农场土地利用和管理。

第三，垦区土地管理面临的困难和问题，要求农垦必须进一步加强国有农场土地管理。农垦土地使用管理工作虽然取得了积极成效，但垦区间的工作进展极不平衡，仍存在许多困难和问题：一是土地确权和维权难度加大。目前全国农垦还有 29 个垦区的 970 个农场未完成或未开展确权发证工作，尚未确权和发证的土地面积分别达到 1.98 亿亩和 2.92 亿亩，占农垦土地总面积的 36.2%和 53.5%，未开展确权工作的农场主要集中在河北、陕西、贵州、新疆畜牧和新疆农业等 5 个垦区，加快推进土地确权发证工作任务十分迫切而艰巨。同时，违法侵占农场国有土地情况尚未得到完全遏制。2011 年，全国农垦已登记发证仍被侵占的土地达 315 万亩，权属清楚但因侵占使用既成事实而失去的土地达 13.3 万亩，全年因土地纠纷引发的各种案件 348 起，成为影响垦区社会稳定的隐患。加上一些地方在收回农场土地使用权时，操作不规范，补偿标准仍然很低，给农垦土地使用管理带来很大困难。二是耕地保护和质量提升任务艰巨。2009—2011 年的 3 年间，全国农垦被占用耕地面积达到 135 万亩。其中，国家基本建设占用 15 万亩，农场建设占用 9.23 万亩，个人建房占用 0.45 万亩，退耕还林 7.05 万亩，退耕还草 18.8 万亩。全国农垦耕地总面积中，建成或基本建成为高标准农田的比例还不大，且主要集中在新疆生产建设兵团和黑龙江、江苏、安徽等垦区，分布极不平衡。虽然全国农垦还有约 1.2 亿亩未利用地和 2.7 亿亩林地、草地，但这些土地大多分布在生态功能区或生态脆弱区，补充耕地的成本高、难度大。三是农场建设用地不足、利用粗放。目前，全国农垦建设用地只有 2 145 万亩，占垦区土地面积的 3.9%，远低于一般农业大县 10%以上建设用地比例，难以满足垦区经济社会发展需要。且在有限的建设用地的利用上，也还存在投资强度和产出不高，布局不尽合理等问题，特别是在农场场部建设、小城镇建设和经济开发区建设中，土地集约利用程度不够，离国家节约集约用地的要求相差较远。违规用地情况时有发生，一些农场闲置、浪费、违法违规占用耕地特别是优质良田问题还比较严重，一些农场未经批准擅自将国有土地使用权转让给开发商，一些农场的加工厂房用地还在作为农业用地管理。四是管理手段落后。全国农垦国有土地总面积 5.4 亿亩，相当于一个中等省，但大多数垦区和农场还是用传统方法和手段管理土地，现代科学技术和手段在土地管理中的运用严重滞后。这些问题必须引起高度重视。

3.2　农场土地经营制度

3.2.1　农场土地经营权流转

1. “两田制”土地经营模式的大范围施行

土地职工家庭承包经营作为统分结合的国有农场双层经营体制中重要的一

环，在调动职工生产积极性上发挥了特有的优势。随着形势的变迁，如何承包土地并发挥土地最大效用成为摆在农场面前的重要课题。一方面，随着国家惠农政策的出台，农场职工要求承包土地的愿望强烈；另一方面土地的集约化、产业化经营要求改变土地零碎、分割的状态。伴随着国有农场税费改革进程的推进，"两田制"从本世纪初发端，逐渐推行成为目前垦区较大范围推广的经营模式。其基本前提是坚持土地国家所有和家庭承包经营，在"基本田"中体现政策，"规模田"中体现效益，克服了土地家庭经营中平分土地、规模分散、劳动生产率低下的局限，体现了联产承包制下要素资源配置效率的提升和土地承包经营权的自主选择。

目前，全国农垦有 27 个垦区全部或部分推行了"两田制"，占农垦系统土地承包面积的 80%以上。尽管各垦区对于"两田制"的称谓和划分细节存在一定的差别，但具有某些共性。基本田，或称责任田、身份田、口粮田、养老保障田等，一般参照周边农村劳均耕地面积分配，赋予长期稳定的承包经营权；只收取职工自身受益的社会保险费和农业保险费，参照执行同当地农村一样的税费改革政策；职工退休，基本田由农场收回。规模田，或称经营田、责任田、招标田、租赁田等，按照市场机制运作，采取"先交费、后种地"的办法，通过交纳租赁费取得经营权；租赁期一般 1 至 3 年；农场职工优先承包经营；服从农场统一种植计划与管理。

在国有土地上实行"两田制"是一个创新。一方面，"两田制"减轻了农工负担，将国家的惠农政策落到实处。同时，通过积极引导，发展特色农业、绿色农业、精细农业和效益农业，提高亩均效益。另一方面，"两田制"促进了规模集约经营，优化了产业结构。农垦区开始由分散经营走向适度规模经营，土地向种田能手集中，优化了经济结构，提高了经营效率，推动了产业升级，有利于规模农业、设施农业和现代农业的发展。

2. 建立在"两田制"基础上的农场土地经营权流转

"两田制"的发展，为实现国有农场土地所有权、经营权、使用权的分离创造了条件，也为进一步创新土地经营管理制度提供了条件，促进了土地有序流转。在实践中，由于各垦区不同的历史状况和资源禀赋特点，哪些承包土地可以流转，对流转有何限制等都存在一定的差异。

以黑龙江垦区为例，按照垦区相关规定，农垦土地承包经营权的流转只能在"基本田"进行。基本田的承包经营权在承包期内依照《农业法》和《物权法》的规定，可以采取转包、互换、转让等方式流转。流转所得的收益归承包方所有，除法定情况外，承包期内农场不得收回基本田承包经营权。而"规模田"的承包经营权，承包方如转移到非农产业就业或自愿放弃土地承包经营权，应将土地承包经营权交还给农场，农场在规模经营优先的前提下重新发包。承包方转让或交还农场的土地，场内职工有权优先承包。又如，在新疆生产建设兵团，职工通过与团场签订土地承包经营合同获得对定额承包地的承包经营权，承包经营权可以采取转包的方式进行流转，但转包只限定在团场承包职工之间进行；团场经营地签订租赁经营合同，期限 1 至 3 年，不允许流转。

尽管各垦区由于自身自然禀赋不同，在农垦土地流转的实践与探索中具有共性：一般赋予基本田以较为充分地流转自由，而对于规模田一般选择在农场的层面加以控制。对于农垦土地的流转，可以从如下几个方面加以考虑：

第一，对规模田的租赁经营。其关键在于发挥市场配置资源的效用，合理确定土地规模，通过市场竞价，使土地适度向生产能手集中，实现经营田的连片、联合，发挥土地的规模优势，提高经济效益；本着效率优先、兼顾公平的原则，对农场职工在政策上给予一定的倾斜。

第二，对基本田适用农场土地流转方式。对基本田，要完善农场职工的合法权益，保证稳定而持久的承包经营权；给予农场职工充分的经营自主权，借鉴农村土地流转转让、转包、互换、入股、出租等多种形式，在农户之间进行自由流动。

第三，以土地为纽带与企业对接。农垦发挥组织化的优势，统一提供生产资料和技术指导，并且实行预售制度，统一包销。通过产业经营形成的规模和集聚效益，强化“公司＋基地＋农户”或“公司＋农户”的土地经营模式，形成以产业公司为龙头的产业链，实现区域联营，不仅能够给农场带来较大效益，增加农场职工收入，还可以发挥影响带动、辐射周边农村的示范效果。

第四，建立合作经济组织。农业专业合作组织是实现小农户与大市场有效连接，促进生产要素优化配置的有效途径。农垦企业在经营田相对整合、农产品相对趋同和技术、劳力相对集中的区域，可以采取农工入股联营等形式，建立合作经济组织，开展集约经营和规模经营。在开辟自营经济过程中，为规避个体经营缺陷，发挥互助优势，也可组织行业性协会、专业合作组织。

第五，以模拟股份制探索农垦土地租赁经营。2008 年前后，江苏垦区整合土地资源，实行“规模化种植、公司化运作、股份化合作”。即对“基本田”，改土地补贴为货币补贴，纳入大田统一管理；改土地租赁经营为模拟股份制形式，采取“农场入股、合资种田、统一管理、按股受益、利益共享、风险共担”为主要形式的土地经营管理模式。

3.2.2　农场土地确权

1. 土地确权的概念

每宗地的土地权需要经过土地登记申请、地籍调查、核属审核、登记注册、颁发土地证书等土地登记程序，才能得到最后的确认和确定。土地确权的狭义含义是指在土地登记过程中的权属审核阶段对土地权属的来源、权属性质的确认。

根据中国土地所有权、土地使用权和其他项目权利的确认、确定的有关规定和当前土地管理实践的要求，土地确权也是各级人民政府的重要职责之一，包括制定和完善确定土地权属方面的法规和政策，处理土地权属争议和办理土地权属的登记造册、核发证书等。土地权属确定的原则有尊重历史，面对现实的原则；有利于生产和生活，有利于社会稳定的原则；政策和法律并用原则；分阶段、区别不同情况处理原则；权利设定一般法定原则。这些原则应体现土地确权的精神实质，为正确界定土地权属指明方向，并在整个土地确权中始终起指导作用。

确权机关是指依法有权确定土地所有权和使用权归属的行政机关。依照我国《土地管理法》第十六条的规定，确权的权利主体为乡级或县级以上人民政府，也就是说只有乡级或县级以上人民政府才具有确认所有权和使用权的权力。主管是指确定土地所有权和使用权的具体承办部门。土地管理部门做为人民政府的职能部门，具体承办确权工作，对确权的意见和建议，要报同级人民政府作出决定。

2. 农场土地确权

土地是人类生存发展的基础。我国人多地少的基本国情和土地供需矛盾日益突显，决定了土地具有更加特殊的重要性。土地是国家确保粮食安全的重要基础，是国家宏观调控的重要杠杆，是各地经济增长的重要动力，是一切财富的重要源泉，也是各种利益冲突的矛盾焦点。对于农垦来说，土地是立足之本、发展之基，保护好、管理好、使用好国有农场土地，对实现农垦经济社会又好又快发展，充分发挥农垦在新时期的地位作用，不仅具有十分重要的现实意义，而且具有深远的历史意义。做好国有农场土地确权发证工作，是管好、用好农场土地的重要前提和基础。特别是在当前我国工业化、城镇化快速推进的大背景下，国有农场土地确权工作面临的形势比过去任何时候都要严峻，土地确权发证的任务比过去任何时候都更加艰巨，做好国有农场土地确权发证工作的意义比过去任何时候都更加重大。

针对国有农场土地确权发证工作存在的问题和困难，需要我国农业部农垦局进行全面部署，要求垦区和农场，尤其是进度缓慢的垦区和农场，切实按照 202 号文件要求，提高认识，加强领导，加大工作力度，调动各种可以利用的人力、物力和财力，抓紧时间，力争使符合确权发证条件的农场基本完成确权发证工作。为了确保完成农垦区农场土地确权任务，要按照“一把手”负总责的要求，切实把开展土地确权发证工作作为对国有农场主要领导的考核指标，与绩效挂钩，并建立问责制度。要加强沟通协调，尽快与国土资源、林业、农业（畜牧）等部门建立会商与对口联系的工作机制，为国有农场土地管理创造一个良好的外部环境。要加强调查研究，尤其是对影响当前确权发证进度的一些关键问题要会同国土资源主管部门进行重点研究，推动工作有序进行。要加强土地确权发证的政策宣传、技术指导和培训工作，提高经办人员的能力。

（1）农场土地确权现状。

农业部农垦局于 2010 年 7 月 26 至 27 日，在河南开封召开部分垦区国有农场土地确权工作座谈会，北京等 23 个垦区土地工作分管领导或主管部门负责同志共 42 人参加会议，农业部农垦局彭剑良副局长到会并讲话。

会议认为，最近 10 年，各垦区认真按照《国务院办公厅转发国土资源部、农业部关于依法保护国有农场土地合法权益意见的通知》（国办发［2001］8 号）和《国土资源部、农业关于加强国有农场土地使用管理的意见》（国土资发［2008］202 号）要求，扎实开展国有农场土地确权发证工作，并在此基础上全面加强国有农场土地管理，取得了明显成效。截至 2010 年 6 月底，全国农垦土地确权面积 3.44 亿亩，确权率 63.7%；发证面积 2.54 亿亩，发证率 47.0%。从垦区层面看，确权率超过 50%的垦区 27 个，超过 80%的垦区 21 个，北京、辽宁、黑龙江、上海、江苏、浙江、河南、广东、广西、海南、重庆、四川、青海、广州、南京等 15 个垦区确权率达到 90%以上；土地发证率超过 50%的垦区 21 个，超过 80%的垦区 11 个，黑龙江、上海、江苏、广东、重庆、青海、广州等 7 个垦区发证率达到 90%以上。从农场层面看，已完成土地确权发证工作的农场 1 007 个，占应确权农场总数的 51%。部分完成的农场 513 个，占农场总数的 26%。

（2）农场土地确权问题。

完成土地确权发证任务，是当前农垦土地管理工作的重中之重，时间紧，任务重，在方法上要注意突出重点。

一是抓紧能够完成的基本面积。到 2010 年上半年为止，全国农垦国有土地总面积 5.39 亿亩，扣除已发证面积、土地纠纷争议面积和道路、河道、泄洪区等不具备登记条件的面积，大约还有 2 亿亩属于年底前必须完成登记发证的土地。各垦区要把这些土地面积作为下半年确权发证的重点，切实抓出成效。

二是抓七个重点垦区。新疆兵团、内蒙古、新疆畜牧、新疆农业、河北、湖南、福建等 7 个发证进度比较缓慢的垦区，未发证面积近 2.7 亿亩，占农垦未发证面积的 94%，直接影响全国农垦土地确权发证进度。这些垦区的发证率上去了，全国农垦的发证率也就上去了。

三是抓四类重点农场。一类是目前仍未开展确权发证工作的农场。这类农场到 2010 年上半年为止，大约还有 426 个，占农垦农场数量的 20%以上；二类是土地面积较大的农场。其工作直接影响全局，需要重点关注；三类是人为阻力较大的农场。遇到政府不支持、土地纠纷侵占情况多等情况，单靠农场自身很难解决，特别是一些县管农场，需要垦区主管部门给予实质性的帮助，必要时协调土地资源主管部门，争取他们的支持和帮助；四类是问题较多、自身无力解决的农场。如改革改制带来的问题、土地权源资料缺失的问题等，需要垦区主管部门研究并拿出妥善的解决办法。

四是抓三类重点地块。一类是土地增值潜力大、现实价值大的地块，应优先确权；二类是种植支柱作物、进行大规模产业开发的地块，应重点确权；三类是容易被侵占、流失的地块，要加快确权。对于争议地块的处理，可与当地国土资源部门协调，争取对无争议的面积先行登记发证，对有争议部分单独设立争议宗地，编写土地争议原由书，待后调处。

五是抓重点环节。即在确权基础上尽快提高发证率。截止到2010年上半年，南京、陕西、湖南、河北、山西、新疆兵团、新疆畜牧、内蒙古、吉林等垦区的发证率虽然不高，但确权率大多在60%以上，其中，南京、陕西、湖南、河北、山西、新疆兵团分别达到100%、80.9%、76.1%、74.6%、67.4%、66.4%。要争取把高确权率转化为高发证率，确保已确权的土地全部发证。

（3）农场土地确权应对措施。

各垦区在推进土地确权工作中，创造并积累了不少行之有效的办法和经验，值得认真总结并积极推广。

一是领导重视。不仅农垦主管部门重视，而且当地党委政府和国土资源管理部门也高度重视，并给予大力支持。如海南农垦，土地面积大、地形复杂，与周边农村插花地多、纠纷多、遗留问题多，确权发证工作难度极大。海南省委、省政府将国有农场土地确权发证工作列入全省“十五”工作计划，并由国土环境资源厅和农垦总局联合成立“省农垦国有农场土地确权工作指导小组”，建立土地确权发证工作责任追究制度，主管副省长亲自检查问责制落实情况，对推动土地发证工作进度起到决定性作用。目前海南农垦土地确权率和发证率已分别达到90%和84%。

二是组织保障。不少垦区设立了专门工作机构，并在农场配备了专职或兼职的土地管理人员。黑龙江、甘肃、宁夏、安徽、云南等规模较大并实行系统管理的垦区，经省政府批准，还在垦区设立了农垦国有土地管理部门，作为省国土资源厅的派出机构，以“部门派出，系统管理”的方式依法管理农垦土地，为国有农场土地确权发证工作提供了组织保障，这些垦区在2006年就基本完成了土地确权发证工作。

三是典型引路。针对确权工作政策性强、国有农场土地权属情况复杂的特点，安徽、广东、浙江、云南等垦区通过典型引路的方式推进工作，成效明显。如安徽农垦，按照“先易后难，先试点后推开”的原则，2003年确定在3个农场先行试点，为垦区全面开展土地确权发证工作积累经验，通过试点引路，安徽农垦的土地确权率和发证率在2007年就达到83%和73%。

四是主攻难点。广东、海南、北京、重庆等垦区在土地确权过程中，对纠纷土地不回避，在认真收集、整理权属证据的基础上，主动与当地政府及国土管理部门协商，把收回土地列入土地管理工作的议事日程，能调解的调解，调解不成的政府裁决，裁决不成的通过法律诉讼程序解决，有效解决了争议地的权属纠纷。如广东农垦，通过行政调解、司法裁决、依法强制等途径，处理了一大批土地纠纷和历史积案，有力维护了农场土地的合法权益，为确权发证打下了良好基础。尤其是对周边农民勘界过程中无理拒签情况，采用公告的形式，凡农场有确凿资料和清晰结论，农民提不出有效证据的，即使拒签，也给予确认国有农场的土地权属，避免了周边农民无理阻挠农场的土地确权，2006 年前，广东农垦土地发证率不足 30%，通过近几年的努力，目前的发证率已高达 96.3%。

五是降低成本。成本费用高是制约土地确权发证工作的重要因素。为尽量减少农场确权发证费用，不少垦区主管部门积极争取当地政府和国土资源部门给予农场土地确权收费的优惠政策。如安徽、广东、海南、宁夏、甘肃等省明确由垦区或农场自行组织力量，按照统一技术要求进行地籍测量；辽宁等省规定以农场为单位，5 000 公顷以上统收 3 万元，1 000 公顷至 5 000 公顷收费 2 万元，1 000 公顷以下收费 1 万元；云南等省采取以农场或分场为单位收费；还有一些地方充分利用土地详查资料节省勘查开支等。这些政策措施的实施，有效减轻了农场开展土地确权发证的负担，加快了确权发证进度。

3.3 农场土地承包经营

国有农场在计划经济时期，农场各业产、供、销都由农场直接按计划组织，是财务上统收统支，经营上统负盈亏的“大锅饭”体制。经过多年不断改革，农场内部已形成多级法人实体与多元利益主体，“大锅饭”机制初步破除，但在大农场套小农场的格局中，国有农场仍然在直接从事生产经营，仍然承担着生产经营的风险和市场的风险。

实行“两田制”是根据我国垦区的有关经验，并以贯彻中央有关国有农场职工加入社保的文件精神为契机，全面启动的新的一轮农业改革。通过这场改革，它将原先主要由农场承担的自然风险与市场风险，逐步转变为主要由承包户承担，农业职工要成为市场竞争的主体。

国有农场是以国有土地为基本生产资料，以农产品生产、加工、销售为主营业务，依法自主经营、自负盈亏、自我约束、自我发展，独立承担民事责任的国有农业企业。作为国有农业企业，国有农场主要接受省农垦集团公司委托，从事国有资产（包括土地资产）的经营与管理，承担国有资产保值增值责任。农场不再直接从事生产经营和直接承担生产经营风险。随着改革的深入，农场与场内的第二、三产业的关系将主要是参股、控股的产权关系，农场仅以出资额享受收益权利，承担风险责任；农场对农业，一方面凭借土地所有权，向承包者收取租金，市场与自然风险主要由承包人承担；另一方面农场通过控股、参股的农产品加工企业和其他龙头企业，按照市场化原则，组织帮助众多的承包户走向市场，真正实现了“大锅饭”的终结。

3.3.1　指导思想

国有农场土地承包指导思想是根据全国人民代表大会的精神作为当年的统领，并且以农垦总局、各管理局党委（扩大）会议精神为主线，坚持“强工、兴城、优农”方针，推进新型工业化、城镇化、农业现代化和信息化同步发展。着力保障和改善民生，完善土地承包经营制度，落实国家强农惠农政策，促进农工增收、农场增效，保障现代化大农业和城乡一体化建设，实现农场经济社会全面协调可持续发展。

3.3.2　农场土地承包原则

农场土地承包的原则是：①坚持效率优先，更加注重社会公平。把落实政策与市场机制有机结合，完善土地使用权配置方式，通过“身份田”的公平分配，落实国家税费改革政策；通过“经营田”的合理配置，实现土地适度规模经营。②坚持统筹兼顾，调优种植业结构，合理确定农场与农工收益分配比例关系，在保障农场职工增收的前提下，实现农场增效，运用市场机制形成“经营田”承包价格，确定以保护农场职工承租积极性，维护农场职工利益为出发点，稳定土地承包费。③坚持以家庭农场承包为基础，发扬“团结、创业、求实、奉献”的创业人精神，统分结合的双层经营体制，实行“两自理，四到户”，即职工生产费、生活费自理，土地、机具、核算、盈亏到户，由农场是投资主体变为职工是投资主体，谁投资、谁担风险、谁受益，极大的调动了职工群众的生产积极性，使经营效益显著提高。同时要坚持领导干部管理人员和有固定收入的人员不参与土地承包，成立合作组织，实现规模经营，先职工后劳动力承包，经营田市场竞价，城建拆迁购楼与承包土地相结合的原则。

3.3.3　土地使用权配置方式

土地使用权配置方式是实行“三田制”，即“身份田”、“经营田”和“机动田”。

1. *身份田*

身份田是指农场为从事农业的在职职工和场内第二、三产业等非农部门转岗职工，每人提供不超过 5 亩耕地或一定面积的茶园、果园、林地、水面等，以作为对其交纳社保统筹费用的补偿。享受身份田的人员必须同时具备以下条件：第一，必须是本农场户口并且在本农场长期居住，本半年度长期在外居住时间不得超过 6 个月，截止到每年年末的农场职工及非农场劳动力；第二，女性 18 周岁至 50 周岁，男性 18 周岁至 60 周岁；第三，农场的管理人员、机关、事业单位工作人员及有固定工作、固定收入的人员不享受身份田待遇。获得身份田的职工履行自己的缴纳全部社保统筹费（包括企业和个人应缴纳的部分）的义务。此外，承担农业税、公共抗旱、排涝等生产费用。身份田的分配，打破了原农场职工的身份界限，由农场职工过渡为社会人，真正成为市场经营的主体。

以黑龙江垦区为例，改革开放以来，因广大农工停发工资，实行了“生活费自理和生产费自理”，垦区规定每位在职职工每人配给 15 亩“生活田”，家属配给 8 亩（但有农场自行规定：上学包括上大学的孩子不给，当兵的不给，长期在外打工者不给），收取少量费用，主要用于保障农工家庭基本生活。这些年，许多农场看到土地涨价，发包有利可赚，把生活田减为 10 亩、7 亩的都有。土地承包费收取标准以北安管理局龙镇农场为例，该农场通过货币补偿的方式兑现到人，2014 年，一般土地承包费为 720 元/人。

2. 经营田

经营田是指农场身份田以外按市场机制运作，以交纳一定数额的租赁费取得经营权的农业用地，实行先交钱后种田，即承租人先交付经营田的租赁费，后取得经营田的经营权，实行自主经营、自负盈亏。取得经营田的经营人员的范围包括：第一，必须是本农场户籍且长期在本农场居住的劳动力年龄范围人员，禁止场外人员、干部管理人员及有固定收入人员（固定收入是指上年度在农场开工资达到 6 个月的）参与经营田承包经营；第二，基价地只限于农场没有固定收入的职工承包经营，标准为 1 公顷/人，标准外的承包面积一律实行竞价承包；第三，农场非职工劳动力家庭根据每户承保需求参与竞价承包，并进入合作组实行统一经营管理。干部家属不允许参与竞价承包；第四，土地承包合同以合作组为单位并以农场职工名义签订。第五，每年年末迁入农场人员不得参与上述承包；第六，未到期面积和水田承包户不参与上述分配。

经营田实行公开、公平、公正竞租。农场依据土地的地力、水利、交通、环境和区位情况，茶果园依据园相等基础条件，制定经营田租赁经营的总体方案，分场受农场委托，根据茬口、自然条件等因素，将农场发租方案落实到田块，张榜公布，组织招标。租赁费基价的确定，主要包括土地基础设施折旧费、农场管理费、社会负担、农场积累、农业税等。考虑到农场的经济状况，职工一次交清租赁费有困难的可分两次交，也可以实物（粮食）缴纳，但最迟在当年春季作物播种前交清。经营田从承包经营转向租赁经营，调动了承租人的自主投入、自我发展的积极性，打破了农场土地按职工身份平均分配的格局，使部分不参加经营的职工从土地上脱离出来，从事第二、三产业。

土地承包费收取标准以黑龙江农垦总局北安管理局龙镇农场为例，根据物价指数和社会保险缴费等上涨因素，确定基价收取标准 246 元/亩。实行级差地租，在基础收费上小麦调减 10 元/亩，玉米调增 40 元/亩，水稻调增 40 元/亩。为减轻农场职工负担，维持上年收费标准不变，2014 年，小麦为 236 元/亩，大豆为 246 元/亩，玉米为 286 元/亩，水稻 286 元/亩。玉米采取摘棒收获方式的免除级差地租。

农场根据种植计划下达土地承包费上缴指标，所有管理区土地承包费上缴执行农场统一政策。

3. “机动田”

例如谁家生孩子，或者从农场外地嫁入到本农场的女性等，考虑到农场人口的变化，需要从固有的农场土地面积中拨出一部分土地给新增人口。一般情况下，机动田不能超过垦区土地总面积的 5%，而且发包期不能超过 3 年，以保证土地有足够的流动性。机动田发包坚持“先场内后场外，先农工后家属、同等条件下本场职工优先”和“公平、公开、公正”的原则，纳入场务、队务公开管理。机动田面积必须向农工公示，机动田发包方案要依据民主程序，经职工代表讨论通过后实行。机动田实行一年一发包，承包期最长不得超过 3 年。由农场发包方参照当地市场价格，提出发包方案，并经国有农场职工代表大会讨论通过，公开竞价发包。以黑龙江垦区为例，一般农场谁家生孩子了，需要从农场土地中拨出 8 亩分给新增人口。

从这三类土地的性质就可以看出，保障职工生活的“身份田”和家庭农场生产的“经营田”应当保持长年稳定，以利发展。“机动田”则可以一年一发包，以保证它的有序变化，保障垦区新增人口能及时得到生活田。

3.3.4　一事一议的筹资与使用

按照国家关于“一事一议”筹资筹劳有关规定，按土地面积筹资。随着土地承包费同一缴纳，这部分费用用于国家投入不足的部分。以北安管理局龙镇农场为例，按土地面积筹资 35 元/亩，其中，植树造林 15 元/亩，公路建设 10 元亩，农田水利基础建设 10 元/亩。

3.3.5　土地承包费上缴方式及期限

以货币形式全额上打，上缴期限由农场统一制定，一般为春播前作为期限。

3.3.6　要求管理区（组）对经营田采取以下方式调整土地承包费

根据耕地的类别等级分级定价。一个单位土地价格原则上不超过三个档次，每档价差不超过 20 元/亩。为保证轮作制度顺利进行，可根据所发包地块的前茬和当年种植作物适度调增或调减基础承包价格 10～20 元/亩。农业风险为政策性保障，个人缴费 11 元/亩，随同土地承包税一同缴纳，其余由农场配套补贴。

为充分发挥土地资源优势，拉动各地发展，提高职工群众的幸福指数，农场在土地承包的过程实施“1366”为民工程，即土地承包要实现“一个目标”—— 资源共享、携手共富奔小康的目标。土地承包要坚持“三公”原则——公开、公平、公正。具有农场户籍的，在自愿申请和坚持“两自理，四到户”的前提下，以六种方式实现土地梯次分配，推进土地承包工作。第一，农工地。没有固定收入的农场职工每人可承包耕地1公顷。第二，安民地。具有农场户口没有固定收入的职工家庭，每人可承包耕地1公顷。第三，惠民地。农场住楼补贴试行由暗补转地补，户主具有农场户口的主楼户，在缴齐物业费0.25元/（米^2·月），卫生费0.10元/（米^2·月），水费150元/（户·年），同时补齐供热缴费农场补贴部分后，每户可承包耕地1公顷，试行期间根据职工意愿，农场再鼓励承包1公顷土地，每户可承包2公顷土地。第四，利民地。一是维护好2013年拆迁户和新购楼户的职工群众利益，具体政策见“2013年拆迁工作实施方案”；二是对养殖奶牛户落实耕地承包鼓励政策，奶牛户按饲养量1亩/头，新购入奶牛3亩/头标准落实。第五，创业地。鼓励在岗管理人员和编外大学生转岗创业，农场可为每人提供承包耕地5公顷。第六，富民地。上述土地发包分配后剩余土地全部进入市场，本着先职工后群众的原则竞价承包。实行“六免费”。即承包惠民地的楼房住户，享受毛巾、牙膏、香皂、肥皂、洗衣粉、卫生纸六种日常生活用品由农场免费供应政策，按季度发放。

3.3.7 土地流转和规模经营

按照依法、自愿、有偿、疏导的原则，继续扎实稳妥地推进土地适度规模经营，建立合作组织。严格规范身份田流转，经营田不许流转。

3.3.8 组建农业专业合作组织

在家庭农场承包经营的基础上，本着自愿联合、自主兴办、自我管理、自我服务的原则，采取行政引导、典型带动和政策扶持等措施，通过能人兴办、基层组织创办和龙头企业承包领办等多种组建方式，举办农业合作组织。建立起“农场＋管理区＋农户”的现代农业组织，使家庭农场融入合作化、专业化、生产化、集约化和社会化大生产。计划组建7个农业专业合作社，1个以龙头企业的有机特色产品合作社，1个以玉米烘干为主的合作社，依法到工商部门注册登记，争取国家有关扶持政策。

3.3.9 粮食统一销售

粮食谷物全部交付玉米烘干企业统一销售，由农场与合作组织代表协商一致，按市场价格结算，销售后低于市场价由农场补贴，高于市场价部分由农场与合作组织1∶1分成，农场分成部分用于职工群众福利待遇。

3.3.10 加强测土配方施肥项目管理

继续推进农业部测土配方施肥项目建设。加快建立耕地质量预警信息系统，提供可靠的土壤养分分布情况。配齐人员，加强项目内业务管理，提高操作能力，100%完成配肥站建设、配方施肥指导和配方肥应用工作。

3.4　农场土地整理及土地资源综合利用

3.4.1　农场土地整理

土地整理是近年来在我国土地资源日益紧缺形势下，国家为保证粮食安全和生态安全以及土地占补平衡提出的。以土地资源的可持续利用为最终目标，对我国农业现代化建设和经济发展具有重要意义。实施土地整理，特别是加大农用地的整理力度，是落实中央精神的切实体现，为在新时期解决农民增收问题开辟了一条新途径。

1. 土地整理

（1）土地整理基本含义。

土地整理是指在一定区域内，按照土地利用总体规划的要求，结合土地利用现状，采取行政、经济、工程、技术、法律等手段，通过对土地利用结构进行调整，对土地资源进行重新分配，以达到协调人地关系，提高土地利用率和产出率，改善和保护生态环境，促进土地资源可持续利用与社会经济可持续发展的过程。而它所涉及的开发整理后土地面积和权属重新划分等各个方面，都必须建立在测绘工作的基础上，因为测绘数据是最基础、最原始的资料，是决策正确的最基本保证。由于测绘工作贯穿于土地开发整理的全过程，不同于平常所指的地形测量，因此测绘工作比地形测量工作更细致，更具体，同时更讲究方法，它直接关系到工程项目概（预）算的准确性，在科学决策、节约投资、规范工程行为等方面有着不可低估的作用。

广义土地整理一般可分为两大类，即农地整理与市地整理。根据我国国情，土地整理的主要内容包括：①调整农地结构，归并零散地块；②平整土地，改良土壤；③道路、林网、沟渠等综合建设；④归并农村居民点、乡镇工业用地等；⑤复垦废弃土地；⑥划定地界，确定权属；⑦改善环境，维护生态平衡。

狭义土地整理指农地整理，土地整理包含土地开发、土地复垦。即在一定地域范围内，按照土地利用计划和土地利用的要求，采取行政，经济，法律和工程技术手段，调整土地利用和社会经济关系，改善土地利用结构，科学规划，合理布局，综合开发，增加可利用土地数量，提高土地的利用率和产出率，确保经济、社会、环境三大效率的良性循环。

（2）土地整理绩效评价产生与研究意义。

随着我国土地整理事业的发展，土地整理绩效评价作为衡量土地整理工作成功与否的重要手段被日益重视。在可持续发展理念深入人心的今天，作为一切资源之首的土地资源，实现其可持续利用是实现整个社会经济可持续发展的重要基础。土地整理作为一项可以增加土地有效供给，提高土地利用综合效益，改善农村（农场）生活、生产条件和生态环境的活动被日益重视。自 1998 年国家成立土地整理中心以来，已经投入大量人力、物力和财力开展土地整理工作，并且有的项目已经投入使用，这些土地整理工作在实现耕地总量动态平衡、保证国家粮食安全和建设新农村等方面取得了很大的成效。但是，目前我国土地整理工作中依旧有重数量、轻质量、脱离实际、破坏生态、追求高品位设计等错误倾向。因此，开展土地整理绩效评价工作以衡量土地整理实践的成功度就具有非常重要的意义。具体表现在以下几个方面：

首先，有利于提高我国土地整理专项资金的使用水平。一个土地整理项目往往需要几千万元的投资，同时还要耗费大量的人力、物力，但是国家对土地整理项目的投资能力是有一定限度的，土地整理资金的有效供给总是小于社会需求，通过开展土地整理绩效评价，可以使土地管理部门全面了解各地土地整理内容完成情况、项目建设取得实际成效、工作中存在的问题等，准确掌握土地整理专项资金分配使用的效率和有效性，为决策、规划部门科学编制年度土地整理计划和土地整理资金分配使用指明方向，对优化土地整理资金在地区和项目类型之间合理分配也发挥了很大的作用。

其次，有利于促进我国土地整理绩效评价制度建立，提高监督管理水平。加强对土地整理项目的绩效评价研究，有利于促使相关部门了解土地整理项目实际完成内容和拟完成内容情况，实际取得效益与预期取得效益之间的差距和不足，促进各地有针对性的采取对策加以改进。同时，通过开展土地整理绩效评价可以促使相关管理部门提高对土地整理专项资金使用效果的重视，建立相关制度，提高监督管理水平。

最后，有利于推动我国土地整理绩效评价相关理论与方法的研究。由于对土地整理绩效评价的研究还很少，土地整理绩效评价的理论与方法还不尽完善，尽管有些学者已经开始关注土地整理绩效评价工作，也是近几年的事情。因此，开展土地整理绩效评价工作，有助于推动土地整理绩效评价相关理论与方法的发展，进一步完善土地整理相关理论。

（3）土地整理程序编辑。

根据新《土地管理法》的规定，结合各地实践，土地整理程序一般如下：

① 确定土地整理区域，提出工作方案。县、乡（镇）人民政府根据当地经济社会发展需要和对土地利用的要求，依据土地利用总体规划确定的土地利用分区和有关专项规划，选定实施土地整理区域，制定实施土地整理工作方案。土地整理区域一般集中连片，规模视当地具体情况而定。

② 组织进行土地整理规划设计。具体分析土地整理潜力、综合效益，提出具体的规划设计方案和权属调整的意见等，广泛征求有关方面意见后，完善有关规划及各类备件。

③ 依法报上级人民政府或土地管理部门审核、批准。上级人民政府或土地管理部门依照有关法规、政策、技术标准等，结合当地情况，审核、批准土地整理规划设计与工作方案并进行备案。土地整理规划设计及工作方案批准后，向社会公布。

④ 组织土地整理实施。按照批准的土地整理规划设计和工作方案，县、乡(镇)人民政府组织农村集体经济组织，有计划、有步骤地进行土地整理建设。

⑤ 确认权属。按照有关法律和政策规定，对调整后的土地，办理确定土地所有权、土地使用权等手续。

⑥ 检查验收。按土地整理规划设计的要求，依法由批准土地整理的人民政府或土地管理部门组织进行检查验收并确定土地利用调整情况，包括耕地面积调整情况。有关资料、图件等整理归档。

2. 土地整治规划

土地整治规划是各农垦区土地利用总体规划的专项规划之一，是土地利用规划的主要组成部分和深化补充，目的在于进一步落实土地整理复垦开发的目标和任务，土地整治规划遵循“十分珍惜、合理利用土地和切实保护耕地”的基本国策，落实耕地总量平衡的原则。

农垦区土地整治规划指导思想、基本原则与主要目标如下。

(1) 指导思想。

以科学发展为主题，紧密围绕加快经济发展方式转变这一主线，树立新型资源观和资源管理观，落实资源节约优先战略，以资源利用方式转变促进经济发展方式转变，以资源利用结构调整推动产业结构优化升级，切实提高国土资源工作对垦区经济社会可持续发展的保障和服务能力。

(2) 基本原则。

坚持保障发展与保护资源的原则；坚持统筹规划、科学调控的原则；坚持合理利用、节约集约的原则；坚持突出重点、全面发展的原则；坚持阳光服务、便捷高效的原则；坚持立足垦区、放眼全省及国内外的原则。

(3) 主要目标。

按照垦区“发展现代化大农业，建设国家商品粮生产大基地，实施推进城乡一体化大发展”的战略，农垦区国土资源规划整治的主要目标是：深入贯彻科学发展观，统筹区域协调发展，严格落实耕地保护制度和节约集约用地制度，按照垦区实现小康社会目标和经济社会发展战略，从垦区情况和土地利用状况出发，加强耕地和基本农田保护力度，保持耕地面积稳定、质量提高，保障国家粮食安全，合理安排各项建设用地，做好内部挖潜，提高节约集约用地水平；统筹土地利用，优化城乡用地配置，形成城乡一体化新格局；协调土地利用与生态环境，做好生态用地安排，全面改善垦区生态环境；正确处理保障发展和保护资源关系，对土地资源实行市场配置，发展土地供给和需求在国民经济和社会发展的调控作用，促进农垦区经济平衡、协调、快速发展。

以黑龙江农垦总局为例，根据国土资发［2002］215 号《县级土地开发整理规划编制要点》和省国土资源厅《关于开展县级土地开发整理专项规划的有关问题通知》，大力推进基本农田整理，不断充实完善土地整理复垦项目库，做好土地整理复垦项目的申报，保障垦区耕地总量占补平衡有余。

2011 年，农垦区完成了 9 个管理局的土地利用总体规划大纲的编制和审批工作；完成了报省政府审批 9 个管理局级土地利用总体规划成果初审工作，全面推进垦区 115 个农（牧）场土地利用总体规划成果的编制工作；完成了垦区 9 个管理局城乡建设用地增减挂钩规划方案的编制和审批工作，并上报国家备案；申请建设用地指标，在省厅下达给垦区新增建设用地指标仅 150 公顷的情况下，4 次向省厅请示，将新增建设用地指标追加到 368.987 6 公顷，其中占用农用地指标 287.987 6 公顷，占用耕地指标 247.248 9 公顷。未利用地指标 80 公顷，还积极申请增减挂指标 910.420 8 公顷。严把建设项目用地预审关，完善规划审查的程序和内容，强化土地规划管理，全年受理建设项目用地预审 43 件。

3. 改善和保护生态环境

根据国务院《关于落实科学发展观加强环境保护的决定》、环保部《国家农村小康环保行动计划》和《加强农村环境保护工作意见》，我国农垦区环境保护的基本原则是：第一，协调发展，互惠共赢。正确处理环境保护与经济发展和社会进步的关系，在发展中落实环境保护，在保护中促进发展，坚持节约发展、清洁发展、科学发展。第二，预防为主，防治结合。严格建设项目环保审批制度，大力开展清洁生产审核，继续推进老污染源的稳定达标排放，强化源头治理、全过程监控，确保污染物达标排放。第三，强化法制，综合治理。坚持依法行政，严格环境执法；坚持环境保护与发展综合决策，综合运用法律、经济、技术和必要的行政手段解决环境问题。第四，依靠科技，创新机制。依靠环境科学技术，以技术创新促进环境问题的解决；完善环保制度，健全统一、协调和高效的环境监管机制。第五，不欠新账，多还旧账。以环境承载能力为依据，严格控制污染排放总量，在发展中解决环境问题，积极解决历史遗留的环境问题。第六，政府扶持，多方筹资。垦区内场部和管理区环境综合整治涉及面广、问题复杂，需要大量治理资金的投入。除了申请中央财政安排资金予以扶持外，垦区各级单位多渠道积极筹措资金以切实保障环境治理成效。第七，分类指导，突出重点。因地制宜，分区规划，分阶段解决制约社会发展和群众反映强烈的环境问题，改善和提高环境质量。在组织实施方面，由我国各农垦总局组织实施。各综合部门负责将规划目标纳入年度计划，在政策、资金方面给以倾斜。各管理局负责本辖区规划目标的实施，并对本辖区的环境质量负责。环境保护主管部门对规划目标的实施进行统一监督管理。

环境保护的主要措施包括法制保障、资金保障、技术保障和社会保障四个方面。

第一，法制保障。坚决贯彻国家环境保护方针政策，强化依法行政和执法监督。建立高效的环境监督管理体制，强化执法检查和监督管理，依法严肃查处各种环境违法行为和生态破坏现象，对不符合国家产业政策和环境要求、污染严重的企业，该关闭的坚决予以关闭，并适时组织开展专项整治活动，解决突出的环境问题。对各种破坏生态环境的违法行为要及时严肃查处，坚决打击人为破坏生态环境的违法犯罪行为。增强环保部门对环保工作统一监督管理的有效性，要加强环境保护部门的建设，对环保干部进行岗位培训，提高环境管理队伍的素质，定期开展环保执法大检查，加强监测、监理站建设，强化环境微观管理。要加强环保基本国策、环保法及可持续发展思想及典型案例的宣传，提高全民生态环境保护意识。推动生态垦区建设走上法制化轨道。

第二，资金保障。加强投融资体系建设，全方位多渠道筹措资金，保障生态垦区建设规划的顺利实施。加大投融资力度。各管理局、各部门要切实增加环境保护与建设的投入，将环境保护建设资金列入本级预算。全垦区财政对环境保护与建设的投入占财政总支出的比例，以及全社会环境保护与建设的投入占国内生产总值的比例要逐年增长。加大专项投资力度。积极争取国家支持，改善我国垦区基础设施建设。抓住机遇，用足用活国家相关政策，使生态垦区建设和发展纳入国家计划并得到国家投资支持。水土流失治理、土壤污染治理等积极争取国家专项资金。鼓励民间投资参与城镇的基础设施建设和社会公益性建设，保持生态垦区建设与经济的协调一致发展。

第三，技术保障。科技是推动社会发展的第一生产力，在实施规划目标的过程中，充分发挥科技进步作用，促进垦区经济快速增长，把生态保护科学研究纳入科技发展计划，给予重点扶持，鼓励科技创新。逐步建立起适应市场经济的现代研究体系、技术开发体系、科技管理体系、社会化服务体系，加快科研补发，繁荣垦区技术市场。对科技含量较高的生态产业项目和有利于改善生态环境的适用技术，予以享受高新技术产业和先进技术的有关优惠政策。

推广先进适用的科技成果。在清洁生产、生态环境保护、资源综合利用与废弃物资源化、生态产业等方面，积极开发、引进和推广应用各类新技术、新工艺、新产品。建立生态环境信息网络。加强生态环境资料数据的收集和分析，及时跟踪环境变化趋势，提出对策措施。完善生态环境动态监测网络，开展环境现状普查，建设环境资源数据库，实现信息资源共享和监测资料综合集成，不断提高生态环境动态监测和跟踪水平。利用网络技术、3S 技术、人工智能等技术，建立决策支持信息体统，为垦区环境保护建设提供科学化信息决策支持。

第四，社会保障。加强宣传教育，增强公民的环境保护意识。要围绕生态垦区建设，广泛深入地宣传生态环境相关法规，不断提高全民法制观念，大力普及有关人与自然、“地球村”、绿色产业、绿色食品、生态城镇、生态人居环境、绿色生活方式、绿色工作方式、绿色生产方式、绿色消费等生态知识，提高人们珍惜资源和保护环境的自觉性，树立新的绿色经济观、价值观、资源观、生产观、消费观。鼓励公众参与生态环境问题的决策及监督。让公众参与政府环境政策和环境规划的编制，参与地方环境立法工作，参与建设项目环境影响评价工作；对政府及其环境保护部门的工作提出批评和建议，使公众在参与中不断强化生态理念和环境保护意识。

3.4.2　农场土地资源综合利用

土地是垦区最重要的生产资料，是加快发展现代农业的基础，更是打造产业集团、建设和谐垦区的立足之本。在国家宏观调控和从严控制土地管理的背景下，如何有效管理、利用好垦区土地资源的重要性日益突出。农业部农垦局领导高度重视土地资源的管理和综合利用，专门成立了国土房产处，统筹指导协调垦区土地资源管理工作。根据农业部的部署，为了充分发挥垦区在现代农业建设的示范带动作用，综合利用现代地理信息技术（GIS、GPS）、计算机软件技术，在垦区逐步建立统一、完善的土地管理系统，既满足了上级监管土地资源的需要，也符合农场生产经营管理的实际需要，其不仅是垦区各级土地管理部门管理土地资源的专业系统，还将成为垦区生产经营、科技创新、安排基础设施建设和土地开发利用的创新型管理平台，能够有效地提高土地资源利用率，变资源为资产、变资产为资金，这也标志着垦区土地资源综合利用和管理全面迈入规范化、信息化、系统化阶段。

在农场土地资源管理系统平台上，不仅精确地记录了农场现有土地面积、分布、权属情况，还可以实时反映土地承包和收租情况、农作物种植品种产量、测土配方施肥等方面信息，下一步还将扩展到农田节水灌溉设施、农作物区域布局和结构调整、土地经管和开发管理等众多领域，实现对农业生产各种资源、要素的系统化管理。以广东农垦区湛江总局为例，在大力推进土地确权发证工作的同时，已经基本建成土地资源管理系统，清理回收了 6 万多亩“黑地”，大大提高了农场生产管理、承包经营管理的水平。广东农垦总局将在总结湛江垦区的经验基础上，召开土地管理信息化工作专门会议，帮助第一批 8 个试点农场尽快实施，力争年底前基本建成土地资源管理系统。同时制订推广规划，加强业务培训，稳步推进，全面建成垦区农场土地资源管理系统。

而黑龙江农垦区根据 2009 年第二次土地调查数据，垦区土地总面积为 5 282 358.8 公顷，占全省土地面积 11.6%，其中农用地面积 4 533 366.7 公顷，占全垦区土地总面积的 85.8%；建设用地 137 314.19 公顷，占 2.6%；其他用地面积 611 677.5 公顷，占 11.6%。其中，在农用地方面，农垦区农用地面积 4 533 366.79 公顷，占垦区土地总面积的 85.8%，其中耕地面积 3 057 627.05 公顷，占垦区土地面积的 57.9%；园地面积 5 349.84 公顷，占 0.1%；林地面积 1 001 217.95 公顷，占 19.0%；牧草地面积 164 238.83 公顷，占 3.1%；其他农用地面积 304 933.12 公顷，占 5.7%。在建设用地方面，农垦区建设用地面积 137 314.19 公顷，占垦区土地总面积的 2.6%，其中城乡建设用地 85 442.75 公顷，占垦区土地总面积的 1.6%；交通运输用地 11 931.92 公顷，占 0.2%；水利设施用地 38 681.1 公顷，占 0.7%；其他建设用地 1 258.42 公顷，占 0.2%。在其他用地方面，垦区其他用地 611 677.5 公顷，占垦区土地面积 11.6%，其中水域、滩涂、沼泽地 184 578.15 公顷，占垦区土地总面积的 3.5%；自然保留地 427 099.35 公顷，占 8%。

因此，农场土地综合利用的特点是土地利用类型多样，有利于农林牧业发展；人均耕地数量多，土地生产力水平高；地势平坦，土地自然肥力较高；建设用地利用方式存在较大差异；土地后备资源多，土地整治潜力较大。但是也出现了土地供需矛盾日益加大，建设用地节约集约程度不高，部分地区土地生态环境脆弱，土地违法现象时有发生等问题，需要我国各农垦区加强土地管理力度以致保证科学发展用地的需求，强化土地执法监察力度，全面推进国土资源信息化建设，深化体制改革，提高管理能力和服务水平。同时，加强反腐倡廉建设，推进反腐倡廉制度创新。

3.5　农场中家庭农场的土地经营

3.5.1　家庭农场的内涵、特征及现状

所谓家庭农场，是以家庭成员为主要劳动力，从事农业规模化、集约化、商品化生产经营，并以农业收入为家庭主要收入来源的新型农业经营实体（李英锋，2013）。家庭农场是一种新型的农业经营模式，成为现代农业的发展方向，日益受到国家重视。家庭农场具有以下特征：一是以农户家庭为基本组织和核算单位，以家庭成员为主要劳动力从事农业生产经营活动。注册家庭农场后，家庭农场主仍是农场的劳动者、经营者。二是农场主的综合素质要高，既要懂技术，又要懂管理，还要会经营。三是经营规模要适度。相对于一般的农户家庭组织，家庭农场生产经营规模明显扩大，并且有较高的专业化水平。但是，受家庭成员技术水平和经营管理能力的限制，农场经营规模必须适度，否则难以驾驭。四是作为一个经济组织，以利润最大化为目标，针对市场需求，其机械化、规模化、信息化水平较高，必须利用现代农业技术武装家庭农场，才能在市场上具有竞争能力和优势。

2013 年 3 月，农业部首次对全国家庭农场发展情况开展了统计调查。统计调查的家庭农场列出以下条件，主要包括：农场经营者应具有农村户籍（即非城镇

居民）；以家庭成员为主要劳动力；以农业收入为主；经营规模达到一定标准并相对稳定，即从事粮食作物的，租期或承包期在 5 年以上的土地经营面积达到 50 亩（一年两熟制地区）或 100 亩（一年一熟制地区）以上；从事经济作物、养殖业或种养结合的，应达到县级以上农业部门确定的规模标准。调查结果显示，目前我国家庭农场开始起步，表现出了较高的专业化和规模化水平。

一是家庭农场已初具规模。截至 2012 年年底（下同），全国 30 个省、自治区、直辖市［不含西藏（农用地、商住地、工业地），下同］共有符合本次统计调查条件的家庭农场 87.7 万个，经营耕地面积达到 1.76 亿亩，占全国承包耕地面积的 13.4%。平均每个家庭农场有劳动力 6.01 人，其中家庭成员 4.33 人，长期雇工 1.68 人。

二是家庭农场以种养业为主。在全部家庭农场中，从事种植业的有 40.95 万个，占 46.7%；从事养殖业的有 39.93 万个，占 45.5%；从事种养结合的有 5.26 万个，占 6%；从事其他行业的有 1.56 万个，占 1.8%。

三是家庭农场生产经营规模较大。家庭农场平均经营规模达到 200.2 亩，是全国承包农户平均经营耕地面积 7.5 亩的近 27 倍。其中，经营规模 50 亩以下的有 48.42 万个，占家庭农场总数的 55.2%；50～100 亩的有 18.98 万个，占 21.6%；100～500 亩的有 17.07 万个，占 19.5%；500～1000 亩的有 1.58 万个，占 1.8%；1 000 亩以上的有 1.65 万个，占 1.9%。2012 年全国家庭农场经营总收入为 1 620 亿元，平均每个家庭农场为 18.47 万元。

四是一些地方注重扶持家庭农场发展，提高管理服务水平。在全部家庭农场中，已被有关部门认定或注册的共有 3.32 万个，其中农业部门认定 1.79 万个，工商部门注册 1.53 万个。2012 年，全国各类扶持家庭农场发展资金总额达到 6.35 亿元，其中江苏（农用地、商住地、工业地）和贵州（农用地、商住地、工业地）超过 1 亿元。

据了解，本次统计调查的家庭农场列出以下条件，主要包括：农场经营者应具有农村户籍（即非城镇居民）；以家庭成员为主要劳动力；以农业收入为主；经营规模达到一定标准并相对稳定，即从事粮食作物的，租期或承包期在 5 年以上的土地经营面积达到 50 亩（一年两熟制地区）或 100 亩（一年一熟制地区）以上，从事经济作物、养殖业或种养结合的，应达到县级以上农业部门确定的规模标准。调查结果显示，目前我国家庭农场已初具规模，表现出了较高的专业化和规模化水平。

3.5.2　农场中家庭农场的土地经营模式

最初农垦土地经营采用职工承包责任制的模式，把最初参与开垦的劳动者归为农垦的内部职工，把土地交给他们承包经营。到 20 世纪 90 年代以后，由于农垦职工劳动力向城市工商业的转移，出现了土地租赁经营模式。新千年以后外来工的比例不断增加，原来单一的农场职工家庭承包模式演变为职工家庭承包、大户承包、租赁经营、转让经营、联产计酬等经营模式。因此，农场的土地经营模式可以归结为：承包经营模式（包括职工家庭承包、大户承包、联产计酬模式）、租赁经营模式和转让经营模式。这些模式构成了农垦区主要的土地经营模式。这些经营模式在一定程度上搞活了农场土地经营权的流转，实现了土地的多样化经营。

在调研过程中，以海南农垦集团属下的幸福农场为例，该农场主要经济作物为甘蔗、剑麻、橡胶、香蕉等，农场有人口 5 000 多人，正式职工 1 000 多人，其他为农场家庭职工，多为外来民工如广西等地区的民工。农场土地按不同的作物划分，每 30 亩划一个岗位，由职工家庭进行岗位承包，承包的周期一般比较短。在经营过程中由农场根据需要进行岗位和承包期的调整。在生产过程中农场与承包职工的分工为：承包职工负责具体的田间管理，农场负责各种生产资料的提供。收获由承包职工负责。对承包土地的经营作物，由农场进行统一下达指令性计划，在职工承包的土地中，可以给承包人所承包土地 10%～20%的自主决定作物权，当然这个自主权也是有限制的，也要经过农场的同意才可以经营其他作物，否则农场可以实施如回收土地、经济处罚等处罚行为。

职工承包的代价是上交农场一定的地租，一般为交实物。收成后的利益分配，成品由职工交给农场统一销售和处理，农场根据职工上交的作物总产量量减去地租的数量，再扣除农场投入垫付的生产资料费用，剩余的才是职工的。据农场管理人员介绍，对农产品的价格定位有保护价、市场价之分，如果市场的价格太低，则采用保护价进行收购。对职工承包人有一定的保护作用。

通过以上分析，可以看出农场的土地经营模式的特点为：土地规模化、组织化经营，由农场统一管理；职工以交地租的形式有偿承包农场土地；生产过程先由农场统一分配生产资料，承包职工负责具体的田间管理；农场有很大的控制权，可以决定种植作物；利益分配为借贷式，即总收成减去地租和总垫付等于承包职工收入。这种经营模式有很强的计划性、组织性，是在土地的规模化的基础上对农业生产的一种集约化操作。

3.5.3 实行农垦区土地经营模式的条件

农垦区这种规模化、集约化的土地经营模式，是在一定的经济条件和社会条件的基础上得以实行的。

1. 经济制度条件

一直以来，农垦的土地经营模式为职工承包和租赁经营两种形式。其适应了农场的指令性、统一性生产要求。由于土地的经营使用权不属于承包经营者，而属于农垦区，承包者只有对作物的使用和管理经营权。而农垦区以外的农村土地的经营模式是实行家庭联产承包责任制，农户享有土地的经营使用权。与农垦区内的承包家庭相比，在土地权属方面有更高的地位。对农村也实行和农场内承包者同样的制度安排是难以实现的。

2. 社会历史条件

农垦区的土地是在一定的历史条件下开垦并发展起来的。国家为加大国家大型农产品商品基地建设，为保护边疆的安全等原因而开垦了当时的荒地和无人耕种的土地，形成今天农垦区的土地。因此，其土地一开始就是属于农垦区代表国家经营管理，经过 50 多年的发展，一直保持这种单一的、统一的管理模式。有其深厚的历史性和时代性。

3.5.4 家庭农场土地承包费管理

① 管理区的土地承包费应按农场年初下达的计划指标足额收缴。土地面积发生变动必须由单位领导提出书面申请，专题说明证件原因，由农业副场长签字后，报场长办公会审议批准。农场土地承包费以货币资金方式收取，并在专业时间内完成收缴任务。

② 农场设立农业服务中心财务，独立核算家庭农场各项直接费用，包括种肥、农药、作业费、航化费等费用。

③ 家庭农场资金管理，家庭农场货币资金实行专户储蓄，专人管理，专人审批的管理方法。所有家庭农场生产费的收缴，要求按规定使用农场计财科统一发放的编号收据，纳入家庭农场帐内管理。

④ 单位负责人对家庭农场核算的及时性负主要责任。统计及农业助理负责及时提供承包土地面积、种子、肥料使用等原始资料，农机助理负责及时提供农机作业费原始资料，报账会计及核算员负责将承包合同和发生的各项费用分摊签字确认后及时上报核算中心入账。

⑤ 家庭农场账务分开。家庭农场应公开的项目有：土地承包费，代收代付直接费用以及收各项家庭农场费用情况，惠民资金发放情况，年末发放对账单，家庭农场存、欠款年末必须由职工签字认可。

主要参考文献

国土资源部地籍司．2008-10-13．关于加强国有农场土地使用管理的意见：国土资发［2008］202 号）．http://www.mlr.gov.cn/ tdsc/tdly/ 200904/t20090420_118493.htm.

李英锋．2013．“家庭农场”符合农业发展需要［J］．理论参考，8（8）：13.

罗有远．2007．农垦土地经营模式与新农村建设：以湛江农垦集团为例［J］．南方农村，3（6）：33-35.

农业部农垦局．2014-2-27．认清形势、明确任务、增强信心，全面提升农垦国有农场土地管理水平：李伟国局长在全国农垦国有农场土地管理工作座谈会议上的讲话．http://www.moa.gov.cn/sjzz/nkj/hyfz/201402/ t20140227_3798608.htm．

农业部新闻办公室．2013-6-8．农业部首次对全国家庭农场发展情况统计调查结果全文．http://www.tdzyw.com/2013/0608/ 29215.html．

土地资源网．2013-5-14．两会：强调农村土地确权、完善征地制度、保障农民利益．http://baike.baidu.com/view/814840.htm？ fr＝aladdin．

文山州人民政府．2008-12-18．土地整理程序是什么．http://baike.baidu.com/link?url＝_UpAjoBpif BNpHyFLuO5GX4-NkUkBE2GS4 y6e6lmdQXmoMqs2dyhsGRC9Rp7KcRtGq9s0MiAwyMNEtU98rjeaq．

兴安农垦．2009-5-26．国有农牧场土地承包与农村承包方式的不同.http://ncj.xam.gov.cn/zgzj/zcfg/63368.htm．

兴安农垦．2009-5-26．国有农牧场土地经营的性质．http://ncj.xam.gov.cn/zgzj/zcfg/63369.htm．

兴安农垦．2009-5-26．农牧场土地经营制度改革的意义．http://ncj.xam.gov.cn/zgzj/zcfg/63371.htm．

中国农垦经济研究会．2010．农垦土地经营及流转模式探析［J］．中国农垦，8（8）：63-64．

中国农业部．2010-8-3．日农业部召开部分垦区国有农场土地确权工作座谈会．http://www.gov. cn/gzdt/ 2010-08/03/content_1670290.htm．

中华人民共和国国土资源部．2011-4-14．测绘如何在土地整理中发挥作用．http://baike.baidu.com/link？ url＝_UpAjoBpifBNpHyFLuO5GX4-NkUkBE2GS4y6e6lmdQXmoMqs2dyhsGRC9Rp7KcRtGq9s0MiAwyMNEtU98rjeaq.

第4章　农场农业生产管理

本章首先对春耕整地和测土配方施肥进行了概述，在阐述生产任务及农时目标、春播生产的基本要求和措施等内容后，又详细介绍了测土配方施肥内涵、实施步骤和原理，并列举了黑龙江农垦区案例。第二，对种子产业管理进行了介绍，主要从种子产业的意义、发展原则以及制约因素进行了研究。第三，对农药管理和化肥管理进行了详细论述，最后简要介绍了农场田间档案管理制度。第四，在作物田间管理方面，主要阐述了作物田间管理内涵及措施的具体内容。最后，本章对现代农业生产管理进行了探讨。

4.1　春耕整地与测土配方施肥

4.1.1　春耕整地

1. 指导思想

根据党的十八届三中全会及农垦局党委扩大会议精神为指针，以科学发展观为统领，以加快现代农业建设为中心，以种植业结构调整为主线，以粮食增产、农业增效和职工增收为目标，以全方位的物资准备和高标准机械检修为保障，牢固树立抗灾丰收思想，进一步提高各项作业水平，全面实施农业标准化，加快农业服务体系建设，高标准、高质量、保农时、保安全完成春播生产任务，为农业丰产丰收奠定坚实的基础。

2. 形势分析

在有利形势方面，近些年农机更新力度大，保有量充足，机具检修动手早、要求严、标准高、准备充分，为春播作业的高标准提供了机械保障。种子、化肥、油料等生产资料统一采购，准备早、质量优，减低了生产成本，能够保证春耕生产顺利进行。在不利形势方面，由于干旱、多雨等自然灾害，三秋作业面积小，质量标准不高，并且很多地块有深辙，春耕生产任务重、难度大。如黑龙江垦区冬季降雪量大，春季回暖慢，势必造成后期集中化雪，地里产生积水，这将加大春耕生产的难度。同时，春整地面积大，任务重，将出现机车紧张现象。另外，春整地如遇到后期干旱将造成出苗困难、出苗不齐现象。

3. 生产任务及农时目标

生产任务在一般情况下，每年以各农场总播种面积，确定种植业的各产业结构比例。而农时目标为了使各作物获得高产，必须按农时目标完成春播任务。在黑龙江垦区，水稻一般在四月中旬播种，五月中旬前后插秧。

4. 春播生产的基本要求和措施

（1）搞好春耕生产的各项工作。

① 统一思想、焕发精神，加强宣传工作。各级组织要统一思想，增强抗灾意识，发挥广大干部职工的积极性、创造性。充分利用广播、电视、板报等宣传媒体，加大对春耕生产的宣传力度，为圆满完成春耕生产任务而奋斗。

② 强化标准意识，搞好农机具的复检复修，使之升级上档次。

③ 搞好种子精选及包衣下摆工作，下摆种子要进行封样，双方留存，各管理区要对下摆种子做发芽试验，准确计算播量，注意反馈种植户对一些种子公司种子加工包衣的监督状况，保证质量，保证农时，确保统一供种，顺畅和谐。

④ 发动职工积极筹措资金，上交到农场，保证春耕生产所需化肥、农药、油料、零配件等物资的供应及时到位。

（2）全面提高春耕质量，为下一年农业生产工作开好头，起好步。

① 各管理区要做好土壤保墒工作，播种、镇压连续作业，集中突击作业，以防跑墒。已秋起垄的大田，及时进行播前镇压，碎土保墒，配带保墒条耢子。

② 品种选择及密度。根据各地区积温状况及品种的适应能力，种植相应的品种。以黑龙江省北安管理局赵光农场种植玉米为例，玉米一般种植德美亚 1 号为主，计划垧均保苗 9 万～10 万株。

③ 种子精选包衣。种子要严格精选包衣，严禁白籽下地，确保出苗率。各管理区或连队随时派代表去种子公司跟踪监督，及时反馈意见要求。

④ 严把播种质量关。要搞好田间区划，备足鉴旗，要种满种严，到头到边，地头整齐，行距均匀，播深一致，不重不漏，百米弯曲度不超过 5 厘米，坚决杜绝撒种、撒播、漏种、漏肥现象的发生。

⑤ 合理施肥。一是根据作物确定施肥量。二是测土结果定施肥量。根据土壤化验结果，计划亩产量定施肥量。三是不同前茬确定施肥量。四是因土质、地形定施肥量。地力差的岗地增施氮肥、洼地减少氮肥，增加磷肥施肥量。五是因品种不同定施肥量。长势繁茂，茎秆较弱品种降低氮肥施肥量。六是大力推广平衡施肥。

⑥ 加强肥料和农药的管理工作。加强农药管理，由生产科统一配方、农业协会统一组织招标采购，管理区统一喷灌，农药价格不能高于市场同类农药同期价格。严禁私自用药，杜绝药害的发生，对于超范围使用农药和使用方法不当，给

他人造成药害产生经济损失，应如数进行赔偿，情节严重的，取消土地承租权。下茬调整种植的作物，发生残留药害的，要追查责任。

⑦ 土壤处理。以黑龙江垦区为例，玉米、大豆必须全面积土壤药剂处理，各管理区喷药机械必须严格检修，做好喷嘴流量试验，验收合格后方能参加作业。配药操作过程要先配母液，加药过程中先加药罐 1/3～1/2 的水，再加母液，防止药液直接进入喷管而造成药害和后半部浓度降低，同时也要注意每次喷液量不净造成积累药害发生。每个喷嘴型号、批号、角度必须一致，单口流量差不能超过 5%。播后及时喷药，坚持喷药镇压一条龙作业。严禁使用高残留农药。喷药作业结束后，要把瓶、盒等包装物处理掉，防止污染环境，若发现瓶、盒等杂物，将追查有关人员责任。

⑧ 科学轮作。农垦区坚持科学轮作体系，认真填写生产科统一下发的地号设计档案。

⑨ 搞好绿色、无公害、有机食品的生产。各管理区要严格按照生产部门分配的有机、绿色食品计划面积进行生产操作。

⑩ 搞好科技示范带的规划，落实好高产示范田。以黑龙江农垦区为例，按照《高产攻关实施方案》，沿科技示范带落实好“攻关田”，“示范田”每个管理区落实 2 块以上攻关田。科技示范带要结合“高产攻关”项目，进行优质品种、新技术、配套高产优质栽培技术的展示，大豆和玉米必须进行土壤药剂处理，进一步提升标准化作业质量，真正发挥科技示范、引导、推广、培训作用，结合配方施肥项目，开展测土配方施肥。

⑪ 对一些种植作物的地号要进行残留药害取土试验，由农业助理（或技术员）负责，如出现药害，对责任人进行处理。

（3）突出播种质量，强化大田作物播种速度与质量的统一。

农垦区农业工作重点是狠抓质量，各管理区要严把播种质量关，整地、深施肥、播种质量必须高标准，地号两头全部采取双线起落，各作物播种质量标准有新的突破，出现漏播现象没有及时补种及药害事故，以平方米为单位，对农业农机助理或技术员罚款，超过 2 亩的给予通报批评，特别严重的给予降级降职处理。同时，根据各农场种植业结构调整的重点作物，关键在于落实面积、保证播期、保证播种质量高标准。

另外，大田播种面积大，任务重，项目多，时间紧，大田播种、喷药、镇压要统筹安排，科学指挥，适时早播，既要重视速度，又要保证质量。尤其是播前、播后土壤处理，要充分利用一切有效时间，并做好夜间喷药准备工作。努力提高土壤处理的质量标准，达到较好的杂草防除效果，减轻大田管理的压力。

（4）落实好农业部农业科技推广体系，加大科技推广力度，继续推广应用十项农艺适用先进技术。

重点推广技术有：推广各作物优质高产、抗逆性强的品种覆盖率，要达到

100%；全面积推广无残留复方土壤处理技术；豆类、玉米原垄卡种推广；推广玉米种子催芽断根、化控技术；全面推广叶龄诊断技术；推广玉米移栽技术；推广玉米滴灌技术，每个管理区在示范带上配备滴灌不少于两块地；推广玉米应用肥料“缓释肥料技术”；推广测土配方施肥技术；推广作物健身防病技术。

5. 加强安全生产教育

各农场根据岗位实施教育培训，增强全员安全意识，消除不安全隐患，安全生产责任状不准代签，备齐、备全各项安全设施，保证使用效果，要杜绝不安全生产事故的发生。

6. 奖罚制度

在作物出齐苗后，各农场要组织有关人员进行春播质量验收，具体规定按照每年的《农业生产方案》执行。

7. 加强领导工作

为强化对春耕生产的领导，保证高速度高质量地完成春耕生产任务，农场成立春耕生产领导小组。一般情况下，由农场场长和党委书记任组长，副场长等作为副组长，管理区区长、工会主席等作为成员，建立起组织机构。大田播种全面实施前，农场要统一思想，同心同德，奋力拼搏，抓住有利时机，充分利用各种有利因素，有效克服不利因素，为春耕全面胜利打下坚实基础。

4.1.2 测土配方施肥

1. 测土配方施肥内涵

测土配方施肥就是以土壤测试和肥料田间试验为基础，根据作物需肥规律、土壤供肥性能和肥料效应，在合理施用有机肥料的基础上，提出氮、磷、钾及中、微量元素等肥料的施用数量、施肥时期和施用方法。通俗地讲，就是在农业科技人员指导下科学施用配方肥。测土配方施肥技术的核心是调节和解决作物需肥与土壤供肥之间的矛盾。同时有针对性地补充作物所需的营养元素，作物缺什么元素就补充什么元素，需要多少补多少，实现各种养分平衡供应，满足作物的需要；达到提高肥料利用率和减少用量，提高作物产量，改善农产品品质，节省劳力，节支增收的目的。

2. 实施的步骤

测土配方施肥技术包括“测土、配方、配肥、供应、施肥指导”五个核心环节、九项重点内容。

① 田间试验。田间试验是获得各种作物最佳施肥量、施肥时期、施肥方法的

根本途径，也是筛选、验证土壤养分测试技术、建立施肥指标体系的基本环节。通过田间试验，掌握各个施肥单元不同作物优化施肥量，基、追肥分配比例，施肥时期和施肥方法；摸清土壤养分校正系数、土壤供肥量、农作物需肥参数和肥料利用率等基本参数；构建作物施肥模型，为施肥分区和肥料配方提供依据。

② 土壤测试。土壤测试是制定肥料配方的重要依据之一，随着我国种植业结构的不断调整，高产作物品种不断涌现，施肥结构和数量发生了很大的变化，土壤养分库也发生了明显改变。通过开展土壤氮、磷、钾及中、微量元素养分测试，了解土壤供肥能力状况。

③ 配方设计。肥料配方设计是测土配方施肥工作的核心。通过总结田间试验、土壤养分数据等，划分不同区域施肥分区；同时，根据气候、地貌、土壤、耕作制度等相似性和差异性，结合专家经验，提出不同作物的施肥配方。

④ 校正试验。为保证肥料配方的准确性，最大限度地减少配方肥料批量生产和大面积应用的风险，在每个施肥分区单元设置配方施肥、农户习惯施肥、空白施肥 3 个处理，以当地主要作物及其主栽品种为研究对象，对比配方施肥的增产效果，校验施肥参数，验证并完善肥料配方，改进测土配方施肥技术参数。

⑤ 配方加工。配方落实到农户田间是提高和普及测土配方施肥技术的最关键环节。目前不同地区有不同的模式，其中最主要的也是最具有市场前景的运作模式就是市场化运作、工厂化加工、网络化经营。

⑥ 示范推广。为促进测土配方施肥技术能够落实到田间，既要解决测土配方施肥技术市场化运作的难题，又要让广大农场农户亲眼看到实际效果，这是限制测土配方施肥技术推广的“瓶颈”。建立测土配方施肥示范区，为农场农户创建窗口，树立样板，全面展示测土配方施肥技术效果，是推广前要做的工作。推广“一袋子肥”模式，将测土配方施肥技术物化成产品，也有利于打破技术推广“最后一公里”的“坚冰”。

⑦ 宣传培训。测土配方施肥技术宣传培训是提高农场科学施肥意识，普及技术的重要手段。要加强对各级技术人员、肥料生产企业、肥料经销商的系统培训，逐步建立技术人员和肥料商持证上岗制度。

⑧ 效果评价。农场种植户是测土配方施肥技术的最终执行者和落实者，也是最终受益者。检验测土配方施肥的实际效果，及时获得种植户的反馈信息，不断完善管理体系、技术体系和服务体系。同时，为科学地评价测土配方施肥的实际效果，必须对一定的区域进行动态调查。

⑨ 技术创新。技术创新是保证测土配方施肥工作长效性的科技支撑。重点开展田间试验方法、土壤养分测试技术、肥料配制方法、数据处理方法等方面的创新研究工作，不断提升测土配方施肥技术水平。

3. 测土配方施肥的原理

测土配方施肥是以养分归还（补偿）学说、最小养分律、同等重要律、不可代替律、肥料效应报酬递减律和因子综合作用律等为理论依据，以确定没养分的施肥总量和配比为主要内容。为了补充发挥肥料的最大增产效益，施肥必须要选用良种、肥水管理、种植密度、耕作制度和气候变化等影响肥效的诸因素结合，形成一套完整的施肥技术体系。

① 养分归还学说。作物产量的形成有40%～80%的养分来自土壤，但不能把土壤看作一个取之不尽、用之不竭的“养分库”。为保证土壤有足够的养分供应容量和强度，保持土壤养分的携出与输入间的平衡，必须通过施肥这一措施来实现。依靠施肥，可以把作物吸收的养分“归还”土壤，确保土壤能力。

② 最小养分律。作物生长发育需要吸收各种养分，但严重影响作物生长，限制作物产量的是土壤中那种相对含量最小的养分因素，也就是最缺的那种养分（最小养分）。如果忽视这个最小养分，即使继续增加其他养分，作物产量也难以再提高。只有增加最小养分的量，产量才能相应提高。经济合理的施肥方案，是将作物所缺的各种养分同时按作物所需比例相应提高，作物才会高产。

③ 同等重要律。对农作物来讲，不论大量元素或微量元素，都是同样重要缺一不可的，即缺少某一种微量元素，尽管它的需要量很少，仍会影响某种生理功能而导致减产，如玉米缺锌导致植株矮小而出现花白苗，水稻苗期缺锌造成僵苗，棉花缺硼使得蕾而不化。微量元素与大量元素同等重要，不能因为需要量少而忽略。

④ 不可代替律：作物需要的各营养元素，在作物内都有一定功效，相互之间不能替代。如缺磷不能用氮代替，缺钾不能用氮、磷配合代替。缺少什么营养元素，就必须施用含有该元素的肥料进行补充。

⑤ 报酬递减律。从一定土地上所得的报酬，随着向该土地投入的劳动和资本量的增大而有所增加，但达到一定水平后，随着投入的单位劳动和资本量的增加，报酬的增加却在逐步减少。当施肥量超过适量时，作物产量与施肥量之间的关系就不再是曲线模式，而呈抛物线模式了，单位施肥量的增产会呈递减趋势。

⑥ 因子作用律。作物产量高低是由影响作物生长发育诸因子综合作用的结果，但其中必有一个起主导作用的限制因子，产量在一定程度上受该限制因子的制约。为了充分发挥肥料的增产作用和提高肥料的经济效益，一方面，施肥措施必须与其他农业技术措施密切配合，发挥生产体系的综合功能；另一方面，各种养分之间的配合作用，也是提高肥效不可忽视的一个问题。

4. 黑龙江农垦区测土配方施肥

2011年，黑龙江垦区按照“完善、提高、落实”的原则，深入推进测土配方施肥补贴项目的实施。推广测土配方施肥面积 273.33 万公顷，实现了作物种植面积覆盖 97.6%，其中施配方肥面积 159.13 万公顷，施配方肥 42.7 万吨。公顷节本增效 795 元，共计节本增效 21.73 亿元。采集土壤样品 7.2 万个，植株样品 1.44 万个。实施田间试验 4 038 个，其中 3 414 类 1 279 个。垦区 71 个项目农场，化验室建设全面完成（分别是八五二、七星、八五〇、七星泡、军川、二九〇、友谊、五九七、胜利、大兴、云山、八五五、二龙山、逊克、大西江、克山、嘉荫、新华、绥滨、八五三、北兴、前进、前锋、红卫、八五六、八五七、八五八、长水河、嫩北、查哈阳、共青、普阳、江滨、二九一、饶河、八五九、前哨、勤得利、八五四、庆丰、兴凯湖、赵光、引龙河、红星、龙镇、尖山、山河、鹤山、海伦、红旗、宝泉岭、名山、延军、梧桐河、红旗岭、江川、创业、青龙山、洪河、鸭绿河、二道河、浓江、八五一一、宁安、襄河、建设、格球山、红色边疆、嫩江、荣军、建边农场）。

2011 年，黑龙江垦区测土配方施肥项目中央财政补贴资金 2 550 万元，其中用于测试化验 760 万元，田间试验 820 万元，耕地地力评价 220 万元，示范展示 280 万元，配方制定 350 万元，施肥指导 120 万元。资金使用上无超范围、超额度情况。已经建立了 37 个配肥站，2011 年生产配方肥 42 吨，加工能力 60 万吨；依据各项目农场建立的施肥指标体系，制定配方，加工配方肥。项目农场的技术人员，依据施肥指标体系、专家咨询系统及农场农业生产实际情况，向种植户提供有针对性的施肥指导。基于农场的耕地资源信息管理系统，除用于测土配方施肥外，正尝试用于农场的种植结构调整、作物布局、耕地质量建设等方面。农场组织项目，按照农业部、财政部下达的《测土配方施肥试点补贴资金项目实施方案》，制定《测土配方施肥补贴资金项目实施方案》，并负责项目的申报、工作组织、监督检查与验收管理。为抓好项目的实施与管理，总局成立了以分管领导为组长，农业、财务职能部门参加的领导小组，下设办公室，办公室设在总局农业局，各管理局农业局为成员单位。各项目农场参照总局建立领导小组。各管理局把测土配方施肥工作列入项目农场场长与农业副场长的考核指标。总局邀请垦区内外知名专家，成立专家技术组，负责测土配方施肥技术指导和把关。落实目标责任制，分解工作任务，明确职责分工，做到责任到人、工作到位。

自 2007 年以来，总局把测土配方施肥列入农业标准化考核指标。充分利用《北大荒日报》、黑龙江农业频道（原农垦电视台）进行宣传，利用北大荒信息港在网上进行宣传，扩大了覆盖面。宣传内容由早期侧重项目、侧重造势，向深入开展工作、立足长远发展转变。培训方面，也有早期的全面培训向重点培训、专题培训转变，强调针对性，抓住重点问题、关键环节培训，以推动全局工作由项目向长期性工作转变，农场一级的培训，在全员培训的基础上，强调突出典型，突出大户、示范户，培训与技术指导相结合，以推动测土配方施肥向常规化发展，提高技术的普及率与到位率。

2005 至 2011 年，在中国农业大学资源环境学院共计举办 7 期测土配方施肥技术人员培训班，培训 330 人次，其中 2011 年第 7 期培训班 42 人；71 个项目农场，平均培训 4 人次以上；2011 年，家垦总局农业局先后组织多期管理与技术人员培训，培训项目农场管理人员与技术人员 600 人次以上；各管理局、农场培训种植业职工 20 万人次以上。家垦总局选择农垦科学院测试中心、八一农垦大学测试中心作为垦区化验室建设与质量控制的技术支持单位，为各项目农场提供化验室建设与管理、测试化验技术等方面的支持；2011 年 6 月下旬，垦区开展了对 71 个项目农场的化验室能力验证考核。选择八一农垦大学农学院作为测土配方施肥技术支持单位，为各项目农场提供田间试验、数据整理与分析、配方制定等方面的支持。要求项目农场严格参照农业部《测土配方施肥技术规范》，做到"两个结合"。①田间取样与野外调查相结合。项目农场统一组织取样小组，配备车辆与作业工具，由管理区、作业站的技术人员协助，在采集田间取样信息时，完成施肥调查。②土壤测试与田间试验相结合。一方面土壤测试的数据要与田间试验相结合，另一方面土壤化验室的技术人员，同时要从事田间试验工作。为做到二者一致，垦区将土化分析与田间试验内容一同培训，土壤化验室技术人员冬季和春季进行土壤测试，参与制定田间试验方案，并安排落实整个试验。农垦总局农业局与财务处负责对各项目农场测土配方施肥工作的监督检查。2011 年 7～8 月，组织八一农垦大学、农垦科学院测试中心、八一农垦大学测试中心的专家，组织检查组，对项目农场开展现场检查，主要内容为当年工作部署与开展情况，化验室建设与管理情况，项目进展情况等，对存在问题提出整改意见及时反馈项目农场，农垦总局检查情况汇总后通报垦区。在把测土配方施肥工作检查与其他工作检查相结合的同时，要求各管理局农业局加大对所属项目农场的检查督促力度，进行不定期抽查，及时发现和处理出现的问题，不断探索新机制，发现新典型，总结好经验。

根据农业部制定的测土配方施肥试点补贴资金项目验收标准和方法，以及其他相关文件要求，制定了《黑龙江垦区测土配方施肥补贴项目检查办法》与《黑龙江垦区测土配方施肥化验室考核标准》，以加强对项目农场的考核和管理。结合黑龙江垦区的实际情况，确立以地块为评价单位的评价方式，已经完成的 32 个项目农场，证明这种方式确实适合垦区；独立开发了垦区耕地资源信息管理系统，并实现了与扬州版耕地资源信息管理系统的兼容，可以导入其中正常运行。独立开发的软件，有利于项目农场在生产应用，有利维护与管理；农垦科学院作物所与八一农垦大学农学院都独立开发了测土配方施肥专家咨询系统，在垦区各项农场都有广泛地应用。建立完善了土壤化验室。71 个项目农场（单位），都建立了独立的土壤化验室，基本符合农业部《测土配方施肥项目县（场）化验室建设指导意见》的要求。工作环境、硬件设施设备、软件配备都有了质的提高。

并且，建立了一支素质过硬的技术队伍。测试化验技术人员与田间试验的技术普遍得到了系统的培训，技术素质得到提高，能够适应目前测土配方施肥项目各项工作的要求。每个项目的化验室普遍配备 5 名以上技术人员，专职人员不少于 3 人，垦区拥有了 300 多人的土肥技术队伍。2011 年，垦区培训内审员 133 人，发放测土配方施肥化验室技术人员上岗证 239 个，进一步推进垦区测土配方施肥工作的专业化、正规化。项目农场所建设的化验室，均具备对土壤样品、植株样品、肥料样品的检测能力，能够分析大、中微量元素含量，以及土壤容重、CEC 等土壤物理性状。年分析样品能力在 10 000 个以上。在技术依托单位与专家技术组的指导下，项目农场能够以施肥指标体系为基础，结合本农场农业生产实际情况，制定针对性较强的施肥配方，目前完全能够满足垦区配肥站生产配方肥的需要。除发放施肥建议卡外，项目农场的技术人员，利用测试化验与田间试验的数据，结合测土配方施肥专家咨询系统，在作物种植与生长发育的关键环节，能够向种植户提供有效的施肥指导。项目农场利用科技园区、田间试验、示范区，组成了测土配方施肥技术示范推广的平台，利用冬训、春训、田间现场等多种形式、多种层次的培训，向种植户示范推广测土配方施肥技术。垦区的种植业职工对于测土配方施肥技术，已经由最初的被动接受，转变为主动要求，实现了施肥观念与施肥方式的转变。

4.2　种子产业管理

4.2.1　种子产业的意义

种子是关系农业生产安全和农垦区利益的重要生产资料，优良品种对农作物增产、增效和改善品质及保障食品安全起着至关重要的作用。控制种子，就掌握了农业竞争和粮食安全的主动权。因此，世界农业发达国家都把加强种子科技创新，推动种子产业发展，列为促进农业发展的重要举措。

我国是一个人口众多的发展中国家，耕地资源有限，生态环境脆弱，如何养活拥有世界上最多口的泱泱大国，是具有世界性意义的重大课题。随着我国人口增加，粮食消费呈刚性增长。同时，城镇化、工业化进程加快，水土资源、气候等制约因素使粮食持续增长的难度加大；生物燃料发展，全球粮食消费增加，国际市场粮源偏紧，粮价波动变化加剧，利用国际市场调剂余缺的空间越来越小。为此，必须坚持立足国内实现粮食基本自给的方针，着力提高粮食综合生产能力，确保国际粮食安全。保障粮食市场供给，让百姓都能吃上安全和充足的食品，确保国家粮食安全问题已经成为我国农业持续发展和维护国家稳定的永恒主题。

因此，加快种子产业发展，培植具有强竞争力和保障持续、稳定、安全的良种生产、供给体系对一个农业大国来讲就显得尤为重要。国家几代领导集体对种子工作的重要性都有过重要论述。早在 1958 年，毛泽东主席就根据群众实践经验和科学研究成果而制定了“农业八字宪法”——“水、土、肥、种、密、保、工、管”，其中的“种”就是指培育、繁殖和推广良种。“农业八字宪法”成为当时解决中国人吃饭和农业增产的八项措施。随着国家粮食安全和现代农业发展的需要，又提出“国以农为本，农以种为先”的发展理念，进一步提升了加快种子产业发展的战略地位。目前，我国常年农业用种量在130亿千克左右，巨大的种子需求量使得我国种子市场成为国内、国际种业竞争的主战场。尤其是2000年《中华人民共和国种子法》的实施，提高了准入“门槛”，深化了种子经营管理体制改革，剥去了种子企业拥有行政管理职能的“保护罩”，那些靠行政管理职能开展经营的企业失去“保护罩”后，不是被并购，就是难以经营下去而自行解体，形成了种子企业中心洗牌格局，而后那些有较强实力的种子企业按照《种子法》的要求，重新获得许可。2002年我国加入世界贸易组织后，使国内种业又面临着国外种业集团的挑战。在我国成为世界贸易组织成员及国内农业和农村经济结构进行战略性调整的形势下，作为我国种业的重要组成部分，并具有很强竞争力的垦区种业，同样面临发展机遇和挑战。如何使我国垦区种业适应新的形势需要，加快技术创新和体制创新，立足国内市场，着眼于国际市场，把垦区种业做强、做实和做大，是我国垦区种业发展必须解决的问题。

要进一步统筹我国垦区种业资源，调整我国垦区种业优势布局，促进产业升级，提升带动农业产业升级的能力，增强种业市场竞争力，为实施千亿斤商品粮工程和维护国家粮食安全，发挥在现代化农业建设中的引领作用，特提出我国垦区种业发展规划。

4.2.2　种子产业发展原则

第一，坚持因地制宜，发挥优势，实现可持续推进。充分利用已有的科研人才、基础设施、仪器设备，科学规划，实现优势互补，联合推进。

第二，坚持科学管理。成立种子工程实施领导小组，成立项目招标、评审机构及各项目专家组，实行首席专家、执行专家责任制，责权利相统一，项目的启动要突出重点，做好投入与产出效益统一。

第三，根据国内种业发展的态势和国家、省对农垦区系统发挥示范带动作用的要求，紧紧围绕农业结构战略性调整和国家种子工程“十二五”规划及新增千亿斤粮食产能规划为中心，发挥垦区系统优势，抓牢国家新农村建设和支农惠农政策，大力实施种业产业发展六大战略：一是经营国际化战略。我国垦区种业发展战略离不开日趋国际化的现实环境，在体制机制创新上既要遵循产业政策要求，也要结合自身优势寻求快速成长途径，更要遵循国际化的产业发展规则。种业发展每个要素都要与国际标准对接，实施要素各环节按国际标准设立、运行、实施；要与高科技对接，要瞄准世界前沿的先进科学技术，依靠高科技来放大要素的动能和势能；要与国内外市场对接，力求最佳的经济效益和社会效益；要与相关产业对接，种子产业是农业产业的重要组成部分，发展种子产业必须考虑农业的发展趋势和建设要求，为农业结构调整、农业产业发展服务；要与垦区种子产业现状对接，要充分利用和发挥种业集团的作用，种业发展要服从于效益，注重实效；要与垦区实施现代化大农业建设对接；要与国家新增千亿斤粮食生产能力规划对接。二是竞争与合作共赢战略。随着国外种业的进入和投资，已经使国内市场国际化，垦区种业要利用地缘优势，与竞争对手的合作，实行优势互补、资源共享，快速壮大企业实力。利用农业“走出去”参与国际种业市场的竞争。三是经销网络化战略。布局合理、理性扩张和抢先进入是对营销网络的基本要求，提高销售网络的内涵。引植先进营销理念和方式，建立品牌专卖店，延伸服务，农户良种购到手，技术跟着走，扩大种子销售量，使高效的销售网络成为一种竞争优势。四是个性差异化战略。品牌是企业的个性、文化和先进性的表达，是营销的载体。注重品牌创新，加大品牌设计、品牌宣传、品牌打造上的投入，实施名牌战略，以市场为导向，以名优产品为突破，依靠科技进步，开发具有知识产权的新品种，走品种高端化、质量高级化、利润高额化的道路，以知名品牌赢得市场。通过良种彰显我国垦区种业的先进性。五是专业队伍技能高端化战略。强化以人为本、人才取胜的发展理念，坚持科学管理，实行首席专家、执行专家责任制，责权利相统一。六是产品转型升级战略。利用我国垦区拥有的自然和社会禀赋，特别是利用垦区种子产业高度组织化、规模化、标准化优势，逐步改变垦区农业生产大格局，推进垦区由大型商品粮生产基地向优良农作物种子基地转型，实现农产品转型升级。

4.2.3　种子产业发展中制约因素分析

1. 基础性投入不足，建设水平亟待提高

新品种研发滞后于种植业结构调整的需要，良种繁育基地、研发机构不能满足多作物、多生态区域的农作物更新更换的要求，现有种子质量检测机构、区试站的数量与工作实际需要还有很大差距，且检测能力和水平尚停留在常规项目检测上，对种子关键质量指标尤其是对转基因种子的检测不能快速测定。

2. 部分企业仍处于发展初期，实力不均衡

经过多年的发展历程，我国垦区种业具备一定基础，但种子企业发展不均衡，现代企业制度尚未全面建立。自 1995 年以来，才逐步实行种子经营主体的企业化运作，因此仍处于发展初期。诸如企业缺乏自主知识产权品种，受人制约，缺乏市场竞争力；企业大多数都在经营大宗品种，缺乏顶尖品种，经营业绩平淡，示范带动作用不强；企业投入研发资金不足，科技创新能力不强；企业收储资金不足，延误了企业在最佳时期收购种子，加大了企业运营成本；企业设施设备陈旧，

利用率低，收益徘徊在盈亏之间等问题。这些都影响了垦区种业的进一步发展。

3. 人才培养和引进乏力

没有建立系统、规范的人才使用、培养、引进、共享管理体系，缺乏吸引人才、鼓励创新、人尽其用的用人机制，尤其是在种子经营、科技、管理等方面的领军人才匮乏。

4. 信息收集系统功能不完善

没有建立具有持续竞争优势的高效的市场竞争信息收集分析及反馈系统、快速而有效的决策系统、弹性化的生产应变体系，降低了抵御自然风险和市场风险能力；没有建立完善的适应种子产业多元化、一体化、集团化、国际化竞争和发展要求的产业发展体系；没有建立适应现代经营环境下发展的产业集群，产业集群度偏低。

4.2.4 种子产业化建设内容

1. 农垦区种子产业化运营体系建设

各类作物原种、大田用种的繁育技术应严格执行《农作物种子生产技术操作规程》、《农作物种子质量标准执行》、《农作物种子检验规程》、《农作物种子标签通则》等规定进行繁育，在农作物种子经营资格及种子加工和包装等方面，依据《中华人民共和国种子法》和配套法规要求执行。我国农垦区一般的做法是建设农作物种子生产基地、农作物种质创新中心、农作物基因育种中心、农作物新品种引种展示中心。

种子管理体系。按照《种子法》的要求，垦区全面做到了事企分设，人员分设。强化种子管理，确保政令畅通。垦区种子管理机构改革做到了四个明确，一是明确机构设置；二是明确人员编制；三是明确管理权限；四是明确资金来源及保障。保障了种子管理队伍稳定和种子行政管理工作的健康发展。以黑龙江农垦区为例，垦区拥有各级种子管理机构 113 个，种子质量监督检验中心（站）7 个，种子行政管理人员 265 人。

新品种选育研发体系。垦区具有较强的新品种研发能力。新中国成立初期，垦区就开展了新品种的引进筛选工作。为加快育种进程，20 世纪 80 年代中期，垦区的作物育种工作开始走出了国门，先后与德国、美国、法国、荷兰、加拿大、日本等国家开展农作物育种合作，推广了一批优秀农作物新品种。以黑龙江农垦区为例，垦区已经形成了以北大荒垦丰种业集团为主体，以农垦科研育种中心和专业作物育种研究所为依托的农作物新品种研发机构群，拥有种子研发、试验、生产、加工、贮藏、检验等各类专业技术人员 1 500 多人。开展大豆、玉米、小麦、水稻、大麦、油菜、籽用南瓜、青贮玉米、饲草、杂豆等农作物育种工作。

已累计推广农作物新品种 400 多个，推广面积达到 5 亿亩。

农作物新品种鉴定、试验、示范和展示体系。以黑龙江农垦区为例，垦区现已建成分布在全省的 78 个农作物新品种试验站，承担着国家、省、垦区大豆、大麦、小麦、玉米、水稻、油菜、甜菜、青贮玉米、饲草、籽用南瓜、杂豆等农作物新品种试验任务。其中，4 个单位承担国家试验任务，45 个单位承担省试验任务。年均承担各类农作物试验任务 4 500 份次。为农作物新品种选育、推广工作提供保障。按照优势农产品生产区域布局规划，随着良种良法相配套的新品种试验、示范和优质高产栽培技术的推广，垦区加强了试验站向科技园区建设方向转变的工作，把单一的品种试验站建设成一个多功能的具有新品种展示、示范、新技术推广、新品种的试验和研发、职工培训基地、展示先进农艺技术的平台、代表先进农业发展水平的窗口的科技园区。把新品种、新技术的宣传教育课堂搬到了大地上，从而增强了科技园区的作用。

良种繁育和加工体系。以黑龙江农垦区为例，垦区种子繁殖基地建设经历从"四自一辅"、"四化一供"、"九五"实施的"种子产业化"到目前国家建设现代农作物种业建设，种子生产基地由建设初期的分散、不固定到现在已建成专业化的种子生产基地 389 个，常年种子生产基地面积 150 万亩，年生产各类作物种子能力达到 50 万吨。拥有 82 座种子加工中心和 88 条种子加工线，年加工能力 45 万吨以上。种子繁殖基地的建设保证了垦区种子"双供种能力"和"双安全"。

种子质量检测体系。以黑龙江农垦区为例，为确保垦区农业生产用种的种子质量，垦区建立了以"垦区种子质量检测中心"为技术依托，以各管理局种子质量检测分中心（监督检验站）为骨干，以企业种子质量检验室为基础的多级种子质量检测体系。全垦区共建成标准化种子检验室（站）106 个（其中管理部门 7 个，企业 99 个），持证种子质量检验人员 376 人，年检测能力达到 40 万吨以上。

产业化生产经营体系。《种子法》实施后，以黑龙江农垦区为例，垦区种业在体制机制上依照种子法要求，在变革中步入了快发展时期。2002 年，经整合垦区种业资源后，组建了北大荒种业集团，集团以"立足垦区、服务龙江、走向全国、跻身世界"的发展思路，以打造一流民族种业为目标，自我加压，强势发展，到 2010 年进入全国种业 7 强，并通过了 ISO 9001：2008 质量管理体系认证，其所属子公司垦丰种业在 2011 年中国种子行业信用等级评价中，从 162 家参评企业中脱颖而出，荣登全国 AAA 种业企业。

2011 年《国务院关于加快推进现代农作物种业发展的意见》（国发[2011]8 号）文件出台，为落实该文件精神，垦区种业按照总局党委要求进行第二次种业资源整合，推动"北大荒垦丰种业"上市，积极推进垦区现代种业建设。

2012 年垦区种业以国发［2011］8 号文件为行动纲领，以全面推进垦区种子事业快速发展为重点，以加快种业体制机制创新为核心，快速提升垦区种业的科技创新能力、市场竞争能力、供种保障能力和市场监管能力。在种业发展上，已成为国家“育繁推一体化企业”的垦丰种业发展进一步加快。企业已加入了由农业部主持的“8+1”科企合作产业联盟和国家玉米产业技术体系；与农垦科学院合作组建了“北大荒垦丰（佳木斯）科研育种中心”；与东北农业大学、黑龙江省农科院等大专院校、科研单位签订战略合作协议，企业的商业化育种体系建设与布局已具一定规模，企业的科技创新、市场竞争和供种保障能力显著增强。企业上市工作进展顺利。

国家备荒救灾种子贮备体系。自 2000 年起，黑龙江垦区开始承担国家救灾种子储备任务。在救灾种子的品种选择、生产、加工、储备、动用中严格按照科学选择、规程生产、标准加工、规范保管、合同储备、依法使用的原则；在储备贷款使用和申请贴息补助工作中，从未发生弄虚作假行为。12 年来，垦区为国家储备救灾种子共计 1 390 万千克，其中，大豆种子 1 250 万千克，玉米种子 90 万千克，水稻种子 50 万千克。动用国家救灾种子 12 次，共计 1139 万千克。其中，大豆种子 1 073 万千克，玉米种子 50 万千克，水稻种子 16 万千克，救灾种子利用率分别为 85.8%、55.6%和 32.8%。累计救灾面积 204.71 万亩，为受灾农场挽回经济损失累计达 102 372.18 万元，切实发挥了国家救灾种子储备的作用。

以黑龙江农垦区为例。

第一，种子生产。2011 年，垦区种子销售总量达 38.5 万吨，对外辐射供种 17 万吨，辐射供种面积 275.87 万公顷，比上年增加 47.53 万公顷；销售收入 15.3 亿元，比上年增长 54.5%，实现利润 6 500 万元，比上年增长 80.6%。种子机械化加工率、标准化包装率、包衣率和良种覆盖率连续 8 年实现 100%。在国家良种补贴政策的推动下，水稻、大豆、玉米和小麦等主要作物的标准化统共率达 100%；品种更新更换面积 186.67 万公顷；展示示范新品种 320 万份次，展示田和示范方面积 8.67 万公顷。

第二，种子新品种生产研发。垦区重视新品种研发工作，发挥现有 9 个专业农作物新品种研发机构的作用，利用已掌握的 3 万余份各类作物种质资源，开展玉米、水稻、大豆、小麦、大麦、油菜、杂豆等农作物新品种的研发工作。研发机构实现了在全省全生态区覆盖，并在全省 10 个生态区 6 个积温带设立了 76 个农作物试验站，其中，7 个站承担国家东北大区试验任务，有 36 个站承担黑龙江省农作物新品种试验任务，占全省试验点的 42%，平均承担各类农作试验任务 4 890 份次。

第三，种子质量检验。为更好地开展种子质量监督抽查工作，提高督查抽查力度，保障垦区农业生产用种安全，2010 年 12 月份种子管理局制定《2010—2011 年度黑龙江垦区种子质量监督抽查工作方案》，规定了抽查方法、抽查内容和时间部署；明确了对抽检的种子样品进行种子的真实性和纯度、净度、发芽率和水份四项质量指标、室内检验和田间种植鉴定办法。2011 年，垦区各级种子质量监督部分共抽取检测样品 532 份，其中大豆种子样品 196 份、玉米种子样品 79 份、水稻种子样品 236 份、麦类种子样品 21 份，抽检种子合格率为 99.8%，种子质量案件明显减少。另外，按照农业部开展种子执法年活动的要求，垦区根据自身种业发展和种子市场运行实际情况，组织各管理局、农场种子管理机构及北大荒种业集团所属子（分）公司在垦区开展了保春种、保安全、保供给、保质量、保 400 亿斤总产的种子执法年活动。通过开展执法年活动，全面整顿种子生产和经营秩序，为种业健康发展营造了公平竞争平台和法制保障环境。

第四，粮种补贴。国家出台各项惠农支农政策，不断增加对粮食生产的投入，加大农业补贴力度，提高粮食综合产能，水稻、小麦、玉米和大豆良种补贴项目实施全面积覆盖，粮食作物比较效益上升，调动了农户种粮积极性。以黑龙江垦区为例，2011 年，垦区良种核实补贴面积为 269.56 万公顷，其中，水稻 142.90 万公顷，落实到 9 个管理局、91 个农场与单位；大豆 48.41 万公顷，落实到 9 个管理局、88 个农场与单位；玉米 68.81 万公顷，落实到 9 个管理局、104 个农场与单位；小麦 9.42 万公顷，落实到 7 个管理局、32 个农场与单位。

垦区良种推广补贴项目示范区，种植的有关品种全部达到品质要求，坚持同地号同品种原则，推进同地号同品种规模化生产，进一步提高农作物产量和品质，提升农产品市场竞争力；坚持品种择优原则，依据国家和省品种审定公告，根据生态区划和布局，优先选择生态适应性好、符合生产需要、市场前景较好的品种，禁止选择未经审定、审定不通过或过期淘汰的品种。坚持公开推介的原则、推介品种确定后，通过各种渠道公开向社会发布，并将推介品种上报农业部备案；坚持统一供种的原则，垦区各级农业和种子部门积极引导农户在推介品种范围内，由农场组织统一供种。垦区良种补贴项目推荐品种，依据生态区划与布局，按照 6 个积温带，本着生态适应性好、用种安全、符合生产和市场需要，在农场上报种子推介品种的基础上，总局、管理局种子管理部门依据国家和省品种审定公告，共确定水稻品种 37 个，玉米品种 80 个，大豆品种 95 个。

中央财政拨给垦区四大作物良种推广补贴项目资金共计 51 151.3 万元，补贴资金已全部到位。其中水稻补贴资金 32 153.29 万元；大豆补贴资金 7 262.5 万元；玉米补贴资金 10 321.94 万元；小麦补贴资金 1 413.6 万元。资金下拨后，总局组织由财务牵头，农业、种子、监察等有关部门参加联合检查组，对良种推广补贴资金落实情况进行了检查。垦区在补贴资金管理上制定下发了《关于报送黑龙江垦区 2011 年农作物良种补贴项目实施方案》和《关于贯彻落实中央财政农作物良种补贴项目实施指导意见的通知》，严肃了纪律，做到“五公开、四不准、三到户”。即，公开补贴面积、公开补贴资金额度、公开补贴标准和兑现方式、公开供种单位、公开种子价格；实施面积不准营私舞弊和偏亲向友、不准截留挤占和挪用补贴资金、不准擅自更改补贴标准和数额、不准以补贴款抵扣任何欠款；补贴政策宣传到户、补贴方法讲解到户、补贴资金落实到户。

2. 种子行政管理体系建设

第一，垦区种子信息网络建设。随着现代电子商务的发展，信息流量决定了企业物流流量，最终影响企业效益和发展。建设连通各级种子管理、经营、推广服务、科研育种、品种保护、中介服务机构和相关网站的信息网络。逐步建成三级标准化种业信息数据库，并通过农业部种业信息网站实现信息资料自动采集、上解、入库、备份、查询、分析和站点网页内容自动、及时更新。主要建设内容：以黑龙江农垦区为例，黑龙江农垦总局建设一级网站（局域网）；在管理局建立二级网站，通过适当补助使网络向场延伸。

第二，垦区农作物品种转基因种子检测室建设。为搞好农作物品种转基因育种和转基因农产品鉴定监督工作，在垦区建设 1 处农作物品种转基因种子检测室，以适应现代生物工程技术的发展。主要建设内容：实验室、办公室蛋白核酸分析系统、核酸自动提取系统、共聚焦显微镜、基因芯片仪、自动工作站、荧光定量 PCR、测序仪、蛋白纯化工作站、自动化晶体培养系统、X 衍射数据收集系统、高场核磁共振波谱仪、透射电子显微镜、扫描电子显微镜、高真空冷冻蚀刻仪、流式细胞分选仪等设施。

第三，垦区种子协会和种贸协会建设。随着垦区种业对外交流日益频繁，按照“世贸”规则，协会组织必将成为对外交流的主角。增强协会对加强行业自律、协调行业关系、保护公平竞争和维护会员单位的合法权益的促进作用。做好联系政府、主管部门与会员单位之间的桥梁、纽带的角色。建立健全总局、管理局、农场三级协会组织，有利于垦区种业的发展。建设内容：办公自动化设备，培训中心建设，网站建设等。

第四，垦区农作物新品种试验网站建设。以黑龙江农垦区为例，改造、完善 76 个农作物新品种试验网站建设。改变以往只承担单一的农作物新品种试验任务向综合的农业科技园区方向发展。同时，建立垦区牧草、青贮品种的引、育、繁推广体系。随着垦区产业结构调整、畜牧业呈现快速发展态势，为适应其发展需要，新建 4 处牧草、青贮品种的引、育、繁推广中心，引进推广 5～8 个牧草品种和 4～6 个玉米青贮品种，研发有自主知识产权牧草品种 1～2 个和玉米青贮品种 2～3 个，食用玉米 3～5 个。由于黑龙江八一农垦大学迁址大庆市，为发挥其科技带动作用，建立黑龙江垦区西部封杀干旱盐碱地农作物品种引、育、繁示范展示科技园区 1 处。建设内容：小区机械、机具，考种室、网棚，脱粒机，晒场，样品库，小型清选机，检验设备，办公设备等。

第五，垦区农作物品种品质监测预报和品种 DNA（品种指纹）数据库体系。以黑龙江农垦区为例，新建 20 处垦区农作物品种品质监测预报网站，在垦区 6 个积温带 10 个生态区建设农作物品种品质监测预报网站，对商品种子的生产、育种后代（品系）的决选、商品粮食生产，进行产期和产后的品质跟踪检测预报。进行品种 DNA 采集，为制定行业标准，为今后种子质量仲裁提供法律依据。建设内容：电泳仪器，档案柜，品质检测仪器，自动化办公设备，样品库，水分测定仪等。

第六，垦区完善种子质量体系建设。建立健全种子质量检测体系，是提高种子质量的重要举措，检测机构高健全、检测设施完善、检测方法规范、检测数据真实，是有效控制种子质量的主要手段。为全面提高垦区种子质量监测和管理水平，确保生产用种的质量安全。根据垦区目前检测资源和检测能力分布情况，合理配置检测资源以适应垦区现代农业发展需要。以黑龙江农垦区为例，需要新建 4 处、完善 3 处种子质量检测中心。主要建设内容有：智能光照培养箱、快速电脑水分仪、电子天平、真空数粒仪、分样器、电动筛选器、容重器、种子储藏柜、农药快速残留测定仪、粉碎机、样品柜、电泳仪、电泳槽、温度湿度记录仪、万能谷物分析仪、氨基酸分析仪、质谱仪、定氮仪、液相色谱仪、超净工作台、基因扩增仪、原生质体显微镜、电子显微镜、超高速离心机、手提式紫外透视仪、沉降值测定仪、粉质仪、解剖镜、水稻多机能食味计、颗粒评定仪。

第七，垦区种子行政执法快速反应和种子备荒余缺调剂预警反应体系建设。依据《中华人民共和国种子法》和《黑龙江省农作物种子管理条例》和相关法律法规规定，实施对辖区种子的行政管理，严格执行行政许可，实行两级授权，一级派出。以黑龙江农垦区为例，建设 116 个总局、管理局、农场三级种子管理体系，新建和完善执法手段、品种管理、质量管理软、硬件，全面增强管理能力。

4.2.5　种子产业化发展的保障措施

以党的十七届五中全会和中央经济工作会议提出的奋斗目标为行动纲领，全面贯彻落实科学发展观。按照胡锦涛总书记视察黑龙江省时的重要讲话精神动力，科学决策，完善措施，突破瓶颈，破解难题。坚持“多予、少取、放活”的支农惠农方针，促进农垦区现代农业发展，稳定粮食生产，保障职工持续增收。

第一，切实加强领导，深入调查研究。增强加快种业发展的责任意识。深入实际，广泛调研，及时发现规划实施过程中出现的新情况、新问题，研究提出有针对性的解决办法，科学制定种业发展的规划和实施方案。提高工作的科学性、预见性，确保规划的全面实施和预期效益的实现。

第二，建立稳定的种子生产基地，打牢产业发展基础。建立稳定的种子生产基地，是确保种子质量，降低生产成本，增加企业经济效益的重要保障，也是平抑种子价格和抵御市场风险重要手段。加强种子基地建设，提高种子生产的科技含量和生产能力，降低生产成本，确保种子质量和生产效益。建立种子企业与基地之间合理的分配制度，明确双方的责、权、利关系，强化企业与基地各环节间的连接，注重合同履约率，维护基地职工的所得利益，打牢种子产业持续健康发展的基础。

第三，深化体制改革，培育壮大种业企业。加快企业体制和机制的创新，建立集体内部合理的利益分配机制，理顺企业内部各主体间的利益关系，增强企业的控制力和凝聚力。加强与国内外种业企业的联合和合作，实现优势互补、互惠互利，走低成本扩张的路子，形成培育、繁殖、加工、销售一体化的新格局。

第四，实施品牌战略，拓展种业市场。强化品牌观念，实施品牌战略。品牌是商品的通行证，是企业知名度、美誉度、忠诚度的集中体现。做好品牌策划、宣传和管理，努力打造名牌种子，树立良好信誉，扩大影响。采取先进的质量监控措施，确保生产出高品质的种子。加强市场营销，完善销售前和销售后全过程的服务，扩大市场份额和农垦种子的覆盖面，树立种子企业的新形象。

第五，加快科技进步，提高科研创新能力。加快农垦区及国内外育种科研资源的整合，开展多种形式的科研单位与种业企业的合作和联合，突出重点，集中攻关。跟踪发达国家生物技术的研究动态，充分利用生物技术的新成果，并与常规育种技术相结合，引进和自主开发种质资源、育种技术和穿梭育种，加快品种选育的速度和效率。处理好科研单位与生产、经营单位之间的利益关系，妥善处理知识产权和财产产权的矛盾。加强种业人才的引进、培养，逐步建立起科学的人才评价及激励机制。

第六，加大投入力度，提高产业竞争力。积极落实和争取国家发展种子产业的政策，把垦区种业建设纳入国家、省建设规划，开辟资金筹措渠道，加强种子科研、基地、加工、仓储和检验基础设施的建设，加大对重点项目的资金投入，建立健全工程项目全程监管制度和责任追究制度，为做强做实做大农垦区种业营造良好环境。

4.2.6　黑龙江垦区种业发展的主要经验

黑龙江农垦区树立优先发展种业的意识，加大支持力度。各级部门坚持“国以农为本，农以种为先”的指导思想，将种子产业建设作为农业结构调整和农产品竞争力提高的关键点和突破口，不断加大基础设施、设备的投入，促进育种手段、种子精加工、仓储设施设备和种子质量检测等方面的更新换代，增强产业发展动力和后劲。

深化改革，为产业发展创造良好环境。垦区严格按《种子法》的要求，实行事企分设，积极推动现代种业建设。一方面，种子行政管理部门和管理队伍得到了加强，加大了监管力度，营造了良好的生产、经营和管理秩序；另一方面，通过资源整合、股份制、兼并等方式整合重组了种业集团，实现了垦区内统一生产、统一质量标准、统一品牌、统一包装、统一价格和统一服务的格局。

开展跨国合作，加强农作物新品种研发。垦区实施“走出去”战略，通过自主研发和合作开发，尤其是与世界农业发达国家开展联合育种，推广了一批享有自主知识产权的农作物新品种，部分品种已成为了国家、省的主导品种。

依靠科技进步，加强专业技术人员队伍建设。垦区不断加强种业核心技术创新，突破和集成一批关键技术，为垦区种业发展提供强有力的科技支撑，使种业成为高新技术密集、实用技术普及的产业。同时，加强人才和知识成果的引进，抓好技术培训工作，提高科技人员素质和生产者的科技水平，建立了企业发展人才库，充实和完善农垦种业的人力资源。

强化管理，高度重视质量安全。垦区建立健全了企业内部各项管理制度，形成了目标、责任落实到执行者和激励、追究制度并存的管理理念。种子管理部门和企业不断提高质量安全意识，从种子的生产到终端用户实现了全程质量监控，严格执行质量标准和技术规程，种子企业开展了 ISO 质量认证体系建设，确保了生产用种的质量安全和数量安全。

坚持开拓市场，提高效益。依法设立种子营销网络，扩大辐射服务供种区域，垦区种子的市场占有份额逐年递增，切实发挥了辐射带动作用。

4.3　农药与肥料管理

4.3.1　农药管理

为进一步强化农药管理工作，作到事事时时讲安全，最大限度地杜绝安全事故的发生，在农药的保管和使用方面，我国农垦区各农场成立农药安全使用委会，并制定措施：

第一，遵守国家有关药物管理规定，不存放和使用国家禁止使用药物和其他有毒有害物质，使用的药物必须有标明有效成分，有用药记录，并严格遵守停药期。

第二，农场使用的农药必须由专人进行定点购买，农药必须向具有检验登记证、生产许可证和质量标准等“三证”的企业购买。严格按照《农药管理条例》、《农药合理使用准则》的要求，科学合理选择使用农药，只能使用有机种植级农药，绝对禁止使用剧毒、高毒、高残留的农药。

第三，所购农药要进行专库存放。农药要有专门的房间存放并张贴显著的标识，对杀菌剂、杀虫剂分开放，并认真贴好标记，对农药的进出必须严格登记。农场必须配置独立的农药存放点及专用的农药喷洒器具和注射工具。

第四，总账的建立。技术人员须详细核对领用农药的品种、规格、数量、并做好出入库记录清楚标明领用人、领用的品种和数量、领用日期、使用用途及使用地点等。

第五，基地技术人员根据病虫测报并结合实地情况及时作出基地的使用计划。

第六，农药统一由基地负责人领用。

第七，农药使用的规定：各种植区在使用农药时须在基地种植技术人员的指导下配置农药；喷洒时须密切注意现场气象状况，露地作物施药不得在雨天或大风天气下进行。相邻田块有其他作物并处于下风时，用背包式小型机喷洒，以避免药雾吹到相邻作物上。种植员须根据施药进度，严格掌握用药剂量。每次施药的实际用量与规定用药量之间的误差不得超过 5%。喷洒器具的集中管理：每次施药结束，须将喷药器先用碱水洗一遍，再用清水认真冲洗。喷雾器清洗的程序是先用清水，再用碱水，最后用清水，以彻底清除机泵及胶管内的残留农药。药具经清洗后，放入专用仓库内由仓库管理员妥善保管，要为农药喷洒人员配置专用的手套、口罩和防护衣，以防发生农药喷洒作业人员中毒事件。

以黑龙江垦区尾山农场为例，尾山农场为了认真贯彻落实“预防为主，综合防治”的植保方针，严格落实并执行北安管理局关于农药统供指示精神，强化了农药使用管理。根据《尾山农场总体改革方案》的要求，尾山农场出台了《尾山农场农药使用及管理规定》，规定农药的使用必须在场农业科的指导下合理使用农药，任何单位和个人不得私自采购和使用高毒、长残留的农药，杜绝长残留污染环境、影响农场安排下茬作物，所有家庭农场使用的农药必须实行申报制，由农场统一供应品种、统一价格。农场健全了农药使用及管理责任制，并与各管理区主任、居民组长签订了责任状，以此全面提高种植户的施药水平，严防任何药害事故的发生，保证了种植业结构调整和绿色、有机产业的顺利进行。为促进尾山农场农业经济快速、稳定、持续健康发展打下了良好基础。

4.3.2　化肥管理

1. 农场化肥管理制度

① 肥料入库时仓库管理人员必须根据物品清单进行仔细审核，做到实物与票据相符。

② 对入库肥料的名称、生产商、生产日期、数量等进行登记且编好物流清单。

③ 肥料必须根据不同类别、特点，按指定地点堆放，并做好标识。

④ 申领肥料时，仓库管理员应按照技术员要求的品种和数量发放，并让受领者在出库登记表上签字。

⑤ 使用后将未用完的剩余肥料，空袋及时交给仓库管理员，管理员负责清点核实，确认与领出数量相符后，将剩余空袋进行统一处理。

⑥ 建立盘查制度，定期检验肥料是否过期，一旦发现，妥善处理。根据出入库登记，清点肥料，发现问题及时上报。

⑦ 仓库每天都需要搞卫生，保证通风、阴凉、干燥，做好防水、防电和防鼠害的工作。

⑧ 非工作人员不得进入仓库，管理人员离开仓库时，必须上好锁，做好库房安全工作。

2. 黑龙江垦区耕地土壤肥力现状、问题及措施

（1）土壤肥力现状。

第一次土壤普查的数据表明，20 世纪 70 年代，除风砂土与盐碱土两个小土类外（占总耕地面积之 0.81%），垦区耕地土壤有机质含量在 4%～7%；除盐碱土外，pH 都在 6.1 到 7.2 之间，呈弱酸性到中性；速效氮介于 30～80 毫克/千克之间；除风砂土外，速效磷在 20～65 毫克/千克之间。由于传统观念垦区土壤富钾，并且当时农作物的产量水平较低，对钾的需求不多，所以此次土壤普查未考虑土壤钾含量。

20 世纪 70 年代到 80 年代，土壤有机质含量呈下降趋势，但仍维持在较高的水平，达到 4%以上；土壤 pH 基本稳定；全氮含量普遍下降，全磷含量稳中有升；速效氮、速效磷含量普遍下降。钾元素的含量无从比较，但这个时期钾肥的投入量极少，所以土壤钾呈消耗状态。

20 世纪 90 年代以来，垦区未进行全面的土壤普查。根据牡丹江管理局 2000 年的土壤养分普查，结合前两次普查的数据进行分析，表明土壤有机质含量趋于稳定，部分农场稳中有升。pH 的变化范围不大，并且趋向不一致。但根据田间调查与观察，旱田土壤存在 pH 降低的情况。土壤速效氮仅 10 余年时间，翻了一番以上。土壤速效磷稳中有升，而速效钾仍呈消耗状态。全垦区的情况也基本上是这样。

近年来测土配方施肥的数据表明，垦区耕地土壤的 pH 普遍下降，大部分在 5.0～6.5；土壤有机质比较稳定，在 3%～7%。

概括起来，垦区耕地土壤肥力的现状是：土壤有机质趋于稳定，土壤 pH 降低；氮在土壤中有积累，磷略有盈余，钾投入不足。从宏观上看，经过几十年的建设，垦区耕地的综合产出能力在不断提高。

（2）主要原因。

① 土壤有机质。垦区的耕地开垦时间都比较短，开垦后由于耕作对土壤的扰动，致使土壤中的空气、微生物等因素发生变化，有机质会有一个下降的过程，这是很正常的，一般在下降到一定水平后，会趋于稳定。如果在生产中不注意有机肥的投入，土壤有机质就会降到很低的水平。在垦区开垦以来的六十多年中，土壤肥力的动态变化经历了三个主要阶段，即，开垦初期的高效释放阶段、中期的肥力递减阶段和目前的稳定增长阶段。

一是高效释放阶段。在垦区开垦初期 20 世纪 50 年代至 60 年代，土壤肥力较高，有机质含量高达 5%～8%，全氮 0.28%、全磷 0.16%，均处在较高水平。垦殖耕作过程加快土壤水分、热量的变化，加强微生物活动，使有机质矿化分解加速，大量的土壤潜在肥力转化为速效养分，土壤供肥能力不断增强，因此不需要投入很多肥料，就能获得较高的产出。

二是肥力递减阶段。20 世纪 70 年代至 80 年代末，随着种植年限的增长，土

壤肥力逐年递减。尤其是由于重用轻养、耕作粗放，农田缺乏完善配套的排灌和林网工程保护体系，土壤风蚀、水蚀严重，加之垦区低湿易涝耕地较多，土质黏重，适耕期较短，丰水年份湿整湿耕，对土壤结构造成破坏，犁低层越来越厚，地力越来越瘦。到20世纪80年代，土壤有机质含量3.2%～5.9%，与20世纪70年代相比，下降0.4至1个百分点，全氮、全磷也有不同程度的下降。

三是稳定增长阶段。20世纪90年代以来，培肥地力成效显现，土壤肥力实现稳定增长。2000年进行的土壤养分普查表明，与20世纪80年代的第二次土壤普查相比，土壤有机质含量停止下降，并稳中有升，保持在4%～7%的较高水平。全氮、全磷和速效磷变化平稳，土壤pH稳定在中性或弱酸性（水田），除速效钾含量下降外，其他各养分含量均有提高。由于采取了综合的培肥地力措施，有机质含量较低的耕地，实现了每三年增长0.05个百分点；有机质含量较高的耕地，保持稳定。

② 氮在土壤中的积累。一是20世纪90年代以来，随着栽培技术的进步，品种的改良等，农作物产量大幅度提高，氮肥投入量加大；二是通过种植结构调整，水稻、玉米等喜氮高产作物面积的迅速扩大；三是施肥技术上，过于依靠氮肥对作物的增产作用。90年代以来，氮肥的用量一直居高不下，而磷肥的投入与80年代比并未增加。钾肥开始应用，但钾的用量远不能满足作物的需求。

③ 耕地综合产出能力不断提高。垦区建立几十年来，经过几代人的不断努力，农业生产的基础条件不断改善，表现在农田水利、农田防护林、农机装备等方面。因此，耕地的产出能力不断提高。

（3）培肥地力主要措施。

① 秸秆直接还田。垦区地多人少，大面积培肥地力主要依靠秸秆还田。20世纪80年代时主要是麦秸还田，1986年时秸秆还田780万亩，占当年旱田作物面积的32.9%。90年代后加大秸秆还田力度，大豆、玉米秸秆也开始实行还田，2000年秸秆还田达到1 387.8万亩，占当年旱田作物面积的81.1%。近几年由于麦类作物大面积减少和经济作物大面积增加，秸秆还田面积有所减少，2003年秸秆还田870万亩，占旱田作物面积的40%。目前做到旱田2至3年秸秆还田一次。近年来，机械直收的水稻秸秆开始还田，促进了垦区秸秆还田面积的稳定与扩大。由于长期连续秸秆还田，有效地遏制了土壤有机质的下降，并有逐渐回升的明显趋势，平均年增加量达0.02个百分点至0.04个百分点，少数地号达0.1个百分点至0.15个百分点。秸秆还田对改善白浆土通透性等物理性状有明显作用，据牡丹江管理局科研所试验调查，耕层内不仅总孔隙有所提高，而且改变孔隙构成，使毛管孔隙占总孔隙比由84%～90%下降为72.3%～75.7%，非毛管孔隙由7.5%提高至14.3%～16.4%，渗透系数提高了5～6倍。八五〇农场从2001年开始，针对水稻秸秆还田做了许多工作，积累了非常珍贵的经验。2001年至2003年的试验表明，秸秆还田能够使土壤容重变小，从而改善土壤的通透性（土壤容重为0～30厘米平均数，0～20厘米更为明显），这与牡丹江管理局科研所的研究结果一致。

② 增施有机肥。随着垦区种植业规模的不断扩大，农家肥的投入量有下降趋势，因为将大量有机肥运到农田的成本较高，这从另一方面表明秸秆直接还田的效果与效率。但 20 世纪 90 年代以来，由于垦区大力发展畜牧业，牲畜粪便成为垦区重要的有机肥来源，目前大多是直接使用，部分通过发酵加工后使用，今后应加强其收集与加工。

③ 应用生物肥料。农田土壤本身就是一个生态系统，使用生物肥对改善土壤的理化性状和作物的生存环境具有重要的作用。黑龙江垦区目前应用的生物肥主要有硅酸盐细菌肥、根际促生菌肥、根瘤菌肥等，另外还有种类繁多的微生物有机肥。

④ 科学施肥。测土配方施肥是实现科学施肥的有效手段，有助于实现“三个安全”，即粮食总量的安全、农产品质量的安全、环境安全。在实现环境安全的同时，确保土壤肥力的均衡，实现耕地资源的可持续利用。

（4）黑龙江垦区土肥工作展望。

垦区的技术推广体系，存在先天的不足，即没有公益性的技术推广体系，由此带来的问题，是专业化的水平与队伍的稳定性都受到限制。土肥技术体系同样如此。

① 队伍建设。总局农业局加上九个管理局农业局、北大荒农业股份公司生产部，只有一个专业的技术人员。垦区 71 个测土配方施肥项目农场，自 2005 年以来，总局农业局共计培训了 300 多技术人员，目前仍做土肥工作的不足 1/3，这里面土壤农化专业毕业的人员又不足 1/5。这就是垦区土肥技术队伍的现状。今后几年，土肥技术队伍的建设，应该得到重视。

② 技术层面。随着良种的推广，栽培技术的进步，土肥技术必须与之相适应。而高标准农田的建设，为土肥技术的发展奠定了更坚实的基础。土肥技术的发展方向，应该是精细调控、水肥一体，以模式化栽培为核心，与植保技术紧密结合。

③ 技术装备。农艺农机的结合，装备是手段，是为农艺措施服务的。但装备水平，反过来会推动农艺措施的进步与发展。信息化技术会对土肥技术的发展提供支持，但不是决定性的。

④ 企业参与。企业是市场的主体，肥料企业对利润的追求，和市场竞争的压力，会促使企业产生对土肥技术的需求。而为垦区种植业职工提供施肥技术指导与服务，是垦区土肥部门与农场的天然义务。企业与土肥技术部门的结合点就在于此。

4.3.3　农场田间档案管理制度

为了种植产品具有可追溯性，特制定了以下田间档案管理制度。第一，农场基本情况的记录：田间档案须记录农场名称、负责人、种植面积、种植区编号、种植情况（播种、种子数量、前茬茬口、定植期等）。第二，田间用药情况的记录：

记录田间生长期间分次发生的病、虫、草害名称，防治药剂名称、剂型、用药数量、用药方法和时间以及农药的进货渠道等。在对田间土壤、育苗营养土、营养钵、种子等进行消毒处理时，也应记载相应的用药情况，并记录此次作业活动的实施人和责任人。第三，田间用肥情况的记录：记录田间生长期间分次所用肥料（包括基肥、叶面肥、植物生长调节剂等）的名称、用肥数量、用肥方法和用肥时间，以及肥料进货渠道等，并记录此次作业活动的实施人和责任人。第四，采收情况的记录：记录产品分期分批采收时间、采收数量的情况。第五，田间档案必须记录完整、真实、正确、清晰。第六，田间档案应有专人负责记录管理，当年的田间档案到年底整理成册，保存到档案袋。加强对田间档案记录检查、监督及不定期进行抽查。

4.4　作物田间管理

4.4.1　作物田间管理内涵

作物播种或移栽后至收获前所采取的一系列田间技术措施的总称。包括间苗、定苗、补苗、镇压、中耕、培土、整枝、蹲苗、施肥、灌溉、除草以及防治病、虫、草害和抵御各种自然灾害等。目的在于充分地利用外界环境中对作物生长发育有利的因素，避免不利因素，协调植株营养生长和生殖生长的关系，保证合理的群体密度等，以促进植株正常生长发育和适期成熟，提高产量、改进品质和降低成本。

4.4.2　作物田间管理措施

为使田间作物前期、中期和后期管理工作连续有效的推进，力争秋季作物丰产丰收，根据当年自然天气变化、降雨、水涝、干旱、病虫害等情况，我国农垦区在一般情况下，会加强作物田间管理工作。我国农垦区加强作物田间管理的具体措施如下：

一是要进一步强化组织领导。要把加强田间管理工作作为农业生产上的一项重要任务，突出重点，分类指导，明确责任，狠抓各项措施落实。

二是要科学制定管理目标。以水稻和大豆作物为例，各水稻生产场要重点抓好化学除草工作，加强对水稻条纹叶枯病、稻飞虱、稻螟虫等病虫的监测与防治，水稻直播田要注重肥水运筹，防止后期倒伏；各大豆生产场要加大抗旱指导力度，尽早造墒出苗，播期墒情较好、部分豆苗密度过大的地块，要结合中耕疏苗；大豆高产核心示范区要进一步按生产规程强化指导与管理，做好大豆造桥虫、豆杆蝇等病虫害的防治工作，中后期要适当追肥，提高结荚数和粒数。

三是要深入抓好技术指导与服务。要围绕生产上存在的突出问题和薄弱环节，搞好技术指导与服务工作。专业技术人员要深入田间地头，及时掌握苗情、病虫情，加强测报和信息发布，提高田管工作的科学性和有效性。

四是要抓好种子生产。尽量提高各种作物种子量，为下一年农作物统一耕种工作的推进做好种子储备。

五是要加强职工农药选购与使用的指导。加强安全用药宣传，动员职工做好安全防护工作，严格禁止使用高毒高残留农药，提高农产品质量安全水平，同时要避免在午间高温时施药和长时间施药，防止中毒事故发生。

六是依靠科技抓好秋熟作物田间管理。以江苏农垦黄海农场为例，该农场具体以水、肥、药这“三字经”为中心，对瓜果蔬菜、大豆等旱熟作物全部清沟理墒一遍，挖好田间一套沟，确保沟沟通河，做到旱能灌、涝能排。水稻田按照因苗因田制宜，科学促控的原则，适时搁田控苗，组织承包户采取水伤肥补，培育壮苗促分蘖，打好病虫害防治总体战，努力控制和减少灰飞虱及条纹叶枯病的危害。黄海农场机关工作人员深入农田农家，帮助农户解决生产、生活中的实际困难，为农户提供优质服务，着重围绕田间技术指导、病虫草害防治、农业技术培训走好“三步棋”，组织农户现场参观农业示范典型，学习身边人、身边事。农场农业生产管理实行“六统一”政策，在病虫害防治时，做到统一思想、统一安排、统一领导、统一药剂、统一标准、统一时间，确保防治效果。全场党员干部和农业技术人员深入田间地头，宣传农业知识，指导农户科学抓好秋熟作物田间管理。对水稻、蔬菜等农作物做到及时发现问题，及时解决问题。

七是加大科技投入力度，科学指导农业生产。农业生产部门集中技术力量，深入田间一线调查研究、掌握情况，认真做好技术指导和跟踪服务工作，指导农户加强对农作物的田间管理，采取各种有效措施，确保农作物正常生长。狠抓病虫害防治工作。农业技术人员深入到农户田间地头，实地监测病虫害发生动态，及时组织和指导农户开展防治工作。采取药剂杀虫、生物杀虫、灯光诱虫等防治方法，对大豆、玉米、高粱等病虫害进行集中杀灭，保证产量和质量。抓好清除田间杂草工作。向农户传授除草药剂的使用方法和注意事项，增加除草效果，确保实现高产、稳产、降低成本。抓好农田防涝工作。教育引导农户树立“抗大旱、防大涝”的意识，对易发生洪涝及低洼地块及早修建排水边沟，适时清淤清挖排水沟，预防内涝，确保农作物增产增收。

4.5　现代农业生产管理

为认真贯彻落实农垦局党委扩大会议精神，坚持农业立场，进一步优化种植结构，加大先进科技与机械投入，全面提升现代农业标准化水平。

4.5.1 突出重点，确保各项农业措施落实到位

1. 继续优化种植结构，夯实农业设施基础

种植机构调整以增玉、扩稻、稳豆杂、压麦薯为原则，以突出高产、高效作物为发展方向，继续加强玉米烘储设施建设，以黑龙江农垦区北安管理局为例，按照北安管理局“51155 配置模式”，完善烘储设施建设，即每种植 5 万亩玉米，要有 1 万吨棒储、1 万吨粒储、配置 5 万平方米的晒场和一套日处理 500 吨的粮食烘干塔，确保玉米及时保质收获；打造国家级百万亩出口食品农产品质量安全标准化示范区，继续扩大 GAP 认证的作物品种和种植面积，实现种植业 100%绿色有机种植，积极筹办“北大荒有机果蔬节”；将调优种植结构，以增玉米、扩经稻为原则，通过选用优质品种、实施科技创新等综合组装措施实现增产增效，并开展“三查、四看、五落实”、“三评、四比、五到位”标准化提升年活动，实现全作物、全过程、全面积、全方位农艺措施标准化，高标准抓好科技示范带景观建设，重点推进赵光、红星、格球山、五大连池农场国家级标准农业科技园区建设；加快农机更新，计划投资 2.7 亿元购置玉米种植配套机械 660 台（套），并不断完善基础设施配套和“3S”管理平台的服务功能；抓好农业部和总局六大作物高产创建活动，确保实现“1355”的目标，即玉米亩产 1 000 千克、大豆亩产 300 千克、马铃薯亩产 5 000 千克、小麦亩产 500 千克，并完成玉米滴灌工程 30 万亩。

2. 高标准抓好科技示范带与园区建设，加快标准化农业建设步伐

精心打造科技示范带及科技园区建设，一是精心建设打造玉米高产栽培示范带。二是农场级高产高效作物栽培示范带。三是打造万亩水稻高产栽培示范带。四是水稻科技示范园区、旱田科技园区要在试验、示范新品种及解决生产实际问题上下功夫，要重内涵、上档次。加快农业新科技的研究、开发与应用，使科技园区真正成为农业新技术的转化基地、产业培植基地和现代农业示范基地，充分发挥其示范带动作用。五是各农场区组都要按照农场要求，保证区区有特色，组组有亮点。

3. 坚持农业标准化提升活动，促进农业整体标准升级

继续开展以“三查、四看、五落实”、“三评、四比、五到位”为内容的农业标准化提升活动，抓好落实，做到实现路边与田间、示范田与生产田、水田与旱田、管理区、居民区与居民组之间的“五个一样”；地、林、路、沟、电线杆的“五边”整齐、管理到位；规范示范地块标牌与内业工作不断提档升级。

4. 强化统一管理职能，完善各项规章制度

首先，农业生产要形成行政第一责任人目标管理责任制，要层层签定责任状，

指标、责任到人，全年考核与工资收入挂钩，形成一级对一级负责的工作推进机制，确保各项目标的实现。同时，进一步完善各个生产环节检查验收制度。

其次，完善生产资料管理制度。农场要制定严格的生产资料统一采购管理制度，品种要统一，各作物配比要严格按照生产科下发方案执行，用量不允许随意增减。种子要以种子公司统共品种为主栽，严禁私自外引或自留，确保农业生产资料的质量安全。

最后，完善地号档案微机化管理制度，做到记录详细、全面、查找方便，为结构调整提供科学依据。

5. 抓好高产创建，提高单产水平

一是抓好高产创建地号的选择，要选择在科技示范带沿线，地块平整无减产区，面积连片有师范作用。二是抓好技术的统一组装，做到全程农艺标准、作业标准、管理标准三到位。三是抓好管理责任的落实，管理区主任是第一责任人，农业助理是生产技术第一责任人。高产创建地号必须有专人负责、专人调查、专人汇总，达到高产创建产量目标。

6. 加强基础建设，有效提高防灾减灾能力

第一，夯实基础设施建设。一是加快机械的更新，充分利用总局、管局及农场的政策，积极引进一些进口的配套机械，保证农艺发展需要；二是打建足够的晒场及库房；三是加强标准良田建设，全面提高土地的产出率。

第二，加强植保体系建设，建立健全测报队伍。以生物灾害监测预警为重点，进一步完善测报和预控体系建设，配齐配全植保专业技术人员，形成完整植保体系，把生物灾害损失控制在最低限度。

第三，增加投入，提升准确率，提高气象预报能力。提高气象站预报准确率，发挥温雨站的作用，加密温度、雨量观测密度。全天候跟踪灾害性天气。做到反应快速，信息畅通，做到迅速指挥好各管理区抵御灾害性天气与增雨防雹工作。

7. 加强测土配方施肥项目管理

继续推进农业部测土配方施肥项目建设。加快建立耕地质量预警信息系统，提供可靠的土壤养分分布情况。配齐人员，加强项目内业管理，提高操作能力，100%完成配肥站建设、配方施肥指导和配方肥应用工作。

8. 注重科技创新，推广应用农业新技术

① 玉米、大豆 100%采用 110 厘米高台大垄栽培模式。

② 加快新技术应用在园区试验玉米育苗移栽覆膜滴灌综合组装技术的试验。

③ 在示范带上推广玉米滴灌技术、催芽断根播种技术、膜下滴灌技术。

④ 推广玉米、水稻叶龄诊断技术面积 100%。

⑤ 推广水稻水控灌技术面积 100%。

⑥ 全作物推广测土配方施肥技术。

⑦ 推广玉米应用肥料“缓释肥料技术”面积 100%。

⑧ 全作物应用化控技术及航化健身防病技术面积。

9. 现代农业生产管理全面推行“八个统一”

生产统一指挥；机械统一作业；地号统一设计；作物统一换茬；措施统一制定；种子统一供应；病虫统一防治；机械统一供油。

10. 抓好农业科技人才队伍建设、技术培训，提高全员素质

一是配齐配强农业技术管理人员队伍。管理区及居民组均配备一名农业专业技术及农机专业技术管理人员。从事农业生产工作，将新技术、新科技在一线迅速推广应用。二是按照科技园区建设方案要求组建科技推广服务队，做到新科技落实、新技术推广示范，更好地为职工服务。三是全面搞好基层人员及职工培训，特别是抓住农作物各生育阶段典型特点搞好现场教学，做到课堂与田间、理论与实践的有机结合，真正达到提高职工素质的目的。做到科学指挥生产，技术指导准确、到位。

11. 突出抓好春季抗灾工作措施的准备

针对当年秋季农业生产形势，积极做好下一年春季各项生产准备工作。一是整地机械、播种机械的准备；二是提前准备备荒种子；三是春季几种地块的处理方式方法：①积雪较厚的地块，抓住回暖期进行化雪散墒；②只是深翻地块，采取早春耢地封墒，顶凌散墒，起垄夹肥、播种两次作业，一条龙完成；③已起垄没秋施肥地块，采取春季扶垄夹肥、播种两次作业，一条龙完成。

4.5.2 保证措施

1. 加强领导，落实责任，实现标准化再提升

各农场成立以农业副场长为组长的农业生产工作领导小组，领导小组下设办公室设在生产科，主任由科长兼任。各区组也要成立相应的组织机构，责任到人，奖罚到人。坚决做到事事有人管，扎实推进，量化责任目标追究制度，共同抓落实的局面，确保更好更快实现农业标准再提升。

2. 加大农业生产的资金投入力度——以黑龙江垦区龙镇农场为例

① 科技资金的应用。全年计划科技资金使用额度为每亩 2 元，主要用于科技示范带建设及科技园区建设。

② 种子发展基金的应用。计划额度每亩 0.5 元，主要用于原种引进、良种的补贴、良种田间提纯复壮、农业示范区建设，此项费用种子管理局统筹使用 55%，农业部门使用 45%。

③ 飞机航化作业每亩收取航化作业费为每亩 10 元，该费用与土地承包费一并上交。

④ 培肥地力保证金及地号清理费每亩 20 元，与土地承包费一并上交。

3. 积极落实各项统供政策

重点强化农业生产“统”的功能，一个地号必须种植一个作物一个品种，坚决取消“花花田”；航化作业由生产科统一指挥。化肥、农药、种子、油料等主要生产资料由服务中心负责统供，玉米地预收 350 元/亩；大豆地预收 190 元/亩；经济作物预收 120 元/亩，这些费用由各区组负责与土地承包费一并收缴。

4. 构建农业人才支撑体系，为农场发展提供强有力保证

一是建立健全管理区、居民组农业技术队伍，培养一批精专业、会管理的基层科技人员队伍。二是要坚持引进和培养相结合的原则，不断充实农业队伍建设。三是加大培训和考核力度，并实行动态管理。执行理论考核和业务考核制度，做到优者上，劣者下，时刻保持农业队伍的活力。

主要参考文献

北京嘉禾源硕生态科技有限公司．2014-6-27．测土配方施肥：土壤检测改良服务．http://baike.baidu.com/ view/229634.htm．

黑龙江农垦北安管理局尾山农场．2009-6-15．尾山农场强化农药、化肥的使用及管理．http://ws.bafj.cn/Article/ShowArticle.asp？ArticleID＝1653．

中国马铃薯产业．2014-10-17．田间管理技术．http://baike.baidu.com/view/94570.htm．

安徽垦区．2010-7-8．安徽垦区部署进一步加强在地作物田间管理工作.http://www.ahnk.com.cn/display.asp？id＝3937．

江苏农垦集团．2009-7-17．黄海抓好秋熟作物田间管理．http://www.jsnk.com.cn/news/kenqu/20893.html．

红光农场．2012-8-15．红光全力做好农作物田间管理．http://www.hljshnk.com/contents/3/4258.html．

第5章　农业机械作业

农业机械作业是农场进行现代化生产的重要保障，本章首先介绍了农业机械作业操作人员的管理，了解关于农业机械作业人员职业道德相关知识、职业守则，理解相关法律法规。其次重点介绍了农机仓库管理及农机更新与改造管理。再次重点介绍了农机培训和农机推广管理。在最后介绍了农机作业管理，重点介绍了农机标准化作业内容。

5.1　农业机械操作人员管理

农业机械是对农业生产中使用的各种机械设备的统称。例如，大小型拖拉机、平整土地机械、耕地犁具、耕耘机、插秧机、播种机、脱粒机、抽水机、联合收割机、卷帘机、保温毡等设备。要实现由传统农业向现代农业的转变，必须把先进适用的农业机械及时有效地应用于农业生产，这项工作始终是各级农机推广部门的主要任务。就黑龙江垦区而言，有200个现代农机作业区，共有41.2万农户，拖拉机、配套农机具、排灌机械及农产品加工等农业机械保有量达到13.2万台（件），可谓量大面广。而这些农业机械的驾驶操作人员相当一部分没有经过正规的培训，素质、技术水平参差不齐，很多人只会使用不会维修与保养，农业机械技术性能、经济性能和安全性能很难得到有效发挥，往往是小故障带来大事故，造成了一定的经济损失，也给农机安全生产带来了较大的隐患。对农业机械操作人员进行科学管理，可以更有效地利用农业机械。

5.1.1　农业机械操作人员职业道德基本知识

道德是一种社会意识形态，是人们共同生活及其行为的准则和规范。它以善恶、是非、荣辱为标准，调节人与人之间，个人与社会之间的关系。它依据社会舆论、传统文化和生活习惯来判断一个人的品质，它可以通过宣传教育和社会舆论影响而后天形成，它依靠人们自觉的内心观念来维持。道德是提高人的精神境界、促进人的自我完善、推动人的全面发展的内在动力。一个社会是否文明进步，一个国家能否长治久安，很大程度上取决于公民思想道德素质。党的十八大报告指出："全面提高公民道德素质，这是社会主义道德建设的基本任务。要坚持依法治国和以德治国相结合，加强社会公德、职业道德、家庭美德、个人品德教育，弘扬中华传统美德，弘扬时代新风。"社会主义道德建设要坚持以为人民服务为核心，以集体主义为原则，以爱祖国、爱人民、爱劳动、爱科学、爱社会主义为基本要求。

职业道德是指从事一定职业的人员在工作和劳动过程中所应遵守的、与职业活动密切相联系的道德规范和行为准则的总和。职业道德包括职业道德意识、职业道德守则、职业道德行为规范，以及职业道德培养、职业道德品质等内容。要大力提倡以爱岗敬业、诚实守信、办事公道、服务群众、奉献社会为主要内容的职业道德。职业道德作为社会道德的重要组成部分，是社会道德在职业领域的具体反映。其特点是：在职业范围上，职业道德具有规范性；在适用范围上，职业道德具有有限性；在形式上，具有多样性；在内容上，具有较强的稳定性和连续性。学习和遵守职业道德，有利于推动社会主义物质文明和精神文明建设；有利于提高本行业、企业的信誉和发展；有利于个人品质的提高和事业的发展。

5.1.2　农业机械操作人员职业守则

农业机械操作人员在执业活动中，不仅要遵循社会道德的一般要求，而且要遵守农业机械操作人员的职业守则，其基本内容如下。

1. 遵章守法，爱岗敬业

遵章守法是设施农业装备操作人员职业守则的首要内容，这也是由设施农业装备操作人员的职业特点决定的。遵章守法就是要自觉学习、遵守国家的有关法规、政策和农机安全生产的规定，时刻关注国家相关法规的制定与修订。使遵章守法成为一种职业习惯。爱岗敬业是指设施农业装备操作人员要热爱自己的工作岗位，服从安排，兢兢业业，尽职尽责，乐于奉献。以黑龙江垦区为例，各农场每年都集中对辖区内员工中进行多次职业道德集中教育，以提高员工爱岗敬业、遵纪守法的自觉性，增强凝聚力和战斗力，为建设一支“政治过硬，纪律严明”的职工队伍打下坚实基础。

2. 规范操作，安全生产

规范操作是指一丝不苟地执行安全技术、组织措施，确保作业人员生命和设备安全，确保作业任务的圆满完成。要有高度负责的精神，严格按照技术要求和操作规范，认真对待每一项作业、每一道工序，尽职尽责，确保作业质量，优质、高效、低耗、安全地完成生产任务。安全生产是指机具在道路转移、场地作业及维修保养过程中要保证自身、他人及机具的安全。

3. 钻研技术，节能减耗

设施农业装备操作人员要提高作业效率，确保作业质量，必须掌握过硬的操作技能来满足职业需求。钻研技术，必须“勤业”，干一行，钻一行，善于从理论到实践，不断探索新情况、新问题，技术上要精益求精。节能降耗是钻研技术的具体体现。在操作过程中采取技术上可行，经济上合理以及环境和社会可以承受的措施，从各个环节，降低消耗、减少损失和污染物排放、制止浪费，有效、合理地利用资源。

4. 诚实守信，优质服务

诚实守信是做人的根本，也是树立作业信誉，建立稳定服务关系和长期合作的基础。设施农业装备操作人员在作业服务过程中，要以诚待人、讲求信誉，同时要有较强的竞争意识和价值观念，主动适应市场，靠优质服务占有市场。在作业服务中，要使用规范语言，做到礼貌待客、服务至上、质量第一。

5.1.3 相关法律法规及安全知识

随着我国经济体制改革的不断深入，我国的经济发展正逐步走上法制化的轨道。与设施农业装备使用管理相关的法律法规有《中华人民共和国环境保护法》、《农业机械促进法》、《农业机械安全监督管理条例》、《农业机械运行安全技术条件》和《农业机械产品修理、更换、退货责任规定》等，学习和掌握相关法规，不仅可以促进自己遵纪守法，而且可以懂得如何维护自己的合法权益。

1. 农业机械运行安全使用相关法规

《农业机械安全监督管理条例》已经于 2009 年 9 月 7 日国务院第 80 次常务会议通过，自 2009 年 11 月 1 日起实施。全文共七章六十条。《黑龙江省农业机械管理条例》已由黑龙江省第十届人民代表大会常务委员会第十一次会议于 2004 年 10 月 15 日通过，自 2004 年 12 月 1 日起施行。1994 年 7 月 25 日黑龙江省第八届人民代表大会常务委员会第十次会议通过的《黑龙江省农业机械管理条例》和 1996 年 7 月 6 日黑龙江省第八届人民代表大会常务委员会第二十二次会议通过的《黑龙江省农业机械安全监督管理条例》同时废止。以下介绍农机使用操作和事故处理的相关规定。农业机械操作人员可以参加农业机械操作人员的技能培训，可以向有关农业机械化主管部门、人力资源和社会保障部门申请职业技能鉴定，获取相应等级的国家职业资格证书。农业机械操作人员作业前，应对农业机械进行安全查验；作业时，应当遵守国务院农业机械化主管部门和省、自治区、直辖市人民政府农业机械化主管部门指定的安全操作规程。

农业机械事故是指农业机械在移动或者转移过程中造成人身伤亡、财产损失的事件。农业机械在道路上发生的交通事故，由公安机关交通管理部门依照道路交通安全法律、法规处理。在道路以外发生的农业机械事故，操作人员和现场其他人员应当立即停止作业或者停止农业机械的转移，保护现场，造成人员伤害的，应当向事故发生地农业机械化主管部门报告。造成人员死亡的，还应当向事故发生地公安机关报告。造成人身伤害的，应当立即采取措施，抢救受伤人员。因抢救受伤人员变动现场的，应当标明位置。

由国家质量监督检查检疫总局、国家标准化管理委员会于 2008 年 7 月发布 GB16151—2008《农业机械运行安全技术条件》国家标准于 2009 年 7 月 1 日正式实施，其主要内容包括对农业机械整机、发动机、照明和信号装置及其他安全要求进行了修正和规定。

《农业机械产品修理、更换、退货责任规定》已经 2009 年 9 月 28 日国家质量监督检验检疫总局局务会议审议通过，并经国家工商行政管理总局、农业部、工业和信息化部审议通过，自 2010 年 6 月 1 日起施行。1998 年 3 月 12 日国家经济贸易委员会、国家技术监督局、国家工商行政管理局、国内贸易部、机械工业部、农业部发布的《农业机械产品修理、更换、退货责任规定》(国经贸质[1998]123 号）同时废止。《农业机械产品修理、更换、退货责任规定》共 8 章及附则 1。《农业机械产品修理、更换、退货责任规定》明确指出为维护农业机械产品用户的合法权益，提高农业机械产品质量和售后服务质量，明确农业机械产品生产者、销售者、修理者的修理、更换、退货（以下简称为三包）责任，依照《中华人民共和国产品质量法》、《中华人民共和国农业机械化促进法》等有关法律法规，制定本规定。本规定所称农业机械产品（以下称农机产品），是指用于农业生产及其产品初加工等相关农事活动的机械、设备。在中华人民共和国境内从事农机产品的生产、销售、修理活动的，应当遵守本规定。农机产品实行谁销售谁负责三包的原则。销售者承担三包责任，换货或退货后，属于生产者。“三包”责任，包括“三包”有效期、“三包”的方式、“三包”责任的免除以及争议的处理。

2. 影响农机作业的其他法律法规

《中华人民共和国环境保护法》于 1989 年 12 月 26 日第七届全国人民代表代会常务委员会第十一次会议通过并实施，《中华人民共和国环境保护法》是为保护和改善生活环境与生态环境，防治污染和其他公害，保障人体健康，促进社会主义现代化建设的发展而制定的法律；该法于 1989 年 12 月 26 日颁布和施行；全文共六章四十七条。多年来，环保法修法呼声不断，从 1995 年到 2011 年，全国人大代表共有 2 400 多人次提出修改环保法的议案 78 件。2013 年 10 月 21 日，环境保护法修正案草案第三次提交全国人大常委会会议审议；三审稿再次调整了诉讼主体范围，拟扩大至从事环保公益活动连续五年以上且信誉良好的全国性社会组织。2014 年 4 月 24 日，十二届全国人大常委会第八次会议审议通过了环保法修订案，定于 2015 年 1 月 1 日起施行；这部法律增加了政府、企业各方面责任和处罚力度，被专家称为“史上最严的环保法”。

全文共六章四十七条。现将相关内容介绍如下。《中华人民共和国环境保护法》共 6 章，包括总则，环境监督管理，保护和改善环境，防治环境污染和其他公害，法律责任和附则。主要内容有：①适用范围包括：大气、水、海洋、土地、矿藏、森林、草原、野生生物、自然遗迹、人文遗迹、自然保护区、风景名胜区、城市和乡村等。该法规定应防治的污染和其他公害有：废气、废水、废渣、粉尘、恶臭气体、放射性物质以及噪声、振动、电磁波辐射等。②通过规定排污标准，建立环境监测、防污设施建设三同时，交纳超标准排污费等制度，保护和改善生活环境与生态环境，防治污染和其他公害。

3．农业机械安全使用常识

在农业生产中，由于不按照农业安全操作规程去作业造成的农机事故占事故总数的60%以上。这些事故的发生，给生产、经济带来不应有的损失，甚至造成伤亡事故。因此，必须首先严格遵守有关安全的操作规程，确保安全生产。

（1）使用常识。

① 在使用农业机械之前，必须认真阅读农业机械使用说明书，牢记正确的操作和作业方法。

② 充分理解警告标签，经常保持标签整洁，如有破损、遗失，必须重新订购并粘贴。

③ 农业机械使用人员，必须经专门培训，取得驾驶操作证后，方可使用农业机械。

④ 严禁身体感觉不适、疲劳、睡眠不足、酒后、孕妇、色盲、精神不正常及未满18岁的人员操作机械。

⑤ 驾驶员、农机操作者应穿着符合劳动保护要求的服装，禁止穿凉鞋、拖鞋，禁止穿宽松或袖口不能扣上的衣服，以免被旋转部件缠绕，造成伤害。

⑥ 除驾驶员外严禁搭乘他人，座位必须固定牢靠。农机具上没有座位的严禁坐人。

⑦ 在作业、检查和维修时不要让儿童靠近机器，以免造成危险。

⑧ 不得擅自改装农业机械，以免造成机器性能降低、机器损坏或人身伤害。

⑨ 不得随意调整液压系统安全阀的开启压力。

⑩ 农业机械不得超载、超负荷使用，以免机件过载，造成损坏。

（2）农业机械行驶常识。

① 坡道行驶须减速慢行。超车、回车时要观察周围车辆，准确预判。

② 不要在前、后、左、右超过10度的倾斜地面上行驶。

③ 在坡地和倾斜地面上不能转弯。注意观察四周，是否有隐蔽障碍物及行人通过。

④ 农业机械在坡上起步时，不松开制动器，先踩下离合器踏板，挂入低档再缓慢接合离合器，待开始传动后再放松制动器，同时注意油门的配合控制。

⑤ 农业机械出入机库，上下坡、过桥梁、城镇、村庄、涵洞、渡口、弯道及

狭窄地段时，要低速行驶。事先了解桥梁的负荷限度、涵洞的高度及宽度、坡度的大小及渡船的限重等事项，确保安全后才能通过。

⑥ 避免在沟、穴、堤坝等附近的较脆弱路面上行驶，农业机械的重量可能导致路面塌陷造成危险。

⑦ 农业机械通过铁路时，事先要左右查看，确定无火车通行时再通过。农业机械行驶到铁路上要注意操作，防止熄火。

⑧ 在平滑路面上，操纵和制动力受到轮胎附着力的限制，在潮湿路面上，前轮会产生滑动，农业机械转向性能变差，应特别注意。

⑨ 夜间行驶时，须打开前照明灯，同时须关闭其他作业指示灯。

⑩ 在农业机械行进过程中，不得上下农业机械。

（3）农业机械配套农机具及田间作业常识。

① 农机具功率应与农业机械相匹配，不能使农业机械超负荷工作。

② 农业机械田间作业前，驾驶员应先了解作业区的地形、土质和田块大小，查明填平不用的肥料坑、老河道、水池、水沟等并做好标记，以防农业机械陷车。

③ 农业机械作业时，操作人员不得离开机车，严禁其他人员靠近，女性操作人员工作时应戴安全帽。

④ 当农业机械倒车与农机具挂接时，农业机械和农机具之间严禁站人。

⑤ 农机具与农业机械动力输出轴连接时，应在传动轴处加防护罩。

⑥ 当动力输出轴转动时，农业机械不能急转弯，也不可将农机具提升过高。

⑦ 在犁、旋、耙、耕等作业中，对动力连接部位、传动装置、防护设施等应随时进行安全检查。

⑧ 农业机械配带悬挂农机具进行长距离行驶时，应使用锁紧手柄将农机具锁住，防止行驶中分配器的操纵手柄被碰动，导致农机具突然降落造成事故。

（4）农业机械运输作业常识。

① 非气刹机型严禁拖带挂车。

② 挂车必须有独立的符合国家质量和安全要求的制动系统，否则不能拖挂。

③ 农业机械和挂车的制动系统必须灵活可靠，不能偏刹车。

④ 牵引重载挂车必须采用牵引钩，而不能用悬挂杆件，否则，农业机械会有颠覆的危险。

⑤ 出车前应对农业机械及挂车的技术状态进行严格的检查，特别是制动装置是否有异常现象，气压表读数是否达到“0.7MPa”，如果发现问题必须妥善处理后方可行车。

⑥ 农业机械起步时要用低挡，注意挂车前后之间是否有人、道路上有无障碍物，并给出起步信号。

⑦ 进行减速时，制动器不能踩得过猛。

⑧ 农业机械转弯时，要特别注意挂车能否安全通过，不要高速急转弯。

⑨ 农业机械上下坡要特别注意安全，不准空挡滑行或柴油机熄火滑行，要根据道路状况选择安全行驶速度，尽量避免坡道中途换挡。拖带挂车下坡时，可用间歇制动控制农业机械和挂车车速，否则容易失去控制，在挂车的顶推下造成翻车事故。

⑩ 农业机械驾驶人员应严格遵守各项交通法规、条例。

（5）防止人身伤害常识。

① 注意排气危害。发动机排出的气体有毒，在屋内运转时，应进行换气，打开门窗，使室外空气能充分进入。

② 防止高压喷油侵入皮肤造成危险。禁止用手或身体接触高压喷油，可使用厚纸板，检查燃油喷射管和液压油是否泄露。一旦高压油侵入皮肤，立即找医生处理，否则可能会导致皮肤坏死。

③ 运转后的发动机和散热器中的冷却水或蒸汽接触到皮肤会造成烫伤，应在发动机停止工作至少 30 分钟，才能接近。

④ 运转中的发动机机油、液压油、油管和其他零件会产生高温，残压可能使高压油喷出，使高温的塞子、螺丝飞起造成烫伤，所以，必须确认温度充分下降，没有残压后才能进行检查。

⑤ 发动机、消声器和排气管会因机器的运转产生高温，机器运转中或刚停机后不能马上接触。

⑥ 注意蓄电池的使用，防止造成伤害。

5.2 农机基础设施管理

农业基础设施是指从事农业生产的全过程中所必须的物质条件和社会条件，是在农业生产完成的各个环节所使用的劳动材料、劳动对象等生产力要素的总和，农业基础设施的主要功能就是便利生产和降低不确定性因素对农业生产的影响。按其内容可分为物质基础设施和社会基础设施两大类型。前者包括供应生产资料的产前环节的基础设施、生产农业初级产品的农业产中环节的基础设施、加速农产品流通的农业产后环节的基础设施；后者包括农业综合教育方面的基础设施、农业科研方面的基础设施、农业推广方面的基础设施、农业政策及法规方面的基础设施、农业信息方面基础设施。

目前，我国政府已经意识到要加大对基础设施的建设力度，通过推进供水管网的延伸、实施电网升级改造、因地制宜采取电网延伸和光伏、风电、小水电等供电方式、集中连片区域的公路建设、强化公路养护管理的资金投入和机制创新的手段，推进了农业技术设施的建设，为农业的进一步快速发展提供了坚实的基础。

农业基础设施建设是我国农村经济发展的重要物质技术基础。要实现农业的现代化和农村可持续发展，就必须有完善的现代农业基础设施与之配套。农村改革以来，我国农业基础设施建设取得了长足进展，不断加强并在农业和农村经济发展中发挥了重要作用。农业生产条件得到较大改善，综合生产能力有所提高，为农业和农村经济的发展、农民收入水平的提高奠定了一定基础。

不论是物质基础设施还是社会基础设施，其作用都是为了扩大和提高农业综合生产能力和生产水平，二者互为条件，互相补充，只有各方面基础建设综合发展，协调配套，相互促进，农业基础设施建设才可能有所发展、有所提高。本节主要从物质基础设施方面来说明农机基础设施管理的相关内容。

5.2.1　农机仓库管理

农业机械按其功能可分为动力机械和作业机械两大类，常用的动力机械有各种内燃机（柴油机、汽油机、煤气机等）、拖拉机、电动机、水轮机、风力机等。动力机械在农业中用机电动力代替人力和畜力，可提高劳动生产率、减轻劳动强度、增强抗御自然灾害能力、及时地完成各项农事作业，对产量的提高具有显著作用。作业机械包括田间作业机械、场上作业机械、运输机械、农畜产品加工机械、排灌机械、农田基本建设机械、牧草机械、饲料机械、林业机械和渔业机械等。

农机仓库管理要针对不同地区使用农机具类型不同，采取不同的管理方法。我国幅员辽阔，不但农机种类不同，大小也不同，北方地区的农机具以大、中型为主，南方地区以中、小型为主。建立农机仓库的意义在于为农用机械在闲暇时间得到保养、维护，提高农机的使用效率，延长农机的使用寿命，保障农机操作人员安全。

农机仓库选址决策在整个仓库管理中，具有举足轻重的地位。农机具一般在出库、到达农田和出库的过程中，会涉及不同的管理活动。选址就是对上述活动进行整体优化。不仅要关注农机具本身的存放问题，还要关注地形、地貌、温度、湿度、运输成本、劳动力成本和其他辅助设施建设等诸多因素。这些因素直接影响着农机具管理直接成本的高低。选址是一件巨大的永久性投资，一旦仓库建成，如发现选址错误则为时已晚，难以补救。原因是将仓库移动是不可能的，将设备搬迁而异地重建，则耗资巨大。除了上述所看到的直接影响外，选址决策的正确与否还影响着企业运作的机会成本和隐形成本，机会成本是指为了得到某种东西而所要放弃另一些东西的最大价值。也可以理解为在面临多方案而决策时，被舍弃的选项中的最高价值者，是本次决策的机会成本。还指厂商把相同的生产要素投入到其他行业当中去可以获得的最高收益。机会成本不是账面上反映出来的费用，它是一种隐形的但是对企业收益有重要影响的费用。隐性成本是企业本身自己所拥有的且被用于企业生产过程的那些生产要素的总价格。是一种隐藏于企业总成本之中、游离于财务审计监督之外的成本。是由于企业或员工的行为而有意或者无意造成的具有一定隐蔽性的将来成本和转移成本，是成本的将来时态和转嫁的成本形态的总和，如管理层决策失误带来的巨额成本增加、领导的权威失灵造成的上下不一致、信息和指令失真、效率低下等。相对于显性成本来说，这些成本隐蔽性大，难以避免、不易量化。因此，农机仓库在选址时，不仅要考虑直接的、显性的成本，而且要考虑隐性成本和机会成本。

1. 农机布置

在农机布置前，要对农机具的整体状况有宏观的掌控。首先，要考虑存储农机具的类型、数量和大小。一般来讲，同一类型的农机具要摆放在一起，将类似功能的农机具摆放在邻近位置。这些做法可以提高工作效率。对农机进行如下分类：耕整机械（耕整机铧式犁、翻转犁、圆盘犁、旋耕机、松土机、灭茬机、平地机、挖坑机、开沟起垄机、联合整地机、圆盘耙、镇压器等）、植保机械（中耕机、除草机、烟雾机、喷雾器、剪草机、喷粉机、割草机等）、排灌机械（喷灌系列、滴灌系列、微喷系列、温室大棚系列、过滤器、PE 管材、管件、PVC 管材、管件出水口/阀喷头喷枪水泵等）、动力输送机械（汽油机、柴油机、发动机、拖拉机、装卸车、升降台、输送机、提升机、给料机、装载机、叉车等）、种植施肥机械（播种机、条播机、穴播机、栽植机、插秧机、移栽机、施肥机、追肥机、地膜机、食用菌生产机械等）、收获机械（收割机、收获机、脱粒机、摘果机、打捆机、剥壳机、清选机、干燥机械、仓储设备、种子加工机）粮油机械（碾米机、抛光机、分级筛、去石机、谷糙分离机、榨油机、预榨机、精炼设备、浸出设备、米粉设备、粮油干燥、粮油包装、粮油仪器、碾米成套设备等）、果蔬机械（选果机、去核机、预煮机、分级机果蔬打浆机、果蔬破碎机、果蔬清洗机、果蔬榨汁机果蔬打蜡机、果蔬保鲜设备等）、饲料机械（混合机、制粒机、粉碎机、干燥机、分级设备冷却喷涂、包装配料、除尘清理、饲料成套设备等）、畜牧饲养机械（养鸡设备、养猪设备、孵化设备、风机系列、供暖设备水产养殖设备、抓捕设备、屠宰设备等）、棉花机械（梳理机、弹花机、轧花机、提绒机组、棉花打包机等）、茶叶机械（揉捻机、炒茶机、烘干机、提香机、真空包装机等）、肥料机械（粉碎设备、干燥设备、冷却设备、制粒设备、筛分设备混合搅拌、定量包装、肥料生产线等）、农机配件（收获机配件、微耕机配件、旋耕机配件、插秧机配件、农用车配件、割草机配件、拖拉机配件、农业仪器等）。其次，要进行存储区域的分类，在对农机具进行详细的分类后，对农机具的类型、数量和大小也有了宏观的掌控，这时，可以将同样功能或类似功能的农机具划分到临近区域，在进出库管理的时候可以节省时间，便于管理，此外，还需考虑农业生产的季节性，不同的季节需要使用不同类型的农机具。最后再进行存储空间的布置。在进行农机布置时，必须要对存储空间进行规划，充分考虑空间大小、梁下空间、柱子排列、设备回旋半径和过道等基本因素。拖拉机是一种常见的移动式动力机械，它与农机具配套可完成耕地、耙地、播种、中耕和收耕等多项农业作业，在存储这类农机时，要考虑配套设施的合理摆放，注意配套性和经济适用性。

2. 仓库布置

一般情况下，不同类型的仓库储存不同种类的农机具。在生产过程中，经常有农机具进出仓库，工作量很大。如果仓库布置不合理，也会影响生产效率。仓库布置原则如下。

① 重、大件、周转量大和出入库频繁的农机具，宜靠近出入口布置，提高出入库效率。

② 易燃的物品，应尽量靠外面布置，以便管理。

③ 要考虑充分利用面积和空间，使布置紧凑。

④ 仓库内部主要运输通道的宽度，一般采用双行道。

⑤ 仓库出入口附近，一般应留有收发作业用的面积。

⑥ 仓库内设置管理室及生活间时，应该用墙与库房隔开，其位置应靠近道路一侧的入口处。

以下举例说明几种常见的农机具仓库布置方案。

（1）垂直布置。

横列式、纵列式（详见下图）。

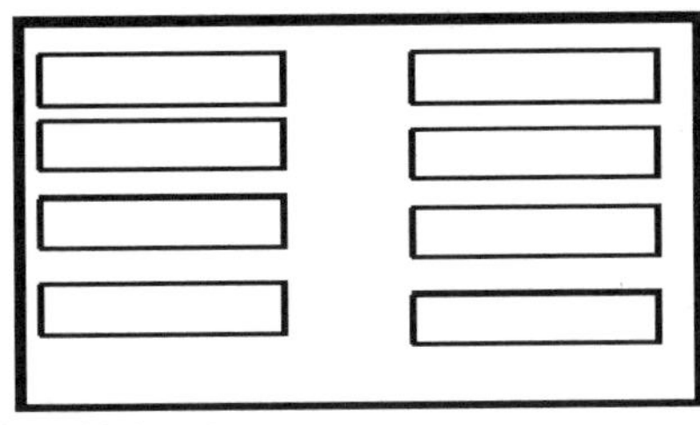

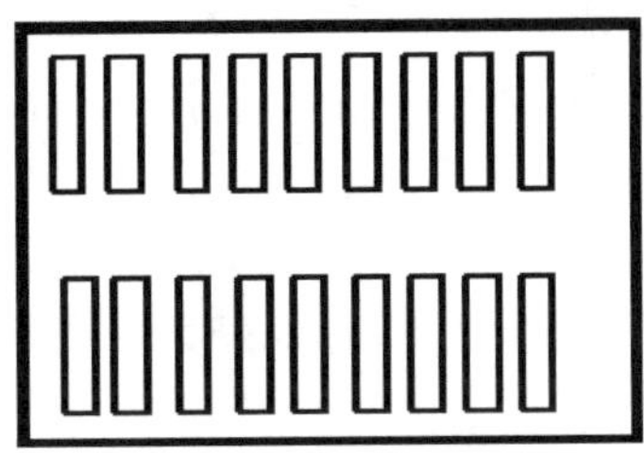

（2）倾斜布置。

通道倾斜、平台倾斜（详见下图）。

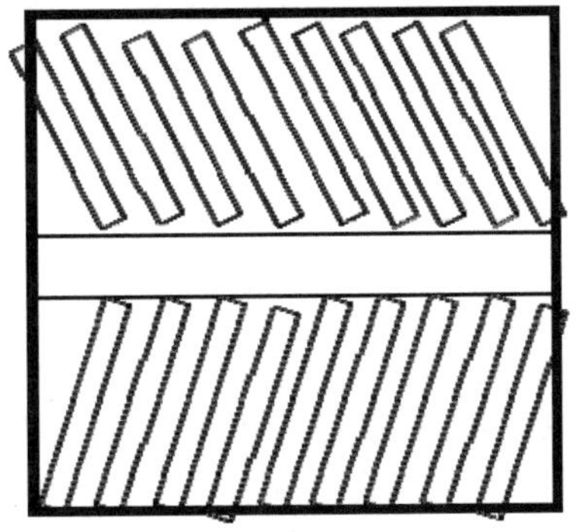

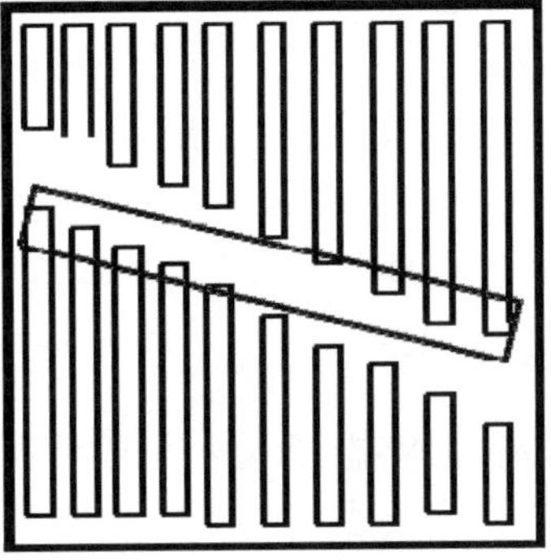

不论是哪种布置方式，都要结合农业企业具体的生产特征，因地制宜，不能生搬硬套。农业企业还可以在已有布置基础上，进行大胆创新，进一步提高管理活动的效率。

5.2.2　农机具更新与改造管理

农机设备更新是指在农机具寿命内以结构先进、技术完善、效率高、耗能少的新设备，来代替物质上无法继续使用，或经济上不宜继续使用的陈旧设备。农业生产设备的不断更新换代，是整个产业不断发展、兴旺发达的表现，是农业生产适应不断发展的社会形势的需要，也是提高农业生产率与经济效益的方式。

农机设备是农业企业中固定资产的重要组成部分。财政部颁发的于 2002 年 1 月 1 日起施行的《企业会计准则——固定资产》中，指出："固定资产，是指同时具有以下特征的有形资产：①为生产商品、提供劳务、出租或经营管理而持有的；②使用年限超过一年；③单位价值较高。"以此可知，农机设备的价值并不是一次转移到新产品价值增值过程中，而是逐渐转移的。

农机具寿命是指从农机具投入生产开始，经过有形磨损和无形磨损，直到在技术上或经济上不宜继续使用，需要进行更新所经历的时间。农机具寿命一般有以下四种：

1. 自然寿命

自然寿命又称物理寿命，它是指设备以全新状态投入生产开始，经过有形磨损，直到在技术性能上不能按原有用途继续使用为止的时间。自然寿命和行业特点及设备维修保养的状态有关，并可通过恢复性修理延长设备的自然寿命。在农业、工业和服务业中，农业产业的资本有机构成比例最高，即在全部的预付资本中，不变资本所占的比重最大。农机具的自然寿命在三个行业中是最长的。

2. 技术寿命

技术寿命是指设备以全新状态投入生产后，由于新技术的出现，使原有设备丧失其使用价值所经历的时间。这种寿命和技术进步的速度有关，技术进步越快，技术寿命也越短。农机具的技术革新速度往往受其他两个行业的影响，且主要受到工业产业技术革新速度的影响。不管是代表第一次工业革命的蒸汽机、代表第二次工业革命的电力的广泛应用还是达标第三次工业革命的知识经济，它们都深刻影响了农业产业，自然也影响到农业产业的实物形态代表，即农机具的革新。

3. 经济寿命

设备以全新状态投入生产开始到年平均总费用最低的使用年数。超过这个年限，设备在技术上虽然仍可继续使用，但是其年平均总费用上升，在经济上不宜再继续使用，这个年限，称为设备的经济寿命。

这种寿命可以用浴盆曲线进行简单说明。浴盆曲线是指实大多数设备的故障率是时间的函数，典型故障曲线的形状呈两头高，中间低，具有明显的阶段性，可划分为三个阶段：早期故障期，偶然故障期，严重故障期（图 5-1）。

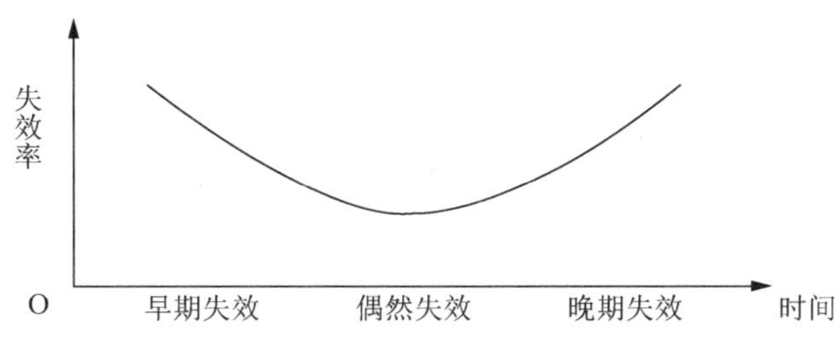

图 5-1　浴盆曲线

浴盆曲线是指产品从投入到报废为止的整个寿命周期内，其可靠性的变化呈现一定的规律。如果取产品的失效率作为产品的可靠性特征值，它是以使用时间为横坐标，以失效率为纵坐标的一条曲线。因该曲线两头高，中间低，有些像浴盆，所以称为“浴盆曲线”。失效率随使用时间变化分为三个阶段：早期失效期、偶然失效期和耗损失效期。对农机具而言，在第三阶段，失效率随时间的延长而急速增加，主要因为农机具的磨损、疲劳、老化和耗损等原因造成，在这个阶段，经过维修的农机具可能还可继续使用，但是在由于维修成本高昂，在经济上是不可行的。

4. 折旧寿命

折旧寿命是指按国家有关部门规定或企业自行规定的折旧率，把设备总值扣除残值后的余额，折旧到接近于零时所经历的时间。折旧寿命的长短取决于国家或企业所采取的方针和政策。在相关法律条文中提供了固定资产最低折旧年限为：房屋建筑物为 20 年；火车、轮船、机器设备、生产设备为 10 年；电子设备（电脑），火车轮船以外的及生产经营以外的设备为 5 年（器具，工具，家具等）。

设备更新一般包括了设备更新经济分析、设备更新改造方案、设备改造更新管理制度、设备改造更新办法，同时也包括了信息设备更新程序、信息设备更新文件、信息设备更新管理制度、医疗设备更新制度等资料。

5.2.3　农机具保养与检修管理

我国农机维修网点数量大，分布面广，目前一、二、三级及专项农机修理点达 23.4 万个。农机维修服务网络是农机社会化服务体系的重要组成部分，是农业机械高效运行的保障。农机维修质量问题不仅关系农业机械的技术状况和资源节约，也关系维修当事人的切身利益，更关系人身安全。因此，加强农机维修管理十分重要。为此农业部农业机械化管理司在原《全国农村机械维修点管理办法》的基础上，重新起草了《农业机械维修管理规定》。

从农业机械的设计方面看其最理想的目标是无修理状态，即使需要修理也是很简单的，但是由于环境以及操作等各方面原因，农业机械的运作不能保证农业机械的无修理状态，这就对农业机械地故障和诊断以及维修技术提出了更高的要求。

1. 农业机械使用过程中常见的故障类型

农业机械使用过程中常见的故障类型主要有以下几种：

① 断裂、点蚀、变形、烧蚀等。

② 老化、变质、脱落、剥落等。

③ 行程失调、间隙过大、干涩等。

④ 松动脱落等。

⑤ 堵塞、漏气、渗油等。

2. 农业机械故障的原因分析

农业机械故障的原因主要有以下几种：

（1）摩擦磨损。

两相互接触产生相对运动的摩擦表面之间的摩擦将产生组织机件运动的摩擦阻力，引起机械能量的消耗并转化而放出热量，使机械产生磨损。在农业机械的使用中由于摩擦会使得农机部件的尺寸以及形状发生变化从而导致其与农业机械无法完好进行配合从而导致农业机械无法正常使用。摩擦磨损包括两类即磨料磨损和黏附磨损。磨料磨损是由于农业机械在磨料过程中，磨料与机械进行摩擦而导致的。由于一个表面硬的凸起部分和另一个表面接触，或者在两个摩擦表面之间存在硬的颗粒，或者这个颗粒嵌入两个摩擦面的一个面里，在发生相对运动后，使两个表面中某一个面的材料发生位移而造成的磨损。黏附磨损则是由于温度和压力过高导致部件粘连而发生的磨损。也称咬合（胶合）磨损。黏着磨损是在法向加载下，两物体接触表面相对滑动时产生的磨损。磨损产物通常呈小颗粒状，从一物体表面黏附到另一个物体表面上，然后在继续的摩擦过程中，表面层发生断裂，有时还发生反黏附，即被黏附到另一个表面上的材料又回到原来的表面上，这种黏附反黏附往往使材料以自由磨屑状脱落下来。黏着磨损产物可以在任意的循环中形成，黏着以后的断裂分离，并不一定在最初的接触表面产生。

（2）零件的腐蚀。

农业机械的零部件大多是金属制造的。金属部件在使用和保管过程中很容易受到腐蚀。金属材料受周围介质的作用而损坏，称为金属腐蚀。金属的锈蚀是最常见的腐蚀形态。腐蚀时，在金属的界面上发生了化学或电化学多相反应，使金属转入氧化（离子）状态。这会显著降低金属材料的强度、塑性、韧性等力学性能，破坏金属构件的几何形状，增加零件间的磨损，恶化电学和光学等物理性能，缩短设备的使用寿命，甚至造成火灾、爆炸等灾难性事故。据统计，每年由于金属腐蚀造成的钢铁损失约占当年钢产量的 10%～20%。金属腐蚀事故引起的停产、停电等间接损失就更无法计算。金属的腐蚀现象非常普遍。如铁制品生锈（$Fe_2O_3 \cdot xH_2O$），铝制品表面出现白斑（Al_2O_3），铜制品表面产生铜绿[$Cu_2(OH)_2CO_3$]，银器表面变黑（Ag_2S，Ag_2O）等都属于金属腐蚀，其中用量最大的金属——铁制品的腐蚀最为常见。其中大致分为两种：化学腐蚀和电化学腐蚀。化学腐蚀是指农业机械的金属零部件在干燥或高温等气体中产生的腐蚀。电化学腐蚀则是指金属零部件与酸碱盐等水溶液接触而发生的电化学作用造成的腐蚀。

（3）零件的疲劳损坏。

农业机械的使用时间过长后很容易发生金属疲劳。金属疲劳是指材料、零构件在循环应力或循环应变作用下，在一处或几处逐渐产生局部永久性累积损伤，经一定循环次数后产生裂纹或突然发生完全断裂的过程。当材料和结构受到多次重复变化的载荷作用后，应力值虽然始终没有超过材料的强度极限，甚至比弹性极限还低的情况下就可能发生破坏，这种在交变载荷重复作用下材料和结构的破坏现象，就叫做金属的疲劳破坏。金属疲劳对缺陷十分敏感，且无法避免，所以必须对农业机械定期检查。

（4）不合理操作。

使用人员的违章操作、农业机械的满负荷作业以及农业机械保养和维修不及时等问题都会导致农业机械的零部老化。许多事情一旦作业量增加，事务变得繁忙，超过一般人可以正常注意并应变的情况下就会发生错误，甚至发生危险造成生命财产的损失。可以通过一些管理手段避免不合理操作的产生。

5.3　农业机械技术管理

5.3.1　农业机械技术培训管理

1. 农业机械技术培训内涵

农机技术培训就是指由农机推广部门所进行的，通过各种方式和途径向农民普及各种关于新农具机械和新技术的知识，进而全面的提高农业发展的生产力水平。农机的技术培训是农机推广工作中重要的任务环节，也是提高农民科学和文化素质的主要途径。

2. 农机技术培训特点

（1）培训对象的广泛性。

农机培训的目的主要是培养使用维修农机的实用技术人才。数量多，分布广，直接为农场经济发展和农业生产服务，是农机培训对象的基本特点，因此搞好农机培训是一项艰巨的社会系统工程。农场经济愈发展，农机化事业愈兴旺，农机培训的广泛性就愈强，任务量也就愈大，这是因为商品经济的发展促进了农民对农业机械的需求，特别是第二、三产业的迅速发展，土地经营逐渐规模化，促使农机具大量增加，农机队伍急需补充壮大，急需一大批懂技术、善经营管理的农机生产第一线人才。近几年农机校除加紧培训农机人才外，还不断拓展培训门路，从单纯农机培训向农村职业技能培训和计算机应用能力培训延伸，为一大批下岗待业工人重新就业和大量农村剩余劳动力转移提供技术培训场所，所有这些就决定了农机培训工作具有培训对象的广泛性。

（2）培训任务的长期性。

由于科学技术的进步，农机设备更新换代周期缩短，新式农机具的使用，经营管理人员的新老交替，以及科学发展观的逐步落实，决定了农机培训工作任务的长期性。要实现农业现代化离不开农机化，离不开掌握一定农机化知识和技能的人，这些人才的培训必须通过农机技术教育。经济的发展，农民增收也必须依靠科学的进步和提高劳动者的素质，而农村劳动力素质的提高是离不开培训的。

（3）具有成人教育的特殊性。

成人教育不同于一般的义务教育和专业技能教育。在农机成人教育的教学中，教学内容应包括农机工业的生产、农机的使用和管理，农业生产中的农艺和生物工程等。教学方法应灵活，因为学员年龄相差悬殊，文化程度参差不齐。对此，在理论教学中，应根据教材的内容，采取深入浅出、循序渐进、“少吃多餐”的方法；在实践教学中，应注重动手能力，解决机器使用中出现问题的能力。坚持理论联系实际，学以致用，紧密结合生产和工作实际，能把学到的知识技能在实践中真正发挥出来。

3. 提高农机技术培训效果的途径

（1）立足农机，面向“三农”。

大胆创新培训农机技术教育培训事关农业机械化发展大局，是实现农业机械化、农业现代伦的重要环节。没有农机技术培训就没有农业的机械化，也就没有农业的现代化。现阶段，掌握农村先进生产工具的农机手已经成为农业生产的主力军，是新型农民的代表。作为具有得天独厚优势条件的农机校，除开展拖拉机驾驶、联合收割机、农机修理等培训外，更重要的是要立足农机，面向“三农”，树立大农业、大农机思想，深入调查，大胆创新培训形式，找准切入点，主动进军农民科技教育培训的主战场，有针对性地开展农机新机具、新技术的培训，同时增强综合服务功能，拓展培训领域，更好地适应大农业、大农机发展的要求。

（2）多方筹措，增大投入。

应当完善和规范以政府投入为主，多渠道筹措经费的教育培训投入体制和制定扶持农机技术培训政策的激励机制。一方面各级政府应高度重视，纳入预算，列入规划，最大限度地给予政策和资金支持，有针对性地分期分对农机技术教育培训基地的基础设施建设进行投资升级改造，改善办学条件和教学环境；另一方面，学校应加强自律，规范管理和教学，增强服务，提高办学质量，开展适当的有偿培训和服务，弥补农机培训经费的不足，增强自身活力。

（3）加强师资队伍自身建设。

农机培训事业的发展，离不开教学人员自身技术素质的提高，只有具备相应农机知识的人才能教好用好农业机械。要想生存与发展，必须重视抓好学校自身的素质培育，适应新形势，迎接新挑战，造就一支业务技术精炼、结构合理、素质较高和创新意识、协作能力强的师资团队。只有这样，农机技术培训的质量才能得到根本提高，学校才能赖以生存和发展. 才能源源不断地为农村培育一批批复合型、适用型人才，才能推动农机和农业现代化前进的步伐。如今科技日新月异，各种农业机械推广快，更新快，如果我们的教学人员不加强对自身业务的拓展充电学习，就不能满足培训新技术的要求。教学人员一岗多能是农机化技术培训的必然要求。加强师资队伍自身建设，提高整体素质，应在抓好教职工学习再教育工作的同时，有计划有目的地组织一些教学、教研观摩活动，以拓展知识、开拓视野，促其观念转变，改善教学方法，提高教学水平。鼓励教职工深入农村生产一线去服务、学习、体验，在实践中提高实际动手能力和解决问题的能力。审时度势，前瞻性地吸纳培育特殊人才和大中专毕业生，充实队伍，增添新鲜力量。特殊人才和大中专毕业生，充实队伍，增添新鲜力量。

（4）创新农机教育培训模式，适应形势发展。

滞后的农机技术培训工作制约了新形势下农业机械化的进一步发展，农机教育培训必须解放思想，更新观念，按照“实用、实际、实效”的教学原则，突出农机培训特色。强化市场意识和创新意识，正确认识农机培训与农机推广、监理的密切关系，加强协作，找准适合自身特点的培训需求，探索独具特色的培训模式。针对不同学员，不同工种，不同时段，采用灵活多样的教学方法，理论结合实际，因人施教、个别辅导，加强实践教学和技能操作训练，提高学员的实际动手能力。利用先进形象直观和通俗易懂的电教化手段，开阔学员视野，提高学员学习兴趣，改善教学质量和效果；农耕时节，深入实地，解决农民在农机使用中遇到的现实问题，寓教于实践，既推广了新技术、新机具又培训了农民。

（5）开展联合办学和送教下乡活动。

扬长避短，整合资源，开展联合办学是提升农机校现有办学能力的有效途径。

送教下乡是提高农民掌握先进适用的农机新技术的一项为民服务活动。要以劳动力市场为导向，以提高农民转产转岗就业为重点，以促进农村劳动力转移就业、增加农民收入、眼务农村经济发展为目标，以培养农村实用型人才为出发点。开展联合办学和送教下乡活动，是农机校长期的一项重要的工作，要积极组织教职工宣传农机科普知识，深入乡镇、村委会、农户家中走访调查，了解农民急需的培训，改变坐等招生，主动上门服务，把课堂搬到农村．搬到田间地头，零距离教学，零距离实习。与乡镇、村委会、农业科技培训中心、工业园区、农业园区、乡镇企业以及相关部门多方协作开展各种技术培训，做到少花钱、省时间、多实惠。有条件的地方，还可联合大专院校培养高技能人才。

农机技术培训工作的成败直接关系到农机化事业的发展，直接关系到农业增效、农民增收，关系到农村经济的繁荣和发展，关系到农业现代化的实现。我们必须看到，新形势下农机技术培训工作，机遇与挑战并存，机遇大于挑战。我们必须解放思想，抓住机遇，更新观念，用科学发展观统领全局，在大农业、大农机的环境中找准农机培训的切人点，真抓实干，积极探索农机培训的新路子，确保农机培训工作持续、快速的发展。

5.3.2 农业机械技术推广应用管理

1. 农机技术推广的内涵

农业机械技术推广，是指通过试验、鉴定、示范、培训、指导以及咨询服务等，把农业机械化技术普及应用于农业生产产前、产中、产后全过程的活动。

2. 农机技术推广的原则

（1）需要原则。

按照行为科学理论，动机是人们行为的推动力，而一切动机都是由某种需要引起的。也就是说，没有需要，动机也就难于产生。这对于我们开展农机化技术推广工作是具有一定指导意义的。

首先，适合当地农业生产发展的需要。我国人多地广，自然条件复杂，作物种植品种和种植制度差别较大，生产发展水平也有较大的差别，各地不可能在同一起点上推广同一种或同一类型的农机具。北方的作业机具南方不一定适用，南方的水田作业机具在北方旱作区也无用武之地。因此，农机具的引进推广首先要考虑到当地的农业生产的需要，就是所推广的每一项技术或机具，必须是农业生产中促进生产力发展的关键技术，适合当地需求。这样这种项目的推广才能得到领导的重视、群众的欢迎和有关部门的支持，推广工作才能够顺利进行。

其次，适应当地农场经济发展的需要农业机械化过程实质上也就是农农场经济发展过程的重要组成部分。在不同的经济环境下，农业机械化技术推广的内容、方法等也不应相同。在过去很长一段时期里，农业机械化工作囿于“为化而化”的误区，而作为经济发展的客观规律却未能得到应有的遵循，其教训是十分深刻的。因此，强调推广工作要因地制宜，因时制宜，要同当地农场经济发展需要相衔接，这在今天仍然是十分必要的。

（2）可行性原则。

农机化技术推广的可行性原则包括技术可行性和经济可行性两个方面的内容。

首先，技术可行性。

第一方面技术应是当地先进的。多年的实践证明，推广一项农机化新技术，也就是对农业生产的某些环节进行了一次技术更新，是对传统农业的一次变革。从这个意义上说，凡是推广一项新技术，都是当地较以往技术相比先进的。只有是较先进的，才能提高生产水平，推动技术进步和社会进步。例如推广微型水力发电和风力发电技术，使偏僻的山区、草原上用上了电灯，架起了有线广播，使农牧民看上了电视，丰富了文化生活。

第二方面设备应能适应当地生产水平。“工欲善其事，必先利其器”，一种新式农机具，必须能满足农艺要求和适应当地的生产水平。否则，再先进的农机具也无推广价值。因此，在研制开发新式农机具时，必须了解技术要求和生产水平，然后确定研制开发机具的类型和相应达到的技术指标，进行科研攻关。一种新机具的问世，应先在小范围内进行小面积试验，经过对比试验，考察机械的各项技术经济指标，从而确定机具的适用范围和使用价值。在此基础上，再进行大面积示范，为全面推广打下基础。所以说，试验示范既是对机具的考核过程，又是验证农机具是否满足农艺要求的过程，更是提高农业生产水平的过程。

其次，经济可行性。

这里所说的经济可行性，主要是指农民接受新技术的经济承受能力。农业机械化过程实质上也就是农村经济发展过程的重要组成部分。推广工作与农民的经济承受能力直接相关联。一项农机具新技术，无论它多么先进，也无论它能够产生多大的效益，但如果农民在经济上承受不了，那么推广工作就将无法进行。正如一个孱弱的病人不能大补特补一样，农业机械化技术推广也必须量力而行，循序渐进。

（3）效益原则。

坚持效益原则是农机化技术推广事业健康发展的重要保证，推广工作不注重效益是没有生命力的。

首先，要有利于社会利益的提高。

一项新技术的推广，经济上是否合算，应从三个方面来衡量：一是经济效益，主要是从投入与产出两个方面来考核。投入和产出都是动态的，受政策，市场价格和自然条件等因素影响很大，在论证中一定要先考虑这些因素动态变化，进行敏感性分析。二是代替效益。在新机具推广过程中，由于农业机械的使用，必然节省大批的劳动力，在经济发达的沿海地区，乡镇企业很多，节省下的劳动力可以转向第二，第三产业，获取更多的收入，替代效益就好。若节省下的劳动力没有出路，反而增加了农产品的成本，推广项目要慎重从事；三是社会效益。应从农作物增产幅度，相关部分的效益，如在推广地膜覆盖机械化技术时，与此有关的地膜和铺膜机的生产单位也可获得效益，节省下来的劳动力投入到其他行业所创造的效益，促进精神文明建设，改善劳动条件，提高农民文化和技术素质方面效益和提高农业现代化水平等 5 个方面去评价。

其次，要有利于生态环境的改善。

衡量一个农机化技术推广项目的生态效益，要从眼前利益与长远利益，微观效益与宏观效益两个方面来考核，并对其后果的无害性做出评价。

（4）尊重意愿的原则。

将农机化新技术，新机具传输给下去，让新技术，新机具在农场开花结果，产生巨大的物质财富，其实这就是推广工作的的基本目的。在这一问题上，我们要充分吸取以往单纯依靠行政手段而结果得不偿失的深刻教训。《中华人民共和国农业技术推广法》规定任何组织和个人不得强制农业劳动者应用农业技术。

3. 农机推广的方法

农机化技术推广的全过程，其实质也就是推广人员运用一定的组织措施和服务形式，对推广对象进行农机化科学技术普及、教育的过程。在这个过程中，推广工作既要受到推广手段、人员素质等因素的影响，又要受到被推广者素质和接受能力等条件的影响。技术推广的这一过程，对各级推广组织和推广人员提出了在开展推广工作时因地、因时、因人制宜，掌握和运用正确推广方法的要求，以使得推广工作得到应有的效果。技术推广的方法很多，分类也各异。具体如下：

（1）集中指导。

第一类是会议指导。

会议指导是指通过系统内各种会议或借用其他专业培训班的机会，对一定范围内的对象进行技术指导的方法。如经验交流会、学术研讨会、工作座谈会或拖拉机驾驶员培训班等，广泛宣传新技术、新机具。这种方式，不需再召集人员、另找场所，可得到“借窝下蛋”的目的。其缺点是：被指导对象情况不明，也可能出现无的放矢的弊端。

第二类是专项技术指导。

这是指专门安排时间，选择地点，聘请专人进行专项指导。它可以由推广部门单独举办，也可以与生产厂家或农机院校合办。这种指导办法内容专一，人员集中，便于讲解人员充分发挥特点。其缺点是：内容单一，学员兴趣易淡漠。

第三类是个别咨询指导。

推广系统经常接待一些前来咨询的人员。例如有人咨询某项技术的先进性、某种机具的可靠性等，这时我们就要利用自己所掌握的知识、信息，实事求是的给予答复。来函。来函内容一般分两种情况。一是了解农机新技术、新机具情况，二是述说他们构思的“新产品”。遇此情况要区别对待，一一复函。对来信者的文化程度一定要有所估计，对那些文化水平低的来函者，一定要言简意明，字迹清晰、正规。对那些附有草图的来函，一定要认真审查仔细，必要时可找同事共同商量其复函内容。复函的同时，一定要给来函者以鼓励、指点。

（2）发放资料。

第一类是明白纸。

技术推广工作者，近几年经常利用推广对象集中的场合，采取一种很简单的宣传方式，那就是将新技术、新机具写成简单的文字，打印后散发，农民称之为“明白纸”（一看就明白）。如某种新技术在实施过程中应注意哪些问题，某种机具的用途、特点、技术规格等简单内容。

第二类是技术资料。

定期将推广的成果、成熟的机具资料编辑成册，分发给农民、使用者或作为资料交换。山东省农业机械技术推广站这几年连续编写了六辑《农机化科研推广资料》，它不但总结、汇集了从 1986 年以来的山东省农机推广成果，同时也宣传了各生产厂家的概况和所生产的产品等情况。

（3）咨询。

第一类是现场咨询。在新技术实施现场或新机具作业现场，聘用技术素质好、表达能力强、口齿清楚的人员，担任现场解说和答疑。这种在现场对照实物讲解、咨询的方法，对新机具、新技术的推广有较好的推进作用。但是这种方法，其咨询范围只限于现场人员，因此宣传指导范围较小。

第二类是来访咨询。派人深入基层，了解新机具使用情况，解决实际问题，了解农民对新机具的进一步需求，宣传新技术应用前景，为拟定新的推广计划提供依据。或带上新机具下乡，来村串户，征求意见、宣传产品、扩大影响。

第三类是集市咨询。带上新机具赶大集或派人深入集市进行技术咨询。因为集市是农民的重要聚集的地方，同时它对推广人员来说也是一个推广新技术的重要场所。推广人员可以访问市场，同那里的农民直接对话，与他们共同讨论问题，了解他们对农机化技术推广的需求和对新技术的要求。

（4）声相宣传。

第一类广播节目。广播节目的内容一般包括农民所需要的信息，农机化专题讲座和先进经验介绍以及农机化新技术新机具的介绍等。

第二类电视专题片。将农机化技术推广的内容制作成电视专题片，能将农机化工作中发生的事情逼真地反映到电视屏幕上，让人们能看到真实的东西，扩大宣传效果。

第三类录音录像。将一次大型作业现场会或专题座谈会，用现代化的设备记录下来，制作成技术资料，在有关会议上再进行播放，让更大范围的人了解新技术新机具情况和领导人的讲话内容，这种宣传方式，可使资料长期保存、宣传范围更广。

（5）现场示范。

召开机具作业现场示范会是近几年来被普遍采用的一种推广方法，它让农民和使用者直接看到同类机械的不同型号机具的现场作业表演，能让他们根据自己当地的情况，认真对比、选购所需机型。但这种方法也有它的缺点，就是时间短暂、人员又多，有些表演不一定能看明白。

（6）展示展销。

利用非作业季节，将机具集中在一起摆放，采取开会的形式将厂家、推广、销售等部门召集到一起，使三家见面和谈。

（7）建立示范点、指导带头户。

“榜样的力量无穷”。把在当地的经验，取得成功的某项科技成果、组装配套技术或某项实践经验交给农民，由他们自己亲自在承包地上进行操作、经营、将其取得的成果展示出来，示范给其他农民，从而引起周围广大农民的兴趣，鼓励敦促他们仿效。这种方法农民不仅可以看到实物，听到讲解，而且可以亲自动手操作。尤其对那些持怀疑态度，而又比较顽固的农民，是一种最有效的手段。

4. 国有农场农机技术推广具体措施

（1）建设示范基地。

试验示范是新技术新机具普及应用的重要前提，是农机化技术推广最核心的业务。近年来，中央农机具购置补贴政策力度不断增强，亿万农民购买农机的积极性空前高涨，尤其国有农场在政策引导下，大量购进农机器具，但在很多地方，用户选购农机具缺乏正确的信息引导，存在盲目性。购置的机具是否经济适用、安全可靠不得而知。推广机构往往不能向农户提出详尽的购机指导，农户靠生产中摸索的经验选用机具和技术，走了许多弯路甚至付出很大的代价。因此，加强试验示范成为当务之急。向农民推广前，尤其要坚持试验先行，取得第一手数据，再组织大范围示范推广。技术推广不仅推广新机具，更要推广新技术。通过建立试验田，先行摸索，积累经验，尔后推而广之。要充分利用推广人员本土化、专业化、熟悉试验示范程序与方法等优势，积极争取参与权、评价权和建议权，发挥应有的作用。各地要逐步探索农机新技术新机具作业效果综合评价的方法和程序，提升农机专业技术人员试验示范的组织能力和专业技能，促进技术进步，为政府决策和农民选购农机具提供依据和参考。

（2）融合农机农艺。

农业生产的规模化、集约化、产业化和标准化，为农机农艺一体的机械化作业模式提供了越来越广阔的发展空间。农业各领域的专家已经形成这样的共识：先进的农艺技术要标准化、大规模、高速度地推广应用，必须与农机化技术相融合，做好农机推广工作，既要推广工程技术，还要推广生物技术。技术推广是农机农艺深度融合有效实现形式，是促进农机与农艺相结合的“连通器”。坚持农机农艺融合，是推广工作一个非常重要的方向，也是今后推广工作的着力点和“亮点”。从作物品种、农艺模式、种植模式入手，研究探索农机农艺融合的技术体系和工作机制，提出工作方案，联合组织开展理论研讨、技术培训、试验示范等各项活动，共同探讨农机农艺深度融合的途径和措施。

（3）创新推广机制。

机制创新是推广工作发展的原动力。要把创新变为一种常态，进而打造成推广工作的理念和价值观。评价一个单位推广工作好与不好，是否开展了运行机制探索与创新应当作为重要的衡量标准之一。机制创新方面有很多问题等待我们去研究去解决。近年来，农机专业合作社发展迅速，一些地方在引导、培育和规范各类组织参与推广活动方面进行了有益的探索，不仅壮大了各类服务组织的发展，也为提高农机化技术推广的实效积累了经验。农机合作组织已逐渐成为技术推广的新型主体之一，要挖掘服务组织在基层推广站的指导下开展新技术推广、信息服务的经验，加大宣传引导，促进农机服务和推广事业的共同发展。

（4）组建高素质队伍。

培养和造就一支具有较高业务素质的基层农机化技术推广队伍，是当前农机工作的一项重要任务。要加强专业技术人员合理配备，强化农机化技术推广人员的技术培训和知识更新；要加大基层农机培训力度，加强农场、管理区两级农机科技队伍的培训工作，有计划的组织学习新型农机知识，熟悉先进适用农业机械的结构、原理和性能，掌握试验、示范操作、维修保养等技能，以便更好地教授农民、服务农民。在保证农业机械以良好状态投入作业的同时，最大限度地减少安全隐患，促进农业科技的推广应用和农机化事业的健康发展。

5.4　农业机械作业管理

5.4.1　农机标准化含义

农业机械作业管理离不开农业机械的标准化，农机标准化是指运用“统一、协调、简化、优选”的原则，通过制定和实施农业产前、产中、产后各个环节的农业机械作业工艺流程和衡量标准，使农机生产过程规范化、系统化，提高农业新技术的可操作性，将先进的科研成果尽快转化成现实生产力，取得经济、社会和生态的最佳效益。其核心内容是建立一整套农机作业质量标准和农机技术操作规程，建立监督检测体系，建立农机市场准入制度。

农机标准化以农业产前、产中及产后的管理服务为对象，以现代农业机械装备为载体，运用标准化原理、先进农业技术和现代管理手段，合理组织利用农机具，正确实施农机田间各项生产作业，科学利用水、肥、气、热等自然条件，为农作物提供生长发育的良好条件。农机标准化是农机结构调整和农机产业化发展的技术基础，是规范机械作业、保障安全生产、促进农业机械化发展的有效措施，是实现提高产量、降低成本、农业增效、农民增收的重要手段。农机标准化的主要内容是实现农机田间标准化作业。

5.4.2 农场农机标准化的发展历程

以黑龙江垦区为例，垦区始终重视发挥农机化作用。早在20世纪70年代，总局以加强管理，贯彻机务规章制度为重点，在"垦区开展机务管理标准化运动"，农机人员技术和农机管理水平有了很大提高。各农场建立健全以岗位责任制为中心的农机各项管理制度，贯彻执行"农业机械技术保养规程"，加强农机维护保养，推广先进农业机械与技术革新，取得了显著效果。垦区自行研制及革新改装的机具在农业生产中广泛使用，使垦区农业机械化程度和农机田间作业质量水平不断提高。

1976年，国家农垦总局向全国农垦系统转发《黑龙江垦区机务管理定标会议纪要》，充分肯定了垦区加强农机管理标准化工作的做法。

1978年，农业部在垦区双鸭山农场召开了"全国农机管理工作现场会"，全国农机会议代表听取了省劳模双鸭山农场14队，东方红-54车车长张吉贵的机车使用保养经验介绍，并参观了双鸭山等农场农具场管理等现场。

1985年，垦区兴办家庭农场之后，逐步理顺统分关系，推广了友谊农场"六统一，七加强"农机管理的做法。经过垦区上下共同努力，农场机务区"一场三库"建设得到恢复和发展。农机使用坚持"预防为主，防重于治、养重于修"方针，规范农机技术保养与维修标准，贯彻执行"五净、四不漏、一完好"和"六不、三灵活、一完好"机具维护保管制度，延长了机械使用寿命。进一步提高了垦区农机管理水平。同时，垦区加大开放引进力度，在总结1978年友谊五分场二队引进美国机械进行现代农业试点经验基础上，扩大了试点规模和范围。先后从美国、日本引进了一大批先进的农业机械、粮食处理设备，到1988年年底，先后建成了洪河、二道河、鸭绿河三个现代化农场。

"九五"期间垦区加强农机标准化管理，开展农机标准化管理达标活动。总局以黑垦局发（1996）26号印发《黑龙江垦区农机标准化管理评比细则》和检查考核办法。系统地总结和归纳了农机标准化管理项目和内容，规定了各项管理目标和评分标准。即《农场农机标准化管理项目和评分标准（总分1000分考核制）》确定了标准化农场、标兵农场的评分标准。各管局农场按总局文件要求，结合本单位实际，制订"农场农机标准化管理达标活动实施方案"及工作措施，建立和实行农场农机管理目标责任制和年度考评奖罚办法。广泛深入地开展了农机标准化管理达标活动。垦区加快了开放引进步伐，20世纪90年代后期又引进一大批先进大马力机械和联合收获机等，对 3 000 万亩耕地的生产手段进行了大规模改造提升。按照高度机械化、规模化和集约化经营的标准，实施“24111”工程，先后建设了 2 个示范区（友谊农场四分场、浓江农场一区），4 个现代化农场（洪河、鸭绿河、二道河、浓江），1 个旱田机械化分局（九三旱田农机装备分局），100 个旱田机械化队和 100 个水田机械化队，使垦区农机化水平进一步提高，垦区麦豆生产实现了全程机械化、水田机械化步伐加快由 1995 年的 30%提高到 2000 年的 60%。到 2000 年年末，垦区田间综合机械化率达到 80%，促进了垦区农业持续稳产高产，截止 2000 年年底垦区提前完成本世纪末粮食产量翻两番的战略目标。

“十五”期间，垦区坚持开展农机标准化管理达标与创新活动，总结农机管理“六统一、七加强”的经验（即统一停放与保管，统一调度与作业指挥，统一作业质量标准和验收，统一收费标准和结算，统一保养维护标准和验收，统一油料供应；加强农机队伍建设，加强农机维护与修理，加强田间作业标准化，加强农机基础建设，加强农机安全监理，加强技术档案及统计资料管理，加强农机更新与推广），在垦区全面推广，促进了农机化水平的全面提高。

进入“十一五”，结合总局开展农业标准化达标活动，继续开展农机标准化管理达标创新活动，全面提升农机标准化水平，促进了垦区农机化又好又快地发展。

创新农机“六统一，七加强”，坚持实行“优机、优质、优价”制度，加强了田间作业机械及作业质量检查验收，实行田间作业质量追究制，提升了“三全”农机标准化作业水平。

2011 年以来，开展了新一轮（“十二五”期间）农机标准化管理达标与创新活动，促进了农机化质量和水平进一步提升，农机装备结构进一步优化，农机标准化管理和标准化作业水平进一步提高，充分发挥了垦区高水平农机化作用，有力地推动了垦区现代化大农业建设。

加大了农机更新投入力度，2011 年、2012 年农机更新总投入持续突破历史，分别达到 26 亿元和 32.6 亿元。两年新增国内外各类先进机械合计 9 万余台（件），其中新建现代化农机装备作业区 49 个，累计达到 380 个，基本实现了大马力机械旱田耕地面积的全覆盖。水稻生产全程机械化的装备从智能化浸种催芽设备到插秧机和收获机都有较大增加，到 2012 年年末，田间作业综合机械化率达 97.5%比 2010 年提高了 1 个百分点，旱田达到 97.5%、水田达 97%，垦区农机装备水平始终居国内领先并已达到发达国家先进水平。

加强农机科技创新与推广，全面推广了农机与农艺相配套、农机农业信息化技术相融合的新技术。近年来，重点推广“十大”农机新技术、新机械取得了显著效益，年均农机新技术推广应用节本增效达 10 亿元以上。其中大力推广大马力拖拉机配带卫星定位、自动导航设备实现播种、起垄作业全部配备到位，显著提高了现代农机装备作业的时间利用率和作业质量，千米直度误差不超过 2.5 厘米。全面推广采用进口组装播种机播种玉米和进口收获机收获玉米，航化作业面积超历史，2012 年达 2090 万亩，比 2011 年增加 39%，比 2005 年增加 1.09 倍，农机新技术促进了农业提质增产增效和农业可持续发展。

坚持农机管理创新，全面提升农机标准化水平。各管局农场深入开展了“农机标准化提档升级活动”，按照年初方案工作目标，加强农机标准化管理检查验收、达标评比工作并形成了常态化、制度化，促进了垦区整体农机标准化水平的提高。坚持优机、优质、优价制度，机具作业准入制，作业质量追究制等保障标准化作业的长效机制，促进了田间标准化作业水平的不断提高。垦区农机作业机具技术状态完好率和农机田间作业合格率均达到 96%以上。

加强农机基础设施建设，加大了投入力度，两年来新增加投入达 8.5 亿元，是“十五”期间基础建设总投入的 1.83 倍。新建、扩建农机场库棚面积 296 万平方米，涌现一批像七星、创业、红星、友谊五分场二队、宝山、龙门、胜利、鹤山、853 等农场建设标准与管理水平高、多功能的集办公、展示、保养、维修、培训、观光于一体的现代农机管理服务中心。垦区各农场新建的农机管理中心多数具备现代数字化管理系统和指挥调度平台，进一步提高了农机管理中心的管理和服务水平。

创新农机合作服务组织，社会化服务能力显著增强。积极扶持引导新型农机合作组织发展，鼓励和引导走农机联合经营、联合投资和农机合作经营发展之路，近年来，农机合作社有了较快发展，到 2012 年年末，农机合作社已达到 138 个，其中场县共建农机合作社达到 50 个，涌现出胜利好山河农机合作社、前锋农场农机合作社、引龙河圣达农机合作社、二龙山农场与北安市共建双青现代农机合作社、嘉荫农场高新农机合作社等一批取得较好农机经营效益，对推进农机服务产业化有较强带动作用的典型。

场县共建、“三代”作业面积再创历史新高。垦区农机部门认真贯彻落实省委省政府关于“场县共建、跨区作业”的决策和总局领导要求，认真总结了垦区开展农机场县共建十年来的实践经验，不断地拓展跨区作业项目、范围和领域，2012 年农机“三代”面积突破 5 000 万亩工作目标，达到 5 067 万亩，比上年增加近 1 000 万亩。农机跨区作业实现了“互利双赢”，把农垦先进的管理方式、农业农机新技术和农机标准化作业带到周边农村，走向全省、走向省外和国外，充分发挥了农垦在全省农业现代化和城乡一体化发展中的示范带动作用。

在新形势下，垦区农机化工作以贯彻落实党的十八大精神为指针，以科学发展观为统领，按照总局党委确定的建设“绿色垦区”和建成全国最大的绿色有机无公害食品基地，实现“超越”的战略部署，当好现代农业综合配套改革实验排头兵，加快推进农机化发展“一个转变、六个延伸”，进一步总结和完善农机标准化管理制度和技术成果，积极开展“全国农垦农机标准化农场示范创建活动”，全面提升垦区农机化水平，为推进现代化大农业建设努力作出新贡献。经过多年的生产实践探索，现已形成了垦区农机田间标准化作业技术规程。

5.4.3 田间作业管理含义及标准化设置

1. 田间作业标准化含义

农机田间标准化作业是农机标准化的重要组成部分，是促进农机结构调整和产业化发展的重要技术基础，是规范机械作业、保障安全生产、促进农业机械化发展的有效措施。农机田间标准化作业以提高农机从业人员素质为本，加强农机基础设施建设为基础，农机安全生产为保证，提高农业机械技术状态为重点，实现标准化的农机作业质量为目的，使农机作业达到优质、高效、低耗和安全的要求。农机田间标准化作业主要包括耕整地作业标准化、播种作业标准化、田间管理作业标准化、收获作业标准化。

2. 农机田间作业标准化设置

（1）什么是标准化作业。

标准化作业不是单纯的田间作业方法问题，而是运用现代农业机械和先进的农业技术的管理手段，科学的组织农机田间作业的集中体现。实现农机田间标准作业不仅是生产领导者组织指挥艺术的体现，而且是对作业人员的实际操作本领及技术水平的考核和检验。所以，农机田间标准作业是对领导干部、技术人员及作业工人的劳动成果和业务水平的鉴别。农机田间标准作业的根本目的就是通过合理的组织，利用标准的农机具，正确实施农机田间各项生产作业，创造出最大限度的利用土壤、气候等自然条件的有利因素，克服不利因素，为农作物提供生长发育的良好条件，创高产夺取大丰收，取得较好的经济效益。因此，农机田间作业标准化建设的内涵是全作物、全过程、全面积实现标准化。

（2）农机田间作业标准化设置的内容。

农机田间标准化作业包括多方面的内容，应全面推行标准化作业，在作业前、中、后严格执行标准措施，使标准化作业发挥最大的效能。农机田间标准化作业的基本内容包括以下四个方面。

第一方面是标准的农机管理。

标准的农机组织管理是实现标准化作业的手段。应调动劳动者的积极性，使农业措施形成制度化、标准化。农机管理者应认真做好技术示范和机具及作业质量的检查，可采用现场观摩、培训等方法，提高农机人员的水平。统一供给油料和农机配件，保证质量，优价供给。建立严格的激励机制，奖罚分明，对生产单位的管理人员采取黄牌制度，不合格的坚决免职。每年年初与各单位农机管理人员签订百分考核责任状，充分调动管理人员的积极性，使农机管理工作得到加强。

第二方面是标准的农机具技术状态。

农业机械技术状态是实施农机田间标准化作业的前提条件。农机具的技术状态关系标准化作业的质量，关系动力机的动力性能和经济性，影响农机作业的高效、安全和低耗。所以在农业机械作业前应具备标准的技术状态。

动力机械经常保持“五净、四不漏、六封闭、一完好”。五净：油、水、气、机械、工具净；四不漏：油、水、气、电不漏；六封闭：柴油箱口、汽油箱口、机油加注口、机油检视口、汽化器、磁电机要封闭；一完好：技术状态完好，动力和经济指标完全符合国家规定。作业机械达到“三灵活、六不、一完好”。三灵活：操作、转动、升降灵活；工作部件达到六不：不旷动、不松动、不钝刃、不变形、不锈蚀、不缺件；一完好：技术状态完好。

第三方面是标准的人员技术操作。

标准的人员技术操作是实现农机田间标准化作业的保证。农机人员的机械操作技术水平直接影响到作业质量的好坏，影响到机具的使用效率和保养。应多采取集中培训学习、经验交流、现场观摩、先进带后进等多种形式提高机手的技术水平，使其在作业中能达到标准的技术操作。

农机管理干部应具有中专以上的专业水平，现职农机管理干部要进行必要的知识更新培训。农机工人应做到“四懂四会”，四懂：懂机械构造原理、懂农机操作规程、懂农业生产知识、懂农机安全法规。四会：会操作、会保养、会维修、会调整。

第四方面是标准的作业质量。

“优质”是标准化作业的目的，是农机田间标准化作业的核心。作业质量标准是衡量操作标准和质量验收标准的依据。作业质量的标准应符合当地当时的农艺技术要求和保障良好的生态效益，以达到增产、稳产、提高土地产出率的目的。

农机田间标准化作业是农机标准化的重要组成部分，是促进农机结构调整和产业化发展的重要技术基础，是规范机械作业、保障安全生产、促进农业机械化发展的有效措施。农机田间标准化作业以提高农机从业人员素质为本，加强农机基础设施建设为基础，农机安全生产为保证，提高农业机械技术状态为重点，实现标准化的农机作业质量为目的，使农机作业达到优质、高效、低耗和安全的要求。农机田间标准化作业主要包括耕整地作业标准化、播种作业标准化、田间管理作业标准化、收获作业标准化。

3. 田间作业标准化管理实现途径

（1）科学化管理标准。

管理也是一门现代化不可缺少的科学门类，管理可以出成果、出效益。先进的管理可以弥补技术装备上的不足，而落后的管理将使任何先进的农机装备也发挥不了作用。

首先是科学化的管理要靠标准化的管理人才。科学化管理标准要坚持以人为本，做标准化人，把提高农机技术人员管理的业务技术水平作为重点。这是全面实施农机标准化管理的良好基础。

其次是科学化的管理要有严格的组织机构。建立健全网络管理，保证农机管理组织结构的完整，并在此基础上提高工作效率。

最后是科学化的管理要有严格岗位责任制度做保障。制定各级农机技术管理人员岗位责任制（各级农机管理干部责任制附后）和田间作业标准化责任追究制度及措施。还要制定出《农业机械管理标准》、《农业机械田间作业规程》、《农业机械安全操作规程》等相关规定，这样能形成人人岗位明确，事事有准则，人人有约束。

（2）全面抓好农业机械技术状态质量标准。

标准的农业机械是实现农机田间作业标准的基础。坚持农机具技术状态三制度二措施。从维护种植单位及个人和有机户的切身利益出发，确保农机具经常处于完好的技术状态下工作，应重点抓三制度：一是坚持机车双班保养制度，根据技术保养手册的具体要求，在有效的监督下，完成保养工作；二是坚持作业前农机具技术状态验收和张贴合格证制度，杜决无证机具参加作业；三是坚持预提农机具“技术”保证金制度。

（3）加大三库一场标准化建设。

三库一场是农业机械的安身养息的修理场所，为进一步加强农机管理力度，实施农机“六统一、七加强”管理，加强农机基础设施建设，把农机机务区和“三库一场”建设成为机务工人之家，具有“四室”、“四化”（即办公室、活动室、警卫室、淋浴室和绿化、美化、净化、围栏化）的标准。

（4）全面贯彻落实田间作业操作标准。

农机田间作业操作标准的内涵：一是操作人的标准，二是作业操作规程的标准，三是各项操作措施的标准。

首先是操作人的标准。农机田间作业的各项活动过程，是由农机管理者和操作者去落实和执行，机械作业的效果和效益，是与机务队伍的素质密切相关的，把提高机务全员素质教育培训放在重要位置，要作到制度化、规范化。一是健全了培训管理机构；二是培训有完整的培训目的和培训计划；三是利用农闲和新技术应用现场演示会等多种形式，开办岗位和岗前的长短相结合的技能培训。

其次是作业操作规程的标准。一是认真执行安全操作规程，操作人要持证上岗，每项作业前到要进行的安全教育和安全签字率要达 100%；二是作业的农机具要达标准，要张贴技术合格证；三是认真执行田间作业操作标准，从机组抓起，弄懂各项作业的农艺要求，搞好机组的合理编组，确定运行路线和地头作业方法，严格按照章程办事。

最后是各项操作措施的标准。在每项作业前都要做好技术传授教育，讲解技术操作技能知识、作业规程外，进行岗位练兵，现场定标，组织优秀的驾驶员进行第一个行程作业的演示运行，作为标准尺杆。

5.4.4 农业机械跨区作业管理

1. 跨区作业含义及内容

农机跨区作业，即利用不同地区玉米、水稻等农作物耕种、成熟的时间差，组织农机器具开展跨越某一特定行政区域流动作业的服务。它是在生产实践中创造的一种新型农机社会化、专业化和市场化服务模式。农机跨区作业的发展，解决了农业机械化与农业经营不相适应矛盾，解决了农业劳动力季节性、局部性短缺的问题，探索出一条中国特色的农业机械化道路。农业机械跨区作业主要包含接单、组队、机具运转、作业服务、服务反馈等服务内容。

2. 农业机械跨区作业的积极作用

（1）提高了农业机械化发展水平。

农场和农场之间，农场与地方之间通过农业机械跨区作业能大大提高农场农业机械化利用率，利用率的提高会在一定程度上提高农业机械化的发展水平。

（2）解决了农户小规模经营与机械化大生产的矛盾。

我国是农业发展大国，随着经济的不断变化与发展，改革开放的逐渐渗透，要想更好地提高我国的综合实力，就必须加以改革，尤其是针对农业而言，必须加快现代机械化的发展模式，只有这样才能从根本上改变我国农业落后的现状。农机跨区作业的提出，大大改善了以往的农业作业方式，提高了农民的收入，不仅仅满足了人们的生产生活需要，还调动了农民生产的积极性，处理了小规模生产与机械化大生产之间所存在的问题与矛盾，大大提高了农机的使用效率，避免了资源浪费现象的发生，为我国实现农业机械化，现代化，集约化的发展模式打下了坚实的基础。由此可见，农机跨区作业的发展趋势将带动整个农业的科技进步与发展，在未来的农业发展过程中，将起到越来越重要的地位与作用。

（3）促进了农机服务产业发展。

农机跨区作业的发展，不仅仅带动了一个地区的经济建设发展状况，更是加剧了其与外界之间的贸易往来，从而带动其他相关产业的发展。农机跨区作业的壮大，使得新的技术，新的理念，不断的应用于农机作业中，真正的带动了农机整个服务行业的发展，并且逐渐形成一种产业性的支柱产业，带动了整个农机跨区作业发展的现代化发展模式。

（4）加快了农机新技术和新机具的推广。

科技的不断创新与应用，大大提高了人们的生活质量，随着经济的快速发展，如何改善经济地区发展的不平衡性就成为了当前亟待解决的问题之一。随着农机跨区作业的不断完善与发展，越来越多的农民深刻的感觉到，要想促进自身的发展，获取更多的效益，就要不断的学习新的农机业务知识以及大力推广新农具机械设备的使用，从而加快其农业经济的发展，更好的满足于自身发展建设的需要，真正的提高其生活质量。

3. 完善农业机械跨区作业标准化措施

（1）尽快规范跨区作业市场秩序。

规范作业市场秩序是搞好跨区作业的当务之急。要解决这个问题，单单依靠农机部门的力量显然是不够的，必须在政府的统一领导下，各有关部门密切配合，协同作战，加大对道路交通和社会治安综合治理的力度，全面负责辖区内跨区工作的组织协调、秩序维护、调解纠纷等工作，保护参加跨区作业各方的正当权益，依靠制度创新，完善有关法规，逐步形成统一开放、竞争有序的跨区作业市场体系。

（2）完善跨区作业信息服务系统平台。

及时准确发布农机供需信息是农机管理部门对跨区作业市场进行管理与调控的重要举措。跨区作业的组织者最缺乏的不是资金和人员，也不是机器和技术，而是作业市场的供需信息。各级农机管理部门应当在跨区作业期间做好市场信息的整理、汇总工作，及时将信息输入网络——“跨区作业直通车”，保证跨区作业市场信息的真实性和时效性，及时为广大农民和机手免费提供有效的信息服务，引导作业机械有序流动，避免跨区作业的农机扎堆，贻误作业时间。同时，要逐步推广网上协议等先进的签约方式，降低跨区作业的交易成本，促进跨区作业市场的供需平衡。

（3）完善农机养护维修配套设施和农机保险。

跨区作业环境恶劣、作业任务重、时间长，作业机器难以得到及时保养维修，因而有必要在主要农机流入区建设农机维护配套设施，可以为作业机手提供有效服务。在非跨区作业时节，该配套设施也能服务于当地有机农民，有效促进当地农户购机积极性。同时，长期大量高强度作业使得机手时常疲劳，所以很容易导致农机安全生产事故的发生。为保障人民群众财产安全，机手参加跨区作业时必须办理农业机械、驾驶操作人员及第三者责任保险，一旦发生事故或其他突发性事件，应及时报案，由有关部门做好现场勘查、责任认定和赔付损失等工作，最大限度地降低意外事故可能带来的损失，以推动跨区作业又好又快发展。

主要参考文献

董代进. 2009. 机械常识［M］. 重庆：重庆大学出版社.

费振国. 2010. 我国农业基础设施融资研究［M］. 成都：电子科技大学出版社.

刘新德，吴忠. 2011. 生产运营管理［M］. 北京：清华大学出版社.

王丰等．2008．仓库安全管理与技术［M］．北京：中国财富出版社．

夏俊芳．2011．现代农业机械化新技术［M］．武汉：湖北科学技术出版社．

徐维群．2008．伦理管理：现代管理的道德透视［M］．上海：学林出版社．

尹凤霞．2012．职业道德与职业素养［M］．北京：机械工业出版社．

中华人民共和国财政部．2006．企业会计准则：应用指南 2006［M］．北京：中国财经出版社．

朱秉兰．2001．简明农机手册［M］．郑州：河南科学技术出版社．

第 6 章　农场人力资源管理

我国幅员辽阔，资源丰富，环境差异很大。在祖国的大地上分布着众多的以动植物种养为主营业务的农场。这些农场无论是生产规模、所有制、经营模式还是发展历史都存在着巨大的差异，这种差异也决定了农场人力资源的存量和管理方式的巨大差异。国营大型农场一般具有较长的历史和较规范的人力资源管理体系，而一些小型家庭农场在人力资源管理方面还相当的不规范。虽然不同类型的农场在人力资源管理方面存在差异，但是都已经认识到，优秀的农业生产和农业管理人才是决定农场发展的关键因素，都面临着如何发展自身的特点和优势来吸引、培养、配置和激励好适合现代化大农业生产优秀人才的问题。因此，战略人力资源管理理论和实践越来越受到农场经营管理者的重视。本章在简要概述农场人事制度的基础上，结合农场生产特点介绍了人力资源管理的六大模块。

6.1　农场人事制度概述

在我国以种植和养殖业为主营业务的农场数量众多，千差万别，无论是从规模，还是所有制类型上看，差异都很大。不同类型的农场人力资源管理方式上也有很大的差异。例如，国营农场的人力资源管理起源于我国事业单位的人事管理和劳动管理。在 2000 年左右按照国家人事制度改革要求，将人事管理和劳动管理进行整合，引入了现代人力资源和社会保障的基本理念。而民营农场在人力资源管理上一般不会体现出事业单位人事管理的特点，而是主要反映出农场人力资源管理特点。

在 2000 年左右我国的国营农场人事管理和劳动管理按照国家的总体规划，并根据各地方的实际情况进行了重大改革。以黑龙江省农垦总局所辖的北安农垦分局农场为例，2001 年 2 月，根据农垦总局《关于印发黑龙江北大荒农垦集团总公司北安分公司机构组建及省农垦总局北安分局机构改革实施意见的通知》(黑垦编字［2001］11 号)，分局设立人事劳动和社会保障局，同年，人事劳动和社会保障局分为人事局与劳动和社会保障局。主要职责为贯彻国家、省和总局劳动和社会保障方针政策及法规；负责综合、组织、协调、监督、检查北安分局劳动和社会保障，研究制定并组织实施北安分局劳动和社会保障工作总体规划；统筹管理北安分局社会劳动力资源开发利用、劳动力市场和就业；组织实施下岗职工基本生活保障和再就业；负责劳动关系调整、劳动监察、争议、仲裁、劳动合同备案、鉴证；统筹管理北安分局职业技能培训、鉴定和职业资格证书管理；管理北安分局养老、失业、医疗、工伤和生育保险，负责劳动保护及保障福利。2009 年 6 月，根据黑垦发［2009］13 号文件精神，原北安分局人事局、北安分局劳动和社会保障局整合为人力资源和社会保障局。

在我国努力突破传统农业，大力发展现代大农业的重要时期，优秀的农业人力资源的缺乏是一项重要的制约因素。在大农业生产的各个领域都缺乏掌握现代化农业生产技术和经营管理知识的农业生产人才。农场作为我国现代化大农业先行者和实践者，如何吸引、培养、配置、激励适合现代化大农业的优秀人才对农场的生产和发展具有关键的作用。因此，人力资源管理在农场经营管理中越来越受到重视。

人力资源管理，是指在经济学与人本思想指导下，通过招聘、甄选、培训、报酬等管理形式对组织内外相关人力资源进行有效运用，满足组织当前及未来发展的需要，保证组织目标实现与成员发展最大化的一系列活动的总称。就是预测组织人力资源需求并做出人力需求计划、招聘选择人员并进行有效组织、考核绩效支付报酬并进行有效激励、结合组织与个人需要进行有效开发以便实现最优组织绩效的全过程。学术界一般把人力资源管理分六大模块：①人力资源规划；②招聘；③培训；④绩效管理；⑤薪酬福利管理；⑥劳动关系管理。本章将对农场人力资源管理的六大基本模块进行介绍。

6.2　农场人力资源规划

6.2.1　人力资源规划的含义

人力资源管理规划又称人力资源计划（HR Planning，简称 HRP），是人力资源管理的重要部分和重要领域。人力资源规划是为了实现农场的战略目标，根据农场目前的人力资源状况，为了满足未来一段时间农场的人力资源质量和数量的需要，在引进、保持、利用、开发、流出人力资源等方面工作的预测和相关事宜。

随着现代大农业规模的扩大，人员的增多和经营环境日趋复杂多变，人力资源开发与管理受到越来越多农场内部和外部因素的影响。为降低未来的不确定性，更好地帮助农场应付未来的变化，解决和处理复杂的问题，人力资源管理应首先进行人力资源规划这项工作，这是人力资源管理的基础。有效的人力资源管理计划是通过对农场在不同时期、不同内外环境、不同农场战略目标下人力资源供求的预测，来确保农场对人力资源需求的满足，以保障农场战略目标的实现。换句话说，人力资源规划通过对农场内外人力资源供给和需求的预测，为农场生存、成长、发展、竞争及对环境的适应和灵活反应提供人力支援和保障。

6.2.2 人力资源规划分类

人力资源规划，一般分为劳动力计划、人力资源规划和战略性人力资源规划三种形式。

（1）劳动力计划。

劳动力计划是最基本的人力资源计划，属短期计划。它的内容一般比较简单，主要规划具体部门的用人需求，负责人员招聘与解聘。例如在农忙时期农场季节性临时招募的农业劳动力。

（2）人力资源计划。

人力资源计划是农场主要的人事管理计划，属于中短期计划。它涉及的内容较广，包括：分析农场外部条件和内部因素、预测农场人员的需求和供给、制定人力资源计划（包括人员招聘计划、人员晋升和调动计划、开发和训练计划、辞退和退休计划、绩效评估计划和职业生涯发展计划）。其核心内容是农场预测人力资源需求和供给的预测。

（3）战略性人力资源规划。

战略性人力资源规划是从农场发展战略角度考虑人力资源，它一般是长达 3 至 5 年的长期人力资源规划。近几年，特别是大型农场相当重视战略性的人力资源规划。它是农场根据自身生产的特点和环境的变化，以综合的、整体的发展观念制定的人力资源规划，以保证将人力资源调配到适当的岗位。战略性的人力资源规划具有前瞻性，对经营业务与环境预先做出反应，因而能维持农场的竞争优势。

6.2.3 人力资源规划主要活动

人力资源规划系统包括几项具体的相互关联的活动，农场要根据自身生产、经营和环境的特点，切实做好人力资源规划活动。一般情况下人力资源规划主要包括以下活动。

（1）人员档案资料。

用于估计目前的人力资源（技术、能力和潜力）和分析目前这些人力资源的利用情况。

（2）人力资源预测。

预测未来的人员要求（所需的工作者数量、预计的可供数量、所需的技术组合、内部与外部劳动力供给量）。

（3）行动计划。

通过招募、录用、培训、工作安排、工作调动、提升、发展和酬劳等行动来增加合格的人员，弥补预计的空缺。

（4）控制与评价。

通过检查人力资源目标的实现程度，提供关于人力资源规划系统的反馈信息。

6.2.4 战略性人力资源规划的作用

（1）保证组织或农场目标的完成。

人力资源规划是实现组织（农场）战略的基础计划之一。组织（农场）为实现其战略目标，会制定各个部门各个方面的业务计划，例如，生产计划、财务计划等，人力资源规划和其他方面的计划，这些计划共同构成组织（农场）目标体系。可以说，制定人力资源规划的最终目的就是确保组织（农场）实现经营战略，经营战略一旦确定后，下一步就是要有人去执行和完成，人力资源规划的首要目的就是有系统、有组织地规划人员的数量与机构，并通过职位设计、人员补充、教育培训和人员配置等方案，保证选派最佳人选完成预定目标。

（2）能更好地适应环境的变化。

现代农场处于多变的环境之中，一方面内部环境发生变化，如管理哲学的变化、新技术的开发和利用、生产与营销方式的改变等，都将对组织人员的机构与数量等提出新的要求；另一方面外部环境的变化，如人口规模的变化、教育程度的提高、社会及经济的发展、法律法规的颁布等也直接影响到组织对人员的需求，影响到员工的工作动机、工作热情及作业方式。人力资源规划的作用是让农场能更好地把握未来不确定的经营环境，及时调整人力资源的构成，以适应内外环境的变化，保持竞争优势。

（3）提高人力资源的使用效率。

主要体现为：第一，它能帮助管理人员预测人力资源的短缺和剩余，对农场需要的人才做适当的储备，对农场紧缺的人力资源发出引进与培训的预警，以纠正人员供需的不平衡状态，减少人力资源的浪费或弥补人力资源的不足；第二，有效的人力资源规划，使管理层和员工明确人力资源开发与管理的目标，充分发挥员工的知识、能力和技术，为每个员工提供公平竞争的机会；第三，它也有助于客观地评价员工的业绩，极大地提高劳动积极性；第四，通过人力资源规划，可以更好地向员工提供适合个人发展的职业生涯发展计划，提高员工生活（工作）质量，开发员工潜能，最终提高组织对人的使用效率。总之，有效的人力资源规划能使农场保持合理的人员结构、年龄结构和工资结构，杜绝断层的压力和冗员的负担。

6.2.5 人力资源战略规划的编制程序

（1）预测组织的人力资源供给。

预测未来人力资源供给，即估计在未来某一时间内构成劳动力队伍的人员数目和类型。

首先需要考虑影响人力资源供给的因素，主要包括工资因素的影响和非工资因素的影响，非工资因素包括工作因素和劳动者自身因素。其次需要考虑供给的范围，人力资源的供给范围包括广义和狭义两个方面：广义的供给是指整个社会的人力资源供给状况，包括各个地区、各个行业的各种类型的人力资源供给。狭义的供给指一个组织，或者一个行业，或者一个地区的人力资源供给。在实际工作中更多地考虑狭义的人力资源供给。

（2）预测人力资源需求。

即预测未来工作岗位的性质、要求，以及它所需要的人员素质的技能、类型。人力资源的需求包括总量需求和个量需求：总量需求指一个国家在某一阶段或时限之内人力资源的需求总量，包括数量、质量和结构等方面的需求量；个量需求指某一组织在某一阶段或时限之内人力资源的需求量，包括数量、质量和结构等方面的需求量。

影响人力资源需求的因素主要包以下几种。

① 经济发展水平对人力资源需求的影响。

② 产业结构对人力资源需求的影响。

③ 技术水平对人力资源需求的影响。

④ 国家对人力资源需求的总体规划也对人力资源需求产生重要影响。

（3）供给与需求的平衡。

将人力资源的需求及内部供给进行比较，确定人员净需求。

（4）制定满足人力资源需求的政策和措施。

估计选择的政策措施能否减少人员的剩余或短缺。包括短缺情况下采取的措施和过剩时采取的措施。

① 人力资源短缺的管理决策。一是充分利用组织的现有人员。主要通过提高劳动生产率的做法，具体包括提供经济上的激励，如增加工资和奖金等；改善员工的工作技能，使他们能在较少的时间生产出较多的产品或者降低成本。重新设计工作程序，以获得更大的产出，这方面工人往往可以提出很好的建议和措施。利用高效率的机器或设备。二是从组织外部招聘缺少的人员。三是其他方法，如工作转包、放弃增加生产、用设备代替人工做部分工作等。

② 人力资源过剩时的管理决策。

a．裁员（不提倡，在迫不得已的情况下要做好预先工作）。

b．“消耗”方式减少工作人员——在可能出现过剩的岗位上减少聘用、提升和调动来避免人员的过量供给。或者引导提前退休，但是这种方法费用昂贵。

c．对人员进行重新配置。对部分岗位剩余，部分岗位紧缺的情况，将剩余的人力资源配置到紧缺的岗位上。

d．降低劳动成本。临时关闭、暂时解雇、减少工作时间、分担工作和削减费用、削减对员工的支付以避免裁员。

（5）评估规划的有效性并进行调整、控制和更新。

6.3　农场人力资源的招聘与甄别

从学科上来说，招聘是招募和聘用的总称，指为企事业组织中空缺的职位寻找合适的人选。招聘最重要的是三项工作：招募、甄选、聘用。所以招聘就是招募、甄选、聘用的总称。

6.3.1　员工招聘程序和途径

1. 农场招聘员工的程序

（1）制定招聘计划。

根据人力资源规划来制定，具体内容包括：确定本次招聘目的、描述应聘职务和人员的标准和条件、明确招聘对象的来源、确定传播招聘信息的方式、确定招聘组织人员、确定参与面试人员、确定招聘的时间和新员工进入组织的时间、确定招聘经费预算等。

（2）发布招聘信息。

是指利用各种传播工具发布岗位信息，鼓励和吸引人员参加应聘。在发布招聘信息时主要应注意信息发布的范围、信息发布的时间、招聘对象的层次。

（3）应聘者提出申请。

应聘者在获取招聘信息后，向招聘单位提出应聘申请。应聘申请通常有两种：一是通过信函向招聘单位提出申请，二是直接填写招聘单位应聘申请表（网上填写提交或到单位填写提交）。应聘者应提供的资料包括：应聘申请表、个人简历、各种学历的证明包括获得的奖励、证明（复印件）、身份证（复印件）。

（4）接待和甄别应聘人员（也叫员工选拔过程）。

其实质是在招聘中对职务申请人的选拔过程，具体又包括如下环节：审查申请表，初筛，与初筛者面谈、测验，第二次筛选，选中者与主管经理或高级行政管理人员面谈，确定最后合格人选，通知合格入选者做健康检查。此阶段一定要客观与公正，尽量减少面谈中各种主观因素的干扰。

（5）发出录用通知书。

招聘单位与入选者正式签订劳动合同并向其发出上班试工通知的过程。通知中通常应写明入选者开始上班的时间、地点与向谁报到。

（6）对招聘活动的评估。

对本次招聘活动作总结和评价，并将有关资料整理归档。评价指标包括招聘成本核算和录用人员评估。

（7）签约。

当然以上仅是员工招聘的一般程序，组织宜根据自身实际情况对其中的某些环节进行简化，以提高招聘效率和效果。

2. 员工招聘的主要途径

主要包括以下途径，①人才交流中心；②招聘洽谈会；③传统媒体；④网上招聘；⑤校园招聘；⑥员工推荐；⑦人才猎取。

6.3.2　员工甄选的程序

甄选即选拔，就是采用科学的人员测评方法，挑选具有资格的人来填补职务空缺的过程。甄选的过程安排直接影响到人员面试和招聘的总体效果，因此需要根据实际情况认真安排。特别是农场一般地处偏僻区域，交通不便，信息流通不如城市发达，因此无论是对农场还是应聘者实施一次招聘活动都实属不易，所以应尽量认真安排甄选的程序，避免因甄选程序给招聘活动带来不利影响。一般情况下，甄选程序包括以下 9 个环节，农场可以根据实际情况进行安排。分别为应聘接待；事前交谈和兴趣甄别；填写申请表；素质测评；复查面试；背景考察；体格检查；试用；正式签约。

6.3.3　员工面试、测试的主要方式

1. 员工招聘面试的主要方式

从面试的组织形式来看，可分为结构性面试、非结构性面试、压力面试。

（1）结构性面试。

结构性面试指在面试前，已设立面试内容的固定框架或问题清单，主考官按照这个框架对每个应聘者分别作相同的提问，并控制整个面试的进行。结构性面试由于对所有应聘者均按同一标准进行，因而能减少面试的主观性，但由于结构性面试过于僵化，难以随机应变，因而所收集信息的范围受到限制。

（2）非结构性面试。

非结构性面试前无须做面试问题的准备，主考官只需掌握组织、职位基本情况，因而非结构性面试灵活自由，问题可因人、因情境而异，可得到更有用的信息，但由于此方法缺乏统一标准，因而易带来偏差，同时对主考官要求较高，要求主考官具备丰富的经验与很高的素质。

（3）压力面试。

压力面试在面试一开始就给应聘者提问攻击性问题，用于了解应聘者承受压力、情绪调整及应变能力。

2. 员工招聘测试的种类

测试也叫测评，是在面试基础上进一步对应聘者进行了解的一种手段，包括心理测试与智能测试，因而它可以检测应聘者的能力与潜力，消除面试中主考官

的主观因素对面试的干扰。

（1）心理测试。

职业能力倾向测试是指测定从事某项特殊工作所应具备的某种潜在能力的一种心理测试。它能预测应聘者在某职业领域中成功和适应的可能性，或判断哪项工作适合他。职业能力倾向性测试，包括普通能力倾向测试、特殊职业能力测试、心理运动机能测试。

个性测试：通过个性测试，组织有望找到一个既有才干，但更具个性魅力的候选人。对应聘者个人而言，可以发现自己具备的个性和与之相适应的工作性质。个性测试主要有自陈式测试和投射测试。

价值观测试：是指通过对应聘者道德方面如诚实、质量和服务意识等价值观的测试，来深入了解应聘者的价值取向，作为选拔录用的一种补充性依据。

职业兴趣测试：从艺术取向、习俗取向、经营取向、研究取向、现实取向、社交取向等方面测定应聘人员的职业兴趣，从而了解应聘者想做什么和喜欢做什么。

（2）智能测试。

主要体现为知识考试，主要通过纸笔测验的形式对被测试者的知识广度、知识深度和知识结构了解的一种方法。其种类主要有百科知识考试、专业知识考试、相关知识考试等。

6.3.4 评价中心及其常见形式

1. 评价中心

人员测评中的两种基础，一种是心理测验，另一种是面试。除了这两种之外，实际上还有一种也比较重要，就是评价中心技术。评价中心，有的人把它认为是一种评价中心机构，还有的把它理解为一个地名。实际上这个中心是指评价、测评管理为主的一种活动测评形式，是多种测评形式组合，这个组合的中心，是以评价管理能力为中心的。评价中心，是一种程序，它是主要针对特定的目标与标准，采用多种评价技术评价被试的各种能力，它是以测评被测的管理素质为中心的一组评价活动。

2. 评价中心主要的形式

① 文件筐形式。就是把某一个招聘职位上经常要处理的一些文件，比较经典地选择出来，做成几个分散的筐。例如，三四个或五六个人都想应聘某个职位，就进行抽签，抽到哪一个筐就在哪一个筐。限制在一定时间内完成，像有的筐里面，包括投诉、电话记录、报告，所有来应聘管理职位的人员，对以上问题怎么处理，把意见写在上面，然后把这个筐交给专家来分析，最后，就看谁的管理能力较强。文件筐形式的测评相对来讲比较方便。

② 小组讨论。小组讨论分两种，一种是有人小组讨论，一种是无人小组讨论。有人的小组讨论，一般来讲，像五六个应聘者，大家坐在一块儿，都是指定的，例如，应聘者是组织会议的人，其他是参加会议的人，那结果就看应聘者怎么表现。应聘者半个小时表现完了，就轮到第二个人，那么结果就是让大家轮流一遍。最后大家都当过组织者，也当过被组织者，然后综合比较。评价的专家一般在隔壁通过电视传输，对几个应聘者分析、评价，得出各自的分数。

无人小组讨论。对于应聘者来说大家的地位都是平等的，在这种情况下，看谁能够对会议的主题或要解决的问题取得一个比较好的方案。无人小组讨论的会议一般具有两难性。例如，讨论分配一笔奖金的问题，来应聘的五个人分别来自五个单位，五个人来开会的目的之一，就是要为各自的单位争取一些奖金，因为五个人是代表总部或总公司来的，所以要公平、合理。在这种情况下，如果应聘者提出的方案较易接受，那就意味着其所在单位可以多拿些奖金，其他单位就少一些。那么其他人肯定就反对。如果应聘者方案没有一定的说服力，没有一定的可行性，一般对方是不会接受的。所以在这种情况下，谁的方案较为大家所承认、所接受，那么就说谁具有领导才能。这种小组讨论，为什么能够作为选拔的方法？是因为农场的组织管理大部分都是通过会议来实现。

③ 管理游戏，就是把管理活动当中带有一些活动游戏的形式出现。例如，一个游戏，游戏中有不同的方案，当应聘者选定某一个方案的时候，另外两个作为辅助测试的人，一个反对，一个不支持，这个时候就看应聘者怎么办，怎样把反对的人说服，怎样把不支持的人调动起积极性。

④ 背景分析，通过档案，对应聘者过去的经验背景确认，看这个人能否适合该岗位的要求。在背景分析里面带有一种量化分析，一种定性分析。量化分析是指对样本分析后对不同的信息赋以不同的分数。定性分析是通过比较定义来进行判断。这种背景分析有效，是根据我们人的素质的过程鉴定，鉴定出其素质水平的高低。这种方法在农场很常用，特别是对职位比较高的岗位，这种方法显得比较重要。除了这四种方法外，还有比率分析，会议讨论等方法。

6.4　农场员工培训

6.4.1　员工培训的内容和种类

1. 培训的内容

职业技能：基本知识技能和专业知识技能，重点是专业知识技能。

职业品质：包括职业态度、责任感、职业道德、职业行为习惯等，必须与农场文化相统一。

（1）农场文化的培训。

农场文化的培训主要是针对新进入农场的员工而言。可以看作是对新员工的“岗前培训”或“上岗引导”活动。农场文化培训结合农场文化的构成又分为以下几部分。

农场文化精神层次的培训：参观厂史展览，请先进人物宣讲农场传统，请农场负责人讲解农场目的、农场宗旨、农场哲学、农场精神、农场作风、农场道德。让新员工清楚地了解农场提倡什么，反对什么，应以什么样的精神风貌投入工作，应以什么样的态度待人接物，怎样看待荣辱得失，怎样做一名优秀职工。

农场文化制度层次的培训：组织新员工认真学习农场的一系列规章制度，以及与生产经营有关的业务制度和行为规范等。在学习的基础上组织新员工讨论和练习，以求正确地理解和自觉地遵守这些行为规范。

农场文化物质层次的培训：让新员工了解农场的内外环境、厂容厂貌，部门和单位的地点和性质，农场主要产品品牌、商标，以及声誉和含义，及其反映的农场精神和农场传统。

通过农场文化培训，使新员工形成一种与农场文化相一致的心理定势，以便在工作中较快地与共同价值观相协调。

（2）能力的培训。

在员工的培训中，能力培训非常重要。一般将员工的能力分为三种，即技术技能、人际关系能力、解决问题能力以及工作态度。

技术技能的培训：就是通过培训提高职工的技术能力，不论是管理人员，还是普通工人，都要进行技术技能的培训。来自一个领域的工程师在进入另一领域时，必须接受新领域的培训。

人际关系能力培训：就是通过培训提高人际合作交往能力。几乎所有职工都是某个工作群体的一员，每个人的工作绩效多多少少都依赖同事之间的通力合作，这就需要学会理解，学会人际沟通，减少彼此的冲突。通过培训，使职员之间建立协作精神，建立起以公司为家的集体主义精神。

解决问题能力培训：就是通过培训，提高发现和解决工作中出现的实际问题的能力。培训计划可包括加强逻辑推理能力，找出问题，探讨因果关系，以及挑选最佳解决问题的办法等技能的培训。能力的培训对于管理人员来说尤为重要，是其能力培养的核心。解决问题的能力具体又体现为七种素质，即发现问题、分清主次、诊断病因、拟定对策、比较权衡、做出决策、贯彻执行。

（3）员工态度的培训。

员工的工作态度也是能力的一个极为重要的方面，因此有必要把工作态度作为能力的一个因素，并且必须结合培训以外的其他工作来加以解决。通过员工态度培训，建立起公司与员工之间的相互信任关系，培养员工对公司的忠诚，培养员工应具备的精神准备和态度。

2. 培训种类

岗前培训：主要指以农场新录用的员工为对象的培训。

在岗培训：指员工在不脱离工作岗位的情况下，由部门经理、业务主管，或者由其他经验丰富、技术过硬的员工进行的定期或不定期的业务传授和指导。

离岗培训：指离开工作岗位去学习所在岗位的工作技能。

员工业余自学：自费学历教育、自费进修或培训、自费参加职业资格（技术等级）的考试及培训。

6.4.2　员工培训原则和作用

1. 员工培训的原则

有效激励原则：培训的对象既然是组织的员工，就要求把培训也看作是某种激励的手段。在现代农场中，培训已成为一种激励手段，一些农场在招聘员工的广告中明确告知，员工将享受到培训待遇，以此来增加农场的竞争力。

个体差异化原则：公司从普通员工到最高决策者，所从事的工作、创造的绩效、能力和应当达到的工作标准各不相同，所以员工培训工作应充分考虑他们们各自的特点，做到因材施教。也就是说要针对员工的不同文化水平，不同的职务、不同要求以及其他差异，区别对待。

注重提供实践机会的原则：培训的最终目的就是要把工作干得更好。所以，不能仅仅依靠简单的课堂教学，更要为接受培训的员工提供实践或操作的机会，使他们通过实践，体会要领，真正地掌握要领，在无压力的情况下达到操作的技能标准，较快地提高工作能力。

反馈培训效果：在培训过程中，要注意对培训效果的反馈。反馈的作用在于巩固学习技能、及时纠正错误和偏差，反馈的信息越及时、准确，培训的效果就越好。

培训目标明确的原则：为接受培训的人员设置明确且具有一定难度的培训目标，可以提高培训效果。培训目标设得太难或太容易都会失去培训的价值。所以，培训的目标设置要合理，适度，同时与每个人的具体工作相联系，使接受培训的人员感受到培训的目标来自于工作又高于工作，是自我提高和发展的延续。

促进员工个人职业发展的原则：员工在培训中所学习和掌握的知识、能力和技能应有利于个人职业的发展。作为一项培训的基本原则，它同时也是调动员工参加培训积极性的有效法宝。

培训效果延续性的原则：培训效果一定要延续到今后的工作中去。这一原则尤其要强调，公司对于那些已经接受培训的员工如何使用，以及如何发挥他们已经掌握的技能，其中最有效的办法是给他们更多的工作机会、更理想的工作条件。而对其中确有工作能力、真正优秀的员工，应委以重任，直至为他们提供晋升的机会。

2. 员工培训的意义和作用

一是适应环境的变化，满足市场竞争的需要。现代社会复杂多变，发展日新月异。市场的不断开拓、科技的不断进步、社会价值观念的变化以及新的思维方式的不断出现，使得外部环境对于农场来说充满了机会和挑战。农场必须能够适应这种环境，而这就依赖农场的高素质员工队伍。培训可以使员工更新观念，保持对于外界环境的警觉和敏锐反应，进而使得农场在环境变化之前做好准备和应对措施，始终处于市场的领先地位。二是培训可以提高管理人员的管理决策水平三是培训可以提高员工素质。从理论上来说，员工培训有利于农场人力资源素质的提高，农场的长远发展不只是依靠设备先进、产品优质、技术领先，它更依赖于具有创造力的高素质的员工，这些员工对于农场的管理、运营和服务使农场长期生存并得以发展的根本。四是培训可以为员工的自身发展提供条件。如增长才干，增加收入，为晋升创造了条件，提高职业安全感。

6.4.3 员工培训的组织实施

1. 培训需求分析

① 任务分析。是任务分析来确定培训需求，就是通过分析要确定每一个岗位到底做哪些事，做这些事的人需要具备什么样的素质，然后又根据在岗的这些人，他们具备哪些素质，然后这两者比较确定它们是否有差距。如果有差距，当这个干事情的人的素质低于完成岗位做事情的人的要求的时候，我们就对他进行培训。这个就是我们培训的重点，这个由通过任务分析来确定。

② 绩效分析。是通过绩效分析来确定培训需求，就是通过绩效考评，对于没有达到标准，没有完成任务，或存在这样或那样的不足的人进行全方面定位。通过绩效分析，如果发现被分析者的资质、技能、能力、品性不到位，与我们岗位要求有差距时，我们要对其进行培训。

③ 行政性的需求分析。就是说目前这个人基本上符合岗位要求，但我们考虑到这个岗位的变化和将来的发展，我们要让他做好准备，因为岗位的工作要求一提高，他就不能适应岗位要求。

2. 培训计划的制定

① 培训对象。作为培训计划的制定，这里面我们是说，主要是在计划里面明确培训对象，通过培训点查找要确定的培训对象。

② 培训目标。培训目标要达到标准的要求，达到完成任务的要求，要达到未来工作的要求，我们说就以这个为标准来确定培训目标。

③ 培训时间。培训的时间要跟被培训者商量，不能在他们忙的时候进行，这样就影响整个组织的绩效。

④ 培训实施机构。培训的机构，一般能组织内部解决就组织内部来解决，如果组织内部解决不了，那就要聘请相应的机构，总得来说，我们以达到质量为要求，同时也考虑到成本，通过对这两者的综合考量，确定是进行内部培训还是外部培训。

⑤ 培训方法、课程和教材。培训的方法、课程和教材，要根据培训的质量要求来确定。

⑥ 培训设施。培训的设施，根据培训本身的内容形式来选定，要在培训计划里面有所体现。

⑦ 培训效果评估。培训效果评估的问题，通常也有几种，一种是考虑到培训的效果，即它最后形成的是什么，如果是资质，那么就由培训之后的考试来评估。如果是技能，可能要通过将来在工作中的实验观察来评估。同时要求做到事后跟踪，如对主管人员岗位的使用者的调查了解来评估。

3. 培训的课程设计

培训的课程设计，要求根据培训的目标、内容、教材、模式、策略、评价、组织、时间、空间等九个因素，对九个要素采取不同的方式，做出不同的处理，通过对这些要素的不同选择和处理，可以设计出各种不同的课程。

课程培训还要特别注意以下几点：

（1）课程培训的效益和回报。

（2）培训对象的特点。

① 在职性。培训中要注意做到：不能脱离工作与劳动，专业设置要强调实用；选用教材要精；学制尽可能缩短；学习的形式和方法要灵活多样；教学活动和内容既要有较为系统的理论指导，更要与劳动实践相结合。要注意以下两点：一是在学习内容上，如果实用性和针对性不强，满足不了职工希望能学以致用的目的，他们的学习兴趣就不大，缺乏学习的动力，二是在教学方法上，一些学员由于多年来从事一线工作和劳动，实践经验往往比教师还丰富，若教师只是机械地照本宣科，也不会引起学员的兴趣。

② 成人性。年龄可能较大，记忆力有可能减弱；学习目的明确，不希望仅仅是空泛地谈理论，而是期望理论联系实际，以求学以致用；各种干扰因素较多，容易分散精力；理解力强，容易触类旁通，举一反三，结合实际应用效果好。

（3）培训课程与岗位的相关性。

（4）最新科学技术手段的发挥。

4. 员工培训常用的主要方法

方法很多，有参观访问、影视法、案例分析、讨论会、商业游戏、程序化教学、角色扮演、敏感性训练、岗位训练、事务处理训练、工作轮换、电子培训法等。目前常用的有讲授法、案例分析法、研讨法、角色扮演培训法。

（1）讲授法（程序化教学）。

其基本思想就是借用学校教学的方法，将学员集中在一起，讲授所要培训的知识、技能，跟学校的教学完全一样。随着教学技术的进步，程序化教学的效率也在进一步提高。在实际中，大多数农场在员工培训时，采用的第一方法就是程序化教学，主要原因是它做起来比较轻松，而且还有许多优点，例如比较经济、有效、有利于发挥集体作用、学员间相互激励学习等。程序化教学法的缺点：它本质上是一种单向性的思想传授方式、缺乏互动性，学员往往不是主动参与而是被动接受，仅仅借助语言媒介，因而不能使学员直接体验知识和技能。

（2）案例分析法。

又称案例分析法，它是围绕一定的培训目的，把实际中真实的情景加以典型化处理，形成供学员思考分析和决断的案例，通过独立研究或者相互讨论的方式，来提高学员的分析及解决问题的能力的一种培训方法。案例培训法属于亲验性学习的一种，学员能通过自己亲身的、直接的经验来学习，所学到的是自己直接的第一手的经历与技能。实践表明，这种方法的优点是：能明显地增加学员对公司各项业务的了解，培养学员间良好的人际关系，提高员工解决问题的能力，增加公司的凝聚力。

（3）研讨法（讨论法）。

研讨法也叫讨论法，主要是就某个培训主题召集受训人员，大家展开广泛而深入的讨论，使受训人员在讨论中运用所学过的知识达到互相学习、分享观点的培训效果。讨论法又可分为分组讨论法、沙龙讨论法和集体讨论法等。讨论法的作用表现在以下几个方面。第一，通过交流和讨论，可以使学员进一步理解所学过的知识，对原有的疑问有一个清楚正确的认识，并体验如何运用抽象的知识。第二，可以训练学员的思维方式。利用讨论会等方式，可以使学员学会用辩证的观点分析和解决问题，激发学员的探索、批判精神和逻辑思维活动。第三，有助于培养学员的综合能力。讨论会要求学员综合运用所具有的各种知识、技能、经验，这就在无形之中培养了员工的综合能力。第四，有助于培养科学精神和成熟程度，使员工及时发现自己的缺点和不足。在讨论中，学员通过积极参与不同观点的争论，学会了如何尊重别人，倾听他人的意见，吸取他人的合理因素，同时也学会了正确地对待他人对自己行为的反应，以及如何充分利用大家的力量来达到一个共同的目的。第五，有助于提供运用所学知识和原理的机会，引起进一步学习的驱动力。要在讨论中得到好效果，学员必须广泛运用已经学过的知识和原理，从而使得学习动机和动力更为强烈。总之，讨论法具有其他培训方法难以替代的作用，它致力于培养学员独立钻研的能力，又允许学员相互提问、探讨和争论，所以可以使员工从培训中获益匪浅。

（4）角色扮演培训法。

也称之为情景模拟法，具体做法是根据培训主题，给受训员工提出一组情景，要求一些成员担任各种角色并出场演出，其余人在下面观看，表演结束后进行情况汇报和总结，扮演者、观察者和教师共同对整个情况进行讨论。该方法的精髓在于它不是针对问题相互对话的，而是针对问题采取某种实际行动，从而提高学员的实际处理问题的能力和水平。它给学员提供了一个机会，在一个逼真而没有实际风险的环境中体验、练习各种技能，而且能够得到及时的反馈，因此该方法是最有效的培训方法之一。在实际运用中，角色扮演培训法特别适用于人际关系的培训，除此之外，还可以用来教会员工如何在课堂上交换自己的研究心得。

（5）网上培训的兴起。

培训新技能是农场核心竞争力的关键。然而，指定培训常常成本高昂、速度缓慢并且效率不高，此外，它还使人们不得不脱离开自己的工作。近年来，网上培训（e-learning）能解决这一问题，网上培训的基本模式就是指通过网络及有关的计算机软件进行技能和知识的培训和学习，学员通过网络观看影片和示范、阅读学习性的电子书籍。目前，网上培训具备了新媒体的所有功能，包括音频、交互式动画，还有大量的幻灯片。但农场的人力资源部门必须认识到，单纯追求潮流是不够的，必须考虑网上培训的目的，并设计网上培训方案，及其限制条件。

6.5　农场员工绩效管理

员工绩效考核，是指考评者在一定的目的与思想指导下，运用科学的技术方法，依据一定的考核标准，对员工及其相关工作进行事实评判或量值与价值评判的过程。员工绩效考核，在也称绩效考评，严格地说，绩效考评与员工绩效考核是有区别的，绩效考评主要注重工作完成的结果，是否达到预定的要求，范围界定比较窄；而员工绩效考核的面比较广，既包括绩效考评，同时也包括素质、能力的考评，可以说是一种广义上的绩效考评。管理本身就是一个过程，同时管理是通过这个过程来达到相应的结果。所以从管理本身来讲，员工绩效考核会更合适。

6.5.1　员工绩效考核的作用与类型

1. 员工绩效考核的作用

（1）员工绩效考核是人员任用的依据。

人员任用的标准是德才兼备，人员任用的原则是因事择人、用人所长、容人所短。要想判断人员的德才状况、长处短处，进而分析其适合何种职位，必须经过考核，对人员的政治素质、思想素质、心理素质、知识素质、业务素质等进行评价，并在此基础上对人员的能力和专长进行推断。也就是说，员工绩效考核是“知人”的主要手段，而“知人”是用人的主要前提和依据。

（2）员工绩效考核是决定人员调配和职务升降的依据。

人员调配前，必须了解人员使用的状况，人事配合的程度，其手段就是进行考评。通过全面、严格的考核，发现员工的素质，进行合理的晋升或降低，更好地调配农场的人员。

（3）员工绩效考核是进行人员培训的依据。

人员培训是人力资源开发的基本手段，但培训应有针对性，针对人员的短处进行补充学习和训练。因此，培训的前提是准确的了解各类人员的素质和能力，了解其知识和能力结构，优势和劣势，需要什么，缺少什么。同时，考评也是判断培训效果的主要手段。

（4）员工绩效考核是确定劳动报酬的依据。

按劳分配是公认的农场员工的分配原则，准确地衡量“劳”的数量和质量是实行按劳分配的前提。没有考核，报酬就没有依据。

（5）员工绩效考核是对员工进行激励的手段。

奖励和惩罚是激励的主要内容，奖罚分明是人事管理的基本原则。要做到奖罚分明，就必须科学地、严格地进行考核，以考核结果为依据，决定奖或罚的对象、等级。

（6）员工绩效考核是平等竞争的前提。

建立社会主义市场经济，需要鼓励农场竞争，也需要在农场内部鼓励员工之间进行平等竞争，创造“比、学、赶、帮、超”的良好气氛。

总之，具有高水平的员工绩效考核，会提高农场的竞争优势。良好的考评制度可以保证农场依法行事，更能提高人力资源管理水平的提高。

2. 员工绩效考核的类型

① 诊断性考评。通过员工绩效考核，可以了解员工的素质和工作分析中存在的问题及其原因。

② 竞争性考评。主要确定谁干得好，谁干得不好，谁干得多，谁干得少，主要是为人力资源部门发工资、提奖金、评优等提供依据。

③ 评价性考评。评价性考评是指总结性的考评，一个绩效周期完成之后，对其进行全方位的考评，属于一种总结性的考评。

员工绩效考核和员工人员的测评，这两种也是有区别的，员工的测评是对还未上岗人员之前的素质的确定、分析、预测，将来能不能达到工作的要求，是绩效的一种预测。而员工绩效考核是对员工干完事情之后，对其绩效成果的一种确认，形象地说，测评实际上是“事前诸葛亮”，而考评相当于“事后包公”，“诸葛亮”预测问题准确性高，而“包公”则是事情发生后处理得公正、公平。

6.5.2　员工绩效考核内容、程序和主体

1. 员工绩效考核内容

① 德；②能；③勤；④绩。

2. 员工绩效考核的程序

①规划、设计；②组织、动员；③技术准备和人员培训；④收集绩效信息、填报表格；⑤审核；⑥分项统计与评定；⑦信度检验；⑧处理与排序；⑨考评结果的确认和通告；⑩结果运用。

3. 员工绩效考核的主体

①直接上司；②同级同事；③下属；④员工自评；⑤客户评价；⑥360 度绩效考评。

6.5.3　员工绩效考核指标的设计及原则和方法

1. 员工绩效考核指标的标准设计

考评指标包括要素、标志、标度。考评要素是考评的对象，是考评的基本单位；考评标志是揭示考评要素的关键可辨别特征，考评标度是指考评要素或要素标志的程度差异与状态的顺序和刻度，可以用数量来揭示，也可以用等级来揭示，还可以用语言来揭示。例如，用等级来揭示，有时候会用 A、B、C、D、E；用语言来揭示，有杰出、优秀、良好、一般、较差。例如，仪表作为考核的标度，也可以通过语言来描述，一是是穿戴整洁，二是有风度、潇洒，三是随意、干净。表 6-1 和表 6-2 为考核标准量表。

表 6-1　考核标准量表 1

考评要素	考评标志	考评标度		
逻辑思维能力	回答问题层次是否清楚 论述问题是否周密 论点论据照应是否连贯	清楚 周密 连贯	一般 一般 一般	混乱 不周密 不连贯

表 6-2　考核标准量表 2

考评要素	考评标志	考评标度				
协调性	合作意识怎么样 见解想法是否固执 自我本位感强不强	优	良	中	可	差

2. 指标设计的原则

① 同值性原则。要求指标内容与标志特征与考评的对象特征相一致。例如，我们用尺子，只能量测长短、高低，但不能测量重量。重量与长度两者不同值。用尺度量身高是可取的，因为高度也是一个长度的概念。

② 可考性原则。设立的指标要能够辨别。如“工作经验”，用“实际工作年限”就容易操作。

③ 普遍性原则。就是说，我们设计的角度不是只对某一个角度来设，而对其他角度也要来设计。

④ 独立性原则。指标之间不要相应重复、交叉。

⑤ 完整性原则。考评的对象要能涵盖考评的各方面特点。

⑥ 结构性原则。指标体系要有条件、过程、结果三方面的指标，不要支离破碎，要相辅相成。

3. 指标设计的方法

① 对象分析法。即根据考评对象的分析结果拟定一些考评要素。

② 结构模块法。就是指通过结构的分析来确定指标的内容。

③ 榜样分析法。就是找几个典型，包括干得好的，干得不好的，找他们来调查咨询，鉴别指标的合理性。

④ 调查咨询。通过对有关人力资源管理者、考评专家甚至被考评者，进行广泛的调查与咨询，搜集有关考评要素。

⑤ “神仙”会聚法。请专家学者或管理人员，无顾忌、无干扰地提出各种考核要素。

⑥ 文献查阅法。是指从相关的文献资料中去查询有关的考评要素，利用现有的文献资料来建构相关的指标体系。

⑦ 职务说明书查阅法。是指有些职务说明书里面有相关的职务要求，从中查找之后确定内容。

6.5.4 员工绩效考核的实施方法与反馈

1. 员工绩效考核的方法

（1）印象评判法。

一些小公司对属下的工作比较熟悉，对下属的绩效如何十分清楚，这种情况下，采用印象评判法。对员工排序或划分等级，操作简便。

（2）相对比较评判法。

对先前印象有偏差时，宜使用相对比较法。

相对比较法细分，又可有以下几种。

① 代表人物比较法。我们可以从整体上找代表，可以从分向上找代表。整体上找代表的情况为，例如一个班里面有 20 个员工。在员工里面，找一个认为干得好的，找一个干得一般的，找一个干得较差的。然后剩下的 17 个人对照以上 3 个人进行比较。接近于好的，我们就把他评为好，接近于差的就把他评为差，接近于中的就把他评为中。分向上找代表是指从态度方面找，态度好的就评为好，态度差的就评为差，能力方面也是这样，业绩方面也是这样。

② 两级排序考评法。首先把好的找出来，把差的也找出来。还是以 20 个员工为例，把好的找出来，把差的也找出来，就剩下 18 个，在里面再次把好的找出来，把差的找出来，就剩下 16 个，依此类推。

③ 成对比较考评法。即两两比较，还是以 20 个员工为例，1 号员工和 2 号比较，当 1 号比 2 号强时，那么 1 号就排在前面，然后 1 号再和 3 号比较，发现 3 号比 1 号强，那 3 号就排到 1 号前面，如 3 号比 1 号差，1 号就排在前面不动，依此类推，将所有的比较完成，再排序。

④ 分析考评法。还是以 20 个人为例，假如我们经过考评委员会讨论，哪个作为最好的，哪个作为一般的，哪个作为最差的，建议最好的和一般之间为一个等级，一般的和最差的之间是一个等级，之后将其他人往这几个等级里面放，放的过程中采用比例控制考评，这种考评属于相对考评。为规定优的为 5%，良的为 15%，一般的为 50%，这样依此类推下去，是一种强度性的分布，这种分布保证了各个等级都有一定的人数。但缺点是不同群体的等级比较，如 A 部门都是素质较高的，而 B 部门员工整体上就差一些，通过考核，A 部门和 B 部门都会产生优、良、差员工。但 A 优不等于 B 优，A 良不等于 B 良。可能 A 良等于 B 优，甚至比 B 优都强。所以比例控制考评法也有不足，但在实际中却用得较多。

在实际应用中有两种改良的比例法。第一种是高分限制，是指对高分和分数等级的人数有统一限制。例如，某农场有 200 名员工，规定除特殊情况外，考评分数最高不得超过 90 分，同一分数不得超过 10%，也就是说，除特殊情况外，同一分数的人不能超过 20 名，这样考评结果将在两个方面得到控制。一是所有考评分数都得从 90 分向下排，二是分布均匀，同一分数的人次都在 20 人以下。这样就解决了优、良、中等的人数过多的问题。第二种是整体绩效优劣控制法，首先对部门进行考评，如果部门考评结果较好，那么优等名额就多一点，如果不好，中等甚至差等的名额就多一点。

（3）因素分解综合评判法。

就是针对要考评的对象，通过因素分解把特点表现出来，然后根据每一项特征进行打分，最后通过一定的思想模型得出分数，其核心思想是对人划等分，几人成一个等级。它又可分以下几种：

① 加权综合考评法。每个指标在总体评判所起的作用是不一样的，作用大的，加权或分打分就多一点；作用少的，分数就少一点。

② 模糊数学综合评判法。与加权综合考评法不同的是，加权综合考评是把考评的、被考评的人在某一项指标上就分得很清楚，要么属于 A，要么属于 B，要么属于 C，几个等级里面只能属于其中一种，不能同时属于两种，这是经典数学的观念。

（4）常模参照与效标参照考评法。

常模参照考评法是相对比较进行考评。20 个人分出优劣来，这种划分每一个等级都存在。效标参照是以工作所规定的客观标准作为要求来进行。这两种考评在实际中真实存在。例如目标等级考评法，在一定程度上，我们可以把它理解为效标参照。

2. 考核结果的反馈

员工绩效考核的结果一般采用面谈方式向员工进行反馈，在面谈的时候尤其需要注意遵循以下原则。

对事不对人，不要把这个人和那个人比较。谈论的中心应放在应用数据为绩效的结果上。

谈具体，不要谈一般。成绩或问题最好都要以数据、事实作为依据。

不仅要找出缺陷，更重要的是要分析原因，不要“只诊断，不开处方”。

保持双向沟通，要注意听取被考查人的意见。

落实行动，主要是帮助员工找出原因，从帮助的角度进行面谈。

6.6 农场的薪酬管理

6.6.1 薪酬管理的目标和功能

薪酬是农场支付给员工的劳动报酬，它主要以工资（含奖励工资）和福利两种形式表现出来。薪酬管理是指组织管理者对员工的薪酬形式、薪酬结构、薪酬水平、薪酬等级、薪酬标准等内容进行指定和调整。它主要包括薪酬目标设定、薪酬政策选择、薪酬计划制定和薪酬结构调整等四个方面。

1. 薪酬的构成

总体来看，薪酬由工资、奖金与福利三部分构成。具体由下列模型加以直观反映（图 6-1）。

报酬系统主要分为两个部分，即金钱报酬和非金钱奖励。其中非金钱奖励又可分为两部分，即职业性奖励和社会性奖励。金钱报酬也可分为两部分，即直接报酬和非直接报酬。直接报酬主要包括工资与奖金，非直接报酬主要包括公共福利、个人福利、有偿假期和生活福利。

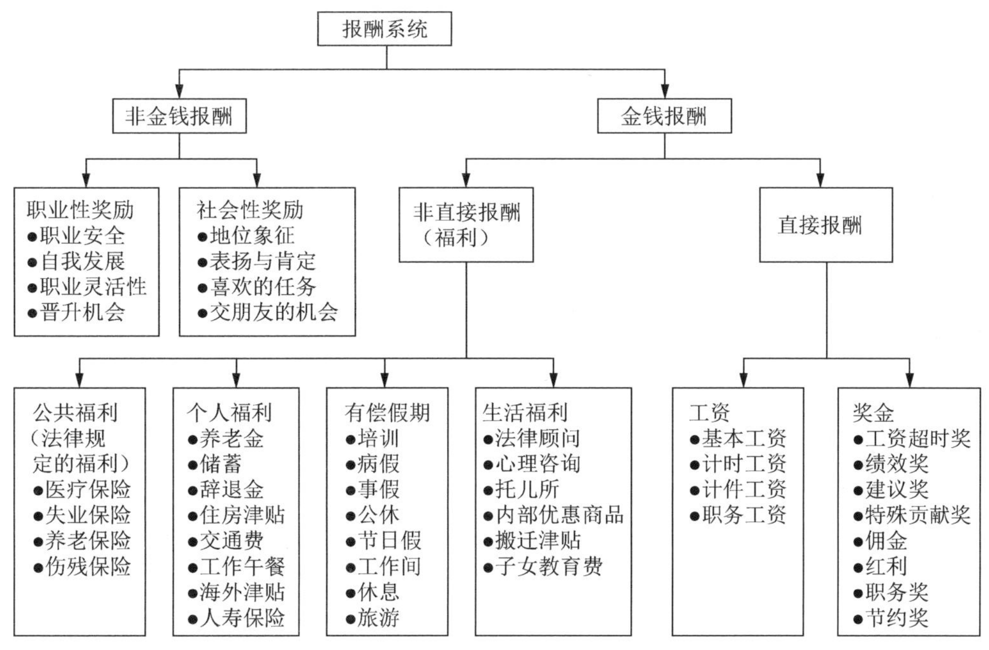

图 6-1　薪酬系统模型

2. 薪酬管理的目标

简言之，薪酬管理的目标，就是能调动员工的工作积极性，使他们愿意在所在农场努力工作。具体体现为：

① 吸引人才。在目前市场经济环境下，报酬无疑是吸引人才的有效工具，但这并不意味着，工资越高越能吸引人才，应该是完备、公正、公平的报酬系统才能吸引人才。

② 激励员工。是否对员工有激励作用是衡量报酬系统是否有效的主要标准。有效的报酬系统应该使每个员工都能自觉地为农场目标努力工作。

③ 留住人才。一个有效报酬系统还要能为农场留住人才，使员工认识到，在该农场工作时间越长，回报越大（包括金钱与非金钱方面）。

④ 满足组织的需要。一个有效的报酬系统能以较低的人力成本来实现组织的基本目标。

报酬系统作用模型是表示报酬、员工工作满意感，及工作价值三者间关系的模型（图 6-2）。

由图 6-2 可以看出，报酬高低与员工的工作满意感和工作价值有关，为了提高员工工作满意感，一方面可加大报酬力度，另一方面是使员工认识到工作是有价值的。若只是加大报酬力度，而忽视了工作价值，则员工工作满意感程度不会很高。

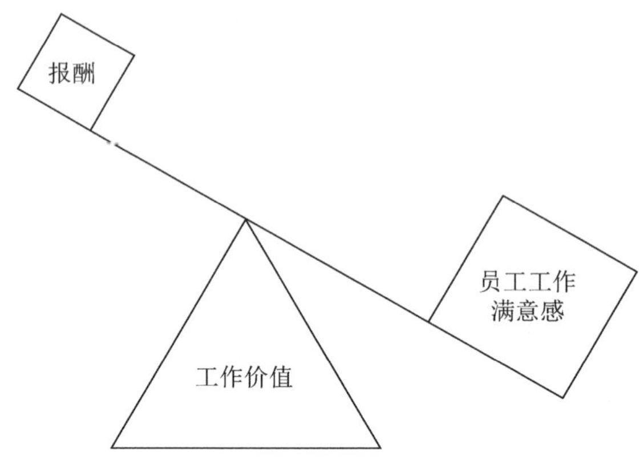

图 6-2 报酬系统作用模型

3. 薪酬管理的功能

① 补偿功能。保障员工收入能足以补偿劳动力再生产的费用。

② 激励功能。薪酬能激发员工的工作积极性。

③ 调节功能。薪酬差异可以促进人力资源的合理流动和配置。

6.6.2 薪酬的形式

1. 岗位制

多劳多得是被大家所接受的薪酬原则，以前很多农场采用这种形式。这种形式一般都打破了资历、工龄的限制。岗位制里面，又可分为单一型岗位工作制和可变性工作岗位制。单一型是一岗一薪，可变性工作岗位制是一岗多薪，在一个岗位内只能够按一个工资标准进行操作，但各工资标准，不相互交叉，衔接不交叉。岗位制还包括重合可变性岗位工作制，要求工资之间互相有交叉，它可以使在岗位不变的情况下，鼓励员工的积极性。

2. 技能工资制

根据人的技能、素质条件，来确定工资水平。一个人的工作到底干得好不好，主要是由素质水平决定的。从人力资本上来讲，投资得越多，回报得就越多，例如过去的八级工资制，技能工资里面还有一个叫做职能工资制，技能工资制是技术含量高的农场岗位。那么对于一些管理的岗位、管理的部门、管理的单位，可能使用技能工资制不太合适。不管是技能工资制还是职能工资制，都是从人的素质、人力资本的角度来确定工资制。职能工资是把职务进行分类，一般分为管理职务、事务职务、技术职务等，然后根据岗位对人的知识、技能、能力、品性、心理素质等确定工资标准，这种制度有助于人的素质的提高。

3. 结构工资制

结构工资制是指基于工资的不同功能划分为若干相对独立的工资单元，各单元又规定不同的结构系数，组成有质的区分和量的比例关系的工资结构。工资单元一般包括六个部分，一是基础工资、二是岗位工资、三是技能工资、四是效益工资、五是浮动工资、六是年功工资。农场在实际实施的工程中可以根据实际情况设计工资单元，设定各单位之间的比例。

设计基本模式就是根据上述基础工作提供的资料和情况，确定工资结构，如某农场设置基础工资、岗位（职务）工资、年功工资、效益工资等四个单元。再确定结构工资中各单元的比例，即将结构工资总额视为 100%，分别确定各工资单元所占百分比。一般来说，生产、工作的重点环节，其相对应的工资单元比例应当安排高一些，反之，则可以安排低一些，然后，按各工资单元比例得出各单元工资额。

4. 其他形式

（1）定额工资。

根据完成的定额多少确定报酬的工资形式。一般这个定额都是大家能够完成的，确定定额，可以促使员工内在素质的资本有效地发挥出来。

（2）计件工资。

根据完成的合格产品数量（或作业量）和计件单价来支付报酬的工资形式。它是一种绩效工资。

（3）提成工资。

是从销售额、营业额或纯收入中提取部分货币进行分配的工资形式。它是绩效工资的一种。

（4）奖金。

奖励一些超额劳动的部分，是根据员工超额劳动或超额贡献的大小支付报酬的工资形式。

6.6.3　薪酬制度设计的原则和方法

1. 薪酬制度设计的原则

制度政策原则，由组织的高层领导来确定，例如由职工代表大会来确定。

① 按劳取酬原则。是工资制度中确定组织与员工之间的关系，调动员工积极性的首要原则。

② 同工同酬原则。是处理不同岗位之间工资关系的基本原则。

③ 外部平衡原则。与其他同类组织的工资水平大体保持平衡，是调整各类人员工资水平的一项原则。

④ 合法保障原则。

2. 薪酬制度设计的方法

① 工作评价法。工作评价，就是对各项工作的劳动价值或重要性进行评价。因为在不同工作之间，存在着劳动强度、劳动责任、劳动技能和劳动条件的差别。在工作分析基础上，搞清楚这些工作哪一些是同一类别，哪一些不是同一类别。同一类别里面有哪些因素，起决定作用。根据因素来进行评价，确定一个等级，之后就对工资结构进行设计，是以岗位工资为主，还是以绩效工资为主，还是两者结合。然后进行工资上的调查（内部调查、外部调查）和分析，内部调查是指干同一类工作的人是不是一样，外部调查是与外部其他部门比较分析差别。根据调查，最后来确定哪一个岗位到底拿多少钱，水平到底多少。

② 工资结构线的确定方法。进行工作评价后，就要对评价值确定一个对应的工资值，即把工作评价值转化为实际的工资值。工资结构线状态主要取决于如下因素，组织的价值观、薪酬政策人力资源战略、劳动力市场的供求状况、组织的付酬能力以及法律法规的制约。

③ 工资分级方法。就是把那些通过工作评价而获得相应的劳动价值或重要性的工作归并到一个等级，形成一个工资等级系列。

6.6.4 薪酬水平及其影响因素

1. 外部影响因素

薪酬水平是从某个角度按某种标准考察的某一领域内员工薪酬的高低程度。其外部影响因素主要包括劳动力市场的供求状况：当劳动力的供给大于需求时，则薪酬降低，否则升高。府的政策与立法：政府的许多法规政策影响薪酬系统，如最低工资规定、劳动安全与卫生、员工的退休、养老和保险等。当地经济发展：一般来说，若当地经济发展较好，薪酬会升高，否则会降低。

2. 内部影响因素

员工劳动绩效的差别：受员工的学历、工龄、能力、工种等因素的影响，不同员工所创造的劳动绩效并不相同，因而，薪酬的水平也应不同。组织的经济实力：农场在发展期，实力雄厚，因而一般采用高工资、高奖励、高福利的薪酬系统；在初创期，则采用低工资、高奖金、低福利的薪酬系统。组织的分配方式与结构劳资双方的谈判：现代农场有用人自主权，双方可以在用工合同上就薪酬达成协议。

6.7　农场劳动关系管理

6.7.1　劳动关系的含义及内容

1. 劳动关系的含义和特征

劳动关系又称为劳资关系、雇佣关系，是指社会生产中，劳动者与用人单位（包括各类农场、个体工商户、事业单位等）在实现生产劳动过程中所结成的一种必然的、不以人的意志为转移的社会经济利益关系。

劳动关系有广义和狭义之分，从广义上讲，生活在城市和农村的任何劳动者与任何性质的用人单位之间因从事劳动而结成的社会关系都属于劳动关系的范畴；从狭义上讲，现实经济生活中的劳动关系是指依照国家劳动法律法规规范的劳动关系，即双方当事人是被一定的劳动法律规范所规定和确认的权利和义务联系在一起的，其权利和义务的实现，是由国家强制力来保障的。

根据劳动法调整的劳动关系概括起来主要有以下几个法律特征：

① 劳动关系是在实现劳动过程中发生的关系，与劳动有着直接的联系。

② 劳动关系的双方当事人，一方是劳动者，另一方是提供生产资料的劳动者所在的用工的组织或个人。

③ 劳动关系的一方劳动者要成为另一方所在单位的成员，并遵守用工组织的内部劳动规则。

2. 劳动关系的内容

劳动关系的内容是指劳动关系双方依法享有的权利和承担的义务。

我国《劳动法》第三条规定劳动者享有的主要权利有：①劳动权；②民主管理权；③休息权；④劳动报酬权；⑤劳动保护权；⑥职业培训权；⑦社会保险权；⑧劳动争议提请处理权等。劳动者承担的主要义务有：①按质、按量完成生产任务和工作任务；②学习政治、文化、科学、技术和业务知识；③遵守劳动纪律和规章制度；④保守国家和农场的机密。用人单位的主要权利有：①依法录用、调动和辞退职工；②决定农场的机构设置；③任免农场的行政干部；④制定工资、报酬和福利方案；⑤依法奖惩职工。

其主要义务有：①依法录用、分配、安排职工工作；②保障工会和职代会行使其职权；③按职工的劳动质量、数量支付劳动报酬；④加强对职工思想、文化和业务的教育、培训；⑤改善劳动条件，搞好劳动关系和环境保护。

3. 劳动关系的类型

一个国家或地区劳动关系的性质和特点，不仅受该国或地区所有制结构以及经济体制和政治体制的影响，而且还受到国家或地区的历史传统、经济发展和文化积淀的影响。劳动关系的性质，主要是关于劳动关系双方利益关系的性质。由于劳动关系双方利益关系的性质和利益关系的处理原则不同，劳动关系分成了不同的类型。目前世界各国的劳动关系大致可分为以下三种类型：利益冲突型的劳动关系，又称传统型的劳动关系。利益一体型的劳资关系。利益协调型的劳动关系。

4. 和谐劳动关系

只有切实保障农场与职工的互择权，才能实现生产要素的优化配置。要发展社会生产力，就必须使各种生产要素在适当的流动中获得最佳组合，如果员工不能选择农场，农场不能选择职工，势必造成人力资源的浪费，阻碍生产力的发展。

只有保障农场各方面的正当权益，才能调动各方面的积极性。合理的投资回报可以吸引更多的资金流入农场，合理的工资、福利可以吸收和稳定农场所需人才，合理的农场利润留成可以有利于农场的长远发展。

只有改善农场内部劳动关系、维护安定团结，才能确保农场改革和转换经营机制的顺利进行。只要农场各方面的相互信任、相互尊重、互助合作，就能创造出一个令人心情舒畅的工作环境，有利于安定团结。只有调整好各方面利益，才能保证农场改革的深入进行。

6.7.2 劳动合同管理

1. 劳动合同的含义及特征

劳动合同，也称劳动契约、劳动协议，它是指劳动者同农场、事业、机关单位等用人单位为确立劳动关系，明确双方责任、权利和义务的协议。根据协议，劳动者加入某一用人单位，承担某一工作和任务，遵守单位内部的劳动规则和其他规章制度。农场、事业、机关、团体等用人单位有义务按照劳动者的劳动数量和质量支付劳动报酬，并根据劳动法律、法规和双方的协议，提供各种劳动条件，保证劳动者享受本单位成员的各种权利和福利待遇。

劳动合同作为合同的一种，具有合同的一般特征：

① 合同是法律行为。

② 合同以在当事人之间产生权利义务为目的。

③ 合同是当事人双方或多方相互的意思表示一致，是当事人之间的协议。

2. 劳动合同的种类

按照不同的标准劳动合同可以划分为不同的种类，常见种类是：

① 聘用合同。

② 录用合同。

③ 借调合同。
④ 停薪留职合同。

3. 劳动合同的内容

劳动合同的内容分为法定内容和约定内容。
① 劳动岗位。
② 劳动合同期限。
③ 劳动报酬。
④ 社会保险。
⑤ 上岗培训。
⑥ 劳动纪律。
⑦ 违约责任。

4. 劳动合同的订立

（1）劳动合同订立的原则。
① 平等原则。
② 自愿原则。
③ 协商一致原则。
④ 合法原则。
（2）劳动合同的订立程序。

按照《劳动法》的规定，建立劳动关系应当订立劳动合同。用人单位录用的职工，有的属于干部，有的属于工人，因此订立劳动合同的程序是不完全相同的。根据相关法律法规的规定，订立劳动合同的主要程序有：

① 自愿报名，提交证明文件。
② 全面考核，择优录用。
③ 填写新职工审批表，报请市、县人民政府劳动部门审批，并由审批部门发给新职工录用通知书。
④ 被录用者提交报到文件和其他证明文件。
⑤ 用人单位向被录用者介绍拟订劳动合同的内容和要求。
⑥ 双方协商一致，签订劳动合同。
⑦ 工会对录用职工实行必要的监督。
⑧ 办理法定手续。
（3）订立劳动合同时应注意的问题。
① 订立前的知情权。
② 劳动合同应由双方各执一份。

③ 一方拒绝或拖延签约。

④ 用人单位收取抵押物。

5. 劳动合同的履行

劳动合同的履行是指劳动合同当事人依据合同规定的条件，享有各自权利，承担各自的义务的法律行为。

根据《劳动法》的规定，我国劳动合同的履行必须坚持以下原则：

① 全面履行的原则。就是按照劳动合同规定的全部内容履行，不能以部分代替全部。

② 实际履行的原则。就是按照劳动合同规定的标准去履行，不得以其他内容代替。

③ 不得擅自变更、解除的原则。就是在不具备法律规定的双方当事人约定的条件下，未经对方同意，不得单方随意改变或提前终止劳动合同。

④ 在履行劳动合同发生争议时应及时协商、调解和仲裁的原则。这样做的目的是避免更大的损失。

6. 劳动合同的变更与续订

（1）劳动合同的变更。

① 劳动合同变更的含义。劳动合同的变更是指劳动合同内容的变化，不包括劳动合同主体的变化. 劳动合同的变更是在原有的劳动合同内容已经不能全部适应客观情况的需要，有必要对双方当事人的权利和义务加以改变的情况下发生的。具体包括工作内容的变更、工作地点的变更、工资福利的变更等。

② 劳动合同变更的原则。平等自愿，协商一致的原则。合法的原则。

③ 劳动合同变更的条件。双方协商变更。变更劳动合同，应当遵循平等自愿，协商一致的原则，不得违反法律，行政法规的规定。劳动合同订立时所依据的客观情况发生重大变化，致使原劳动合同无法继续履行，变更劳动合同。所谓“客观情况”指，发生不可抗力或出现致使劳动合同全部或部分条款无法履行的其他情况。例如，农场迁移、被兼并、农场资产转移等。但排除用人单位濒临破产进行法定整顿期间或者生产经营状况发生严重困难，确需裁减人员的情况。订立劳动合同所依据的法律，行政法规发生了变化，为保持劳动合同的法律效力，需要变更劳动合同相关的内容。变更劳动合同，应当采取书面形式记载变更的内容，注明变更的时期，由当事人双方签字，盖章后成立。

（2）劳动合同的续订。

劳动合同续订，是指合同期限届满，双方当事人均有继续保持劳动关系的意愿，经协商一致，延续签订劳动合同的法律行为。

续订劳动合同应按下列程序进行：

① 一般在合同到期前一个月左右，用人单位应书面了解劳动者的意向。

② 对有续订合同意向的员工，用人单位应及时确定是否与其续订的意向。

③ 双方当事人协商要约和承诺，实际是对原合同条款审核后确定继续实施还是变更部分内容。

（3）协商一致后，双方签字或盖章。实际操作中可以重新签一份，也可以填写续签合同单（该续签单一般附在劳动合同后面）。

另外，《劳动法》第二十条第二款规定：“劳动者在同一用人单位连续工作满10 年以上，当事人双方同意续延劳动合同的，如果劳动者提出订立无固定期限的劳动合同，应当订立无固定期限的劳动合同”。

7. 劳动合同的解除和终止

（1）劳动合同的解除。

劳动合同的解除，是指提前终止劳动合同的法律行为。劳动合同的解除有以下几种情形：

① 劳动合同的合意解除。经劳动合同当事人协商一致，劳动合同可以解除。

② 劳动者提前通知解除。劳动者解除劳动合同，应当提前三十日以书面形式通知用人单位。

③ 劳动者随时通知解除。

（2）劳动合同的终止。

劳动合同的终止，是指劳动合同期限届满，双方当事人权利、义务履行完毕，结束劳动同法律关系的行为。劳动合同终止有如下情形：

① 劳动合同期满的。

② 当事人约定的劳动合同终止条件出现的。

③ 用人单位破产、解散或者被撤销的。

④ 劳动者退休、退职、死亡的。

⑤ 劳动合同当事人实际已不履行劳动合同满三个月的，劳动合同可以终止。

⑥ 劳动者患职业病、因工负伤，被确认为部分丧失劳动能力，用人单位按照规定支付伤残就业补助金的，劳动合同可以终止。

⑦ 劳动者患职业病或者因工负伤，被确认为完全或者大部分丧失劳动能力的，用人单位不得终止劳动合同，但经劳动合同当事人协商一致，并且用人单位按照规定支付伤残就业补助金的，劳动合同也可以终止。

（3）劳动合同不得终止的情形如下。

劳动合同期满或者当事人约定的劳动合同终止条件出现，劳动者有下列情形之一的，同时又没有严重违反劳动纪律或者用人单位规章制度；也无严重失职，营私舞弊，对用人单位利益造成重大损害；也未被依法追究刑事责任，劳动合同期限顺延至下列情形消失：

① 患病或者负伤，在规定的医疗期内的。

② 女职工在孕期、产期、哺乳期内的。

③ 法律、法规、规章规定的其他情形。

8. 劳动合同解除和终止的经济补偿

按照劳动部的有关规定劳动合同解除或终止要给予劳动者以相应的经济补偿，具体如下：

① 对劳动者的经济补偿金，由用人单位一次性发给。

② 用人单位克扣或者无故拖欠劳动者工资的，以及拒不支付劳动者延长工作时间工资报酬的，除在规定的时间内全额支付劳动者工资报酬外，还需加发相当于工资报酬百分之二十五的经济补偿金。

③ 用人单位支付劳动者的工资报酬低于当地最低工资标准的，要在补足低于标准部分的同时，另外支付相当于低于部分百分之二十五的经济补偿金。

④ 经劳动合同当事人协商一致，由用人单位解除劳动合同的，用人单位应根据劳动者在本单位工作年限，每满一年发给相当于一个月工资的经济补偿金，最多不超过十二个月。工作时间不满一年的按一年的标准发给经济补偿金。

⑤ 劳动者患病或者非因工负伤，经劳动鉴定委员会确认不能从事原工作、也不能从事用人单位另行安排的工作而解除劳动合同的，用人单位应按其在本单位的工作年限，每满一年发给相当于一个月工资的经济补偿金，同时还应发给不低于六个月工资的医疗补助费。患重病和绝症的还应增加医疗补助费，患重病的增加部分不低于医疗补助费的百分之五十，患绝症的增加部分不低于医疗补助费的百分之百。

⑥ 劳动者不胜任工作，经过培训或者调整工作岗位仍不能胜任工作，由用人单位解除劳动合同的，用人单位应按其在本单位工作的年限，工作时间每满一年，发给相当于一个月工资的经济补偿金，最多不超过十二个月。

⑦ 劳动合同订立时所依据的客观情况发生重大变化，致使原劳动合同无法履行，经当事人协商不能就变更劳动合同达成协议，由用人单位解除劳动合同的，用人单位按劳动者在本单位工作的年限，工作时间每满一年发给相当于一个月工资的经济补偿金。

⑧ 用人单位濒临破产进行法定整顿期间或者生产经营状况发生严重困难，必须裁减人员的，用人单位按被裁减人员在本单位工作的年限支付经济补偿金。在本单位工作的时间每满一年，发给相当于一个月工资的经济补偿金。

⑨ 用人单位解除劳动合同后，未按规定给予劳动者经济补偿的，除全额发给

经济补偿金外，还须按该经济补偿金数额的百分之五十支付额外经济补偿金。

⑩ 本办法中经济补偿金的工资计算标准是指农场正常生产情况下劳动者解除合同前十二个月的月平均工资。

用人单位依据以上第 5 条、第 7 条、第 8 条解除劳动合同时，劳动者的月平均工资低于农场月平均工资的，按农场月平均工资的标准支付。

9. 集体合同

（1）集体合同的概念。

集体合同是指用人单位与本单位职工根据法律、法规、规章的规定，就劳动报酬、工作时间、休息休假、劳动安全卫生、职业培训、保险福利等事项，通过集体协商签订的书面协议。

集体合同通常由工会代表职工与农场签订，没有成立工会组织的，由职工代表代表职工与农场签订。我国集体合同体制以基层集体合同为主导体制，即集体合同由基层工会组织与农场签订，只对签订单位具有法律效力。

（2）集体合同订立原则。

根据我国 2003 年 12 月 30 日颁布实施的《集体合同规定》第五条进行集体协商，签订集体合同或专项集体合同，应当遵循下列原则：

① 遵守法律、法规、规章及国家有关规定。

② 相互尊重，平等协商。

③ 诚实守信，公平合作。

④ 兼顾双方合法权益。

⑤ 不得采取过激行为。

（3）劳动合同与集体劳动合同的关系。

① 目的不同。

② 主体不同。

③ 内容不同。

④ 法律效力不同。

10. 事实劳动关系

在我国，强调用人单位与劳动者建立劳动关系应签订劳动合同，然而在现实生活中，尤其是广大农民工，大多数都没能和用人单位签订劳动合同，如果用人单位与劳动者之间虽然没有劳动合同，但却存在着劳动关系，我们就称之为事实劳动关系。

具体而言，事实劳动关系，指的是用人单位招用劳动者后不按规定订立劳动合同，或者用人单位与劳动者以前签订过劳动合同，但是劳动合同到期后用人单位同意劳动者继续在本单位工作却没有与其及时续订劳动合同的情形。

6.7.3 职业安全卫生和劳动保护管理

1. 职业安全卫生风险概述

① 职工本人及其他人的生命伤害。

② 职工本人及其他人的健康伤害（包括心理伤害）。

③ 资料、设备设施的损坏、损失（包括一定时期内或长时间无法正常工作的损失）。

④ 处理事故的费用（包括停工停产、事故调查及其他间接费用）。

⑤ 组织、职工经济负担的增加。

⑥ 职工本人及其他人的家庭、朋友、社会的精神、心理、经济伤害和损失。

⑦ 政府、行业、社会舆论的批评和指责。

⑧ 法律追究和新闻曝光引起的组织形象伤害。

⑨ 投资方或金融部门的信心丧失。

⑩ 组织信誉的伤害、损失，商业机会的损失。

⑪ 产品的市场竞争力下降。

⑫ 职工本人和其他人的埋怨、牢骚、批评等。

职业安全卫生风险一旦引发事故，会给职工和农场带来严重的损失，我国是社会主义国家，劳动者是国家的主人，在劳动保护方面我国出台了相应的法律法规以保护劳动者在完成生产任务和工作任务的同时有效的保护其身心健康。

2. 安全生产管理

安全生产主要体现在农场在生产过程中要严格执行劳动安全技术规程。

劳动安全技术规程是国家为了防止和消除在生产过程中的伤亡事故，保障劳动者的生命安全和减轻繁重体力劳动，以及防止生产设备遭到破坏而制定的法律规范，主要包括：

① 工厂安全技术规程。

② 矿山安全法规制度。

③ 建筑安全工程安全技术规程。

3. 职业卫生管理

农场必须建立健全劳动安全卫生制度，执行国家劳动安全卫生规范和标准，为劳动者提供符合劳动安全卫生标准的劳动条件。这主要体现在农场在生产过程中必须执行劳动卫生规程。

劳动卫生规程指国家为了保护劳动者在生产、工作过程中的健康，防止和消除职业危害而制定的各种法律规范的总和，包括各种工业生产为生、医疗预防、健康检查等技术和组织管理措施的规定。这方面的主要法规有：《工厂安全卫生规程》、《中华人民共和国尘肺病防治条例》、《工业农场噪声卫生标准》、《工业农场人工照明标准》等。

劳动卫生规程的主要内容有：①防止有毒、有害物质的危害；②防止粉尘的危害；③防止噪声和强光刺激；④防暑降温和防冻取暖；⑤通风和照明；⑥个人防护用品和生产辅助设施；⑦疾病预防。

4. 劳动安全卫生管理制度

劳动卫生安全管理制度是指用人单位为了保护劳动者在劳动生产过程中的安全健康，根据生产过程的客观规律和实践经验总结而制定的各种管理制度。

用人单位应建立的劳动卫生管理制度主要包括：①安全卫生责任制度；②安全卫生技术措施计划管理制度；③安全卫生教育制度；④安全卫生检查制度；⑤劳动安全卫生监察制度；⑥伤亡事故报告和处理制度；⑦职业病的防治和处理制度。

6.7.4　劳动争议与处理

1. 劳动争议的概述

（1）劳动争议的概念。

劳动争议又称劳动纠纷、人事纠纷，是劳动关系当事人之间因实现劳动权利和履行劳动义务所发生的纠纷。

（2）劳动争议类型及其产生的原因。

① 劳动争议的类型。

随着我国社会主义市场经济体制的建立和完善，农场中劳动关系发生的变化和随之产生的问题越来越突出。在农场内部，员工与农场因劳动问题发生争论的现象逐渐增加。争议的内容广泛、争议的焦点难以集中和争议处理难度增大是其显著的特点。但归纳起来，劳动争议大致可分为以下几类：终止劳动关系的劳动争议，是指农场开除、除名、辞退职工或职工辞职、离职而发生的劳动争议；执行劳动法规的劳动争议，是指农场和职工之间因执行国家有关工资、保险、福利、培训和劳动保护规定而发生的争议；履行劳动合同的劳动争议，是指农场和职工之间因执行、变更、解除劳动合同而发生的争议；其他劳动争议。

② 劳动争议产生的原因。劳动争议是市场经济和社会化大生产的必然产物。由于市场经济要求资源流动而形成最佳配置，这就决定了用人单位和劳动者之间的不可避免的会因劳动关系产生、变更、终止而发生冲突和纠纷，加之二者利益、看问题的角度也不同，增加了纠纷的可能性。劳动争议的产生有社会外部原因和农场内部原因。

从农场内部来看这主要体现在三个方面。忽视劳动合同的管理。例如，劳动合同签订不全面；劳动合同不规范；履行劳动合同的方式与程序不当等。农场规章制度不合理、不健全或没有依照合理程序制定执行。人力资源管理人员缺乏预防劳动争议的知识与技能。

从社会外部来看，人们的法制观念淡薄和劳动立法不健全也是导致劳动争议的重要原因。

2. 劳动争议的处理机构与处理原则

着重调节，及时处理；事实清楚，依法处理；法律面前人人平等。

3. 劳动争议的处理程序

（1）劳动争议调解。

① 调解委员会的职责和调解受案范围。

② 调解委员会调解劳动争议案件的程序。

（2）劳动争议仲裁。

劳动争议仲裁，是指劳动争议仲裁委员对申请仲裁的劳动争议案件依法进行裁决活动。仲裁是我国处理劳动争议的一种基本形式，在劳动争议处理工作中具有重要作用。

① 劳动争议仲裁委员会的设立。劳动争议仲裁委员会是国家授权，依法独立处理劳动争议的专门机构。劳动争议仲裁委员会 由劳动行政部门代表、同级工会代表、用人单位方面的代表组成。

② 劳动争议仲裁委员的受案范围及管辖。劳动争议仲裁委员会受理劳动争议案件范围包括：因用人单位开除、除名、辞退职工和职工辞职、自动离职发生的争议；因执行国家有关工资、保险、福利、培训、劳动保护的规定发生的争议；因履行劳动合同发生的争议；法律法规规定由仲裁委员会处理的其他劳动争议。劳动争议仲裁委员会处理劳动争议案件，一般实行属地管辖原则。

③ 劳动争议仲裁程序。劳动仲裁程序一般按以下三个步骤进行：当事人申请；仲裁案件受理；

仲裁审理。仲裁审理的程序可以分为三步进行：组成仲裁庭；进行审理准备；开庭审理。

（3）劳动争议的起诉。

劳动争议的起诉，是指发生劳动争议的当事人经过申请仲裁，对仲裁裁决不服而向人民法院提起诉讼的请求，由人民法院按照司法审判程序对案件进行审理。《劳动法》第八十三条规定，“劳动争议当事人对仲裁裁决不服的，可以自收到仲裁裁决书之日起十五日内向人民法院提起诉讼。一方当事人在法定期内不起诉又不履行仲裁裁决的，另一方当事人可以申请人民法院强制执行。”

4. 劳动争议的预防

预防劳动争议的措施：

① 依法加强劳动合同管理，从源头规范劳动关系。主要表现在以下三方面。农场要实行劳动合同的全面签订；要注意劳动合同的合法有效性和完备性；加强劳动合同履行之管理，尤其是合同变更、解除，以及续订时，应及时履行必要的文字程序。

② 依法建立和完善农场规章制度，杜绝无章可循。

③ 加强培训，避免有法不知。

④ 合理处置违纪职工，规避法律风险。

⑤ 借鉴他人经验，利用外部资源，预防劳动争议。

第 7 章　会计与财务管理

农场的会计和财务管理是农场进行经营活动的基础，为农场的生产经营和发展壮大提供了基础性的保障。农场会计和财务管理首先介绍了国有农场会计和财务管理发展概述，并区分了其特点。在 7.2 节中重点介绍了国有农场会计基础，分别从国有农场会计概述，国有农场的资产和负债情况，国有农场的收入与支出管理，国有农场会计从业人员管理等方面介绍了国有农场会计，重点介绍了国有农场财务管理活动，了解国有农场财务管理概述，重点掌握国有农场预算管理、国有农场决算管理及国有农场专项资金管理等内容。使读者了解家庭农场的会计和财务管理，重点掌握家庭农场的财务处理。

7.1　国有农场会计与财务管理概述

7.1.1　国有农场会计与财务管理沿革

在人类社会中，生产是人们赖以生存和发展的最基本的实践活动。人们的衣、食、住、行都需要消费一定的物质资料，而要取得这些物质资料，就要进行生产。人们在生产实践中，一方面要创造财富，另一方面要耗费物化劳动和活劳动。为了合理的安排劳动时间，以尽可能少的劳动耗费生产出尽可能多的物质财富，来满足生产和生活的需要就必须建立专门的职能，履行对物质财富生产过程占用、消耗及成果的记录、计算、分析和考核。实现以最少的占用、最小的消耗取得最满意的成果，这一专门职能就是会计。

在农场经营过程中实物商品和服务在不断的变化，他们的价值形态也不断的发生变化，由一种形态转化为另一种形态，周而复始，不断循环，形成了资金运动。农场的生产经营过程，一方面表现为实物商品和服务的运动过程，另一方面表现为资金的运动过程。资金运动不仅以资金循环的形式存在，而且伴随生产经营过程的不断运行的资金运动也表现为周而复始的周转过程。农场的资金运动构成农场生产经营活动的独立方面，具有自己的运动规律，这就是农场的财务管理活动。

国有农场的财务管理体制，是国家对国有企业财务管理体制的组成部分，并受农垦系统经营管理体制的制约。几十年来，国有农场财务管理体制主要经历了以下几种形式：①统收统支。新中国成立至 20 世纪 60 年代初期，国家对整个国民经济实行计划经济管理体制，对国有农场也实行高度集中、统一领导的管理。

与此相适应，财务管理上实行统收统支的管理体制。即农场的基本建设投资和流动资金需要，全部由国家拨款供应；农场实现的利润，以及固定资产折旧也全部上缴，发生亏损由国家拨补。这种体制，在国有农场创建时期，对保证农场的建立和大规模发展的资金需要起到了良好的作用。但是，长期实行这种制度，盈利上缴，亏损拨补，经营成果和经济效益不挂钩，干好干坏一个样，也影响了农场努力发展生产，改善经营管理，提高经济效益的积极性。②定收定支。1964 年以后，国家在一部分垦区试行核定年度净盈亏指标，超亏不补，增盈（或减亏）留成，即定收定支的办法。并且允许农场按工资的一定百分比从利润中提取企业奖励基金。生产队也可以从超计划利润中留成，用作奖励。显然，这一体制使企业和职工的物质利益与其经营成果在一定程度上挂上了钩，它与前一种体制相比是一种进步。但随着文化大革命运动开始，不久又退回到统收统支。③财务包干。农垦系统多年实行统收统支的结果，严重地挫伤了农场努力发展生产。增收节支，扭亏增盈的积极性，以致在文化大革命十年中，全系统有九年发生经营性亏损。总结历史教训和地方改革管理体制，试行财务包干办法的经验，1977 年、1978 年在全国农场工作会议上确定扩大试行财务包干的范围。1978 年 12 月党的十一届三中全会通过的《中共中央关于加快农业发展若干问题的决定（草案）》指出：目前仍然亏损的农场，要限期扭亏为盈。搞得好的，盈利多的，职工收入可以增加。1985 年以前，国有农场利润不上缴，用于扩大再生产。此后，财政部和原国家农垦总局制定了《关于农垦企业实行财务包干的暂行规定》，从 1979 年起，在全国国有农场中全面实行财务包干制度。这一体制的基本精神是使农场在国家统一领导下进行相对独立的经营，把加强农场的经济责任与扩大农场的财务权限结合起来，把农场的经济利益与生产经营的经济效益联系起来。根据农场具体情况的不同，分别实行以下三种办法：第一种，国有农场和国有农工商企业一般实行“独立核算、自负盈亏、盈利留用、亏损不补”。第二种，橡胶农场和各种农垦部门直属的工业、供销企业和少数利润较大的国营农场，实行“包干上缴、一年一定、结余留用、超支不补”。第三种，少数自然条件太差，暂时有亏损的农场，酌情给予适当照顾，实行“定额补贴、一年一定、结余留用、超亏不补”。财务包干体制从 1979 年至 1985 年、1986 年至 1990 年、1991 年至 1995 年共执行了三个包干期，在此期间内，基本建设投资和流动资金增加，也逐步由财政拨款而改成了银行贷款。④税利匀流。实行财务包干体制无疑是农垦系统财务管理体制的一项重大改革，它对推动农场努力发展生产，改善经营管理，实现扭亏增盈起到了重要的作用。但是，随着经济体制改革的深化，财务包干体制已不适应市场经济发展和国家税制改革的要求。为了规范企业与国家之间的分配关系，并有利于农场进一步转换经营机制，国有农场应当改革财务包干体制，同其他企业一样进行新税制。同时逐步适应市场经济法则，淡化对国家依赖，使自身真正成为独立经营、自负盈亏的经济主体，消除经营性亏损，并随着国家价格政策，以及其政策措施的配套改革，逐步减少以最终消除政策制亏损，直接面向市场。

7.1.2 国有农场会计与财务管理的特点

国有农场财务会计与工业企业财务会计相比较，除了资金运动的一般规律基本相同外，基于农业生产和农场经营管理体制的特点，国有农场财务会计还具有以下几方面的特点：

（1）农场资金的循环周转受自然条件的影响大。

国有农场是以农、牧业生产为本，以土地、山、水等自然资源为基本生产资料的企业。农业产品又是有生命的动植物产品。这些产品的生产过程，除了受人类劳动的作用外，还有它自身生长的规律，在自然条件的影响下自行生长。因此，农业生产过程具有经济再生产过程与自然再生产相交织的特点。它表现为：产品生产周期长，受自然条件影响大，具有明显的季节性，而且劳动时间与生产时间不一致，较长时期的投入与较短期内的集中收获等。农业生产上的这些特点，不仅使得资金周转速度慢，从货币资金投入到产品销售收回货币资金，有的要经过几个月、几年甚至几十年，与此相联系的是，消费资料，又兼有生产资料的性质。加上国有农场农、林、牧、渔全面发展，工、商、交、建等综合经营，因此，有相当一部分产品在场内周转。它们或留作下一生产过程的生产资料，如种子；或在各业之间互相转化，如农业生产的粮食、饲料、饲草经畜牧业过腹增值或加工业加工增值。畜牧业生产的畜禽产品经加工业进一步深加工，然后由商业部门对外销售。部分主副产品又作为种子、饲料、肥料返回农、牧业。这样，农、牧、工、商各大产业互为基础，内部循环。部分产品在内部直接转为储备资金、生产资金甚至固定资金。为适应这一特点，在财务会计工作中应注意对内部周转产品正确记录，合理作价，以便全面反映产品提供单位的生产成果和产品使用单位的生产成本，并为处理好内部财务关系奠定基础。

（2）农场生产经营资金的循环周转与基本建设资金互相融通渗透。

农业生产具有边建设、边改良、边生产，生产与基本建设相结合的特点，以及开发项目与短期经营相结合，以长促短、以短养长的特点。因此，生产经营资金与基本建设资金在各自的周转过程中往往互相参与。这样做不仅有利于充分利用自然资源和人力资源，而且能更有效地提高资金利用效果。为适应这种特点，在财务会计工作中应注意对共同性的费用，在两者之间合理进行分摊。互相垫支的资金必须做到定期清理，按数归还。

（3）国有农场资金循环周转与职工家庭农场资金循环周转互相依存。

我国经济体制改革以来，农场内部广泛建立起职工家庭农场，形成大农场套小农场，统分结合，双层经营的格局。在这种情况下，一方面家庭农场是国有农场职工在国有土地上兴办的，作为国有农场的基层承包单位，是农场的组成部分；另一方面，家庭农场又是实行自主经营、单独核算、定额上缴、自负盈亏的经济实体。作为前者，它的资金周转受大农场统一规划的指导，要完成大农场所规定的上缴任务，并与大农场的产前、产中、产后服务紧密相关，因此，同大农场的资金循环周转有千丝万缕的联系。而作为后者，它的资金循环周转又完整地自成体系。这种统中有分、分中有统、互相依存的关系，既体现大农场对小农场的支援、扶持、指导与调节作性业务，甚至承担屯垦戍边的任务。

（4）国有农场的生产经营资金与场内非生产领域的资金互相关联。

我国农垦事业，主要是以大批转业官兵为骨干力量，开垦边疆，在荒无人烟的地方建立起来的。这些在边远地带、荒山高原建设起来的农场，不仅是一个以生产经营为中心的国有企业，同时也是一个社会主义社会的基层单位。因此，长时期以来，国有农场一直是既要组织各项生产经营活动，又要举办社会性事业，办理一些公安、政法、文教、卫生和安置老残干部等政权发生的经费开支，就必然会影响到农场的生产经营成果。自国有企业实行经济体制改革以来，实现政企职能分开的过程中，国有农场正试行或自立设置机构，执行社会性职责，实行独立核算；或区性质，分别对待，逐步解决。如养老保险逐步纳入社统筹，文教、卫生逐步过渡由政府办理等，所需费用应纳所得税中冲抵清算。

（5）国有农场内部法人层次多，法人之间财务关系的类型丰富多彩。

党的十四届三中全会以来，农垦系统体制改革不断深入，农场所属企业与单位逐步走向实体化，农场将成为一个具有多层次法人的实体。农场内各法人独立经营，场部与场属企业由原来的行政隶属关系转变为以资产为纽带的母子公司关系。场部所属各个法人之间或成为以产品为联结的共同利益体，或成为互相提供产品和劳务，互为市场的协作群体。与此相联系，场内各实体不仅应单独核算、自负盈亏，而且相互之间财务关系形式多样，处理时各有差别。

7.1.3　国有农场会计与财务管理的区别与联系

（1）工作的侧重点不同。

财务会计的侧重点在于根据日常的业务记录，登记账簿，定期编制有关的财务报表，向企业外界具有经济利害关系的团体、个人报告企业的财务状况与经营成果，其具体目标主要为企业外界服务，财务会计又可称为“外部会计”。而管理会计的侧重点在于针对企业经营管理遇到的特定问题进行分析研究，以便向企业内部各级管理人员提供预测决策和控制考核所需要的信息资料，其具体目标主要为企业内部管理服务，管理会计又可称为“内部会计”。

（2）工作主体的层次不同。

财务会计的工作主体往往只有一个层次，即主要以整个企业为工作主体，从而能够适应财务会计所特别强调的完整反映监督整个经济过程的要求，并且不能遗漏会计主体的任何会计要素。

而管理会计的工作主体可分为多层次，它既可以是整个企业的主体，又可以将企业内部的局部区域或个别部门甚至某一管理环节作为工作的主体。

（3）作用时效不同。

财务会计的作用时效主要在于反映过去，无论从强调客观性原则，还是坚持历史成本原则，都可以证明其反映的只能是过去实际已经发生的经济业务。因此，财务会计实质上属于算“呆账”的“报账型会计”。而管理会计的作用时效不仅限于分析过去，而且还在于能动地利用财务会计的资料进行预测和规划未来，同时控制现在，从而横跨过去、现在、未来三个时态。管理会计面向未来的作用时效摆在第一位，而分析过去是为了控制现在和更好地指导未来。因此，管理会计实质上属于算“活账”的“经营型会计”。

（4）遵循的原则、标准不同。

财务会计工作必须严格遵守《企业会计准则》和行业统一会计制度，以保证所提供的财务信息报表在时间上的一致性和空间上的可比性。而管理会计不受《企业会计准则》和行业统一会计制度的完全限制和严格约束，在工作中可灵活应用预测学、控制论、信息理论、决策原理等现代管理理论作为指导。

（5）信息的特征、载体不同。

财务会计能定期地向与企业有利害关系的集团或个人提供较为全面的、系统的、连续的和综合的财务信息。财务会计的信息载体是有统一格式的凭证系统、账簿系统和报表系统，统一规定财务报告的种类。而管理会计所提供的信息往往是为满足内部管理的特定要求而有选择的、部分的和不定期的管理信息。管理会计的信息载体大多为没有统一格式的各种内部报告，而且对报告的种类也没有统一规定。

（6）方法体系不同。

财务会计的方法比较稳定，核算时往往只需要运用简单的算术方法。而管理会计可选择灵活多样的方法对不同的问题进行分析处理，即使对相同的问题也可根据需要和可能而采用不同的方法进行处理，在信息过程中大量运用现代数学方法。

（7）工作程序不同。

财务会计必须执行固定的会计循环程序。无论从制作凭证到登记账簿，直至编报财务报告，都必须按规定的程序处理，不得随意变更其工作内容或颠倒工作顺序。同类企业的财务会计工作程序往往是大同小异的。而管理会计工作的程序性较差，没有固定的工作程序可以遵循，有较大的回旋余地，企业可根据自己实际情况设计管理会计工作的流程。这样会导致不同企业间管理会计工作的较大差异。

（8）体系的完善程度不同。

财务会计就其体系的完善程度而言，已经达到相对成熟和稳定的地步，形成了通用的会计规范和统一的会计模式，具有统一性和规范性。

而管理会计体系尚不够完整，正处于继续发展和不断完善的过程中，缺乏统一性和规范性。

（9）观念和取向不同。

财务会计将其着重点放在如何真实准确地反映企业生产经营过程中人、财、物要素在供、产、销各个阶段上的分布及使用、消耗情况上，十分重视定期报告企业的财务状况和经营成果的质量。而现代的管理会计不仅着重实施管理行为的结果，而且更为关注管理的过程。

（10）对会计人员素质的要求不同。

鉴于管理会计的方法灵活多样，又没有固定的工作程序可以遵循，其体系缺乏统一性和规范性，所以在很大程度上管理会计的水平取决于会计人员素质的高低。同时，由于管理会计工作需要考虑的因素比较多，涉及的内容也比较复杂，也要求从事这项工作的人员必须具备较宽的知识面和果断的应变能力，具有较强的分析问题、解决问题的能力。财务会计工作则需要基础知识比较扎实、操作能力强、工作细致的专门人才来承担。

7.2　国有农场会计

7.2.1　国有农产会计概述

（1）会计发展概述。

现代会计是商品经济的产物。14、15 世纪，由于欧洲资本主义商品货币经济的迅速发展，促进了会计的发展。其主要标志：一是利用货币计量进行价值核算；二是广泛采用复式记账法，从而形成现代会计的基本特征和发展基石。20 世纪以来，特别是第二次世界大战结束后，资本主义的生产社会化程度得到了空前的发展，现代科学技术与经济管理科学的发展突飞猛进。受社会政治、经济和技术环境的影响，使传统的财务会计不断充实和完善，使财务会计核算工作更加标准化、通用化和规范化。与此同时，会计学科在 20 世纪 30 年代成本会计的基础上，紧密配合现代管理理论和实践的需要，逐步形成了为企业内部经营管理提供信息的管理会计体系，从而使会计工作从传统的事后记账、算账、报账，转为事前的预测与决策、事中的监督与控制、事后的核算与分析。

管理会计的产生与发展，是会计发展史上的一次伟大变革，从此，现代会计形成了财务会计和管理会计两大分支。随着现代化生产的迅速发展，经济管理水平的提高，电子计算机技术广泛应用于会计核算，使会计信息的搜集、分类、处理、反馈等操作程序摆脱了传统的手工操作，大大地提高了工作效率，实现了会计科学的根本变革。

改革开放以来，国有农场的经营管理体制发生很大变化，大体可分为三个阶段。一是承包阶段，承包阶段主要是指 1985 年以来，农业上实行家庭农场承包制和二三产业全面承包经营。初步实现了所有权与经营权的分离。二是转制阶段，转制阶段主要是 20 世纪 90 年代以来对二三产业实行产权制度改革，即对中小型企业国有资本实施全面退出、产权转让，实现了国有资本的战略性重组，减少了国有资本损失的风险。三是帮扶阶段。帮扶阶段起源于 2000 年。这时农场已无直接经营对象，主要是制定优惠政策，扶持、引导和帮助农场职工发展非国有经济。此阶段为国有农场经济高速发展奠定了基础，发展非国有经济成为垦区经济发展的重点。

虽然在近几年我国的整体实力得到了突飞猛进的发展，但是在农场经济的开发以及财物管理的过程中依旧存在着大量的问题。这些问题的出现导致了现有农场经济内部的运作体制不能够有效地发挥其应有的作用。促进了其加速被市场挤压的步伐。不仅如此，在进行农场财物管理的过程中，由于人员水平有限，导致管理机制存在漏洞以及相应资金得不到有效管理等现象，直接导致了财务管理中也同样存在大量的现实问题。

（2）国有农场会计的特点。

国有农场会计是国有农场以货币为计量单位，对自身发生的经济业务或者事项进行全面的、系统的、连续的核算与监督的专业会计。国有农场应当将其实际发生的各项经济业务或者事项统一纳入会计核算，确保会计信息能够全面反映国有农场的财务状况、事业成果、预算执行等情况。

国有农场会计是会计体系的重要组成部分。国有农场会计既要满足预算管理的需要又要满足单位财务管理的需要，所以相对于其他企事业单位而言国有农场会计具有如下特点：

一是国有农场会计核算目标双重性。国有农场从企业性质划分属于赢利性组织，具有企业会计的核算目标，同时在承担部分事业单位职能，具有事业单位会计核算目标，向会计信息使用者提供单位财务状况、事业成果、预算执行等会计信息。

二是国有农场会计核算制度的复杂性。国有农场会计核算采用责权制发生，但也采用收付制等核算制度。为反映预算执行情况，国有农场的会计核算旅行以收付实现制为主的核算制度。

三是国有农场会计要素的特殊性，一般企业会计的会计要素包含资产、负债、所有者权益、收入、费用和利润。而事业单位的会计要素包含资产、负债、净资产、收入和支出五大类。国有农场的会计要素兼具企业会计要素和事业单位会计要素，不同的核算领域会计要素也有特殊性。

7.2.2　国有农场会计管理的主要内容

国有农场会计具有核算和监督两大基本职能。国有农场会计的作用是运用会计职能在会计实践中所产生的客观效果，它是会计职能的外在表现。国有农场会计在国有农场经济管理工作中发挥着重要作用，归纳起来有如下管理内容：

（1）国有农场资产。

资产是指企业过去的交易或者事项形成的、由企业拥有或者控制的、预期会给企业带来经济利益的资源。国有农场资产是指国有农场在过去的生产或者事项形成的、由国有农场拥有或者控制的、预期会给国有农场来带经济利益的资源。

国有农场的资产具有如下特征：

资产是一项由过去的交易或者事项形成的资源。资产必须是现实的资产，而不能是预期的资产。这里所指的国有农场过去的交易或者事项包括购买、生产、建造行为或其他交易及事项。

也就是说，只有过去的交易或事项才能形成资产，预期在未来发生的交易或者事项不形成资产。

资产必须由国有农场拥有或控制。由国有农场拥有或者控制，是指国有农场享有某项资产的所有权，或者虽然不享有某项资产的所有权，但该资源能被国有农场所控制。例如，融资租入的固定资产，按照实质重于形式的要求，也应将其作为国有农场资产予以确认。

资产预期会给企业带来经济利益。预期会给企业带来经济利益，是指直接或间接导致现金和现金等价物流入国有农场的潜力。资产必须具有交换价值和使用价值。没有交换价值和使用价值、不能给国有农场带来未来经济利益的资源不能确认为国有农场的资产。

资产包含货币资金、短期投资、应收及预付款项、固定资产、长期投资等项目。但对于国有农场来说，固定资产管理是其资产管理的最重要组成部分，下面具体分析国有农场的固定资产管理。

（2）国有农场固定资产管理。

① 国有农场固定资产界定及特征。国有固定资产是指国有农场为生产产品、提供劳务、出租或者经营管理而持有的、使用时间超过 12 个月的，价值达到一定标准的非货币性资产，包括土地、建筑物、机器、机械、运输工具以及其他与生产经营活动有关的设备、器具、工具等。固定资产是国有农场的劳动手段，也是国有农场赖以生产经营的主要资产。从会计的角度划分，固定资产一般被分为生产用固定资产、非生产用固定资产、租出固定资产、未使用固定资产、不需用固定资产、融资租赁固定资产、接受捐赠固定资产等。国有农场固定资产一般具有如下特征：

一是使用期限超过一个会计年度的机器、机械、运输工具，以及其他与生产有关的设备、工具、器具。

二是使用年限超过 2 年的不属于生产经营主要设备的物品（2007 年新会计准则对固定资产的认定价值限制取消，只要公司认为可以的且使用寿命大于一个会计年度的均可认定为固定资产，按照一定折旧方法计提折旧）。

三是使用期限较长。

四是单位价值大。

② 国有农场固定资产的取得。国有农场取得固定资产时，应按照其实际成本入账。购入固定资产，其成本包括购买价款、相关税费和专业人员服务费等。

③ 国有农场固定资产的折旧。国有农场按照相关财务制度的规定确定是否对固定资产计提折旧。

④ 国有农场固定资产的处置。国有农场固定资产的处置包括固定资产的出售、报废、毁损等。国有农场的固定资产处置会按照国家及地方的财务相关管理制度进行。

（3）国有农场负债。

① 国有农场负债的界定和认定条件。负债是指企业过去的交易或者其他事项形成的、预期会导致经济利益流出企业的现时义务。国有农场负债是指国有农场在生产经营或者其他事项形成的、预期会导致经济利益流出国有农场的现时义务。

负债实质上是企业在一定时期之后必须偿还的经济债务，其偿还期或具体金额在它们发生或成立之时就已由合同、法规所规定与制约，是企业必须履行的一种义务。

根据会计准则将一项现时义务确认为负债，除应符合负债的定义外，还要同时满足两个条件：

第一，与该义务有关的经济利益很可能流出国有农场。从负债的定义可以看到，预期会导致经济利益流出企业是负债的一个本质特征。在实务中，履行义务所需流出的经济利益带有不确定性，尤其是与推定义务相关的经济利益通常需要依赖于大量的估计。因此，负债的确认应当与经济利益流出的不确定性程度的判断结合起来，如果有确凿证据表明，与现时义务有关的经济利益很可能流出国有农场，就应当将其作为负债予以确认；反之，如果国有农场承担了现时义务，但是导致国有农场经济利益流出的可能性很小，就不符合负债的确认条件，不应将其作为负债予以确认。

第二，未来流出的经济利益的金额能够可靠的计量。负债的确认在考虑经济利益流出国有农场的同时，对于未来流出的经济利益的金额应当能够可靠计量。对于与法定义务有关的经济利益流出金额，通常可以根据合同或者法律规定的金额予以确定，考虑到经济利益流出的金额通常在未来期间，有时未来期间较长，有关金额的计量需要考虑货币时间价值等因素的影响。对于与推定义务有关的经济利益流出金额，国有农场应当根据履行相关义务所需支出的最佳估计数进行估计，并综合考虑有关货币时间价值、风险等因素的影响。

② 国有农场负债的特征。首先负债是国有承担的现时义务。负债必须是国有农场承担的现时义务，它是负债的一个基本特征。其中，现时义务是指国有农场在现行条件下已承担的义务，未来发生的交易或者事项形成的义务，不属于现时

义务，不应当确认为负债。

其次负债的清偿预期会导致经济利益流出国有农场。预期会导致经济利益流出国有农场也是负债的一个本质特征。只有企业在履行义务时会导致经济利益流出企业的，才符合负债的定义，如果不会导致国有农场经济利益流出的，就不符合负债的定义。在履行现时义务清偿负债时，导致经济利益流出国有农场的形式多种多样，例如用现金偿还或以实物资产形式偿还；以提供劳务形式偿还；部分转移资产、部分提供劳务形式偿还；将负债转为资本等。

第三方面负债是由过去的交易或事项形成的。负债应当由国有农场过去的交易或者事项所形成。换句话说。只有过去的交易或者事项才形成负债。国有农场将在未来发生的承诺、签订的合同等交易或者事项，不形成负债。

第四方面负债以法律、有关制度条例或合同契约的承诺作为依据。负债实质上是国有农场在一定时期之后必须偿还的经济债务，其偿还期或具体金额在它们发生或成立之时就已由合同、法规所规定与制约，是国有农场必须履行的一种义务。

第五方面流出的经济利益的金额能够可靠的计量。

第六方面负债有确切的债权人和偿还日期，或者债权人和偿还日期可以合理加以估计。

③ 国有农场负债的分类。负债一般按其偿还速度或偿还时间的长短划分为流动负债和长期负债两类。首先，流动负债是指将在 1 年或超过 1 年的一个营业周期内偿还的债务，主要包括短期借款、应付票据、应付账款、预收账款、应付工资、应交税金、应付利润、其他应付款、预提费用等。

其次，长期负债是指偿还期在 1 年或超过 1 年的一个营业周期以上的债务，包括长期借款、应付债券、长期应付款等。

（4）国有农场收入和支出管理。

国有农场的收入是指国有农场在生产经营及其他活动依法取得的非偿还性资金。国有农场支支出指的是国有农场的生产经营及其他活动发生的资金耗费和损失。

① 国有农场收入来源分类。按照收入的来源划分，国有农场的收入主要有如下几类：

家庭农场承包费收入，按签订的家庭农场承包合同划分为基本田、规模田、机动地。按实际情况预计。

财政拨款收入，根据上级部门核定的指标合理预计。

事业单位规费收入，依据当年发展情况计算。

事业单位经营收入，依据当年经营情况计算。

营业外收入，主要包括非流动资产盘盈、非流动资产处置净收入、非货币资产交换净收入、捐赠收入、政府补贴收入、其他收入。按实际情况计算。

其他业务收入，指家庭农场承包费收入以外的租金收入等，按实际情况计算。

其他收入，按实际情况计算。

② 国有农场支出分类。首先，管理费用和社会性支出，主要是国有农场为生产经营管理活动发生的各项费用支出和农场承担的办社会支出。各项支出主要包括：工资、办公费、差旅费、通讯电话费、交通费、业务招待费、会议费、职工教育经费、修理费、水电费、工会经费、取暖费、社会保险费、独生子女费、财产保险费、人身保险费、农保费、咨询费、诉讼费、审计费、评估费、验证费、税金、土地使用费、排污费、绿化费、折旧费、无形资产及长期费用摊销、存货盘亏和损毁、呆坏账损失、拆迁费、道路维修费、供水供暖设施维护费、水资源及水土防治费、检疫检验费、物业管理及卫生费、规划费、服装费、森林防火费、助学费、广告费、宣传展览费、其他费用。其次，营业外支出，主要包括固定资产盘亏损失、非流动资产处置损失、捐赠支出、赔偿金、违约金、非常损失、罚款支出、防洪抢险支出、非货币资产交换损失、债务重组损失等。再次，财务费用支出，指国有农场在生产经营过程中为筹集资金而发生的筹资费用。最后，其他支出，按实际情况计算。

（5）财务报告分析。

财务报告分析是以会计核算和报表资料及其他相关资料为依据，采用一系列专门的分析技术和方法，对企业等经济组织过去和现在有关筹资活动、投资活动、经营活动、分配活动的盈利能力、营运能力、偿债能力和增长能力状况等进行分析与评价的经济管理活动。它是为企业的投资者、债权人、经营者及其他关心企业的组织或个人了解企业过去、评价企业现状、预测企业未来做出正确决策提供准确的信息或依据的经济应用学科。财务分析的方法与分析工具众多，具体应用应根据分析者的目的而定。最经常用到的还是围绕财务指标进行单指标、多指标综合分析、再加上借用一些参照值（如预算、目标等），运用一些分析方法（比率、趋势、结构、因素等）进行分析，然后通过直观、人性化的格式（报表、图文报告等）展现给用户。

国有农场财务分析的目的是进行财务分析的最终目标，财务分析的最终目标是为财务报表使用者做出相关决策提供可靠的依据。财务分析的目的受财务分析主体的制约，不同的财务分析主体进行财务分析的目的是不同的。财务分析的一般目的可以概括为：评价过去的经营业绩、衡量现在的财务状况、预测未来的发展趋势。根据分析的具体目的，财务报告分析可以分为流动性分析、盈利性分析、财务风险分析、专题分析。

财务报告分析的方法一般分为定量分析方法和定性分析方法两类。定量分析方法是指分析者根据经济活动的内在联系，采用一定的数学方法，对所收集的数据资料进行加工、计算，对企业的财务状况和经营成果进行的定量分析。定性分析方法是指分析者运用所掌握的情况和资料，凭借其经验，对企业的财务状况和经营成果进行的定性分析。财务分析的过程实际上是定量分析和定性分析相结合的过程。财务分析的基本方法主要有比较分析法、趋势分析法、比率分析法和因素分析法。

财务报告分析在国有农场财会管理中起着重要的作用。财务分析是评价企业经营业绩及财务状况的重要依据通过企业财务状况分析，可了解企业现金流量状况、营运能力、盈利能力、偿债能力，利于管理者及其相关人员客观评价经营者的经营业绩和财务状况，通过分析比较将可能影响经营成果和财务状况的微观因素和宏观因素、主观因素和客观因素加以区分，划清责任界限，客观评价经营者的业绩，促进经营管理者管理水平的提高。

7.2.3　会计从业人员管理（规范、继续教育、会计资料）

加强国有农场会计从业人员的管理是当前国有农场加强财务管理，增强竞争力，走向市场，最终实现效益最大化的强有力保证。会计人员是财会管理工作的主体，因此会计人员的个人素质是决定财会管理工作效果的基础性因素。在当前信息技术快速革新以及市场环境快速变化的情况下，国有农场对会计人员个人素质的要求已经发生了巨大的变化，目前以高素质会计人员为支撑的高效的财会管理体系已经成为国有农场管理的基础性构建，因此会计人员个人素质对国有农场财会管理工作的作用显得比以往更为重要。

当前，国内企业对会计人员素质的要求与以前相比有了很大的不同，不再局限于核算、记账、资金交易等基础性操作，而是需要职业道德性强、业务精通、掌握会计信息技术、跨领域融合等高素质人才。

（1）素质要求。

① 道德素质。会计人员从事的职业具有一定的特殊性，涉及企业秘密、资金交易、会计事物真实性等敏感性问题，国家在财务法律、法规、国家统一会计制度等多方面对会计人员从业有着明确的规定，其目的是要求会计人员具有良好的职业道德。会计人员职业道德涉及多个方面：a. 遵守财务法律、法规、国家统一会计制度和所工作企业的相关规定；b. 按照会计制度的程序和要求进行会计工作，保证会计信息合法、真实、准确、及时、完整，做到实事求是，客观公正；c. 保守所工作企业的商业秘密，不能私自向外界提供或泄露企业会计信息；d. 爱岗敬业，维护企业利益，保障财会管理工作的安全、高效，提升农场管理运营水平。

② 业务素质。近十年来，国内企业对会计人员业务素质的要求发生了深刻的变化，由核算、记账、资金交易的精细化等向掌握会计信息技术、跨领域融合等方面转变，这是市场环境不断演变的必然趋势，互联网金融、产业信息化、网络营销等都是这种演变的实际结果。因此，新的市场形势下，企业会计人员需要具备更强的综合能力，除了处理传统业务，更需要掌握现代会计信息工具和多领域融合等能力。

企业财会管理工作是企业日常工作的重要组成部分，会计人员是企业财会工作的主体，因此会计人员的素质高低直接关系企业财会管理工作的正常进行和企业生产经营的顺利运营。企业会计人员必须具备丰富的专业素质以及良好的职业道德，同时必须具有应用现代会计信息技术和多领域融合的能力。

（2）继续教育。

会计人员继续教育，又叫会计人员后继教育或在职教育，是指对正从事会计工作和已取得或受聘会计专业技术资格（职称）的会计人员进行以提高政治思想素质、业务能力和职业道德水平为目标，使之更好地适应社会主义市场经济发展要求的再培训、再教育。会计人员继续教育是会计队伍建设的重要内容，又是一项崭新的事业和艰巨复杂的系统工程。随着我国社会主义市场经济体制及管理制度的不断建立健全以及全球经济一体化模式下现代企业制度影响程度的不断加深，会计工作环境以及会计这一管理学科环境都随之发生了较大变化，不仅体现在会计专业知识总量与创新程度的提升，并且拥有更加迅速的更新频率，对于推动现代会计业发展产生了积极作用。我国在 1992 年对可行会计准则和会计规范制度进行了适当调整和修改，并对其中的会计制度、报告条例进行了量定细化和科学化完善，这就要求会计从业人员必须不断加强自身继续教育建设才能更好地履行各项会计工作职责。为了在更大程度上对我国现行会计制度进行规范化、科学化建设，《会计法》、《会计从业资格管理办法》等相关出台法律政策对会计从业人员继续教育问题进行了规范化建设，重点在于全面提升其职业道德水平和综合素质能力，以在最大程度上满足现代化社会主义市场经济体制不断完善的具体要求。此外，根据官方权威媒体机构的调查显示可知，目前我国会计人员的从业学历和专业素质呈现出了明显的偏低现象，大专学历的会计人员约占 49.12%，而大学本科学历的会计人员只占 9.23%，因而加强会计人员的继续教育问题建设，对于改善我国会计工作的落后局面，全面提升其就业职业素质具有重要意义。世界各国已将终身教育理念作为新型教育体系普遍开展开来，因而，会计人员职业素质和职业教育也要与知识经济时代发展趋势相符合，不断优化自身知识储备结构，加强自身综合素质建设，从而推动会计人员职业教育观念的渗入和强化。

会计人员继续教育是适应经济发展“两个转变”的客观要求。我国的经济体制改革由计划经济向市场经济转变，经济增长方式由粗放型向集约型转变。市场经济就是竞争经济，法制经济，尤其是在知识经济和信息时代。要求现代会计必须随之转轨变型，由报账型向管理型、决策性转变。由事后型向事前型、事中、事后全过程转变。由被动型向能动型、自主型转变。由传统手工方法向现代高科技、网络化、规范化转变。适应形势，更新知识，不断进行会计人员继续教育培训学习，是科教兴国和素质教育的一个重要组成部分。

会计主体变化对提高会计人员基本素质的必然要求。改革作为经济体制改革的中心，其基本思路是建立现代管理制度，农场经营形式多样化，会计主体多元化，在错综复杂、激烈竞争的新形势下，要求会计人员具有较高的综合素质和能力。首先，具有较高的政治素质。对时局变化的高度敏锐性，感悟时局变化对企业财会正负两方面的影响及程序，要加强学习，坚持方向，提高认识能力和实践能力，增强原则性、系统性、预见性和创造性。其次，具有强烈的市场经济意识。市场经济超前竞争和法制，更体现了风险与效益对等的根本法则，归根到底市场竞争是产品的竞争，科技的竞争，人才的竞争，而这一些均有赖于国民教育和不断学习。最后要求会计从业人员具有合理的知识结构。要具备较高的文化素质和一定的新技术知识，较娴熟的业务操作能力，只有学习学习再学习。忠于职守和职业道德，爱岗敬业，刻苦学习，廉洁奉公，团结协作。

（3）会计资料的规范。

“会计规范”是指人们在从事与会计有关的活动时，所应遵循的约束性或指导性的行为准则。从会计规范的形成看，可以分为两大类：一类是在实践中自发形成的，另一类是人们通过一定程序方式制定的。前者是人们在会计活动中逐步形成的习惯、规则和惯例，它是非强制性的。后者则是由权威人士或专业机构在自发形成的惯例基础上经过归纳、提炼、抽象及引申后形成的。一般而言，自发形成的会计规范，多具有原始、初级和缺乏条理的特征，在会计发展的早期，这种规范一直处于主导地位。随着经济发展和会计地位的提升，会计规范占据了统治地位，它比前者无论在形式上，还是内容上都前进了一大步，表现出更强的可操作性。

我国会计的基本法律规范是《会计法》、《注册会计法》以及《审计法》，其他的法律，如《公司法》、《企业法》、《预算法》、《证券交易法》也对会计产生一定影响。对比其他规范，会计法律规范有其鲜明的特色。

首先，会计法规是作为一种强制规范而出现的，是借助国家权力来保证实施的。法律规范对会计工作的要求是严格和明确的，关于会计实务的处理，法规通常予以界定，一旦违规，要承担相应的法律责任。正是这种强制作用，奠定了会计法规在整个会计规范中的地位，使之成为维护正常经济秩序、保障会计人员行使和履行义务的坚强后盾。

其次，会计法规由国家制定并监督实施，它体现着统治阶级的意志，继而代表着某种倾向性。

最后，我们在考察会计法规时，应当明确会计法规既然是一种法律，只对会计工作做出一种肯定或否定的行为约束或要求，至于取舍标准的依据，则通常不作任何解释。由于法律的制定和执行（尤其是后者）在很大程度上是依赖于带有倾向性的人来完成的，加之人们在认知上必然存在的偏差，因此，当会计法规的最终执行结果违背客观规律时，因之带来的负面效应是不言而喻的。随着国家市场经济的发展和各项法规制度的建设和完善，我国的会计法规终会得以健全。

会计准则是处理会计对象的标准，是进行会计工作的具体规范，是评价会计工作质量的准绳。我国的会计准则是财政部以政府法规的形式颁布的，具有相当的强制性，是会计规范体系中至为重要的一环，是联接法律规范和其他规范的纽带。

会计准则根据其适用范围，可以划分为以下三个层次：

第一层次为基本会计准则。它是会计实务中普遍适用的基本指导和约束条件的概括，是体现会计工作基本规律、基本特征的原则性规范。基本会计准则适用面最广，它由原始成本计价原则、收入与费用配比原则、收益支出与资本支出划分原则、权责发生制以及对会计信息要求的若干原则组成。

第二层次为会计要素的确认、计量和编报准则。即确认、计量和报告各会计要素项目所应遵循的一般原则。例如资产如何分类、如何计价及资产的原始成本的构成等。

第三层次为具体业务会计准则。具体业务会计准则是确认、计量、报告某一会计个体的具体业务对财务状况和经营成果的影响时所应遵循的会计准则。这些内容属于技术性规范的范畴，它通常具体说明每一个步骤或某种问题的具体操作方法。设备租赁、企业联营、长期投资、发行债券等的会计业务处理须遵循具体准则的要求。

会计制度是进行会计工作所应遵循的规则、方法及程序的总称。它是会计规范体系中可操作性极强的规范。会计制度一直是会计实务中非常具体的可操作性极强的会计规范。会计准则制定前，会计操作全部依靠统一的会计制度。准则颁布后，财政部仍然制定了一系列的会计行业会计制度。其目的在于：为一个行业制定统一的会计核算规程，以保证会计核算的质量。对会计组织机构及其内部工作规则作出规定，使会计核算工作有组织、有系统、有秩序、有效率地进行。加强内部管理，建立内部控制系统，提高经济效益。同时，我国当前之所以会存在会计准则与会计制度并存的局面，是因为会计准则在我国实行不过十多年，尚属新生事物。保留会计制度，一方面可以确保会计实务界的环境适应力；另一方面，会计制度的存在很大程度上弥补了准则的不足。从长远看，统一的行业会计制度终将完成其历史使命而退出历史舞台。

单位内部会计制度规范是指导单位会计工作的规定、章程、制度的总称，是其他会计规范的具体化。主要内容包括：单位内部的财务会计规章制度；会计人员的权利、职责、职称、任免、待遇、素质要求等；会计工作的考核、达标、规划及档案管理；会计机构的责任和任务。与前三个会计规范相比，单位内部的有关财务会计规定在整个会计规范体系中的地位和作用较为独特。目前，会计理论界没有将其纳入会计规范体系之中。但是，通过会计工作实践，应该尽快将其纳入到整个会计规范体系之中，理由如下。

首先，单位内部的财务会计制度一般针对具体情况制定，它对会计行为的界定最为细致，因而，它对会计行为的实际执行效果具有最后的影响力和极强的指导性。

其次，现实的会计实务中，单位的会计人员受主观因素的影响，往往对单位内部财务会计制度予以关注，而忽视宏观的会计法规。

最后，个别单位无视国家的三令五申，置国家会计法规于不顾，将小团体利益凌驾于会计法规之上，干一些违反会计法规的勾当。此种本位主义和内部会计行为失控的行为对经济发展危害甚大。

基于以上原因，单位应建立符合国家会计法规要求并适合自身特点的内部会计制度规范，同时接受国家监督其实施与执行效果，在当前会计工作中尤显迫切。

7.3　国有农场财务管理

7.3.1　国有农场财务管理概述

财务管理是对企业经营状况和经营成果的评价，是监督企业经营管理各个环节的有效工具更是企业进行预测、决策实施战略管理的基础和依据。财务管理涉及企业筹资决策、资源配置、生产运作等各个方面的内容。明确财务管理在企业经营中的作用和意义对企业经营和发展具有重要的指导作用。

工业经济时代，财务管理的目标是追求股东财富最大化，企业的价值就是其出售价格，主要取决于企业物质资本的多少。而知识经济时代，社会环境复杂多变，财务管理的目标转变为以履行环境保护、保证产品和服务质量、支持社会公益事业等社会目标为前提，来实现企业价值最大化的经营目标。企业价值取决于知识资本。知识经济时代，企业组织形式发生了重大变化，财务管理的重心有所转移，引起相关组织法规、税收法规、证券法规、财务法规等一系列经济法规的调整变动，尤其是网络公司的组建与运作、资产的管理、人力资本的衡量等方面的法规要与时俱进。

企业要生产发展持续获利必须要不断寻找新的利润增长点。为了实现这一目标，企业管理人员通常制定多个预选方案，而这些预选方案的选择需要依据相关的财务指标。只有以长期稳定的经济增长为目标，以经济效益为尺度的综合经济目标价值标准将各种投入和产出都货币化然后将两者进行比较才能选出最佳行动方案。可见财务管理对于企业投资决策具有重要的指导意义和参考价值。

国有农场的财务管理工作是农场生产经营工作的重要组成部分，农场为了满足自身生产经营活动和财务管理活动的需要，制订了较为完备的内部财务管理制度，如农场内部控制条例、资产管理办法、财务资金使用和审批办法、经费管理办法等。但在实际操作中却往往偏离甚至违背这些内部财务管理制度，从而使一些内部财务制度失去应有的价值和效用，也在一定程度上降低和削弱了农场财务管理部门的公信力。有些内部财务管理制度与农场实际情况脱节较大，例如有些农场的资产管理办法中，对无形资产、交易性金融资产等与农场关系不大的资产有极为详细严格的规定，却对农机具、生产性生物资产等与农场关系密切的资产类别的管理和规范简单带过。农场内部财务管理制度的建设要结合农场自身实际，在遵守和参照国家及上级单位相关规章制度的前提下，经过科学论证，并结合一定的实践基础，依据农场基本场情和经营管理等情况，积极推进内部财务制度的建设。不能在简单的参照和模仿后，匆忙地制订一套内部财务制度，而不考虑其是否符合农场实际经营管理需要。农场的任何一项内部财务管理制度都应该在严格遵守国家相关财经法规的前提下进行。只有遵守国家相关财经法规，农场内部财务制度才具有生命力和现实意义，根据主观愿望和权力欲求所臆造的内部财务管理制度只会损害农场的利益，对农场的可持续发展制造障碍和阻力，也使农场财务人员的从业风险不可避免的增加。农场内部财务管理制度一旦实施，就应该具有权威性、公信力。农场应该自上而下，积极遵守并努力贯彻相应的内部财务制度。不能用任何借口降低或者抗拒内部财务制度的执行。尤其在关于财务资金使用方面的规范和制度，更要严格遵守，不可轻废，否则，将会造成农场财务资金的极大浪费和无端流失，将对农场的生产经营和财务管理造成不利影响。

7.3.2　国有农场财务预算管理

（1）国有农场财务预算职权。

① 农场成立财务预算审核监督管理委员会（以下简称预算委员会）。预算委员会由农场纪委、工会、办公室、审计科、计划财务科、企管办和基建科有关人员组成。预算委员会应根据人员变动情况，对其成员做出及时调整。企业要健立健全组织机构，成立预算管理工作领导小组，负责预算的编制、上报及执行。

② 预算委员会是企业财务预算的综合管理部门，具有审核监管职能，行使审核权、监管权。预算委员会下设办公室，组织实施企业的预算管理工作。办公室办公地点设在农场计划财务科，由计划财务科负责预算管理日常工作。

③ 农场预算编制要经过单位党委会集体讨论，形成会议纪要，报预算委员会审核，按规定进行财务公开，听取本农场职工代表大会意见，接受职工代表大会的监督。

④ 国有农场行政主要领导是预算组织实施的第一责任人，对预算的编报、执行负全责。

（2）预算编制原则要求和种类。

① 农场要根据农场全年工作安排，围绕本单位的经济发展目标，根据经济和社会发展计划，坚持“量入为出、自求平衡、保证积累”的原则编制年度预算，不得隐瞒收入，不得虚列支出。

② 农场预算要坚持“有保有压，区别轻重缓急”的原则，实事求是、科学合理地安排预算资金。

③ 农场要坚持勤俭节约的方针，充分挖掘潜力，开源节流，精打细算，充分

考虑影响预算编制的内外因素，趋利避害。

④ 预算编制要求全员参与，各相关部门密切配合，全方位工作，全过程监督，广泛征求意见，确保预算编制的全面性、完整性、科学性、规范性与合理性。

⑤ 农场应在每年固定月份编制下年度预算，单位预算管理工作领导小组做好协调、组织、安排工作。

⑥ 农场预算主要包括财务收支预算、基本建设预算和货币资金预算。财务收支预算、基本建设预算的记账基础为“权责发生制”，货币资金预算的记账基础为“收付实现制”，三者紧密联系又相互区别。

（3）利润预算的编制与执行。

农场财务收支预算由农场内部预算总收入、内部预算总支出、本年利润三部分组成。

第一方面，内部预算总收入。家庭农场承包费收入，按签订的家庭农场承包合同划分为基本田、规模田、机动地。按实际情况预计。财政拨款收入，根据管理局下达的总局核定的指标合理预计。事业单位规费收入，参照上年实际收费水平，依据当年发展情况合理预计。事业单位经营收入，参照上年实际经营状况，依据当年经营情况合理预计。营业外收入，主要包括非流动资产盘盈，非流动资产处置净收入、非货币资产交换净收入、捐赠收入、政府补贴收入、其他收入。按实际情况合理预计。其他业务收入，指家庭农场承包费收入以外的租金收入等，按实际情况合理预计。其他收入，按实际情况合理预计。

第二方面，内部预算总支出。管理费用和社会性支出，主要是农场为生产经营管理活动发生的各项费用支出和农场承担的办社会支出。各项支出主要包括：工资、办公费、差旅费、通讯电话费、交通费、业务招待费、会议费、职工教育经费、修理费、水电费、工会经费、取暖费、社会保险费、独生子女费、财产保险费、人身保险费、农保费、咨询费、诉讼费、审计费、评估费、验证费、税金、土地使用费、排污费、绿化费、折旧费、无形资产及长期费用摊销、存货盘亏和损毁、呆坏账损失、拆迁费、道路维修费、供水供暖设施维护费、水资源及水土防治费、检疫检验费、物业管理及卫生费、规划费、服装费、森林防火费、助学费、广告费、宣传展览费、其他费用。营业外支出，主要包括固定资产盘亏损失、非流动资产处置损失、捐赠支出、赔偿金、违约金、非常损失、罚款支出、防洪抢险支出、非货币资产交换损失、债务重组损失等。财务费用支出，指农场在生产经营过程中为筹集资金而发生的筹资费用。其他支出，按实际情况测算。

第三方面，利润总额为内部预算总收入与内部预算总支出之差。正数为盈利，负数为亏损。

（4）基本建设（含设备购置、大型维修）。

预算的编制与执行：

① 基本建设项目实施，严格按相关规定执行。

② 基本建设、设备购置、大型维修预算总体要求是量力而行，视财力安排支

出，不盲目搞建设、搞投资，保证生产、生活所需资金，保持社会稳定。

③ 农场基本建设项目必须经过周密论证、科学规划，与企业短期、中长期发展目标相一致，符合国家产业政策和社会发展需要。

④ 农场要在每年 11 月份上报下年度基本建设、设备购置、大型维修项目计划，按国家（部委）、省、总局、管理局、农场自筹资金渠道进行分类。

⑤ 基本建设项目在资金渠道分类基础上，按建设内容、性质、规模、标准、数量等要求，分别确定中央财政资金、省级财政资金、总局配套资金、农场自筹资金。

⑥ 农场年度基本建设投资预算，经过单位党委会集体讨论，形成会议纪要，报预算委员会审核，按规定进行财务公开，听取本企业职工代表大会意见，管理局出文批复后，农场货币管理中心依据批复文件安排货币资金。

⑦ 由于特殊情况需要追加基本建设项目投资的，企业要编制项目预算调整方案，经过单位党委会集体讨论，形成会议纪要。每年 9 月份农场预算审核监督管理委员会审核（不可抗力因素除外），经农场党委会议通过后，按规定进行财务公开，职工群众没有异议方可调整预算。

（5）货币资金预算编制与执行。

① 货币资金预算是预测农场预算年度内货币资金流量应达到预定经营目标而编制的预算，是反映农场一定时期内货币资金收入、支出数额，估算货币资金收支差异的过程。

② 编制货币资金预算的记账基础是“收付实现制”，方法是“零基预算”。总的原则是以收定支，不花过头钱。没有可靠资金来源的支出，不得纳入预算。

③ 货币资金预算由基层单位按年编制。由单位预算管理工作领导小组审核，经单位党委会集体讨论，形成会议纪要，报预算委员会审核，按规定进行财务公开，听取本农场职工代表大会意见，接受职工代表大会的监督。

④ 货币资金预算由上年货币资金结余、本年货币资金收入、本年货币资金支出、当年货币资金结余四部分组成，关系式为：

上年货币资金结余＋本年货币资金收入－本年货币资金支出
＝当年货币资金结余

（6）预算监督与控制。

① 农场所有收入，包括家庭农场承包费收入、财政资金收入、事业费收入、经营收入、其他收入等要全部纳入账内管理，不得公款私存，不得设置“小金库”和“账外账”。

② 农场要按规定完成预算收入，做到应收尽收，不得任意减收、免收。

7.3.3　国有农场财会决算管理

（1）概念界定及决算前准备工作。

决算，指根据年度预算执行结果而编制的年度会计报告。它是预算执行的总结。国有农场财会决算是全面、真实地反映国有农场全年财务状况和财务成果的综合性的信息资料，是国家宏观经济管理和单位经营决策的重要依据。在实际工作中，不少单位为了其自身的需要，不能严格地按照有关规定进行会计核算，造成决算信息的严重失真。因此，国有农场年终决算前，财会工作必须做到五个“到位”。

① 对财务凭证资料要收集到位。按照《会计法》的规定，国有农场的财物收发，债权债务的发生，各种款项的收付等，都必须取得原始凭证，并及时由财务部门进行会计核算。但有的单位，常把当年的一些财务凭证和资料，分散，滞留在各个职能机构，任其坐收坐支，甚至搞账外账，严重地扰乱了财经秩序。对此，在年终会计决算之前，必须责令内部单位将所有财务凭证和资料收集齐全，及时送会计处理，以确保所有的财务收支活动能在年终的决算信息中得到全面的体现和反映。

② 对会计处理要及时到位，到了年终，有些单位为了掩盖其违规的支出，就将相应的费用挂入往来科目，或索性不作会计处理。为了控制其年度的收人，就隐匿收人，或“压票”不入账，严重地歪曲了会计年度的收支情况，影响了决算信息的质量。对此，在年终决算前，应将会计手中的原始凭证全部纳入会计核算，否则就无法保证会计信息的真实与完整。

③ 对财务制度要执行到位，国有农场发生的一切财务收支活动都必须严格执行财经纪律。国有农场的会计核算包括年终的决算，也只能是对合法的财务收支活动进行核算，会计人员不得核算非法业务事项，更不得以变通手段为虚假业务进行账务处理，对不符合国家财经纪律的收支，必须毫不留情地剔除，对各种乱花滥支行为必须坚决制止和拒绝。特别是到了年终，更要防范截留收入，坐收坐支，虚列支出等不法行为的发生，以确保财务收支活动真实、可靠。因此，在年终决算前，对各项财务收支活动的会计原始凭证都要严格的审核、把关，以防有些单位为了逃避会计监督有意歪曲事实，大搞虚假会计核算。

④ 对财务清查工作要落实到位，会计法和企事业财务制度都明确规定，在编制会计报表之前，对单位的财产、物资、往来等必须要严格实行清查盘点，以确保账账一致，账实相符。但在实际工作中，不少单位在会计决算之前，未严格实施这一制度，取而代之的是整日地忙于“盘账”，搞决算和编制报表，结果导致大量账外资产、银行未达账、虚假往来账等情况发生，有的单位还在不知不觉中，掩盖了重大财务问题，使一些不法行为未被发现。

⑤ 对财务公开要推进到位，企事业单位的财务活动情况，包括全年各项收支、费用、成本、利润、税收、往来欠款等情况，都要向董事会、理事会、领导层以至职工代表会汇报，以接受各方的监督，防范和杜绝各种违纪行为蒙混过关. 这就要求企事业单位必须要严格保持其财务会计工作的透明度，增强财务公开力度。在年终决算前，对有关重大财务事项，要及早向上级和单位领导及职代会等汇报，

研究解决存在的问题，保证决算信息的真实和符合制度要求。

（2）决算程序。

①财务决算的准备工作。首先通知相关部门及时清理本年度发生的业务，查看是否有业务已经发生，因各种原因没有取得发票的，务必年底结账前取得发票交由财务部门。其次通知相关部门查看是否有已经取得发票但未到财务部门报销的业务，如有，务必年底结账前到财务部门报账。最后通知相关部门清理工程发票和货款发票，工程或货款有未取得发票的安排相关人士务必在年底结账前取得发票到财务部门办理付款或挂账手续。总之，只要是本年度发生了的经济业务，都要想办法取得发票交由财务部门办理相关手续。②进行账务处理。账务处理过程中，尽量做到没有遗漏每一笔业务，包括查看核对是否有应计提但未提及的费用成本，应摊销但未摊销的费用成本，固定资产折旧是否计提有遗漏等。尽量保证经济业务的全面、完整。③填报决算报表。决算报表一定要依据账面数据填写全面细致，每个科目总账必须与明细账相符。决算报表余年初预算报表做对比。每个明细项目来源于账面，但也要尽量确保与年初预算各项目保持一致性，以便与年初预算报表做对比。

7.4　专项项目管理

7.4.1　农业发展项目等专项项目管理

随着国有农场经济的发展，农发等财政专项项目的增加，财政专项项目的管理也面临着新的问题，涉及最多的就是专项项目资金的管理，具体管理内容归纳如下。

（1）管理的目的和原则。

目的：为加强和规范财政专项资金管理，提高国有农场现代化管理水平，规范国有农场财务行为，根据《中华人民共和国预算法》、《中华人民共和国会计法》、《企业会计准则》及国家财政专项资金管理相关规定，结合具体国有农场实际情况制定具体办法。

原则：专项资金的分配、使用、管理应当坚持下列原则。

①公开、公正、科学、高效。②集中使用，突出重点，择优安排。③专户专账，专款专用。④依法行政，规范管理。⑤跟踪问效，责任追究。

（2）专项资金的申报、分配和下达。

专项资金项目的申报条件包括：①符合农场经济和社会发展的总体规划，符合专项资金支持的方向、重点和范围。②有明确的专项资金项目目标、预期效益、组织实施计划和科学合理的项目预算，并经过科学论证和项目可行性研究。③补助性专项资金项目的申报，应有明确的资金用途，并有相关规定的实施依据。④财务部门、业务主管部门按各项专项资金相关规定组织对需要安排的项目专项资金进行评审。⑤根据评审结论，对符合条件的项目，排序列入专项资金项目库，项目库由财务和业务主管部门共同设置、管理和滚动使用；需安排的各项专项资金（含年初预算安排的专项资金）的申报、分配、拨付应严格按规定程序办理。⑥各业务主管部门根据事业发展的需要，从专项资金项目库中选取符合要求的项目，按照财务部门预算编制要求，统一编制部门年度专项资金项目计划和资金使用计划，先报送财务部门审核，后由业务主管部门报管理局审批。

（3）专项资金的拨付、使用管理。

①专项资金支出预算经法定程序批准后，各部门应及时分配下达到项目实施单位。专项资金应严格按照资金拨付程序、年度项目计划和项目进度拨付。②专项资金支出预算拨款纳入专户支付的，按照专户支付相关规定办理。③专项资金支出预算确定后，严禁随意调整预算，改变支出用途。因客观原因确需调整专项资金使用用途、变更项目内容或调整预算的，业务主管部门必须提出变更申请，并附变更政策依据和说明，按规定程序报批。④专项资金应专款专用，任何单位和个人不得滞留、截留、挪用，不得用于专项资金规定使用范围以外的开支。⑤专项资金实行专账核算、封闭运行。专项资金按规定实行报账制的，报账资金不能突破年度预算。⑥专项资金项目管理费用应按规定提取和使用。没有规定提取管理费用的，任何单位和个人不得以任何方式提取。

（4）资金的监督检查。

专项资金跟踪监督检查的内容包括：①专项资金是否制定管理办法，对项目申报条件、资金分配原则等是否明确。②实行项目管理的专项资金在立项时是否按有关专项资金管理办法进行了项目论证，是否存在以虚假项目套取专项资金行为。③农场配套资金是否及时、足额到位。④专项资金管理是否专款专用，是否存在截留、挤占、挪用资金等违纪违规问题，有无滞留、缓拨资金以及因管理不善造成资金损失、浪费。⑤会计核算有无账外设账、私设“小金库”问题，财务内控制度是否完善，管理责任是否落实。⑥其他应当监督检查的内容。

7.4.2　国有资产管理

农场从性质上划分属于企业，从属性上划分属于国有，国有农场的固有资产管理具体分为流动资产管理和固定资产管理。国有资产管理具体办法如下。

（1）流动资产管理。

① 加强货币资金的管理。首先，严格执行《现金管理条例》，遵守现金使用范围，不准以白条顶替库存现金，白条套取现金，白条报销现金，库存现金不得超过银行核定的库存限额。资金管理必须遵循收支两条线的原则，各单位现金收入必须全部纳入会计账内管理，及时存入银行，不得坐收坐支，严禁个人开设存折进行公款私存和资金体外循环。

其次，现金收支款项业务必须具备合法的原始凭证，从银行支取的现金必须写明用途，并按规定用途使用，违反第八条一、二款的行为，分别按违纪金额罚单位主管领导 70%，会计 20%，出纳员 10%。对违反其他现金管理规定的，除按《违反现金管理处罚条例》外，有其他行为的移交有关部门处理。各单位应在每月的 24 日前上报下月货币资金计划，计划要清晰、整洁、内容完整、项目填写齐全，同时上报本月货币资金执行情况，无货币资金执行情况汇总的，其下月货币资金计划不予支付。经计财科汇总后上报主管副场长、场长审阅，无异议后上报场长办公会讨论通过。

再次各单位必须严格按农场审批的货币资金计划进行使用，不得无计划支付，不得串项使用，不得宽打窄用，每月货币资金计划误差不得超过 5%。当月申请的货币资金没有使用或使用不完的，计划指标作废，下月再使用时重新上报计划。特别是经费性货币资金采取先发生后申请原则，每月申请货币资金计划不允许有误差。各单位不准支付大额现金（2 万元以上为大额现金），纳入企业财务收支预算和企业货币资金计划的大额资金支出 5 万元以下由场长审批，5 万至 10 万元由场长办公会决定，10 万元以上的由农场党委会决定，计划外的支出无论金额大小一律由农场党委会讨论决定，报管理局预算管理委员会批准后方可支付。

最后，支付采取卡式发放，主要实施的项目有：种植户和有机户兑现款、内退内养人员工资、遗属生活费、粮食补贴、独生子女费、女职工卫生费、在职人员工资、场直临时工工资。财务人员特别是财务负责人要认真履行好自己的监管职责，严禁公款私存，坚决杜绝小金库，各单位各项收入及代收款项必须纳入账内管理，尤其是统一经营及部分统营的农业单位销售的粮款全部上交农场账户，兑现时要将兑现表做到个人。严格执行定期盘点现金、定期对账制度，发现问题要及时处理。

② 银行存款的管理。首先，农场统一在银行开设基本账户，各单位的收入、支出全部由农场根据各单位发展和经营项目统筹安排。建立内部牵制制度。对银行支票要作为有价证券管理，支票和印鉴由会计和出纳员分别保管，出纳员保管支票，会计保管印鉴。每笔货币业务必须有会计和出纳员同时才能办理，以达到互相监督制约，一切支出经领导审批，会计审核后，出纳员方可办理，对不按规定办理的出现一切后果完全由经办人负责。

其次，出纳员每周向主管副场长、场长报送银行存款余额表。严格执行货币结算制度。对单位采购的货款进行结算时，必须通过银行转账方式进行货款结算业务。对外来购货单位支付农场的货款，必须汇到农场在银行统一开设的银行账户内，不得私自汇往他处，计财科在确认款项已收到后方可付货。

③ 存货的管理。首先，场直单位和事业单位的材料，当年消耗多少购多少，年末不许形成库存。其次，建立健全物资、材料、产品入库、出库制度，对进入库存的各种物资、材料、产品必须由保管人员填制存货入库验收单，逐项填写品

名、数量、单价、金额，并有采购人、交料人、验收人、单位领导签字盖章；销售出库的物资、材料、产品必须开据销售四联单，并逐项填写品名、数量、单价、金额，保管员依据出库联出库，决不允许以白条顶替库存，保证各项物资账账相符、账实相符。最后，对化肥、农药等易变质、过期、失效的存货，当年购入应在当年耗用完，确因特殊原因当年不能全部耗用的，最迟不得超过下年的决算期。超过上述规定时间造成过期、失效损失的，要追究单位领导及保管员的责任，由责任人赔偿。

（2）固定资产管理。

①各单位购建、改建、扩建固定资产必须报农场计划部门汇总审核，经有关部门论证后，以书面形式上报场长办公会讨论通过后，上报上级机关审批。违反者按投资额的 10%～30%罚单位主管领导和会计人员。②各单位对现有的固定资产，要建立专人管理制度，制定责任制，设立固定资产登记簿，注明建造年份、规格、面积、台件、折旧年限、折旧率等，做到账实相符；计财科固定资产会计通过微机，建立固定资产档案，对固定资产的购置、更新、使用、报废实行全过程的财务管理和监督，确保各项固定资产的完好、安全和完整。③建立固定资产定期清查制度，本着“谁使用、谁负责、谁管理”的原则，每年的 6 月和年末决算前分别进行一次清查，对在清理过程中发现的盘盈和盘亏，要查明原因，属人为造成的损毁、丢失由有关责任人负责赔偿，属于正常行为的由单位以书面报告，经财务部门审核后报场长审批，按财务制度的有关规定进行账务处理。④固定资产的折旧一律采用“平均年限法”，折旧年限和折旧率必须按照农垦集团总公司文件中的规定计算。⑤企业固定资产的内部调动、出售、报废（拆除）、出租及股份制等产权变动时，必须以书面申请上报计财科，对农场内部调动的资产经场长批准后，计财科方可办理调转手续，并按有关规定进行账务处理；对出售、报废的资产，经场长办公会批准，上报管理局国资委备案审批，经评估机构评估后方可出售，但出售的固定资产要一次性交齐款项，并履行相关的交易手续。对不按规定办理手续的、违反国家国有资产管理规定的，对单位领导按国有资产管理规定给予处罚。

7.5　家庭农场财务与会计

7.5.1　家庭农场财务与会计概述

自改革开放以来，国有农场实行了统分结合、双层经营的管理体制以后，职工家庭农场成为国有农场的基层生产经营单位，在国有农场的指导、监督和支持下，实行单独核算、自主经营、定额上缴、自负盈亏。两者之间通过合同确定的财务关系，一般有以下几个方面。

（1）上缴税、利、费而发生的财务关系。

（2）向国有农场上交税金、利润。

家庭农场承包经营的是国有的土地、山林和水面等自然资源。因此，承包后，原由国有农场上缴国家财政的有关任务，应当相应地分解，由各家庭农场负责完成。然后，场部连同其他应上缴任务共同组成整个农场的应缴数额上缴。家庭农场应上缴农、牧业税，根据其承包土地面积（或牲畜头数）与单位面积（或头）税额计算确定。上缴利润数额，应按土地等级、水利条件、公共设施、经营内容、历年生产水平和盈利水平等因素确定。向国有农场上缴管理费。主要指为有效组织全场范围内的生产经营活动。或为生产经营活动顺利进行而发生的一些费用。如场内交通运输费、道路维修费、仓库管理费等，这些费用应由场内各生产经营单位负责分担。家庭农场应按规定上缴自己应承担的部分。实行劳保福利基金统筹的农场，应向农场上缴劳保福利基金。

（3）劳务报酬结算而发生的财务关系。

家庭农场兴办以后，大大调动了职工劳动的积极性，但为了有效地发挥大农场在资金、技术等方面的优越性，还必须大力开展对家庭农场的产前、产中和产后服务。举办那些小农场办不了、办不好或者办起来不划算的事情。把两者的优越性结合起来，促进整个农场商品经济的迅速发展。国有农场对家庭农场的服务非常广泛。例如，供应生产资料、提供优良品种、化肥、农药等产前服务，进行机耕机播、排涝灌溉、防虫治病、收打运储等产中服务，以及产品加工、销售等产后服务。由提供这些服务而发生的双方在劳务报酬方面的结算关系，在国有农场体制改革不断深化的过程中，如果提供服务方的场属企业已经实行自主经营，单独核算，成为独立的法人实体，则上述结算关系由家庭农场与各企业自行办理，而不涉及场部。

（4）资金暂时借垫而发生的财务关系。

在一些从事长期作物如橡胶、剑麻生产的垦区和农场内，或者经济发展速度不快的垦区或农场内的家庭农场，在一定时期内，还不能做到用自筹资金满足生产需要。甚至生活费用也不足时，由大农场暂垫生产费用和暂借部分生活费用，待产品收获后，以上缴产品抵还垫借资金而发生的财务关系。在改革步伐较快。经营机制转换较好，实现了生产费用和生活费用两费自理的垦区和农场内，场部与家庭农场之间已不再有国有农场内部财务管理体制。国有农场内部财务管理体制是农场经济管理体制的重要组成部分。同时，它也决定于国家与农场间的财务管理体制。多年来，随着农场经营管理机制和国家对农场财务管理体制的不断改革，农场内部财务管理体制也发生了相应的变革。在国家对农场实行统收统支的时期，农场管理体制比较集中统一，农场经营范围比较单一。在当时，根据农场规模的大小和管理水平的高低，一般是大中型农场实行场部与生产队两级管理，两级核算。财务管理权限除集中于场部一级外，生产队一级也分管部分生产储备资金、在产品资金，并核算产品成本。小型农场则实行场部一级管理，统一核算。生产队一级只负责其使用财产、物资的保管、登记等，而不实行单独核算。国家对农场实行财务包干制度后，农场内部也逐步实行分级、分项目的包干办法。例如，实行“三定一奖”（即定产量、定成本、定利润、超额得奖）等经济责任制度，以及对生产队、场属企业以及其他基层生产、流通单位实行承包经营。

7.5.2　家庭农场财务处理

家庭农场规模较大，一般可以达到或的社会平均利润的规模。大多有一定数量的雇工，甚至生产劳动以雇佣劳动为主，在家庭组织形式的基础上也引入了现代契约制度等一些科学的组织方式，还需要采取现代会计核算等经营管理制度，提高经营的现代化水平。因此规范的会计处理不仅可以是农场家庭更好地了解自身的生产经营状况，为其决策提供必要的依据，还可以为其他利益相关者提供必要的信息资料。家庭农场的会计处理应克服其限制因素，实现进一步规范化。

小规模农户的家庭组织基本上就是生产经营组织，因而一般没有核算等经营管理制度，经济核算全凭盘算或者简短的流水账。在中国，家庭农场尚在兴起阶段，相关的会计理论指导和规范尚未出台，实务管理也较为简单。例如，2011 年家庭农场承包经营收入统计口径为 14.22 亿元，财务口径为 1.69 亿元。由此可见，88%的土地资源产出并未在财务报表中体现。财务口径下收入是指：企业在日常活动中形成的、会导致所有者权益增加的、与所有者投入资本无关的经济利益的总流入。即纳入大农场统一经营核算范围的主营业务收入和其他业务收入。例如，商品销售收入、提供劳务收入、让渡资产使用权收入等。统计口径下收入是指：调查期内农场住户和住户成员从各种来源渠道得到的收入总和（包括货币收人和实物收入）。按收入的性质划分为家庭经营收人、工资性收入、财产性收入和转移性收入。该收入是按照全社会口径统计所有经济利益的总流入。具体包括：承包经营收入，指家庭农场承包户和农场签订承包合同经营所得，2011 年为 14.22 亿元；自营经济收入，统计承包经营收入之外的收入，2011 年为 1.28 亿元；劳务收入，指本地打工和外出务工的收入，2011 年为 5.85 亿元；政策性补贴收入，2011 年末数为 0.99 亿元。

当前，农垦大部分农场对家庭农场在生产管理上一般只发挥指导作用，家庭农场除以实物或货币上缴承包租赁费外，生产自理，产出品自行销售，销售时无须或难以获得发票等合法交易依据。由于家庭农场大部分产品销售不经过农场，且财务核算需要以合法的原始凭证为依据，不符合收入准则确认条件，造成大农场无法掌握和核算家庭农场承包租赁费以外的经营收入。一些农场家庭未曾记录过生产经营活动，大部分家庭农场以收付实现制为基础进行单式记账，即每一项经营业务只在一个账户中记录，一般只登记现金的收付，而且在实际收到或支付款项才确认收入或支出。流水账下、账户之间缺乏联系，不能反映经济交易与事项的变动与账户的平衡关系。

家庭农场介于农户与农业企业之间的特殊性质决定了其会计处理应在规范化和可操作性上寻求平衡。相对于小农户，家庭农场规模更庞大，业务更复杂，管理更为重要，不记账或者流水账难以提供正确的信息。但是我国人多地少，农业的整体生产力水平还比较落后，加上土地流转制度不完善和限制工商资本进入的政策导向，家庭农场的规模不是很大，发展过程较慢，短期发展方向也并非发达国家等高速发展的家庭农场的企业化。如果要求家庭农场依照农业企业在《企业会计准则》、《农业企业会计制度》、《农业企业会计处理方法》等体系下进行核算，设置近百个会计科目，按照生物资产的类型和阶段精细计量，一方面，不符合成本效益原则，另一方面，即使是专业会计人员也难以掌握，农户家庭所拥有的会计知识几乎不可能实现高度正规化。

现行家庭农场核算模式中一般采取“应收家庭农场款”、“待转家庭农场款”、“应付家庭农场款”核算模式。设置“应收家庭农场款”、“待转家庭农场款”、“应付家庭农场款”3 个总账科目。会计人员进行业务处理时，应注明批准文号或将批件一并装订。固定资产购入或交付使用时，要严格履行验收手续。固定资产折旧的计提方法采用平均年限法。固定资产转让、出售、报废时，应上报农场，经农场批准后，报分局国有资产管理部门备案登记。固定资产本着“谁使用、谁管理、谁负责”的原则，行政主要领导对本单位的固定资产管理负总责。会计负责固定资产的日常监督与核算。各单位应设专人负责固定资产的管理与使用，进行定期检查、维修和保养。年终，由单位负责人、资产管理人、使用人和财务人员组成资产清查小组，对固定资产进行一次清查盘点，并进行账卡、账实核对。在清查盘点中发现的盘盈、盘亏、毁损等，要查明原因，属人为造成的损毁、丢失由有关责任人负责赔偿。属于正常盘盈、盘亏、毁损等由固定资产使用和管理部门及有关业务部门提出处理意见，上报农场审批后，按财务制度的有关规定进行账务处理。固定资产因种植结构调整、体制改革、政策调整等原因，暂时停用或不需用时，应办理封存手续，由农场指定地点集中存放，集中保管，确保固定资产安全、完整，农场资产不流失。

现行家庭农场核算还可以采取“家庭农场往来”模式。在日常核算中，为避免一个家庭农场既有应收又有应付账户，简化核算，部分农场未使用“应收家庭农场款”、“待转家庭农场款”、“应付家庭农场款”科目来核算家庭农场的往来，只设置了“家庭农场往来”科目，科目的借方反映应收家庭农场款项，科目贷方反映应付家庭农场的款项，年末按余额方向归类，分别列入资产负债表的相应项。

主要参考文献

ATEP 项目组．2013．工业会计实操［M］．北京：清华大学出版社．

财政部会计司有关负责人就修订发布《会计从业资格管理办法》答记者问．安徽水利财会，2013（2）．

财政部会计资格评价中心．2013．初级会计实务［M］．北京：中国财政经济出版社．
陈迈，王国生．2014．财务会计［M］．北京：首都经济贸易大学出版社．
林秀香．2013．预算管理［M］．大连：东北财经大学出版社．
刘永泽．2012．会计学［M］．大连：东北财经大学出版社．
卢家仪．2011．财务管理［M］．北京：清华大学出版社．
孙梦琪．2013．家庭农场会计处理适度规范的研究［J］．财政监督：财会版，（5）．
王淑珍．2010．农业会计学［M］．北京：中国农业出版社．
张先治．2014．财务分析［M］．大连：东北财经大学出版社．
卓之君．2011．强化国有农场财务管理工作探讨［J］．安徽科技，（4）．

第8章　农场二、三产企业经营管理

随着社会经济的快速发展，农业的概念也发生了很大的变化。现代大农业生产方式不仅仅关注传统的动植物培育和繁殖为主的农业“产中”阶段，而且把为农业提供生产资料等“产前”行业，以及农产品的运输、储藏、保鲜、加工、销售等“产后”行业一起包含在大农业概念中。作为现代大农业生产的典型代表之一，农场的生产体系中也不仅包含传统的“产中”行业，“产前”和“产后”行业的作用也越来越大。这部分行业在农场主要表现为与农业生产紧密联系的二产和三产企业的蓬勃发展。这些二产和三产企业不仅直接服务农场传统“产中”农业生产；而且还大幅增加农产品的附加值，提高农民收入；增加地方就业，改善区域产业结构。因此，了解二产、三产企业的经营管理对管理农场必不可少，本章首先介绍农场经济体系中的二产、三产企业；而后以农产品加工业为中心介绍了农场二产的生产管理；再以农场三产中的典型产业——农产品流通业为例，说明了农业生产中三产的生产管理。

8.1　农场二、三产企业的概述

随着我国农业现代化的不断发展，人们对农业的理解也在不断深化和拓展。20世纪80年代初，于光远提出的“十字形大农业”概念，把农林牧副渔称为横向的“一字形农业”，即农业的“产中”；把为农业提供生产资料等服务性行业，称为农业的“产前”；把农产品的运输、储藏、保鲜、加工、销售称作农业的“产后”；由农业的产前、产后组成纵向的“一字形农业”，两者结合起来便形成了“十字形大农业”的概念。

20世纪90年代初，农业产业化的概念在山东潍坊出现并在全国推广。相对于传统农业而言，现代农业是指广泛运用现代的科学技术和生产管理方法，对农业进行规模化、集约化、市场化和农场化的生产活动。现代农业的内涵也随着实践的发展扩展到产前领域、产中领域和产后领域。因此，现代农业不再局限于传统的种植业、养殖业等农业部门，而是包括了生产资料工业、食品加工业等第二产业和交通运输、技术和信息服务等第三产业的内容，原有的第一产业扩大到第二产业和第三产业。现代农业成为一个与发展农业相关、为发展农业服务的产业群体。这个围绕着农业生产而形成的庞大的产业群，在市场机制的作用下，与农业生产形成稳定的相互依赖、相互促进的利益共同体。

企业，是指从事生产、流通或服务等活动，为满足社会需求进行自主经营，自负盈亏，实行独立核算，具有法人资格的经济组织。企业的基本特征是：企业必须依法设立，符合国家法律规定的企业设立条件和设立程序；企业是以盈利为目的，独立核算，要求以收抵支，取得盈利；企业是从事生产经营或提供服务的经济实体；企业必须有自己的名称、组织机构和活动场所，具有法人资格，能独立承担民事责任。在现代社会中，企业是社会的经济细胞和国民经济的基本单位，同时又是市场经济活动的主体。

传统意义上的农业企业，是指以动植物和微生物为劳动对象，以土地为基本生产资料，通过人工培育和饲养动植物，以获得人类必需消费品的生产经营企业。基于对“十字形大农业”和“农业产业化”的理解，农业企业的范围就更大了。作为现代大农业的典型代表之一，农场生产经营体系中除了种植业、养殖业等横向的“一字形农业”以外，生产资料工业、农产品加工业等第二产业和农产品流通、技术和信息服务等第三产业等构成的纵向“一字形农业”也是重要的组成部分。农场的二、三产企业产业类型主要是依托农业种植和养殖活动分布的，特别是农产品加工业和农产品流通业在农场现代大农业生产体系中起到越来越重要的作用。本章将农场纵向“一字形农业”所涉及的经营主体界定为农场二、三产企业，以“二产”中农产品加工业和“三产”中的农产品流通业为代表进行介绍。

8.2　农场农产品加工业生产管理

发展农产品加工业，可以增加农产品的科技含量和附加值，是增加农民和农业企业收入的重要途径。农产品加工业具备良好的市场前景，随着科学技术的进步、农业产业结构的调整，农产品加工业在农村经济发展中将起着举足轻重的作用。本节主要介绍农产品加工业生产管理的特点、生产过程的管理以及质量管理等内容。

从技术角度看，农产品加工部门是一个十分复杂的系统工程，它涉及机械、物理、化学、生物等技术，其产品可用于人们的衣食住行、工业、医药、化工、能源及畜禽饲料等。从经济角度看，农产品加工部门是农业产业化与工业化的联结点，通过它可将农业、工业、第三产业联为一体，使农业摆脱了单纯提供原材料和初级产品的角色，拓展了农业的功能，提高了初级农产品的附加价值，增加了农民的收入。农产品加工部门延伸了农业产业链，与农户的关系应日趋紧密，把一家一户的分散经营与大市场衔接起来，缓解了农民的农产品卖难问题。农产品加工部门的发展，会带动商业、运输、旅游、服务等第三产业的发展和集中，这些产业又都是劳动密集型产业，吸引大量农村剩余劳动力进入该产业，为农民创造更多的就业机会。

8.2.1 农产品加工业概述

1. 农产品加工业内涵和外延

（1）农产品加工业内涵。

农业生产可以分为两大类：一是初级农产品生产，它主要是指农产品通过生物的生长繁殖所取得的产品，包括农、林、牧、副、渔等五大类产品。二是农产品加工，它主要是通过各种工程措施将第一类生产产出的原料，如粮、油、果、蔬、肉、蛋、奶、水产品、棉、麻、糖、烟、茶等加工成人们吃、穿、用的成品或半成品。

从广义上来说，农产品加工指的是以人工生产的农业物料和野生动植物资源及其加工品为原料所进行的工业生产活动；狭义的农产品加工则是指以农、林、牧、渔产品及其加工品为原料所进行的工业生产活动。农产品加工业就是以农业动植物资源为加工对象的产业或行业。

（2）农产品加工业外延。

农产品加工业分类方法较多，按原料的改变程度来分类，可以把农产品加工业分为四级：第一级加工活动是洗净分级，第二级加工活动是压榨、研磨、切割和调配，第三级加工活动是烹煮、消毒、制罐、脱水、冷冻、纺织、提炼、调配，第四级加工活动是化学处理添加营养成分，如速成食品、高营养植物制品等，这种分类有助于理解农产品加工程度的差异，但缺乏相应的统计数据资料难以进行深入的研究。

按加工对象分类则是有多少种农产品就有多少种加工业，如大米加工、面粉加工、花生加工、黄豆加工、芝麻加工、棉花加工等。显然这种分类过于细致和分散不利于把握结构特征。

按国民经济两大部类生产分类，农产品加工也可以分为生产资料的加工和消费资料的加工，农产品的消费决定它的加工大部分是消费资料的加工，少部分是生产资料的加工。与上一种分类相比，这种分类方法比较笼统，不能了解其中的细节变化。

按广义农业包含的五大类加工对象分类，农产品加工业可分为农产品加工业、林业产品加工、畜牧业产品加工和水产品加工。按加工产品的最终用途分类又可以分类为食品加工、饮料加工、皮革加工、服装加工、药材如工、肥料加工、能源加工、家具加工、工艺美术加工、包装材料加工、竹木建筑材料加工等。

国家统计局公布的《国民经济行业分类》（GB/T 4754—2002）中，农产品加工业涉及的行业有 12 类，分别是农副食品加工业，食品制造业，饮料制造业，烟草制品业，纺织业，纺织服装、鞋、帽制造业，皮革、毛皮、羽毛（绒）及其制品业，木材加工及木、竹、藤、棕、草制品业，家具制造业，造纸及纸制品业，印刷和记录媒介的复制，橡胶制品业。

国际产业分类体系（International Standard Industrial Classification，ISIC 4.O）将农产品加工业分为五类，包括食品、饮料和烟草制造业，纺织品、服装（皮毛服装除外）、皮革和相关制品制造业，木材、木材制品、软木制品和草编制品及编织材料物品的制造，纸和纸制品的制造，印刷和出版业以及橡胶制品的制造。

2. 农产品加工业的技术

农产品加工业的技术可以分为三类：第一类是物理机械加工技术。该类技术包括粉碎、筛理、搅拌、加热、干燥、浓缩、压榨、蒸馏、浸出、过滤等，该类技术的例子有制米、磨粉等。第二类是化学加工技术。该类技术包括水解、中和、沉淀、解析、凝聚等，该类技术的例子有淀粉、糖生产等。第三类是生物加工技术。该类技术包括发酵、微生物的培养利用，该类技术的例子有酿造、生物质能源等。

3. 农产品加工业的组织形式

为确保初级农产品供应的连续性，农产品加工企业一般都会与农户签订协议。因而，我们可以从二者之间的利益连接方式，将农产品加工业的组织模式分为四种类型，即市场交易型、公司＋农户型、公司＋中介组织＋农户型以及垂直一体化。

市场交易型是一种完全以市场买卖关系进行交易的松散的组织关系，企业与农户之间没有任何契约关系。正因为这样，这种组织模式虽具有高度的灵活性和操作简单的优点，但也由于缺少紧密的内在联系，企业与农户间的关系非常脆弱，加大了双方需要承担的风险及交易成本。

公司＋农户型是农产品加工企业与农户签订合同，农户根据合同内容进行生产，农产品加工企业则根据合同对农户提供一定的技术、资金支持，并收购农产品。相比市场交易型模式，这种模式在一定程度上缓解了农户分散生产与大市场之间的矛盾，但加工企业与农户之间的这种合同关系对双方的约束有限，因此违约、毁约现象时有出现。

公司＋中介组织＋农户型是在公司＋农户型组织模式中加入了中介组织（如农民专业合作社、专业技术协会等），因而其有效性较之后者又有提高。

垂直一体化是将农产品的生产、加工、销售等各个环节纳入一个加工企业中，从而最大限度地减少交易费用，这种组织模式的稳定性居四种组织模式之首。

8.2.2　农产品加工业生产的特点

农产品加工业的生产过程同其他物质资料生产过程相比，既有其共性，又有其个性。农产品加工业生产主要有以下特点。

1. 以农产品为生产对象

农产品加工业的最大特点，是以农产品为原料进行加工制作。因此，农产品加工业应立足本地的资源优势，生产具有比较优势的产品，提高产品市场占有率。不同地域拥有不同的资源禀赋，发挥资源优势，是农产品加工业投资的切入点。

2. 以市场为导向组织生产

农产品加工业的产品，主要是为人们提供日常消费品和基本生活用品，如食品、衣物、家具、饮料、药品等。随着人民生活水平的提高，人们的消费结构升级和消费质量提升，农产品加工业更要注重市场需求变化，不断开发新产品，特别是绿色食品、有机食品、名优土特产品的开发和研制。

3. 以质量标准为依据

在消费者主权时代，农产品质量决定企业的生存和效率。农产品加工企业必须按《食品安全法》、《产品质量法》、《消费者权益保护法》和农产品质量标准（如绿色食品标准、有机食品标准、ISO9000 和 ISO14000 国际通用标准等）组织生产。

4. 肩负环保的社会责任

农副产品加工业的生产规模一般较小，余料、废料、废气、废水不易进行再次加工，大多排放到厂区周围，而造成环境污染以及资源过度开发等问题。为此，农副产品加工企业在创建和生产中，应采取有力措施，防止污染，处理好“三废”，实现企业经济效益、社会效益和生态效益的统一。

8.2.3　发展农产品加工业的意义

1. 提高农业生产的专业化水平

农产品加工业是以农产品为基本原料，且需求量大。它的发展可以直接提高农业生产的专业化、商品化水平，有利于解决小生产与大市场衔接的矛盾，实现农工商综合经营，促进区域经济的快速发展。

2. 提高农产品的附加值

农产品通过初加工、深加工、精加工，可以最大限度地延伸农产品的使用价值，提高农产品的附加值。农产品的就地加工，可以防止农产品腐烂变质、减少运输、节约成本。加工后的副产品、废弃物，可用作饲料、肥料，提高企业综合利用率，从而提高企业的整体经济效益。

3. 扩大农产品消费领域

发展农产品加工业，直接丰富了农产品加工品市场。有利于扩大农产品消费领域，调节农产品供求关系；有利于克服农产品生产的季节性与需求的常年性之间的矛盾，调节季节之间和地区之间的供求关系。企业应更好地把握商机，不断满足社会对农产品加工品的消费需求，提高经济效益。

4. 优化农村产业结构

就其实质而言，农产品加工是农业的延伸和继续。随着农业市场化的进程，农产品加工已成为我国农业产业化中不可缺少的一环，农产品加工企业，扮演着“龙头”的角色。农产品加工，一方面，从原料中获得较高的产值；另一方面，为社会增加了就业门路，尤其是加工企业吸收了大量的农村剩余劳动力，从而加速了农村产业结构的调整和优化。

我国农产品加工业市场前景广阔。在发达国家居民食品消费总额中，加工食品占 90%左右，而农产品初级产品仅占 10%。可以预见，随着人们生活水平的提高，社会对加工产品的需求将会不断增大，我国农产品加工业有着巨大的发展潜力。

作为农业产业的一个重要分支，农产品加工业应实行综合经营，重在提高农产品的加工转化能力。一是发挥区域优势，重点发展农产品主产区的加工转化能力；二是运用高新科技，提高加工制品的质量，实现高起点发展；三是鼓励投资主体多元化，不仅鼓励乡镇企业，而且促使一些国有企业、城市企业转向农产品加工业；四是合理构建利益分配机制，加强农业和农产品加工业之间产业链条的连接。

8.2.4　农产品加工业生产管理

1. 农产品加工业生产的类型

农产品加工业是农业的一个重要分支行业。它是以农产品为原料，采用物理、化学和生物学的方法，运用机械作业或手工作业将各种农产品加工成各种不同用途的产品，以满足社会各方面需要的行业。

（1）按原料品种分类。

按原料品种分类，农产品加工业生产可以划分为粮食加工、经济作物产品加工、水果和蔬菜加工、畜产品加工、水产品加工、林产品加工和特产品加工等。

（2）按产品最终用途分类。

按产品最终用途分类，农产品加工生产可以划分为食品加工、纺织品加工、饲料加工、造纸加工、皮革加工、药材加工、工艺美术品加工、包装材料加工等。

（3）按产品加工程度分类。

按产品加工程度分类，农产品加工生产可以划分为初加工和深加工，或粗加工和精加工。产品的初加工主要是指农产品的洗净、分级、简单包装等；深加工主要是指对农产品进行物理和化学处理、添加营养成分或由此而形成新产品等。

2. 生产过程的组织

生产过程，是指直接改变劳动对象的物理和化学性质，使其成为企业主要的产成品的直接加工、处理过程。生产过程是企业生产经营全过程的中心环节，代表着企业生产的专业化方向。

（1）生产过程组织的要求。

农副产品加工业生产，是运用现代工业生产技术和管理技术、在专业分工和协作基础上，采用多种工艺方法和使用多种机器设备的复杂的生产体系。基本生产的组织，就是要结合企业生产技术条件、工艺性质、生产类型、生产任务量和企业的专业化生产方向的特点，适应市场需求和生产发展的要求，确保基本生产过程的高效运行。

① 生产过程的连续性。生产过程的连续性即产品生产过程的各个阶段、各道工序相互衔接、有序地进行。劳动对象在一道工序被加工、处理完以后，立即被转送到下一道工序，使之处于不间断地被加工、检验和运输状态之中。在某些产品的加工中，还要借助自然力的作用，如风干、晾晒等环节。为了确保生产过程的连续性，要通过制订周密的作业计划，使人工加工过程同自然力处理过程相互衔接，避免不合理的中断。

② 生产过程的比例性。生产过程的比例性即基本生产过程的各个组成部分，即各道工序之间保持一定的比例关系，使每道工序的作业量大致均衡。但随着生产的发展、品种的扩大、新工艺的引进、新材料的运用、管理制度的健全等因素变动，就必须对原来的比例进行适时的调整。

③ 生产过程的节奏性。生产过程的节奏性即各个生产环节，在相等的时间间隔内，产出相等数量的产品，没有时紧时松、前松后紧、突出赶工的现象。简单地说，就是各工作环节都能达到均衡的负荷，均衡地出产品。

④ 生产过程的合理中断。某些农副产品加工业的某些生产工艺过程，需要借助于自然力的作用，使劳动对象发生物理或化学反应。如造酒业中的发酵过程、制药业中药草的晾晒过程、制药业的晾干过程等。这种变化过程的开始，即表示加工过程暂时中断，中断达到一定时间后，加工过程又重新开始。这种加工工艺特点，要求企业注意生产过程的合理安排，以保证生产过程的连续性。

⑤ 生产过程的适应性。生产过程的适应性指企业生产过程适应品种变化，产品升级换代，采用新技术、新材料的能力。这对企业适应多变的市场需求，提高企业竞争能力，提高企业经营的稳定度是非常重要的。企业要提高生产过程的适应性，就必须在购置设备、制定规划中，有长远打算，不能只顾眼前。要尽量采用先进的加工技术，以生产过程的适应性提高产品对市场的适应性，从而提高企业的经济效益。

以上五项要求相互联系，相互制约，只有同时予以重视，才能保证基本生产过程高效有序运行。

（2）生产过程组织的形式。

生产过程组织的形式，一般有大量生产、成批生产和小批量生产三种。

① 大量生产。在一段时间内重复生产一种或几种产品，其特点是，产品的品种少，批量大，产量大，各工作场所固定地完成 1～2 道工序，专业化程度高。

② 成批生产。在一段时间内重复生产较多种产品，其特点是，产品的品种不太多，每种产品都有一定的数量，生产条件比较稳定，各工作场地需负担较多的加工工序，专业化程度不高。成批生产型又可根据工作场地所负担的工序多少和每种产品投入的批量大小，分为大批量生产、中批量生产和小批量生产。

③ 小批量生产。在一段时间内经常变换生产多种产品，很少重复生产同种产品。其特点是，产品品种繁多，每种产品只有一件或几件，生产条件很不稳定，工作场所专业化程度很低，生产设备和技术工艺通用性强，所需的原材料多数按农副产品的收获期进行收购和加工。

（3）生产过程组织的方法。

任何工业企业的生产过程的组织工作，都包括两个互相关联的方面，即生产过程的空间组织和时间组织。

① 生产过程的空间组织。它是确定被加工处理的农副产品，在生产过程中的空间运动形式，即生产过程各个阶段、各道工序在空间上的分布和原材料、半成品的运输路线。空间组织又必须与相应生产单位的组织形式相结合。

生产单位的组织形式，是指企业的生产车间、班组的专业化形式。农副产品加工企业内部生产单位（车间、班组）的设置，一般有三种基本形式：

工艺专业化。按照生产工艺性质的不同来设置生产单位。其优点是：有利于充分利用生产能力和生产面积，有利于适应产品品种的多种变化；有利于进行工艺专业化的技术管理；有利于组织和指导同工种工人之间的相互学习和交流，提高技术水平。其缺点是：劳动对象（加工产品）在生产过程中运行的路线较长；运送原材料和半成品的劳动消耗量大；劳动对象在生产过程中停放时间长，积压产品多；生产周期长，占用流动资金多；各生产单位的计划管理、在制品管理、质量管理等工作也比较复杂。

对象专业化。以产品为对象来设置生产单位，某产品的全部工艺过程能在一个封闭的单位内独立完成。不同产品，按工艺流程布置所需的设备，不同工种工人，采用不同的工艺方法，对同类对象进行加工，能独立制造一种产品。其优点是：有利于缩短生产路线，节约辅助劳动量；有利于减少在产品和资金占用量，缩短生产周期；有利于简化生产单位之间的协作关系，简化各项管理和产品成本核算工作。其缺点是：由于所用设备专业性能强，通用性能差，不利于充分利用设备和劳力；生产技术多样不利于生产专业化；不适应产品品种多变的形势等。

工艺专业化与对象专业化结合。是指吸收上述工艺专业化与对象专业化的优点，按照综合性原则，而形成的生产单位设置形式。这种设置综合上述两种设置方法的优点，避免其缺点。

② 生产过程的时间组织。生产过程的时间组织，主要说明生产过程各工序之间的衔接协调，以尽量缩短生产周期。工序之间衔接的移动方式一般有三种类型：

顺序移动方式。是指整批产品在上一道工序全部加工完成以后，才整批集中运送到下一道工序加工，形成整批产品在各道工序间相继移动。

平行移动方式。是指一批产品中每一件产品在某道工序加工完成以后，立即转入下一道工序，形成产品在工作场所之间逐件移动。

平行顺序移动方式。是前两种方式的结合，即加工产品在工作地之间的移动有两种情况，一是当前道工序加工单件产品的时间小于或等于后道工序加工时间，加工完一件（一批）就立即转移到下道工序，即按平行移动方式移动；二是当前道工序加工时间大于后道工序加工时间时，则等到前道工序加工完的在产品数量能够满足后道工序连续加工时，才将加工完成的产品转移到下道工序，即按顺序移动方式移动。

从上述三种移动方式的分析中，可以看到，采用顺序移动方法，生产过程中的组织工作比较简单，但有整个生产周期较长、资金周转慢、在制品积压多等缺点。采用平行移动方法，生产周期虽然较短，但由于产品加工的各道工序的劳动量往往是不相等的，劳动力和设备有时会出现空闲等待现象，造成停工待料。平行顺序移动方法，综合了上述两种方法的优点，但组织工作比较复杂。因此，企业应充分考虑到上述各种方式的优缺点，权衡利弊得失，根据本企业的生产类型、生产规模及其特点，决定采用何种方式组织生产过程。

（4）生产准备过程主要从两方面进行：一是硬件设施；二是软件基础。

① 硬件设施，主要包括：

加工原料配备。加工原料配备是加工企业最为繁杂的准备工作，就是各种农副产品原料的采购、运输和贮备等工作。农副产品加工的主要原料包括粮、棉、油、糖、茶、肉、果、原木、药草、毛皮、各种野生动植物等，其中大多是鲜活产品，也有的易腐、易损、不易贮藏。所以，在生产准备工作中，应选择灵活的采购方式、采购批量、运输方式和贮藏方式等，以保证加工品质量的要求。

技术工艺工作。技术工艺工作包括产品设计、工艺设计、技术图纸、工艺文件、新产品的试制等。只有不断采用新技术、新加工工艺，坚持小批量、多品种、优质量的竞争策略，才能使企业在激烈的市场竞争中立于不败之地。

生产条件供给。根据加工企业的生产车间、生产场地的作业面大小，设备要求，适当装配供电、供水、供气设施，以确保生产的不间断进行。

质量检验体系。农副产品的加工制品，大多数是日常生活消费品，尤其是食品类产品，其质量优劣直接影响到人们的身体健康。因而，注重产品质量是提高企业知名度和竞争能力的关键因素。为此，农副产品加工企业必须设立健全的质量保证体系，配备相应的质量检验机构和质量检测人员。

安全保障措施。安全保障措施主要包括企业生产所必需的卫生检测、安全设备、劳动保护、消防器械等物品装置的准备。新建的加工企业，还要做好工程验收，以及操作工人的技术培训等产前试操作工作。

② 软件基础，主要包括：

组织规章制度。组织规章制度主要是根据企业的生产规模、生产任务、产品特点的不同，制定相应的责任制度和规章制度，包括生产责任制、岗位责任制、安全规章等，组织规章制度还要明确企业内部各级生产组织和各职能部门的权力、职责和利益。

生产管理制度。生产管理制度包括劳动定额，物质储备定额、原料消耗定额、能源消耗定额等，并根据各生产单位的生产任务，将一定时期内所需要的劳动力、生产要素，通过合理配置，落实到各生产单位。

企业经营计划。企业经营计划包括年度生产财务计划、阶段作业计划、劳动用工计划、生产进度计划、原料供应计划等。

生产操作规程。生产操作规程包括生产工艺、操作规程等。

总之，生产过程的准备应有科学的预见性，既要估计到企业生产经营中可能出现的各种问题，又要预见到科学技术的发展和市场需求的变化，给企业带来的影响。因为农副产品加工业大多数属于生活资料的生产行业，具有进入成本低、资金周转速度快、易于吸引闲置资金的特点，是一个竞争激烈的行业。

8.2.5　农产品加工业的食品安全和产品质量控制

1. 食品安全与农产品质量认证

食品安全是 1974 年联合国粮农组织最早提出的，经过近 30 年的发展，目前食品安全的含义主要包括三个层面：①从数量的角度，要求人们既能买得到、又能买得起生存生活所需要的基本食品；②从质量的角度，要求食品的营养全面、结构合理、卫生健康；③从发展的角度，要求食品的获取要注重生态环境的良好保护和资源利用的可持续性。本章的食品安全是指食品质量安全，即要求在食品的生产、加工过程中，通过监测与控制手段，保证其原料无农药残留、有毒有害的重金属、放射性物质的污染，以及对原料基地的疫情调查，无危险性的病、虫、草等有害生物，还包括在加工过程中严格控制致病病菌和细菌总数，并有效地除去金属碎片、毛发、杂质等异物。食品质量的安全问题是一个全球性的问题，不仅是传统农业不适当使用化肥、农药造成贪品污染，而且随着食品生产的工业化和新技术、新原料、新产品的采用，造成食品污染的因素日趋复杂化，高速发展的工农业带来的环境污染问题也波及食物并引发一系列严重食品污染事故。近几年来，国际上相继发生了一系列重大食品污染事件，如二噁英等事件。这些事件虽然发生于某一国家或地区，但由于食品贸易的广泛性，迅速波及其他国家和地区，使食品的安全性一次次成为人们关注的热点。

实行农产品及食品的安全管理，并建立相应的质量管理体系，这对未来农业及相关产业都具有极其重要的意义。首先，它能够提高农产品质量，满足市场需求。随着人民生活水平的提高，消费者的环境意识与健康意识不断增强，人们对消费水平的需求也逐步提高。其次，它能够应对绿色壁垒，增强农产品国际竞争力。农产品是我国出口创汇产品的重要组成部分，农产品出口额在国家出口创汇额中占有相当的比重。最后，它能够促进农业可持续发展，增加农民收入。通过安全食品系列生产技术、规程的实施，不仅可降低农业成本，提高农产品质量，增加农民收入，同时，对保护生态环境也有极大的好处。以此为契机，必将形成农业生产与农业环境的良性循环，实现农业的可持续发展。

农产品质量控制是指农产品与食品质量安全认证。为了加强对食品安全的管理，各国纷纷采取各种方式对农产品和食品质量加以严格控制，其中公认的最普遍的方式就是食品质量安全认证。食品质量安全认证是由国家权威机构认可的认证机构对企业或组织生产的食品的安全进行的产品认证，一般是非强制性的，企业或组织可以根据自身的需要申请不同种类的食品质量安全认证。目前，我国主要有三类认证，即绿色食品认证、有机食品认证和无公害食品认证。绿色食品、有机食品和无公害食品都属于食品安全范畴，通常称其为安全食品。

现阶段农产品与食品质量安全认证的类型较多，各有其不同的特点。根据其对企业的不同要求，主要可以分为绿色食品认证、有机食品认证和无公害食品认证三类。

① 绿色食品。绿色食品是指遵循可持续发展原则，按照特定生产方式生产，经中国绿色食品中心认定，许可使用绿色食品标志的无污染的安全、优质、营养类食品。绿色食品的标志由三部分构成，即上方的太阳、下方的叶片和中心蓓蕾，分别代表了生态环境、植物生长和生命的希望，标志为正圆形，意为保护、安全。根据我国国情，绿色食品实行分级管理，分为 A 级和 AA 级两种。A 级绿色食品标志为绿底白字，AA 级绿色食品标志为白底绿字。

② 有机食品。关于有机食品的定义，因为目前世界各国对有机农业的定义存在着一定的差异，所以也造成了对有机食品定义的不同，从而使有机食品在不同的语言中有不同的名称，国外最普遍的名称是有机食品或有机农产品（Organic Food）。也有称作生态食品（Ecological Food）或生物食品（Biological Food）。

③ 无公害食品。无公害农产品是指没有受到污染、安全的农产品，农业部 1990 年 5 月提出的绿色食品可以说是无公害农产品中的一种。广义无公害农产品应该包括绿色食品和有机食品；狭义的无公害农产品指经过有关部门认证，满足人们日常食用安全的农产品，不包括绿色食品和有机食品。

绿色食品、无公害食品和有机食品都属于农产品质量安全范畴，都是农产品质量安全认证体系的组成部分。无公害食品保证人们对食品质量安全最基本的需要，是最基本的市场准入条件。绿色食品达到了发达国家的先进标准，满足了人们对食品质量安全更高的需要。有机食品是国际通行的概念，是食品安全更高的一个层次。无公害食品、绿色食品和有机食品的工作是协调统一、各有侧重和相互衔接的。无公害食品是绿色食品和有机食品发展的基础，而绿色食品和有机食品是在无公害食品基础上的进一步提高。为了控制农产品质量安全形势严峻的局面，实施“无公害食品行动计划”，解决最基本的农产品质量安全保障问题，是当前食品质量安全工作的主攻方向和迫切任务。今后，随着农产品质量安全形势的根本好转，绿色食品特别是 A 级绿色食品可能成为继无公害食品之后的主要认证产品，成为农产品质量安全认证工作的重点。

2. *农产品加工业的产品质量控制的基本标准*

① ISO9000 质量管理体系认证。国际标准化组织（ISO）成立于 1947 年 2 月 23 日，是世界上最大的非政府性国际标准化组织。其中，TC176 专门负责制定质量管理和质量保证技术的标准。1986 年 6 月，TC176 制定了第一个标准（ISO8402）。1987 年 3 月，ISO 又正式发布了 ISO9000（质量管理和质量保证标准——选择和使用指南）、ISO9001（质量体系——设计 / 开发、生产、安装和服务质量保证模式）、ISO9002（质量体系——生产和安装质量保证模式）、ISO9003（质量体系——终检验和试验的质量保证模式）、ISO9004（质量管理和质量体系——指南）5 个国际标准。上述 6 个标准统称为“ISO9000 系列标准”。我国于 1988 年发布了等效采用 ISO，1992 年发布了等同采用的 GB/T 19000 系列标准。在 ISO9000 标准 1994 版发布后，我国于当年发布了等同采用的 GB/T 19000 系列标准。2001 年 6 月 1 日起等同采用了 2000 版 ISO9000 族标准。

② HACCP 质量控制法。HACCP 是 Hazard Analysis Critical Control Point（危害分析和关键控制点）的缩写。20 世纪 60 年代，由美国率先提出 HACCP 体系，并于 90 年代起陆续对一些重要的食品制定了相应的技术法规。HACCP 在国际上被认为是以预防食品安全问题为基础的防止食品引起疾病的最有效的方法，并就此获得联合国粮农组织、世界卫生组织（World Health Organization，WHO）和国际食品法典委员会（Codex Alimentarius Commission，CAC）的认同。美国最初应用 HACCP 概念时认为，现存的质量控制技术在食品生产中不能提供充分的安全措施防止污染。以往对产品的质量和卫生状况的监督均是以最终产品抽样检验为主。当产品抽样检验不合格时，已经失去了改正的机会；即使抽样检验合格，由于抽样检验方法本身的局限，也不能保证产品 100%的合格。确保安全的唯一方法，是开发一个预防性体系，防止生产过程中危害的发生。由此逐步形成了 HACCP 的 7 个基本原理：

一是进行危害分析。首先，要找出与品种有关和与加工过程有关的可能危及产品安全的潜在危害；其次，确定这些潜在危害中可能发生的显著危害，并对每种显著危害制定预防措施。

二是确定关键控制点。对加工中的每个显著危害确定适当的关键控制点。

三是确定关键限值。对确定的关键控制点的每一个预防措施确定关键值。

四是建立 HACCP 监控程序。建立包括监控什么、如何监控、监控频率和谁来监控等内容的程序，以确保关键限值能够完全符合。

五是纠偏行为。确定当发生关键限值偏离时，可采取的纠偏行为，以确保恢复对加工的控制，并确保没有不安全的产品销售出去。

六是建立有效的纪录保持程序。准确的纪录保持是一个成功的 HACCP 计划的重要部分。

七是建立验证程序，证明 HACCP 体系是否正常运转。7 个原理中第一至第五是一步接一步的，第六和第七哪一步在先都可以，所以也有人把这 7 个原理翻译成 7 个步骤。

③ GMP 质量控制法。GMP 是英文 Good Manufacturing Practice 的缩写，中文的意思是良好操作规划，或是优良制造标准，是一种特别注重制造过程中产品质量与安全卫生的自主性管理制度。食品 GMP 是一种具体的品质保证制度，其宗旨是使食品工厂在制造、包装及储运食品等过程中，有关人员、建筑、设施、设备等设置，以及卫生、制造过程、质量管理，均能符合良好的生产条件，防止食品在可能引起污染或品质变坏的不卫生条件环境下操作，减少生产事故的发生，确保食品安全卫生和质量稳定。目前，已有 100 多个国家实行了 GMP 制度。为满足人们对食品安全日益增长的期望，保证所食用的食品是安全和适宜的，避免由于食源性疾病、食源伤害和食品腐败给人们身体健康带来的损害及其造成的经济损失，GMP 逐步被引入食品生产中，各国政府根据《食品卫生通则》，相继制定了相关的法律法规，以达到对食品卫生进行有效控制的目的。

3. 绿色食品生产管理

绿色食品标准是应用科学技术原理、结合绿色食品生产实践、借鉴国内外相关标准所制定的，在绿色食品生产中必须遵守、在绿色食品质量认证时必须依据的技术性文件。它既是绿色食品生产者的生产技术规范，也是绿色食品认证的基础和质量保证的前提。绿色食品标准是国家行业标准，对经认证的绿色食品生产企业来说，是强制性标准，必须严格执行。

（1）绿色食品产地环境监测。

建立绿色食品产地，必须对产地的生态环境进行调查研究，以便做出判断，更重要的是进行采样分析。判断产地环境质量的好坏，必须取得代表环境质量的各种数据，即需要得到各种污染因素在一定范围内的时空分布数据，这样才能对环境质量做出确切的评价。

环境监测就是用科学方法监视和检测代表环境质量及发展变化趋势的各种数据的全过程。从环境监测的过程来说，环境监测应包括现场调查、优化布点、样品采集、运送保存、分析测试、数据处理、综合评价等一系列过程。首先，根据监测目的要求，进行现场调查研究。其调查内容主要包括水文、地质、地貌、土壤肥力、气候条件等自然环境资料；工业“三废”污染，外部污染源及农用化学物质使用情况；初级产品病虫害防治技术及公害控制情况；土壤类型、背景值、农药残留等资料；环境监测历史资料；农业生产基本情况等。其次，根据现场调查资料、监测范围，研究采样点的数目和具体位置，确定采样时间，按有关规定采集样品，将采集的样品和记录及时送往实验室，分析调查；按规定的分析方法进行样品分析。再次，将测得的监测数据记录整理录入报告表，并对数据进行处理和统计检验。最后，将监测数据资料整理，依据绿色食品生态环境质量标准和有关规定进行综合评价，并结合现场调查资料对监测资料作合理的解释并写出综合报告。

绿色食品产地环境监测分类方法较多。例如，按监测对象分为大气监测、水环境监测和土壤监测；按监测手段分为物理监测、化学监测和生物监测等。绿色食品产地环境监测按其目的和性质可分为三类：①基础性监测主要在开发绿色食品之初，选择绿色食品产地时进行，为判断产地是否符合绿色食品环境质量标准提供基础数据。②监视性监测是在产品的绿色食品标志使用期内，为保证绿色食品产地的环境质量而做出的监督性抽样检验。③仲裁监测主要解决基础性监测与监视性监测中所发生的矛盾。

（2）依据绿色食品标准组织生产。

① 食品企业厂（场）址新建、扩建、改建的食品企业在厂（场）址选择时，除符合整个规范区域规划外，还应注意防止环境对企业的污染，防止企业对环境和居民区的污染，满足企业生产需要的地理条件，如地势高、水资源丰富、水质良好、土壤清洁、便于绿化、交通方便。

② 绿色食品加工企业的人员、管理体系关于生产人员，食品生产者必须进行至少每年一次的健康体检，接触食品的生产者必须体检合格才能从事该项工作。绿色食品生产人员及管理人员必须经过绿色食品知识系统培训，对绿色食品标准有一定理解和掌握，才可以从事绿色食品加工生产。

③ 加工企业应具有完善的管理系统。目前部分绿色食品加工企业已通过 ISO9000 系列认证，这些企业的质量管理方面有了较为可靠的保证。绿色食品加工企业还应多借鉴发达国家的经验，推行 GMP 和 HACCP 等方法。对于生产记录除了完善的生产规程、健全的规章制度，绿色食品加工企业还必须拥有具体的生产记录。

④ 采用先进生产技术。绿色食品加工工艺应采用食品加工的先进工艺，只有

先进、科学、合理的工艺，才能最大限度地保留食品的自然属性及营养，并避免食品在加工中受到二次污染。但先进工艺必须符合绿色食品的加工原则，较先进的辐照保鲜工艺就是绿色食品加工所禁止的。采用先进工艺的加工食品一般有较好的品质，如果汁饮料杀菌，国内多用高温巴氏杀菌，添加防腐剂等方法，而国际上（如国际食品法典委员会）规定，果汁饮料应采用物理杀菌方法，禁用高温、化学及放射杀菌，此规定符合绿色食品（不用高温杀菌可减少对营养物质的破坏）、无污染（不加防腐剂，不用化学方法杀菌）的宗旨，所生产的食品也较易达到绿色食品标准要求，但其先进的工艺对设备及加工条件的要求比较高，国内食品行业很少有企业做到。

一些食品加工工艺中与绿色食品加工原则相抵触的环节，必须进行改进。粉丝生产中必须加入明矾增稠、稳定，才能使粉丝成型，但早在 1989 年，世界卫生组织就已将“铝”确定为食品中有害元素加以控制，并认为铝是人体不需要的金属元素。因此，粉丝生产工艺中明矾的问题不解决，就不可能通过绿色食品认证。绿色食品加工必须针对自身特点，采用适合的新技术、新工艺，提高绿色食品产品品质及加工率。

绿色食品加工工艺中可采用的先进技术有：生物技术，主要包括基因工程、细胞工程、酶工程和发酵工程。因为有机食品对基因工程采取摒弃的态度，不能采用，故只对酶工程及发酵工程简要介绍。酶工程是利用生物手段合成、降解或转化某些物质，从而使廉价原料转化成附加值高的食品（酶法生产糊精、麦芽糖等），或者用酶法修饰植物蛋白，改良其营养价值和风味，还可用于果汁生产中分解果胶提高出汁率等。发酵工程是利用微生物进行工业生产的技术，除传统食品外，还取得了许多新成就，如美国 Kelco 公司用微生物发酵法生产黄原胶等。生物技术应用于绿色食品加工中，必将对提高加工率产生很大效果。

膜分离技术，包括反渗透（reverse osmosis，RO）、超滤（ultrafiltration，UF）和电渗析。反渗透是借助半渗透膜，在压力作用下进行水和溶于水中物质（无机盐、胶体物质）的分隔，可用于牛奶、豆浆、酱油、果蔬汁的冷浓缩；超滤是利用人工合成膜在一定压力下对物质进行分离的一种技术，如植物蛋白的分离提取；电渗析是在外电场作用下，利用一种特殊的膜（离子交换膜）对离子具有不同的选择透过性而使溶液中的阴、阳离子和溶液分离，可用于海水淡化、水的纯化处理等。膜分离技术可广泛用于加工中水处理及饲料工艺中，可提高饮料质量。

工程食品，即用现代科技，从农副产品中提取有效成分，然后以此为配料，根据人体营养需要重新组合，加工配制成新的食品，其特点是可以扩大食物资料，提高营养价值。

冷冻干燥，又称冷冻或升华干燥，即湿物料先冻结至冰点以下，使水分变成固态冰，然后在较高的真空度上，将冰直接转化为蒸汽使物料得到干燥。如加工得当，多数可长期保藏且原有物理、化学、生物性质及感观性质不变，需要时加水，可恢复到原有形状和结构。

超临界提取技术，即利用某些溶剂的临界温度和临界压力去分离多组分的混合物。例如，二氧化碳超临界萃取沙棘油，其工艺过程无任何有害物质加入，完全符合绿色食品加工原则。

（3）绿色食品产品包装。

食品包装是指为了在食品流通过程中保护产品、方便运输、便于贮藏、促进销售，按一定技术方法而采用的材料、容器及辅助物的总称，也指为了达到上述目的而在采用材料、容器及辅助物的过程中运用的一定技术措施等操作活动。绿色食品包装要求绿色食品的包装除符合食品包装的基本要求外，还须符合以下几点要求：

第一，包装材料的选择根据产品的特点，选择相应的包装材料，绿色食品对包装材料的要求有以下几点：①安全性，包装材料本身要无毒，不会释放有毒物质，污染食品，影响人的身体健康；②可降解性，食品在消费完以后，剩余包装可降解，不对人的健康有影响和对环境造成污染；③可重复利用性，绿色食品产品在消费完以后，剩余包装材料可重复利用，既节约了资源，又可减少垃圾的产生，减轻对环境的污染。

第二，包装技术的选择。在选择了合适包装材料后，在包装过程中也不能对产品引入污染及对环境造成污染。绿色食品包装标签，除符合食品包装的基本要求和《食品标签通用标准》（GB 7718—94）外，在包装装潢上应符合《中国绿色食品商标标志设计使用规范手册》的要求。获得绿色食品标志使用权的单位，必须将绿色食品标志用于产品的内外包装，《中国绿色食品商标标志设计使用规范手册》对绿色食品的标准图形、标准字体、图形与字体的规范组合、标准色、广告用语及编号规范均作出了严格规定。

（4）绿色食品产品运输。

食品的运输是市场经济的客观需要，也是食品流通的重要环节。只要食品不是直接从生产领域进入消费者手中，那么它就必然要经过运输这个阶段，因此在贮运过程中必须保证食品安全、无损害、无污染，完好地到达消费者手中。绿色食品的运输除要符合国家对食品运输的有关要求外，还要遵循以下原则和要求：①绿色食品的运输，必须根据产品的类别、特点、包装要求、储藏要求、运输距离及季节不同等采用不同的手段。②绿色食品在装运过程中，所用工具（容器及运输设备）必须洁净卫生，不能对绿色食品引入污染。③绿色食品禁止和农药、化肥及其他化学制品等一起运输。④在运输过程中，绿色食品不能与非绿色食品混堆，一起运输。⑤绿色食品的 A 级和 AA 级产品也不得混堆一起运输。

（5）绿色食品的贮藏。

根据各类食品的贮藏性能和各种贮藏技术的机制、生产可行性和卫生安全性、食品在贮藏中的质量变化及影响质量变化的诸因素和控制措施，依据贮藏原理和食品贮藏性能，选择适当的贮藏方法和较好的贮藏技术的过程。在贮藏期内，要通过科学的管理，最大限度地保持食品的原有品质，不带来二次污染，降低损耗，节省费用，促进食品流通，更好地满足人们对绿色食品的需求。绿色食品产品的贮藏须遵循以下原则和要求：①贮藏环境必须洁净卫生，不能对绿色食品产品引入污染。②选择的贮藏方法不能使绿色食品品质发生变化、引入污染，如化学贮藏方法中选用化学制剂须符合《绿色食品添加剂使用准则》。③在贮藏中，绿色食品产品不能与非绿色食品混堆贮藏。④A 级绿色食品与 AA 级绿色食品须分开贮藏。

8.3　农场农产品流通

自从人类产生分工以后，商品的流通就开始出现，并逐渐从生产过程和消费过程中分化出来而形成独立的环节。商品的流通最先是从农产品的流通开始的。随着人类经济社会的发展，农产品（包括后来的食品）的流通环节也在不断分化和演化。时至今日，农产品及食品流通的各环节都形成了独立的产业部门，如加工和服务等部门，各环节上的部门都承担着各自不同的职能，相互作用而形成了复杂多样的流通体系。

8.3.1　农产品物流概述

1. *农产品物流的概念*

（1）农业物流概念。

农业物流是指以农业生产为中心而发生的一系列物质运动过程和与之相关的技术、组织、管理等活动，它贯穿于农业生产和经济活动的始终，是对农业产前、产中、产后三段过程的科学管理。农业物流可以分成三段物流形式：一是供应采购阶段的物流形式，叫农业供应物流，以组织农业生产所需的农药、化肥、种子、农机设备等生产资料为主要内容的物流。二是生产阶段的物流形式，叫农业生产物流。包括贯穿在整个农产品生产、加工活动过程中的生产物流。三是销售阶段的物流形式，叫农业销售物流，即农产品物流。物流对象包括粮、棉、油（料）、茶、烟、丝、麻、蔗、果、菜、瓜等，以及乡镇企业生产的城市消费品等。

（2）农产品物流定义。

目前，国内学术界对农产品物流的研究还处在初级阶段，不同的学者对农产品物流的概念有不同的理解。借鉴 2001 年 8 月 1 日我国正式实施的《中华人民共和国国家标准物流术语》和美国物流管理协会对物流的定义，结合农产品运销特征，我们现在把农产品物流界定为，为了满足客户需求，实现农产品价值而进行的农产品、服务及相关信息从产地到消费者之间的物理性经济活动。它包括高效率、高效益的农产品及其信息的正向和反向流动及储存而进行的计划、实施与控制过程。具体来说，农产品物流就是农产品的运输、储存（常温、保鲜和冷藏）、装卸、搬运、包装、流通加工、配送和信息处理等环节的有机组合。包括一系列物质运动过程、相关的技术信息组织和处理过程、以及各个环节上的物流管理活动。在这一活动过程中创造了时间价值、场所价值和部分加工价值。因此，从概念上看农产品物流是农业物流的重要组成部分。

农产品现代物流从生产到消费包括多个环节，把农产品从生产、采摘、分类、包装、加工、储藏、运输、配送、销售等环节快速有效地整合起来，减少农产品流通中的价值损失，提高农产品流通效率，从而大大提高我国农产品的国际竞争力，是我国由一个农业大国走向农业强国的必经之路。因此，借鉴发达国家农产品物流发展的成功经验，对我国农产品物流模式发展趋势进行研究，对促进我国农产品现代物流的发展，具有重要的现实意义和战略意义。

2. 农产品物流分类

农产品物流根据分类标准的不同可以有不同的分类方式。依据农产品物流系统的性质，可以划分为社会化专业物流和企业物流；按照农产品物流系统的空间范围划分的话，可分为国际农产品物流、国内农产品物流和地区性农产品物流；按照农产品物流业务是否外包可分为自营物流和第三方物流；按照农产品物流系统作用的对象划分，则分为粮食作物物流、经济作物物流、水产品物流、畜牧产品物流、林材木及林产品物流和其他农产品物流。

3. 农产品物流特征

相对于工业而言，农业是自然再生产和经济再生产交织在一起的再生产过程，农产品的生产、流通存在着非人力能控制的风险，再加上许多农产品是人们生活必需品，需求弹性小，这些特殊性使农产品物流表现出明显不同于工业品的特征。

（1）农产品物流运作的相对独立性。

由于不同地区的气候、土壤、降水等存在差异，各地适宜种植品种不同，农产品生产呈现出明显的季节性和区域性特征，而农产品的消费则是全年性的，这就决定了农产品物流过程中需要较大量的库存和较大范围的调度或运输。营养性、容易感染微生物而腐败变质，从而对物流设备和工作人员提出了较高的要求。安全卫生性，对其生产和贮运提出了更高要求，如加工中要求无菌，产品配送过程中不能和有其他气味的商品混运，容易造成串味，还应注意配送中微生物和重金属的交叉污染等问题，对温度和湿度作出严格的规定等。而且产品的交货时间有非常严格的期限性，即前置期有严格的标准。鲜食品和冷链食品在食品消费中占有很大的比重，所以食品物流必须有合适的冷链、保鲜链，甚至是气调链。由于绿色食品、绿色消费的日渐盛行，对绿色物流提出了更高的要求。

（2）农产品物流量大。

农产品的生产基地在农村，而广大的农产品消费者生活在远离乡村的城市之中，为满足农产品消费在不同时空上的需求，就必须将农产品从农村转移到城市，准确、快捷地传送到消费者手中，以实现农产品的最终价值。因此，农产品物流面临数量和质量上的巨大挑战。农业生产的商品除部分农民自用外，大都成为商品，需要物流，数量之大，品种之多，都是其他商品无法比拟的。发展农村物流是服务“三农”、服务新农村的重要内容，然而，目前我国农村货运的特点是货源分散、运力分散、经营分散、管理粗放，这些极大地制约着农村物流的发展。

（3）农产品物流技术要求高、专业性强、难度大。

农产品自身的生化特性和特殊重要性，使得农产品流通过程中保鲜、储存、加工等环节具有重要的地位并具有很强的生产性。而且，有些农产品为了方便运输和贮存，在进入流通领域之后，还需要进行分类、加工、整理等活动。例如，粮食储存在仓库中，必须定期进行通风、烘干，以控制粮食水分，使粮食的使用价值得到保证。活猪、活牛、活鸡等进入流通，必须进行喂养、防疫，如果收购后进行屠宰，还需要进行冷冻、冷藏处理，这就要求有特殊的加工技术和相应的冷藏设施。可见，农产品在运输贮存过程中，各自要求的输送设备、运输工具、装卸设备、质量控制标准各有不同，使得农产品物流比工业品物流更具生产性，且要求根据农产品各自的物理化学性质安排合适的运输工具，从而保证农产品的性质和状态稳定，以确保农产品品质、质量达到规定要求。

（4）加工增值是发展农产品物流的重要环节。

农产品不同于工业品的最大特点是农产品的加工增值和副产品的综合利用。这部分价值是在农产品离开生产领域后，通过深加工和精加工，延长产品链而实现的增值。例如，粮食深加工和精加工、水果加工、畜牧产品加工及海洋水产品加工等。一般来说，其增值环节主要包括以下几个方面：一是农产品的分类与包装增值服务。二是农产品适度加工增值服务。例如，通过对粮食的研磨、色选、细分或者规格化等生产加工工序，以一定的商品组合开展农产品促销，能够促使农产品流通的顺利进行。三是农产品社区配送增值服务。四是特种农产品运输、仓储与管理增值服务。

（5）农产品物流风险大。

农产品生产的分散性、季节性，使得农产品物流的风险增大。农产品生产点多面广，消费地点分散，市场信息更加分散，使得人们难以全面把握市场信息，容易造成供给不适应需求的状况。而且，由于农作物有生长过程，牲畜同样需要经过发育成长期，故农产品生产受季节性限制明显，难以连续不断地生产，无法依农产品价格的高低短期内有所增减，难以在短时间内对供给进行有效的调节，导致市场价格波动大。过大的流通风险会降低物流经营者的预期利润，往往会使经营者更多地采取短期的机会主义行为，不利于形成有序的市场竞争和培育市场主体。

（6）分散-集中-分散的物流节点特征突出。

我国农业生产中最为突出的矛盾之一是小规模经营与大生产、大流通矛盾。规模小是指农产品生产、经营、流通普遍零碎化，没有规模效益；大群体指参加农业生产的主体众多，离散性强，缺少联合，组织化程度低，导致生产盲目性，容易造成农产品买难和卖难的交替出现。这种农产品的“小生产”和“大市场”的矛盾决定了农产品流通过程呈现出由分散到集中再由集中到分散的基本特点。一家一户就其农业生产的单体资源配置、生产能力、生产规模、农产品的产出量和商品量等而言其水平都是较低的。这就决定了农产品生产的“小生产”的基本特征。而农产品的消费却遍布全国城乡。这种“小生产”和“大市场”的矛盾还会存在一个时期。这种情况决定了农产品物流会在较长时期呈现出由分散到集中再由集中到分散的基本特点。

（7）政治含义的商品特征尤为明显。

农产品作为附带着社会政治含义的商品，使得各国政府在其生产与流通中都有不同程度的介入。一是农产品的需求收入弹性通常小于 1，这意味着随着经济增长和人均收入的提高，就占总消费的份额而言，农产品需求的增长趋于下降，不利于农民收入的增加。二是农产品需求价格弹性也小于 1，农产品价格下降所产生的追加需求只能带来比以前更少的收入。这两个因素对发展中国家农民收入有突出的影响，因此，许多国家都不同程度地采取干预政策以保护农民的利益。三是从食品供给安全的角度考虑，政府的干预更是无可避免。

（8）流通的范围越来越大。

随着农产品生产和消费的不断变化，生产力水平的不断发展，农产品流通的范围也越来越大，不断突破着时间和空间的限制。农产品流通由当初的地区内流通，到跨地区的长距离流通，再到今天的“吃全球，卖全球”，流通的空间范围越来越大。同时，由于生产技术的进步及冷藏保鲜技术的发展，农产品也实现了周年化的供应，农产品流通也打破了季节性的限制。

（9）流通的体系越来越复杂。

农产品流通有着悠久的历史，在历史发展过程中出现了各种不同的流通形态。由于农产品的特殊性，一种新的流通形态的出现并不能完全取代旧的流通形态，因而时至今日，各种历史形态的农产品流通模式仍然并存，担负各自不同的功能。例如，在城市，既有现代的大型连锁超级市场，也仍有传统的农贸市场，甚至有流动的小商小贩。而在农村，区域内流通仍然占重要地位，各种集市和直接交易广泛存在。这些各种各样的传统的流通形态与现代的流通模式交织在一起，构成了当今复杂的农产品流通体系。

8.3.2　农产品流通的功能

历史上最早交易的商品就是农产品，因此农产品有着最悠久的流通历史。和其他商品流通一样，农产品流通有着基本的功能，就是连接生产者和消费者，将商品从生产者那里转移到消费者那里。商品的流通过程，就是从生产者到消费者之间的一系列的交易过程。在商品从生产者转移到消费者的过程中，又不断分化出了具体不同的职能，如集散功能、加工功能、储运功能、信息传递功能等。

（1）集散功能。

由于农产品的生产者和消费者基本上都是分散的，因而必须要先把分散的产品集中起来，再通过一定的渠道分销出去，才能到达消费者那里。农产品的集散功能有效地降低了搜寻成本和交易费用。

（2）加工功能。

随着社会经济的发展，人们要消费的不仅仅是初级农产品，而是不断追求更高档次的经过加工的食品。因此，农产品的加工程度越来越高。农产品的加工功能既提高了产品的附加值，又满足了人们高层次的、多样化的需求。

（3）储运功能。

农产品的生产者和消费者在时空上是分离的，因此流通过程储藏和运输过程必不可少。又因农产品易腐、单位体积和质量的价值量小等特点，在农产品的流通过程中对储运的要求就更高。储运功能的有效发挥，一是要尽量方便快捷；二是要使损耗和流通成本降到最小。

（4）信息传递功能。

伴随着产品的流通，还发生着信息的传导过程。信息是在生产者和消费者之间经过各交易过程层层传递、双向传导。有效的信息传递过程，一方面能使农产品的流通更加高效；另一方面，能形成合理的市场信号以更好地指导农产品的生产，并有效降低市场的波动。

8.3.3　农产品及食品流通的发展历程

商品的流通是从农产品的流通开始的，已有几千年的发展历史。在这一历史过程中，随着生产状况、消费状况及流通条件的改变，农产品的流通过程不断地发生着演变。从买卖双方直接交易到流通因社会分工而从产销过程中独立出来，再到现在出现的一体化流通过程，农产品流通经历了诸多的发展阶段。

（1）直接交易阶段。

在自给自足的年代，受生产力水平的限制，人们要交易的农产品主要是少量的剩余，交易的规模不大，地域范围也很小，主要在一定的小区域内进行。在这个时期，农产品的交易基本都是要买卖双方直接交易的。为了交易的方便，逐渐形成了固定地点和时间的集市。因此，这个时期农产品的流通功能是由生产者和消费者直接承担的，农产品通过集市直接由生产者交易到消费者那里。

（2）间接交易阶段。

随着生产力水平的提高，分工不断深化，农产品剩余不断增加，农产品交易的空间范围也不断扩大，一些农产品出现了跨地区的长途买卖，随之出现了专门跨地区贩运农产品的贩运商。这样，农产品的流通才从生产过程和消费过程分离出来，形成独立的分工过程，其职能也由独立的中间商承担。在早期，被贩运的农产品主要是不易腐烂的品种。

（3）现代流通的形态。

工业革命以前，在不发达的商品经济时代，成为商品的农产品主要是剩余的农产品，这时的农产品流通还处在传统形态，主要以地区内的集市交易和地区间的贩运买卖为主。工业革命以后，城市化迅速发展，商品经济也发达起来。这时就产生了城市大规模的农产品需求和农村地区农产品生产的矛盾，主要面临的问题是如何将农村生产的生鲜蔬菜运销到城市的问题。在新的形势下，农产品流通发生了重大的变革，以批发市场为主的新流通渠道应运而生。在流通的终端，城市里先产生农贸市场，后又出现大型超级市场、专营店和连锁店等现代的形态。在这一阶段，农产品交易逐渐突破地区范围，形成大流通格局，甚至是跨国界的流通。

（4）流通过程的新变化。

在美国等发达国家，农业生产规模不断扩大、集中程度不断提高，零售终端大型连锁超级市场不断发展。同时，物流、交通等条件的进步，使农产品流通过程发生了新的变化，垂直一体化的流通模式开始出现，如基地和超级市场之间的直供模式。

从以上各发展阶段的历程看，农产品流通经历了链条变长又变短的过程。分工的规模经济，使农产品流通从生产过程和消费过程独立出来，并且整个流通过程又分化出各个不同的过程。垂直一体化的流通模式又减少了交易环节，降低了交易成本，同时仍不失规模经济，从而提高了流通效率。在农产品流通的发展过程中，每一种变化都是与不同的历史条件相适应的结果。

8.3.4　农场农产品物流主要模式

我国地域广阔，农场分布广泛，农场出产的农产品种类繁多、属性各异，再加上各地区自然条件、经济结构和发展水平的不同，农场农产品物流运营模式也呈现出多元化的特点。主要有以下几种农产品物流发展模式。

（1）自营物流模式。

自营物流是指农产品生产者、农产品加工者、农产品流通配送企业根据自己的经营实力和经营习惯，通过建设全资或控股物流子公司，完成企业物流的配送业务。

在这种模式下，作为农产品物流活动的主体，可以向仓储企业购买仓储服务，向运输企业购买运输服务，但是这种服务的购买仅限于一次或一系列分散的物流功能，且具有临时性、纯市场交易的特性，即物流服务与企业价值链之间的联系是松散的。由于农产品物流运作主体的不同，自营物流模式可以有多种形式选择。

（2）第三方农产品物流模式。

第三方农产品物流模式是指由农产品生产者和加工者以外的第三方负责完成农产品运输、仓储、配送、流通加工等一系列物流活动的运作过程。随着农产品市场化程度的提高，一些专门从事农产品储运、配送及流通加工的第三方物流组织逐渐出现。在这种模式中，第三方农产品物流企业不拥有商品，不参与商品买卖，作为主导者联结着农产品生产和加工者、各级批发商、零售商、中介组织，并为顾客提供以合同为约束、以结盟为基础的系列化、个性化、信息化物流代理服务。

第三方农产品物流模式的基本特征体现在以下几个方面。

① 功能服务专业化。第三方农产品物流是独立于供方和需方，由专业的农产品物流组织进行的物流。因此，相对于自营物流而言，第三方农产品物流提供的是增值的、专业的、甚至全方位的物流服务。第三方物流企业掌握着较为先进的农产品物流技术设施和设备，能根据农产品生产企业、加工企业、配送企业的生产运作和市场需要的不同，为其规划物流体系和设计物流方案，提供农产品仓储管理、运输管理、订单处理及农产品物流信息系统等各具特色的服务。

② 物流信息网络化。信息网络化是第三方农产品物流运作的基础。第三方农产品物流是在物流信息商品化的基础上而展开的专业化的特殊服务活动。来自生产方、销售方和物流企业的物流信息，都可以借助第三方物流网络信息平台，进行各主体间数据的快速、准确传递，实现订货、保管、运输、流通和加工一体化信息的共享，从而在较短的时间内完成各物流主体间的协调和合作。而且，随着信息技术的飞速发展，农产品物流活动和物流费用可以被分离出来，有助于农产品物流管理的科学化，能够极大地提高农产品物流效益。

③ 关系契约化。第三方农产品物流企业是以合同为导向，向客户提供农产品物流服务的，并通过契约或合同管理委托方的物流服务活动及其过程。例如，订单管理、库存管理、运价谈判等。而且，第三方物流发展物流联盟也是通过契约或合同的形式来明确各物流联盟参加者之间权、责、利的相互关系。

④ 物流服务个性化。第三方农产品物流企业可以根据客户的要求和不同农产品的特点，为客户“量身定制”物流服务，提高客户的服务满意度。

⑤ 合作联盟化。农产品供应链企业选择第三方物流服务，主要是出自于降低成本、提高核心竞争力、寻找增值服务等动机。各类企业在与第三方物流企业合作中，既有整体物流业务外包，也有部分外包，还有个别企业是聘请物流公司来管理运作企业自有物流资产设备。形式各异，但本质上是第三方物流企业主导货

物和商品的组织管理、运输调度和配送活动。

（3）农产品物流园区模式。

① 农产品物流园区运营。农产品物流园区是指由分布相对集中的多个农产品物流组织和物流设施，以及服务功能不同的专业化农产品物流及加工企业等构成的，能实现农产品物流规模化、功能化的农产品物流组织区域。农产品物流园区处于农产品产业链上的流通环节，上游向生产领域延伸，与产地农户相连，下游向零售和消费领域延伸。因此，农产品物流园区是集农产品集散、交易、物流、加工、信息平台、展览等于一体的综合性园区。一般具备仓储、运输、装卸、流通加工、配送、信息处理等基本功能，此外，还具有提供报关监管、商务综合服务、交易展示等服务项目的功能。

② 农产品物流园区功能。

a．农产品运输集散主体功能。

农产品物流园区的运输集散主体功能反应了物流园区作为物流设施的一种形态，在长距离、线性方面的机能，即物流的交通机能。这主要表现在农产品集散和联合运输支撑两个方面：

农产品集散功能。随着市场经营规模的扩大，零星分散的农产品生产与消费之间不仅距离越来越远，而且流通渠道越来越复杂，特别是个性化营销服务的广泛开展，更使农产品输送呈现出多频率、小批量的趋势。这就要求农产品运输能够分化为大量商品统一输送的干线运输与分散的零售终端配送相结合。因此，在干线运输的源头或农产品主产区、加工企业集散地建立物流园区，在园区内统一集中各企业的货物，并加以合理组合，再实施干线运输，既可以发挥物流规模效益使经济成本得以降低，又可以有效地抑制社会成本的上升。

农产品多式联运功能。农产品物流园区通常是设在地理位置优越，水陆交通便利的物流衔接地，通过有效衔接公路、铁路、航空、港口等不同运输形式，有利于开展以国际集装箱为主的水、陆、空多式运输方式的联合运输和联运中转等业务，能够有效地满足客户多样化需求，有利于形成层次多元、物流节点布局合理、运输功能配套齐全的农产品物流运输体系，便于我国鲜活农产品快速进入国际市场。

b．农产品交易展示功能。

通过在园区内建立高效率、现代化的农产品批发交易市场，把农产品及相关的产业链贸易商（包括国内国外）汇集在一起建成综合性的农产品交易基地，形成农产品产业集聚效应，并为入住园区企业提供交易展示服务，入驻园区的商品可以在园区的交易展示区域进行样品展示，还可以通过现场洽谈、拍卖等方式进行直接交易，交易成功还可以现场办理财务结算。

c．物流综合服务功能。

农产品物流综合服务功能是指在农产品集散市场的基础上，集仓储、流通、加工、配送、结算，完成农产品从“田间”到“餐桌”的全程服务功能。

农产品流通加工功能。随着流通领域中零售业态的发展，特别是24小时便民连锁店的发展，物流园区的分割、分拣、包装、配货等农产品流通加工功能已经变得越来越重要，如蔬菜调理、食品冷冻加工、食品保鲜等。

农产品仓储功能。农产品物流园区通常配备了农产品仓库，为保鲜所需的果蔬冷藏仓库和水产冷冻库等仓储设施，保证货物集散、配送环节中的保鲜要求。

农产品共同配送功能。为大型超市、批发零售商、第三方物流企业、学校、团购方提供农产品共同配送服务。共同配送可以最大限度地提高人员、货物、资金、时间等物流资源的使用效率，因而对提高物流运作效率和降低物流成本具有重要意义。农产品物流园区可以通过筹建共同配送体系，实现城郊范围内的高效配送物流圈。

交易结算功能。引进金融机构，对农产品交易、配送服务进行及时的现金结算，及非现金的跨行、跨区域的结算。由于交易一端是分散的农户，且交易商品缺乏储藏性、容易变质，因此，实行及时结算，有利于公平交易，保护广大农户的基本利益，促进市场信用的提高。

d. 农产品物流信息网络平台服务功能。

农产品物流园区的信息平台是一个开放性的网络信息平台。平台服务功能方面主要是收集、处理、分析、公布与农产品交易及其相关产品有关的国内外信息，建立相应的信息反馈机制，成为连接国内外农产品产业信息的通道。

农产品现货与期货交易价格信息服务功能。农产品价格走势是信息网络平台最重要，也是最核心的内容。借助信息网络平台，能够以最快的速度向生产商与消费者传递农产品批发价格的变动信号，从而引导生产商的战略生产规划和影响消费者的消费需求与选择。

农产品市场前景的动态信息及分析功能。农产品物流园区作为联接产业链的一个重要平台，必须收集与发布与农产品产业链发展相关的各类信息，对之进行分类、综合，并在此基础之上进行深度分析。在宏观经济层面发生急剧或深刻变化的情况下，发挥农产品物流园区电子网络平台的动态信息及分析功能作用，能够是产业链企业及时做出反应，给出相应的应对之策。

农产品标准信息发布功能。农产品物流园区的主要功能是收集农产品质量安全标注体系以及农产品种植所采用的相关技术标准（如种苗型号、育种技术、生长期等）、农产品运输与冷藏技术标准、农产品售后服务技术标准等有关的技术信息，进行分类与归纳。农产品物流园区应联合各方面的力量进行技术标准的研讨与制定，并争取通过有关部门的特许授权，成为具有法定资格的产品技术标准信息发布平台。

消费者、中间商与生产商之间的信息沟通与反馈功能。消费者、中间商与生产商作为经济活动的三个主体，彼此的信息沟通需要一定的媒介，农产品物流园区信息网络平台大大增加了各主体之间沟通的便利性。

商流信息服务平台功能。商流信息服务主要是指电子商务功能，表现为农产品物流园区向客户提供一个用于公共信息发布、订货发货、网络营销、在线交易、财务结算等商务活动的电子商务平台。同时，为适应海关、工商、税务等服务的需要，农产品物流园区的信息网络平台也将提供相关的网络、信息、服务等方面的支持，从而简化手续，提高工作效率。

e. 管理服务功能。

管理服务功能主要体现了农产品物流园区行政管理方面的职能，主要表现在以下几个方面。

园区内部综合服务功能。主要是物流园区统一为入住园区的企业、政府机构在日常管理、办公、后勤保障等方面服务，为从业人员业务知识培训、人才交流提供相应的环境，为园区企业提供商务会议、业务洽谈、贸易等商务活动场所、餐饮等支持性服务。

农产品进出口商务代理服务功能。农产品物流园区可以充当农产品进出口货物集散中心的角色，为企业提供进出口货物的报关、商检、动植物检疫、卫生检疫、保税仓储、签单等“一站式”大通关服务和商务代理服务，以缓解园区内企业报关压力，提高通关速度。

f. 国际经济文化交流与休闲旅游功能。

从营销学的角度看，农产品符合现代人们追求美丽、健康及精神享受的要求，具有经济性和文化性特征。因此，农产品物流园区可以利用多种方式开展国际农业的经济交流，推动农业产业发展。此外，以农产品或者饮食文化为主题构建的现代农产品物流园区，还可以为都市居民提供旅游购物、参观游览及休闲娱乐等活动，成为人们休闲旅游的重要组成部分，丰富休闲农业旅游内容。

第 9 章　社会化管理

加强和创新农场社会化管理是新时期农场工作的重要任务。通过深化国有农场社会管理体制改革，使社会管理主体从单一主体向多元主体共同管理转变，社会管理方式从以行政管理为主向以提供公共服务为主转变。为此，我们必须不断完善农场社会化管理的内容，提高管理机构建设水平，借助于思想文化建设，社会保障体系建设，以及城镇化建设等路径不断推动农场社会化的进程。

9.1　农场社区概述

9.1.1　农场社会化管理内涵

社会管理是指政府对社会治安、人口控制、环境保护、社会保险和社会福利、社会医疗、社会服务等方面的管理。

在我们国家，农场通常是由国家出资兴办，农场生产的产品和生产资料归国家所有的一种纯农业综合性的经济组织结构，从事农业生产和加工一条龙的综合性农业企业，即国有农场，其集各类经济组织、社会组织、文化组织、行政组织和政治组织于一体，地域、人群、经济、组织机构、服务设施和独特文化等社会构成要素齐全的特殊经济社会区域。国营农场与一般企业相比的不同之处体现在自身的社会性、国有性和地域性，社会性主要是指农场的自身办社会，农场具有承担农场区域内与之相对应的义务和履行相应的权利，农场的国有性主要是指它是由国家所有的独资企业，地域性表现在农场本身是一个独立的行政区域。

社会管理的实质是对人的管理和服务，涉及广大人民群众的切身利益。国有农场是具有区域性、社会性的国有农业企业，同时，又是集各类经济组织、社会组织、文化组织、行政组织和政治组织于一体，地域、人群、经济、组织机构、服务设施和独特文化等社会构成要素齐全的特殊经济社会区域。每一个农场就是一个“小社会”。经过六十余年的开发建设，特别是三十余年的改革发展，国有农场已初步建立起独特的社会管理和公共服务体系，履行“场代乡政府”的社会管理和公共服务职责。但农场又不是一级政府，履行社会管理职责的农场党政部门与地方党政机关有很大差别，社会管理职能不完善，社会管理机构设置和社会管理方式还不适应构建和谐社会的要求。特别是随着垦区城乡一体化建设的快速发展，农场的城镇化水平大幅度提高，使农场内部的组织结构、社区布局、社会关系、社会结构发生了深刻变化，给社会管理带来了新要求、新课题和新任务。加强和创新国有农场社会管理，完善国有农场社会管理体制，有效地解决社会问题、化解社会矛盾、促进社会公正、保持社会稳定，为农场发展营造良好的社会环境，是历史发展进步的客观要求，是百年垦区建设的必然选择，是广大职工群众的迫切愿望，也是垦区各级党政部门义不容辞的责任。

国有农场不仅肩负着经济建设的任务，而且还承担着政治建设、文化建设、社会建设以及生态文明建设的责任。要统筹推进“五位一体”建设，把社会建设摆在更加突出的位置，进一步加强和创新社会管理服务。为此，我们需要强化以下几方面内容：

（1）指导思想。

以科学发展观为统领，以促进社会发展为目的，以规范机构设置和职权配置为核心，按照“垦区区域管理、内部政企分开”的要求，深化社会管理体制改革，转变管理职能，创新管理方式，完善管理制度，加强以保障和改善民生为重点的社会建设，推进基本公共服务均等化，维护社会公平正义，促进社会和谐稳定，为现代化大农业和城乡一体化建设创造良好的体制环境、法制环境和社会环境。

（2）基本原则。

坚持统筹谋划，综合改革。把完善国有农场社会管理体制与理顺行政管理和行政执法体制、完善公共服务体系、建立“垦区区域管理、内部政企分开的体制”结合起来，把完善管理体制与加强制度建设结合起来，实现社会管理法制化、规范化、制度化。

坚持发挥优势，改革创新。遵循国有农场的特殊管理规律，发挥国有农场的组织优势，借鉴地方城镇社会管理的成功经验，创造性地推进改革，不断创新社会管理理念、社会管理组织、社会管理手段和社会管理方式，使社会管理跟上时代发展步伐。

坚持权责统一，精简效能。在构建“垦区区域管理，内部政企分开的体制”框架中，合理划分国有农场的政企、事企、政事职权，理顺相互关系，尽量避免职能交叉和多头管理，防止机构重叠，降低社会管理成本，减轻农场和农工社会负担。

坚持稳妥推进，维护稳定。正确处理改革、发展、稳定的关系，按照大稳定、小调整的要求，搞好总体设计、分类指导，因地制宜、稳步推进，保证正常的工作秩序，维持社会和谐稳定。

（3）总体目标。

通过深化国有农场社会管理体制改革，使社会管理主体从单一主体向多元主体共同管理转变；社会管理方式从以行政管理为主向以提供公共服务为主转变；社会管理手段从单一行政手段为主向综合运用多种手段转变；社会管理资源由单一主体投入向多元主体共同承担转变；社会管理权力配置从行政组织集中管理向给社会公众放权转变；社会政策制定从封闭运行向公众参与透明决策转变。逐步建立起党委领导、行政主导、社会协同、广大公众多元主体参与，行政手段、法律手段、市场机制以及社会自治等多种手段综合运用，管理主体、管理手段和管理方式有机结合，功能明确、运行高效、治理完善、监管有力的农场社会管理体制和运行机制，为建设经济繁荣、生活富裕、管理民主、社会和谐的现代化垦区提供体制保障。

纵观农场发展历史，在新中国成立后，为了在战争废墟中迅速恢复和发展农业生产，保障国家农产品的供给，党中央部署以成建制的人民解放军转业官兵为主力，吸收了大批知识分子、支边城市青年组成农垦大军，奔赴祖国边疆、海疆和各地荒原，进行了史无前例大规模垦荒造地、围海造地和荒山造地，创办了遍布全国各地的大小国有农场，大力发展了农业生产，为保障国家粮食安全、支持城市建设和工业发展起到了非常重要的作用。在那个年代，国有农场是商品粮的重要基地，农业机械化的样板。原国家副主席王震同志对国有农场艰苦卓绝的创业精神，高度概括为“艰苦奋斗、勇于开拓”的农垦精神，激励了几代人的成长。长期以来，国有农场的发展都与整个国家的经济社会发展息息相关，在各个历史阶段，国有农场都写下了辉煌的篇章。20 世纪 50 至 60 年代，国有农场被称为“高产的样板、良种的基地、科研的场所、技术的学校”，为推动我国农业科技进步、解决人民温饱问题起到了“火车头”的作用。到 1978 年，全国农垦经济已成规模，拥有国有农场 2 030 个，职工 513.96 万人，总人口 995.85 万人，土地总面积 29 906.92 千公顷，其中耕地 4 284 千公顷，林地 1 807 千公顷，种植橡胶 367.83 千公顷，茶果园 10.57 千公顷，为国家生产了大量粮棉胶等农产品，成为保障国内供给的重要力量。在开发建设过程中，农垦企业还积极探索我国农业机械化、现代化的发展道路，成为我国农业机械化管理和作业的典范。

然而，长期以来，农场以企兼政，政企不分和社企不分。对多数农场而言，在相当一段时间的过渡期内仍体现为企业管理模式和社区管理模式的统一，农场在负担全部生产经营职能成本的同时，担负着大量的社会行政管理职能，社保、民政、教育、基础设施等属于社会职能部门的各项开支转嫁到农场身上，无形中增加了农场的运行成本。且由于农场的性质，很多适合于农村的各项优惠不能惠及农场及广大职工。管理体制改革后，农场社会职能依然存在。国有农场要想建立现代企业制度，提高企业运营效率，就必须逐步弱化企业的行政职能，分离企业的社会职能。

经过六十余年的开发建设，特别是三十余年的改革发展，国有农场已初步建立起独特的社会管理和公共服务体系，履行“场代乡政府”的社会管理和公共服务职责。但农场又不是一级政府，履行社会管理职责的农场党政部门与地方党政机关有很大差别，社会管理职能不完善，社会管理机构设置和社会管理方式还不适应构建和谐社会的要求。特别是随着垦区城乡一体化建设的快速发展，农场的城镇化水平大幅度提高，使农场内部的组织结构、社区布局、社会关系、社会结构发生了深刻变化，给社会管理带来了新要求、新课题和新任务。加强和创新国有农场社会管理，完善国有农场社会管理体制，有效地解决社会问题、化解社会矛盾、促进社会公正、保持社会稳定，为农场发展营造良好的社会环境，是历史发展进步的客观要求，是百年垦区建设的必然选择，是广大职工群众的迫切愿望，也是垦区各级党政部门义不容辞的责任。

9.1.2　农场社会化发展历史

农场社会化的发展历史，是伴随着农场的发展和农场的管理体制改革同步进行的，尽管各农场社会化的发展历经的阶段和时间都不尽相同，但大体经历了如下阶段。

第一阶段：从 20 世纪 60 年代到 1978 年改革开放前。这一阶段农场实行国有国营，生产资料均为全民所有。1952 年 8 月 9 日农业部颁发《国营机械农场经营规章》中第一条明确规定："国营农场是社会主义性质的农业企业，它的一切生产手段：土地、机具、建筑物牲畜等均属国有。"高度集中统一的经营管理体制下，由国家统一下达指令性生产计划，计划无所不包地渗透到生产活动的每一个环节。如土地利用计划，肥料收集与使用计划，耕作计划；实行统收统支，收支两条线，有盈利上交国家，亏损由国家补贴；由国家统一分配就业，由农场和生产队统一调度和组织；实行国家统一的等级工资制；由国家统一调拨产品。尤其是政企不分的管理体制，在这一建立初期的阶段，社会基层组织很不完备，农场统揽政权和社会工作，政企不分，权责不明，职能不全，机制不活。是完全的非社会化管理模式，这种"大包干"式的发展，使很多农场面临着"一死二穷"的局面，这种情况下，全国各垦区农场开始思考和借鉴一些改革的经验，探索新路径。

第二阶段：从 1978 年到 20 世纪 90 年代。在全国改革开放的大形势下，农场也开始力排种种阻力和干扰，首先体现在家庭联产承包责任制方面，充分调动了职工内在的生产积极性，极大地解放和发展了生产力。与此同时，在农场管理上，在农场内部实行农场—分场（专业公司）、大队三级管理。农场是领导和经营中心，统一领导全场的生产经营和管理工作，一般不直接干预下属场办企业的生产经营活动。农场内部各管理层次大多实行自主经营，独立核算，自负盈亏。强化对社会事业的管理，增加了社会事业管理的内容，包括土地管理、房管、建设管理、劳动安全监察、人民武装、殡葬管理、社会保障、社会治安综合治理、司法、民政、计划生育、教育和医疗卫生管理等。但尽管内容增加了，实际上还是由农场来全部承担，政企分开的力度和效果都不理想，政府和主管部门支持不够，措施不扎实。

第三阶段：从 20 世纪 90 年代至今。农场逐步从独立于本地社会向融入本地社会转化。由于历史原因，农场自成体系，没有融入当地社会经济发展规划，导致了发展的滞后。所以，在 1995 年，国务院针对这一情况，提出了改革的意见，实行属地管理，实行真正的政企分开，把原来由农场负担的政府、社会职能归到镇政府来承担，将农场的学校划归地方教育局管理，社会治安综合管理、计划生育工作等也由地方统一考评。农场老职工的医疗、社会保险等均纳入政府统一规划的轨道。

当然，对于这种转变，农场职工的心里经历了从抵触到慢慢接受的过程。在转变后，除了国家在税收等一些方面给予优惠，农场的其他照顾政策就少了很多，纳入了地方发展规划，农场被推向了市场，从独立于本地社会之外，向融入本地社会转化发展。这个时候才真正进入它的社会化转型，原来由农场独自负担的社会职能，被纳入地方总体发展的轨道。改革后的农场，将行政管理职能与经济管理职能分开，政府承担相应的义务。更重要的是，通过剥离农场的社会职能，将原本由农场管理的教育、卫生、公安等行政管理职能交给地方政府的行政主管部门管理，并积极帮助农场职工参加社会养老保险统筹。解决了农场离退休职工的后顾之忧，在职职工的医疗问题和贫困职工的生活问题，起到了稳定农场社会的作用。据不完全统计，以黑龙江省农垦为例，将农场纳入地方养老保险统筹的已占 95%，参加当地城镇职工基本医疗保险的职工人数占全省农场总人数 11.2%。在教育与就业方面，将农场中小学老师的工资发放全部收归地方管理，由政府部门统一安排经费并直接发放。这么做可以保证农场教师的收入，但是由于农场生源与师资和地方教育比，还是没有什么竞争力。农场职工的子女接受不到好的教育，就会直接限制他们以后的发展，农场的进一步发展也会受到阻碍。教育是社会发展一个重要的环节，教育的问题没解决好，也直接影响了就业问题。许多农场子女在外竞争不过，又回到农场，由农场安排进入农场的企业等。总体上说，传统观念还未根本改变，社会化管理还需较长的时间调整，但社会化的大趋势不会改变。

9.1.3 农场社会化管理内容

在国有农场内部政企分开改革的基础上，以完善国有农场社会管理体制为重点，构建“垦区区域管理，内部政企分开”的行政管理体制。继续按照“党群机构共设，综合部门合署，行政管理机构与企业经营机构分开，公益事业与企业分开，社会性收支与经营性收支分账核算的办法”，相应调整和完善农场党群团机构、行政管理机构、公共服务机构、行政执法机构、社区管理机构设置和职权配置，加强社区居民自治组织建设，完善居民自治制度。

（1）完善农场党委工作职能及机构设置，强化党委的领导核心作用。

农场党委既是企业党委，又相当于地方乡镇党委；既对农场经营活动实施保证监督，又要发挥相应地方党委的领导核心作用，把方向、谋全局、抓大事。进一步提高农场党委领导班子、领导干部的执政能力，按照“总揽全局，协调各方”的原则，坚持科学执政、民主执政、依法执政，着力解决改革发展稳定中的重大问题、群众生产生活中的紧迫问题和党的建设中的突出问题，特别是社会建设和社会管理问题，实现好、维护好、发展好最广大人民的根本利益。各场党委成员及领导职数由总局党委组织部门根据农场类型确定。党委成员从农场和社会行政管理委员会党员领导干部中选举产生。

农场党委的主要职责：宣传贯彻执行党的路线、方针、政策和国家法律、法规，执行上级党组织的决议、决定；决定本场区经济和社会建设方面的重大问题；领导社会行政管理委员会和工会、共青团工作，支持行政组织、经济组织和群众自治组织依照法律和各自的章程开展工作；按照干部管理权限，培养、教育、选拔、管理、考核和奖励处分干部；负责党风廉政建设和纪律检查工作；组织制定党的建设规划，负责本场区党的基层组织建设、新党员的审批、按管理权限处分违纪党员，指导和协调场区各类党组织党建工作；领导场区思想政治工作和精神文明建设；正确处理两类不同性质的矛盾，化解各种不稳定因素，确保社会稳定；承办上级党委交办的其他事项。

完善党委工作机构设置，履行农场党委的双重职责。大型农场设纪检委（与行政监察室合署），组织部（承担离退休干部、关工委、编制工作），宣传部（与文化办公室，承担精神文明建设、统战工作），政法委（与综治办合署），人民武装部。小型农场可合并设置党委工作机构。农场党委各工作机构的具体工作职责由总局党委相关工作机构予以明确。

（2）加强农场群团组织建设，充分发挥群团组织参与社会管理的协同作用。

农场与农场社会行政管理委员会共同设立工会委员会，名称为“×××省×××农场工会委员会”，在农场党委领导下，全面负责场区内各类经济组织、社会组织、文化组织、行政组织、群众自治组织及其他组织的工会工作，承担妇联工作，依法履行工会职责。农场职工代表大会与农场社会行政管理委员会管区的职工代表大会由农场工会委员会组织联合召开，并行使法定职权。

农场与农场社会行政管理委员会设立共青团委员会，名称为“中国共产主义青年团×××省×××农场委员会”，在农场党委领导下，全面负责场区内各类经济组织、社会组织、文化组织、行政组织和其他组织的共青团工作，依据共青团章程履行职责。

农场工会委员会、共青团委员会应加强自身组织建设、制度建设，积极主动参与农场社会管理，维护广大职工、青少年、妇女儿童群体的合法权益，促进社会和谐稳定。

（3）健全农场社会行政管理机构，发挥行政组织在社会管理中的主导作用。

根据相关规定，在国有农场场区设立社会行政管理委员会，负责场区内的行政管理工作。社会行政管理委员会名称可以为“×××省×××农场社会行政管理委员会”。其是垦区基层行政组织，主要职责有：贯彻执行国家法律、法规、规章和上级行政机关的决定、命令和政策措施；落实上级下达的各项经济和社会发展目标，拟订并组织实施本场区经济和社会发展规划以及年度计划；负责本场区各项行政管理和社会事务；保护本场区各种经济组织和公民的合法权益；办理上级行政机关交办的其他事项。

（4）调整管理区布局及机构设置，发挥基层组织对社会管理的基础作用。

适应农场城镇化发展要求，合理调整管理区布局。土地规模大、居住人口多的大型农场设置管理区，中小型农场原则上不设管理区。

管理区作为农场和农场社会行政管理委员会的派出机构，根据派出机关授权和委托，履行本管区经济建设、社会管理和公共服务职责。

管理区成立党总支、工会、团总支，负责管区党群团工作。管理区设主任、副主任、农业技术助理、经营管理助理、社会事务助理、报账会计、综合统计等职位。党政群团领导人员可实行交叉任职。

（5）健全农场公共服务和行政执法机构，依法管理社会公共事务。

依据相关规定，“垦区的行政执法工作由省农垦总局、管理局所属的行政管理机构负责。国有农场场区行政执法工作由管理局相关行政管理机构派驻管理。”实行“两级授权，一级派出”的行政执法体制。总局、管理局各行政管理机构应根据执法工作的实际需要，理顺农场场区的行政执法体制，加强依法行政制度建设，依法行政，规范执法。

（6）加强和创新农场社区管理服务，全面提高社区管理服务能力。

建立健全社区居民自治组织。社区居民委员会是社区居民自我管理、自我教育、自我服务、自我监督的基层群众性自治组织，承担着组织居民开展自治活动、协调配合党政部门开展工作的重要职责，在社会管理中发挥着不可替代的作用。各场应依据相关规定，在农场场部以及管理区等居民聚居区设立居民委员会，实行居民自治。依法建立健全社区基本工作制度，包括社区居民自治制度，社区议事协商制度，社区居务公开制度，民主监督评议制度，民意测评制度，社区成员走访制度，社区工作考核制度，民情日记制度等，用制度管事管人。

根据现代城镇社区建设的需要，按照便于服务管理、便于开发利用资源、便于提高工作效率、便于自治的原则，对社区重新进行区域划分。农场场直地区按照 1 000 户至 3 000 户居民设立 1 个社区居民委员会。管理区居民超过 1 000 户的设立居民委员会，不足 1 000 户的设立居民组。保留的生产队居民点设立居民组。社区居民委员会、居民组的设立、调整，由农场社会行政管理委员会申报，经管理局民政部门审核，报农垦总局民政部门批准。

社区管理服务站的主要职责：贯彻执行农场党委、农场社会行政管理委员会的决议、决定，指导社区居委会工作；组织实施社区服务发展的年度计划，协调机关、企事业单位和相关职能部门工作；协助有关部门开展民政优抚、城镇低保、拥军优属、司法民调、社区服务、老龄、残联和社区科普、文化、体育、公共卫生、社会治安等工作；负责计划生育的宣传教育和管理工作；组织社区开展爱国卫生和群众性精神文明建设活动；负责居民信息采录，矛盾纠纷排调，公共就业服务，流动人口管理；接待人民群众来信来访，向上级反映居民的意见、建议和要求；承办农场社会行政管理委员会交办的其他事项。

建立社区综合管理服务平台。加强社区基础设施，把农场社区党组织、社区居委会工作用房和居民公益性服务设施建设纳入农场城镇建设规划、土地利用规划和经济社会发展规划，加强社区组织工作用房，以及社区卫生、警务、文化、体育、养老等服务设施建设。将农场党群机构、行政机构、公共服务机构的社会管理重心下移，在社区管理服务站或社区居委会设立社区综合服务中心，综治、公安、司法、信访、民政、人口、计生、社保、公共就业、物业管理等机构派专人进驻社区综合服务中心设立服务窗口，实行“一站式管理、一条龙服务”，全面提高社区管理服务能力。

9.1.4　农场社区管理机构构成

作为农场社会化的重要实施机构，社区承担着重要的职责，社区是进行一定社会活动、具有某种相互关系和共同文化维系力的人类群体。在特定的地域内，按照某种制度或规范从事着社会的政治、经济等活动，并由此形成的、具有从属心理的、具体的社会单位。社区管理是指政府和社区组织依据相关的法律，对社区居民的公共行为和社区的公共事务实施的管理过程。

（1）社区管理委员会。

社区管理委员会是社区管理的最高机构。社区综合管理办公室在社区管理委员会的领导下，具体负责组织、协调、督促、检查四个居民委开展各项社区工作；负责指导环卫队、园林队、城管队、家政服务队、物业中心和活动中心发挥职能作用，优化社区环境与居民服务；负责全面、准确掌握城镇住户的基本情况。

（2）居民委员会设置及职能。

按照分片管理的原则划分四个居民委，在农场社区管理委员会的领导下和社区综合管理办公室组织、协调下，开展社区管理与服务工作。

首先，居民委设置。农场社区管委会下设四个居民委，居民委辖区与四个作业区辖区相同，居民委主任、书记分别由作业区主任、书记兼任。

其次，居民委职能。教育、组织辖区居民开展形式多样的宣教、党建、文化建设等工作，创建文明、和谐社区；指导、帮助辖区居民发展经济，开展最低生活保障、扶低支富、捐助、救助等工作；开展便民利民、多层次、多领域的社区服务；组织开展丰富多彩的群众性文体活动，活跃社区文化生活；加强环境综合治理，提高居民的环境意识，努力建设舒适、整洁、优美的居民生活环境；搞好平安社会建设，强化社会治安综合治理防范体系和组织领导体系。开展经常性、群众性的法制宣传教育，排查不稳定因素，化解各种矛盾，协助信访部门做好来信来访；搞好常住人口、流动人口的育龄妇女管理，构建“以块为主、横纵结合”

的计生管理格局，完成计划生育各项指标；会同有关部门做好民事调解、宗教及反邪教等基层工作。

再次，“四队”及职能。社区综合管理办公室下设 “四队”，即环卫队、园林队、城管队、家政服务队，在社区综合管理办公室指导下，开展城镇管理和服务工作。

环卫队：负责本辖区环境建设，督促居民爱护社区公共设施和环境。

园林队：负责城镇公共绿地、城区道路绿化、花草林木栽培、养护、整形修剪、病虫害防治、绿化设施管护以及安全等工作，协助林业科对园林绿化工程的质量进行监督管理。

城管队：负责查处、拆除城镇范围内的违法用地、违章建设、违章设施；负责查处辖区内违反场容环境卫生管理方面法律、法规、规章、规定等行为；负责查处辖区内机动车辆违反规定停放等行为；负责城镇管理、环境卫生、市容市貌、绿化、公共设施维护等监督管理工作。

家政服务队：负责做好家政人员的培训和教育工作，增强家政服务人员服务居民意识，提高服务质量。

最后，“两中心”及职能。物业中心、活动中心在社区综合管理办公室领导下，负责开展职能工作。

物业中心：开展专项经营，走以业养业、自我发展之路，通过为社区居民提供住宅的上下水管道、室外公共设施维护，居民室内设施维修等有偿服务，为居民排忧解难，营造安全、整洁、幽雅、舒适的居住环境，提高居民生活质量。

活动中心：将活动中心的公共文化设施向社区居民开放，作为开展社区文化建设的固定场所和主阵地；同时依靠社会力量，融合企业文化、校园文化、街道文化、家庭文化等主要内容为载体创造性开展多种形式的群众文化活动。

此外，还可探索建立社区管理机构。农场场直地区居民超过 3 000 户、设 2 个及以上社区居民委员会的，设立场直社区党工委和场直社区管理服务站，作为农场党委和社会行政管理委员会的派出机构，协助农场党委和社会行政管理委员会开展社区党建和社区管理工作。名称为“中国共产党×××省×××农场场直社区工作委员会”、“×××省×××农场场直社区管理服务站”。场直社区党工委的工作职责由农场党委根据工作需要确定。机构设置各农场根据总局核定的人员编制，结合本场社会经济结构、城镇化建设和社会管理的实际，自行确定各党政工作机构人员编制，社区管理机构人员编制 5 至 7 人。社区管理人员的配置，一方面农场可通过民主推荐、组织考核方式配齐社区主任、社区党委书记，另一方面可通过竞聘考试、组织考核的形式选配工作人员。

建立社区综合管理服务平台。加强社区基础设施，把农场社区党组织、社区居委会工作用房和居民公益性服务设施建设纳入农场城镇建设规划、土地利用规划和经济社会发展规划，加强社区组织工作用房，以及社区卫生、警务、文化、体育、养老等服务设施建设，保证办公场所的建设投入和设备投入，用于图书室、阅览室、活动中心和场史教育等，以使其高效运转。

将农场党群机构、行政机构、公共服务机构的社会管理重心下移，在社区管理服务站或社区居委会设立社区综合服务中心，综治、公安、司法、信访、民政、人口、计生、社保、公共就业、物业管理等机构派专人进驻社区综合服务中心设立服务窗口，实行“一站式管理、一条龙服务”，全面提高社区管理服务能力。还可设立社区公共管理监督委员会，制定系列管理考核规范，对服务质量不优、服务成效不佳的人员，实行待岗培训、末位淘汰等措施，形成街道办事处、社区居委会、服务对象多方评价的考核体系。

9.1.5　农场社区管理主要内容

① 贯彻执行农场党委、农场社会行政管理委员会的决议、决定，指导社区居委会工作。

② 组织实施社区服务发展的年度计划，协调机关、企事业单位和相关职能部门工作。

③ 协助有关部门开展民政优抚、城镇低保、拥军优属、司法民调、社区服务、老龄、残联和社区科普、文化、体育、公共卫生、社会治安等工作。

④ 负责计划生育的宣传教育和管理工作；组织社区开展爱国卫生和群众性精神文明建设活动。

⑤ 负责居民信息采录，矛盾纠纷排调，公共就业服务，流动人口管理。

⑥ 接待人民群众来信来访，向上级反映居民的意见、建议和要求。

⑦ 承办农场社会行政管理委员会交办的其他事项。

9.2　农场思想文化建设

9.2.1　农场思想教育与民主建设

（1）农场职工思想政治教育。

农场在社会发展中有着非常重要的一席之地，它的主要工作容是确保粮食的生产安全，所以在新的社会前提下做好农场职工的思想政治工作是我们的又一新的艰巨任务，这已经成为了新时期的的农场工作的主旋律，只有做好这一政治工作改变职工的思想政治，改变职工的工作态度，让影响职工工作的那些懒惰情绪远离才能发展好农场。因此搞好农场职工思想工作教育是个新的课题。

① 农场职工的思想特点。农场职工作为我国工人阶级的重要组成部分，肩负着工人阶级较多的优点。在党的指导下农场思想政治工作在改革开放之后进行了不断的开拓和实际探索。农场职工作为建设我国社会主义农业发展的主要力量，

对于整个职工队伍来说农场职工是一支政治觉悟高纪律性好的队伍。他们不但有着专业的技术更有着艰苦奋斗的精神。农场一直重视精神文明的建设。与普通农民相比他们接受过更多的、更好的教育，以及更多的新事物。总之，他们的思想品质更高，文化科学知识更丰富，更能够展现出新时期的精神面貌。但是，由于农场特定的社会历史条件和社会历史原因，农场职工表现出了有异于国家企业工人的思想特点。农场职工由于历史上原因思想上有着小农经济的思想。他们因循守旧，害怕变化，导致他们不能接受现代集约化农业生产的思想。而且小农经济思想更使农场职工片面追求个人利益，忽视集体的、国家的利益。因为国有农场职工人员结构很复杂，农场职工的思想更容易出现多层次性的特点。国有农场职工可能来自全国各地，他们不像世代居住在当地的农民。所以农场职工和农民不但在生活习惯上更在文化教养上存在着很大的差异。而且这些差异常常让使他们在思想上更有复杂性和多层次性。因此在感情沟通上和某些问题达成共识方上面都存在着很大难度。

② 新时期下农场职工思想政治工作的出发点。总体来说，新时期下我国的农场思想政治工作需要从两个方面出发，并且要紧紧围绕以下两个方面。

第一，和农场经营发展要求契合。新时期的农场思想政治工作的要求是对“降低”思想政治工作进行定位。因此以从实际的角度来考虑如何增强这项工作的实效性。

第二，和解决经营中的问题相结合。农场的重要工作是提高经济效益，在提高经济效益的同时会遇到许多问题。例如，有的员工的岗位技能水平较差，部门之间的联系不紧密。这些都会影响农场经济效益的提高，职工的福利待遇也就难以提高。因此引导就非常的重要。要对员工的自主学习意识和加强业务互动进行引导。

③ 新时期农场职工思想政治解决办法。第一，开展思想政治工作要以农场改革和发展为中心。对农场而言，改革和发展非常重要，也与职工的利益息息相关。在改革和发展的推进进程中总是会遇到一些需要解决的问题和相关的矛盾。我们所要做的就是从农场的不同时期的特点来确定不同阶段的改革任务，与此同时把工作的思路调整好，把握住主要矛盾，与时俱进地发展，积极地把员工的思想政治工作进行到底，创造宽松的工作环境。

第二，农场的生产经营全过程要融入职工的思想政治工作。农场的主要工作内容是春种秋收、交售粮食，以及种植过程中的过抗旱防虫工作，在这些过程中我们可以组织员工开展一些以劳动为形式的竞赛，其中要注意观察在生产和经营过程中职工所关注的一些问题和容易出现的矛盾，这能更好地了解职工的想法，使工作能够更加有针对性地进行，思想政治工作更加有效。

第三，重视农场职工合理的物质利益诉求。不可否认，现在职工所面临的生活压力比较过去已明显增加。市场经济条件下，一切交换都以货币为媒介。这就使得他们在生活压力的改善方面要建立在生活费用增加的基础之上。同时，只有在改善了生活压力的前提下职工才可能全身心地投入到在工作之中。这是符合唯物主义的观点。因此企业管理者不应回避职工希望获得物质利益的诉求，这是时代变迁所形成的客观因素使然。设立一系列职务晋升机制按正常渠道增进他们的福利待遇，并伴随思想政治工作的开展，这样一来三管齐下，必定事半功倍。

第四，引导职工形成良好的职业观念。农场传统思想政治教育中对楷模的树立不能丢掉。特别是青年职工具有很强的可塑性，通过引入企业发展历程中的楷模榜样，将给予青年职工内心深处强烈的震撼。最终起到引导他们形成正确工作态度的作用。以农场传帮带制度的建立，又必将通过中年职工的言传身教不断感染青年职工。最终，促进职工整体良好职业观念的形成。

第五，解放思想，鼓励农场思想政治工作创新。农场必须始终自觉地废除那些陈旧的思想观念，进一步地解放思想，全面地提高创新理论水平，始终保持与时俱进的工作状态，开阔农场创新的工作思路，进一步推动农场思想政治工作的进步。同时全面、冷静地分析遇到的新问题，客观地分析主要矛盾，积极主动地寻找正确应对的方案，以思想观念的创新推动农场思想政治工作创新。

总而言之，新时期下的农场职工思想政治工作要把科学发展观作为指导思想，在进行思想政治工作的同时，融入时代气息，积极调动员工的学习热情，与此同时，让大家充分认识到思想政治工作的重要性，从基层着手，以领导为主，坚持引导，摒弃之前的教育方式，使员工更容易接受，继而鼓励员工发挥创新精神，走出一条适合中国农场职工的思想教育的新路线，这不仅需要领导的努力，还需要员工的积极配合，结合不同的实际情况进行思想教育工作，达到“新农场，新气象”的最终目标。

（2）民主建设。

职工民主管理工作是基层民主政治建设的重要内容，也是深化农垦改革的重要措施。各垦区应该按照中央部署，深入贯彻落实科学发展观，坚持以人为本，不断加强垦区职工民主管理工作。加强职工民主管理是时代发展的要求，也是完善国有农场基本经营制度的重要配套措施；是现代企业制度建设的内在要求，也是中央关于深化国有农场税费改革提出的新要求。为实现职工民主管理制度化、程序化、规范化，形成科学有效的利益协调机制、诉求表达机制、矛盾调处机制、权益保障机制，进一步发挥职工民主管理工作在深化改革、加快发展、构建和谐社会中的作用，各垦区应从健全民主管理制度、丰富民主管理形式、规范民主管理内容、拓宽民主管理渠道等多个方面入手，提高民主管理工作水平。当前，应着重抓好以下几项工作。

① 建立党委领导，各部门积极参与的保障机制。推进农垦职工民主管理工作，特别是保证职工民主管理工作的良性发展，需要建立垦区各级党委、行政部门、工会组织联合协作、合力共管的保障机制。垦区各级党组织要发挥领导核心作用，

从深入贯彻科学发展观、实现农垦经济社会又好又快发展、促进垦区社会和谐稳定的战略高度，加强对职工民主管理工作的领导和指导，把职工民主管理工作作为党建工作的重要内容，在政治上、组织上予以保障。行政和企业管理各部门要发挥主体作用，把推进职工民主管理作为改进行政管理、提高企业经营管理水平的一项重要工作，抓紧抓好。工会作为党联系职工群众的桥梁，要在加强职工民主管理工作中发挥指导和监督作用。切实形成各部门齐抓共管的保障机制。

② 进一步规范、完善职工代表大会制度和场（厂）务公开制度。职工代表大会制度和场（厂）务公开制度，是职工民主管理最基本的形式，应作为当前工作的重点，进一步规范和完善。完善职工代表大会制度的着力点，是在基层企业普遍建立这一制度的基础上，进一步提高规范化管理水平：一是规范职工代表大会职权。凡是关系企业重大经营决策和职工群众切身利益的重大事项，必须向职工代表大会报告并经职代会审议通过。对重大事项要做出明确的规定，并逐步将企业领导干部的民主评议纳入职工代表大会审议的重要内容。二是规范职工代表大会的召开程序。职代会召开前应提前将待审议的方案交职工代表讨论，广泛征求意见；职工代表大会各项决议应逐步做到无记名投票方式进行表决，增强职代会的严肃性和权威性；职代会闭会期间要建立定期审议制度，定期检查职代会通过议案的贯彻情况，避免职代会流于形式。积极试行职工代表视察制度、职工信息员制度、职工代表座谈会制度、职工民主议事制度、上级党政工部门对下级职代会联审制度等，全面提高职代会的质量。有条件的垦区集团，还要逐步建立集团层面的职工代表大会制度，畅通职工参与垦区集团高层管理的渠道。三是加强各级干部和职工代表的培训，全面提高干部职工民主管理的水平。垦区各级党政工组织要结合本单位改革和工作实际，认真组织干部、职工代表学习掌握党和国家的方针政策、法律法规和企业管理知识，帮助职工代表熟悉职代会的各项程序和各种民主管理活动特点，掌握必要的原则和方法，进一步提高职工代表民主参与、民主管理、民主监督的能力。

推进场（厂）务公开制度的着力点：一是尽快在各农场全面普及。这是保障职工参与民主管理的基础。二是要逐步充实、规范场（厂）务公开的内容。逐步将企业生产经营管理、财务收支和使用情况、干部廉政自律、社会保险金交纳情况、土地承包情况、农业生产灾后保险金理赔情况，国有农场税费改革补助资金、惠农补助资金的安排、涉农负担收费及职工关注的重点事项纳入公开内容的范围，固定化、规范化、制度化，推动政务公开由行政活动运行向行政权力运用公开深化。三是要进一步创新场（厂）务公开的形式。通过传统载体和现代手段相结合的方式，进一步拓宽公开渠道，确保全体职工更加方便、及时了解各项重大事项，提高公开效果。针对当前土地承包中反映出的突出问题，要认真做好职工负担手册的编制、发放和有关承包政策的宣传工作。

③ 不断丰富职工民主管理形式，畅通民主管理渠道，并逐步实现制度化。各

垦区在认真落实职工代表大会制度、场（厂）务公开制度这两个企业民主管理基本制度的同时，还要结合自身实际，大力推进平等协商与集体合同制度，切实保护职工群众的劳动权益；大力推进民主评议干部制度，将职工的评议意见与企业领导干部的绩效工资、岗位晋升挂钩；有条件的垦区和农场，要积极探索职工直接选举生产队长制度，逐步扩大民主选举行政领导的范围；积极试行行政职能部门向职代会通报工作制度，逐步做到政务公开；积极试行基层社区管理自治制度，逐步做到社区居民自治。并从制度建设角度不断加以规范完善，努力在更宽领域探索民主管理新途径，拓宽职工民主管理新渠道。

当前，要把解决职工群众最关心、最直接、最现实的利益问题放在民主管理的首位，尤其要重视改制企业的民主管理问题，加强改制企业职代会建设，切实做好职工善后安置和利益保障。对改制为股份公司的，要理顺企业治理结构中“新三会”（即股东大会、董事会、监事会）和“老三会”（即党委会、工会、职代会）的关系，将职工民主管理融入现代企业制度的建设当中，以新的途径保障职工的合法权益。

④ 适应国有农场税费改革需要，努力完善“一事一议”制度。深化国有农场税费改革，是中央减轻农场职工负担的一项重要政策，也是规范国有农场管理的一项重大举措。各垦区必须按照文件要求，落实好各项税改政策，对需要经过职工代表大会审议通过的税费改革重大事项，严格按程序办理。为解决税费改革后农场生产队或居民点公益事业建设资金问题，25 号文件提出“可以按照有关规定，由农工筹资筹劳进行公益事业建设。”这个有关规定主要是指《国务院办公厅关于转发〈村民一事一议筹资筹劳管理办法〉的通知》的有关规定，按照“群众受益、量力而行、民主议定、程序规范、上限控制、使用公开”的原则，通过“一事一议”筹资筹劳解决。在实际工作中，各农场要在积极争取各级政府和部门支持、增强自身积累能力的同时，严格按照有关规定，逐步规范“一事一议”筹资筹劳的原则、范围、程序、管理、监督、责任追究等，探索加强公益性建设的投入机制。切实做到有事则议，尊重民意，不得将“一事一议”变成固定收费。

9.2.2　农场精神文化建设

农场丰富多彩的精神文化活动，大都活跃在文化广场、居民小区以及街头巷尾等地，已经成为农场职工休闲、娱乐、健身的重要组成部分。近年来，垦区职工文化活动发展势头迅猛，形式多样，内容广泛。

农场职工对文化需求呈现出多元化的格局，不同年龄、文化层次和经济收入的群体，由于审美和观念上的差异，对文化的需求不尽相同，既需要“阳春白雪”，又需要“下里巴人”，既需要传统特色的地方戏剧，也需要时尚流行的歌曲和舞蹈。随着社会经济的快速发展，这种形式的文化越来越呈现出百花齐放、推陈出新的喜人局面。农场区域内的文化活动骨干和积极分子是各类活动的重要引领和推动者，提升了活动的档次和水准，推动了一些活动向专业化发展，打造了一些颇有影响的文化活动品牌。各类公益性文化场所迅速兴起，拓展了农场居民参与文化活动的空间和渠道，不但满足了职工多样化的文化需求，同时也促进了文化产业的兴起，引领了职工文化的消费倾向。

农场职工对精神文化的建设有着这样的期望，一是希望形式多样、层次提高。希望农场经常性地开展一些适合农场职工的文化活动和竞赛活动。例如，农业生产、家庭和谐、三德教育成果等类型的文艺节目和竞赛，也有许多职工渴望走出家门旅游观光。二是希望科技文化、强化实用。农场职工最需要的不是中外文学名著，而是农业科技类知识。无论是管理人员、技术人员，还是普通职工，都需要农业科技知识指引致富。可以说，垦区和农场的各类媒体中开辟的“农业科技”栏目，对从事农业生产很有帮助，希望农场经常性的开展一些农业技术讲座和发放宣传材料，丰富职工的科技文化知识，内容要针对职工实际需要。为此，需在以下几方面得到强化。

① 加强文化基础设施建设。要学习先进地区的经验，结合垦区各农场的城镇规划，把公共文化服务体系纳入规划、纳入城镇建设、纳入社区管理的全过程。尚未完成文化基础设施建设的农场，要提高认识，认真规划，加大投入，加快建设步伐，落实文化惠民工程，满足职工群众的文化需求。

② 提高公共文化服务体系建设水平。各农场应加强对公共文化建设的领导，将公共文化服务体系建设纳入农场经济社会“十二五”发展规划，使公共文化服务体系成为各农场为民造福的重要内容，成为体现垦区现代化水平的标志，成为垦区人民幸福指数的重要指标。要研究广大职工群众的文化需求，明确服务职责，创新服务模式。要进一步明确公共文化服务机构的职责，发挥现有文化体育设施的作用，打造一支高效率、高素质的文化队伍，为垦区人民提供优质的公共文化服务。

③ 广泛开展职工文化活动，丰富职工群众精神文化生活。要从实际出发，组织好本单位的活动，全面提高公共文化服务的质量和水平。一是精心创作农场题材的文化产品；二是充分挖掘特色文化资源，加强对当地文化遗产的搜集整理和保护利用；三是大力培育农场文化品牌，形成全场奋发向上的舆论氛围，为农场经济社会各项事业又好又快发展做贡献。

④ 加大教育培训力度，提高人才队伍素质。一是要加强专业队伍建设，垦区要引进专业群众文化人才，建设一支群众文化的骨干队伍，有条件的大中型农场应建立文化馆站，为农场公共文化服务体系健康发展提供可靠的人力资源保障；二是要加强业余文化骨干队伍建设，形成一支扎根基层、服务职工群众的专兼职公共文化队伍。

⑤ 加快农场文化服务网络建设，推进文化信息资源共享工程建设。充分利用垦区现有的群众文化资源，积极鼓励和扶持自主经营文化实体，为广大群众提供

娱乐休闲场所和设施。要联系专业戏剧团到农场演出，协助开展好文化下基层活动。建立农场、分场、大队三级网络管理服务机构，不断满足广大职工群众求富、求知、求乐、求美的多元化需求。组织开展歌咏、舞蹈、戏剧、摄影、书法、网络、垂钓、旅游等多种形式的群众性文体活动，成立协会、研究会等民间组织，充分发挥先进文化的引领作用。把职工群众喜闻乐见的优秀文化作品，通过文化信息资源共享工程，传送到广大职工群众身边，丰富、活跃基层群众的精神文化生活。

⑥ 建立长效机制，繁荣农场文化。实践证明，农场在长期的建设过程中形成了具有鲜明特色的文化元素，在一定程度上丰富了我国社会主义新文化。目前，农垦的农场文化活动较为丰富，但由于组织队伍不健全、公共文化设施不适应、活动场所不足、建设资金仅靠自身投入等，在一定程度上还不能满足职工群众日益增长的文化需求。新时期，国家要求农场在现代农业建设中起引领和示范带动作用，农场文化建设也要紧跟和适应当前发展的形势和要求。因此，农场文化建设，一是纳入城乡“一体化”建设的范畴，统筹规划、协调推进。十八大提出加快农村城镇化建设步伐，农垦应抓住机遇，围绕城镇化建设和垦地合作，把农场居民集中区纳入城镇化建设布点，争取财政对城镇化建设的投入。二是建立“政府主导、农垦组织、农场推进、群众参与”的长效机制。国有农场是我国现代农业建设的引领者，也是社会主义文化建设的重要思想阵地，因而农场文化建设必须在政府主导下进行，以保证农场文化建设方向的先进性。三是积极倡导社会资本参与农场文化建设。农垦在政府主导下积极组织农场抓好公益性文化基础设施建设，为职工群众提供必要的文化活动保障的同时，应积极引导和鼓励社会资本参与到农场文化建设中来。

9.3　农场城镇化管理

城镇化，是指一方面农村人口陆续向城镇转移，随之而来的第二、三产业不断向城镇聚集，从而使城镇数目不断增多，人口规模和城市规模不断扩大的社会历史过程。城镇管理是经济社会发展到一定程度的产物。它既是一种社会现象，也是一种历史现象，它随着经济的发展而发展。同时，它自身的发展也能反哺于社会发展。摸清城镇管理规律，有利于发挥城镇管理的职能优势，提高城镇管理水平，服务农场经济社会发展大局。

近 10 年来农垦城镇化率年均提高一个百分点，截至 2014 年底，全国农垦拥有小城镇 1 800 多个，集中居住人口 728 万人，城镇化率为 51.9%，部分垦区的城镇化率超过 70%，例如黑龙江垦区的城镇化率达到 82%、安徽垦区的城镇化率超过 90%。农垦小城镇建成区总面积 3 700 多平方公里。当前农垦拥有万人以上小城镇 310 多个，有的已发展成为中小城市，例如，黑龙江垦区的建三江常住人口超过 20 万、江西垦区的共青城常住人口超过 19 万、湖北垦区的东西湖农场常住人口超过 26 万、湖南垦区的西洞庭农场常住人口超过 6 万、河南垦区的黄泛区农场常住人口超过 4.5 万、新疆兵团的石河子市常住人口超过 34 万。

加快城镇发展有利于市场体系的辐射和延伸，把农业、职工推向市场；有利于促进农场分工、分业和劳动力转移，实现农业的规模化经营，提高农业、职工的产业组织化水平；有利于发挥载体功能，带动二、三产业相对集中，规模发展，加快农场工业化、城乡一体化的进程；有利于改善职工群众的生产和生活环境，提高职工的物质、文化生活水平，缩小工农、城乡差别；有利于加速农场社会向现代化社会转变，带动农场经济、科教、社会各项事业的全面发展。因此，搞好农场城镇化建设已经成为农场经济工作的重点内容。

9.3.1 城镇规划与建设

规划是建设的龙头，是指导城镇经济和社会发展的重要依据。城镇化建设不是一朝一夕的事，它事关长远。编制科学合理的规划是实施城镇化的前提和基础。农场要顺应经济社会发展规律，将城镇化作为城镇建设的出发点和落脚点，把加快城镇化进程作为重要的战略措施，摆在突出位置。明确“以规划为标准、以政策为动力、以扩容提质为重点”的城镇发展思路，确定“一年打基础、三年大变样、五年重建一个新城镇”的发展目标，统一规划，合理布局，逐步推进城镇化建设进程。农场可以聘请农垦设计院对小城镇建设总体规划进行调整，力求“二十年不落后、三十年可操作、五十年不拆迁”，确立“一城十二区、两环带三圈”的空间格局，建设园林城镇。在此基础上，按照有利于生产要素的优化配置，有利于基础设施配套建设，有利于提高城镇载体功能和辐射带动作用的原则，在城镇规划布局调整上进行积极有益的尝试。针对农场城镇人口由于数量不足形不成规模效应的问题，经过科学论证和反复酝酿，本着合理布局、因地制宜、尊重历史沿革和群众习惯，可以将距城镇 10 公里以内的第二、第三、第四管理区的 9 个居民点撤销，向城镇集中。所有重点工业项目向中心镇迁移，人员向中心镇集中。农场出台优惠政策，促进管理人口向小城镇集中，扩大小城镇规模，促进经济协调发展。按照“进退有序，错落有致，高低有比例，大小要默契，色调有创意”的规划设计要求建设，杜绝建设上的随意性。

为实现人口转移战略，农场可成立由场长、书记任组长，各部门主要负责人为成员的城镇化工作领导小组，制订《关于加快城镇化进程实施方案》，并将其列为农场重点工作，同时列入相关部门和各管理区岗位责任制考核中，为加快推进城市化进程提供了强有力保障。农场进一步完善城镇的社会服务配套网络建设，加快农场城镇化进程，实现场部中心城镇工业区、商业区、文化区及其他各功能区的提档升级，初步形成新农村建设的发展模式。在新的规划调整中，规划工业园区，整合和优化资源，狠抓项目建设，形成第一、二、三产业联动局面，使各行业都得到很好发展，促进城镇化进程。在建设过程中，严格按照科学合理规划，避免一哄而起、遍地开花、乱铺摊子现象的发生，在小城镇建设有序推动的同时，人口聚集、产业聚集，相互促进等优势日益凸显。

关于城镇化建设的规模问题。从全国多数农场来看，城镇化建设规模都不宜过大，宜发展小型城镇或微型城镇。城镇的建设规模应根据农场的地理位置、周边环境、人口基数、土地面积，以及非农产业发展状况来确定，脱离实际，盲目发展，就会造成资源的浪费。总体上看，农垦发展城镇有三种规模水平可供选择：一是偏远的远离人口密集区的农场，宜发展小型或微型城镇；二是少数集中连片的垦区，宜发展中型城镇，如新疆的石河子垦区，黑龙江的牡丹江、建三江垦区等；三是靠近大中城市和人口密集区的农场，可选择联合建镇或依托城镇建镇的方式，实现规模化发展。

关于城镇化建设的模式问题。模式问题也就是城镇功能和特色问题，模式的选择关乎城镇的发展方向。农垦的小城镇不可能像大城市那样，各项功能齐备，设施齐全，高度发达，小城镇的功能要有所侧重，特色要明显，这样的小城镇才有吸引力，才会表现出持久的活力。目前，农垦小城镇普遍表现出功能不完善，特色不明显，模式单一，不尽快地解决这些问题，不利于小城镇的长远发展。从各地小城镇发展现状看，探索出了不少发展模式，如有为农业服务的农业基地型小城镇，有以商品经济发展和物资流通为主要功能的商贸型小城镇，有以工业生产和加工业为主导产业的工业型小城镇，有二三产业齐备，各业平衡发展的综合型小城镇，有拥有美丽的自然景观或丰富人文景观的旅游小城镇，有地处通衢要道，交通便捷，第三产业发达的交通枢纽型小城镇，有以依托大城市促进自身发展的城郊型小城镇等。选择什么样的发展模式，关键是要因地制宜，选择的模式要有利于充分发挥当地的优势和特色。

9.3.2 城镇居民管理

城镇化进程的重要标志是人口向城镇转移，管理区人口比重日渐减少，城镇人口比重日渐增多，农场应根据具体情况，展开对城镇居民的管理。

（1）撤点居民的住房安置管理。

针对不同的撤点居民，以灵活机动的方式，采取四种不同的安置方法，确保撤点居民的合理安置。

一是经济适用房安置方式。建设经济适用房住宅小区，提供不同面积的经济适用住房。并出台房屋售价政策、优先满足撤点单位居民选择房屋位置等措施，为顺利安置撤并居民的搬迁奠定了基础，创造了条件。二是采取产权置换方式。将近年来农场收回基层单位房屋产权后的住宅，同撤点单位规定对象，以产权置换的方式进行安置。对象是撤点单位具有劳动能力、长期以打工为生、没有固定收入、要求从事农业生产活动的人员。入住后，不论房屋面积大小，互不找差价，房产置换后，由房产部门办理房产过户手续，原房产农场收回后拆除，不再享受原住房拆除的各项补偿政策。三是采取过渡房安置方式。农场场部规划动迁区域内已收回产权的房屋，暂不影响农场当年规划的住宅进行短期安置，对象是撤点单位有购买经济适用房意愿，暂不具备购房条件，但有能力在过渡房规划拆除之前解决住房的人员。在临时居住期内依据住房建筑面积，由住户按月向农场交纳房屋租金，在农场规定时间内拆除并做到人走家搬的住户，可免收三个月租金。四是廉租房安置方式。可将开发建设的若干小户型住宅作为廉租房，安置对象是低保户和残疾、智障等一些基本丧失劳动能力的人员和安置撤并区域内贫困弱势群体。在入住时购买的，无论是否退休户均可享受每户补贴 1 万元的廉价房政策。

（2）加强社区管理，提高居民素质。

从广义上讲，“人民城镇人民建，建好城镇为人民”，人民群众是城镇建设的主体，也就是城镇管理的主体。从这个层面理解，广大居民都应该是农场城镇的管理者。但是，广大居民参与城镇管理的态度和热情往往取于广大居民的整体素质，取决于他们觉悟的高低，当他们意识到城镇管理重要性，并愿为之付出时，城镇管理必然会出现一片井然有序的局面，而当有些居民一时不能洞察城镇管理的重要性，而过分强调个人在城镇管理中的利益和主张，城镇管理难免会出现一些混乱无序的现象。农场城镇居民大都从基层近年才陆续云集场部，他们身上明显带有居住农村的风俗特性。目前，一些不良习惯和倾向在居民中仍然有一定影响，主要有，一些陈腐的小农意识、行为方式、行为习惯尚有存在；极端的利己主义和狭隘的利他主义，也还有一定的市场；自我提高、摒除陋习、崇尚文明的意识不浓；法制意识淡薄，无法无天的现象常有发生等。这些因素对城镇管理的影响很大。所以，要强化对城镇居民的管理，尤其是社区管理。改变现有工商、土地、交通由农垦分局所设的系统局直接领导模式，统一归由农场社区管理委员会指挥领导，使这些部门在场党委直接领导下各负其责，各司其职，有利于搞好协作及强化指挥作用，有利于场部地区小城镇管理，强化对居民的素质教育，必须优先把基础教育和对全体国民的素质教育放在首位，使科学兴国和科教兴农思想深入人心。要注意在城镇建设中，突出对高质量高标准的教育场地和教育设施配套建设，并采取优惠措施，大力吸引优秀教育人才。要注意把网络、计算机等先进通讯、科技和信息技术应用于城镇化建设的各个方面，以信息化带动工业化，并以工业化推动信息化，走新型的农垦城镇化建设发展道路。开辟多种文化娱乐场馆，兴办现代职业技术教育学院，建立和健全文化市场体系，推动农村文化创新，这是提高农垦居民素质的大势所趋。

（3）加大投入力度，完善基础设施和文化建设。

“以人为本”，不仅要以城镇居民为本，更要以农村居民为本，要把统筹城乡发展，缩小城乡差距，提高农村居民的生活质量，促进人的全面发展，作为推进城镇化的根本目的。要积极创造城镇就业机会，逐步消除各种体制性和政策性障碍，引导吸引农村人口向城镇的转移。要把推进城镇化与建设社会主义新农村有机结合起来，对农村坚持多予、少取、放活的政策，探索建立以工哺农、以城带乡的长效机制。

各级政府要加大对农村基础设施建设的投入力度，扩大公共财政覆盖农场的范围。公共财政对教育、医疗卫生、文化等社会事业的发展要实行倾斜政策，例如，可通过建设图书室、文化室、宣传栏、门球、足球、篮球、排球场等，建成了职工活动中心，文体广场等，组织各种文艺娱乐活动，活跃节假日气氛，逐步改变农场职工思想文化素质，转变落后观念，实现从计划经济的传统思维方式向市场经济思维方式的转变。为农场的城镇化建设创造良好的文化环境。重点扶持，制定规划，列出专项，随经济的发展不断增长。加快城市基础设施向农村延伸的步伐，逐步形成城乡系统配套、相互融合的道路、交通、电力、能源、通信、信息网络、防灾减灾等多方面、多层次、多功能的基础设施服务网络。努力达到经济繁荣、设施配套、功能齐全、生态良好、环境优美、文明进步的发展标准。

9.3.3　基本保障管理

（1）房产管理。

加强居民住房建设，改善居民生活条件。按照“功能齐全、平面布局合理、居住舒适、结构安全、卫生适用、低碳节能、造型美观”的要求，多渠道筹集资金，搞好“三棚一草”、“农危房”、公共租赁住房、廉租房、经济适用住房改造和建设，不断完善居民住房保障体系。大力推广节能环保型住宅，建设好配套设施，搞好居民小区的绿化美化，探索和创新物业管理模式，促进农民生产生活方式的转变。

实践中，我们要把小城镇建设与住房制度改革相结合．要加快小城镇建设步伐，可通过农场制定优惠政策，鼓励职工买房建房，逐步实现住房商品化．鼓励职工在小城镇的规定地点建私房，并对他们进行住房补贴，同时农场还应积极兴建商品楼房，向有关职工出售．通过上述两种方式，使得城镇建设方案得到稳步实施．农场还应组织专门人员做进一步的调查，摸清有困难的农场居民家庭的困难程度，有针对性地开展工作。针对特困家庭，建廉租房，帮助他们解决住房问题。针对拆迁量大、临时周转房不足，导致部分动迁户暂时无处居住问题，农场将闲置公用房进行简单维修改造，通上水电，搭起炕灶，达到基本居住条件，解决部分动迁户的临时居住问题。

（2）物业管理。

完善物业管理。可学习城市物业管理的经验，参照一些有实际效果的作法，把环保卫生、供排水、供热、房产维修等行业发展起来，对与居民生活直接相关的产业要大力发展，只要是对加快城镇建设有利的产业，在政策上就要倾斜，给予鼓励支持，并在经济上放开让其独立创收，除向用户收取的一块归这些行业自行使用外，改变年初定财务计划时就把补贴某行业多少写进大本计划的作法，改为在完成一时段任务或完成一项工程后由主管部门检查，用户评价满意，在这种前提下才给予补贴，达不到要求就减少补贴直至完全取消补贴，由定额先补改为按质按量补贴，彻底改变这些行业促一促才动一动的状况，彻底打破依赖补贴保工资状况。

（3）道路及绿化管理。

加强城乡公路交通基础设施建设，按照计划完成村村通公路建设。新建公园配套设施、休闲场所等项目，完成绿化植树，绿化拼图，维修新建下水道，维修新建道路，架设高杆路灯。兴建公园配套设施六角亭、假山等景观。铺设水泥路，重点抓好场部城镇市政工程设施、公用事业基础设施的管理，抓好城镇市容和环境卫生的清洁与管理，抓好城镇园林绿化及管理。

（4）老龄工作管理。

民政部门作为老龄工作的主管部门，应根据老龄工作特点和老年人的实际需求，围绕为老服务、为老解忧、依法维权等方面做大量工作。开展为老服务，垦区单位应都制定优惠方法和服务措施，使垦区的老年人得到应有的尊敬和爱戴，“三无”老人得到很好的照顾，养老有依靠；为老解困，垦区的孤寡老人都应享受全额低保，安排一定比例“三无”老人免费住进敬老院和老年公寓，确保他们安度晚年。并为80周岁以上老人发放高龄津贴；兴建为老服务场所，投入福彩公益金和各管理局、农场自筹资金，新建和改扩建养老服务场所；维护老年人合法权益，各社区都应建立老年人法律咨询站，免费为老年人提供法律咨询服务，使老年人的合法权益得到有效保障。

（5）优抚安置管理。

积极学习贯彻了新修订的《兵役法》、《退役士兵安置条例》、《国务院、中央军委关于加强退役士兵职业教育和技能培训工作的通知》（国发［2010］42 号）、《黑龙江省人民政府、黑龙江省军区关于加强退役士兵职业教育和技能培训的意见》（黑政发［2011］47 号）等有关文件精神，召开会议和组织培训等多种形式进行学习深化，理顺退役士兵培训上下工作关系，启动垦区自主培训退役士兵工作，争取培训资金，成立垦区退役士兵职业教育和技能培训工作领导小组，确定培训机构，深入进行调研摸底，全面认真地做好了培训的准备工作。同时，还应按照省民政厅的统一部署，垦区上下广泛深入开展“七个一”系列双拥活动，推动垦区双拥工作向深层次发展。还可通过开展“七个一”双拥共建等系列活动，来不断巩固和发展“心连心、同呼吸、共命运”的军政军民关系，密切军民关系。

（6）社会福利管理。

据统计，截至2014年，垦区有敬老院和老年公寓64所，床位数3 676张，入住老年人数2 500人，其中三无老年人数455人，工作人员451人（其中有公办敬老院和老年公寓 25 所，床位数 1 644 张，入住老年人数 1 267 人，其中三无老年人数 292 人，工作人员 197 人。由民办敬老院和老年公寓 39 所，床位数 2 032 张，入住老年人数 1 232 人，其中三无老年人数 163 人，工作人员 254 人）。有 305 名孤儿和贫困家庭儿童纳入全国儿童信息管理系统管理，每人每月享受 600 元孤儿基本生活保障补助资金。有 728 名 80 至 89 周岁以上高龄老人享受每人每月 100 元高龄津贴，百岁以上高龄老人享受每人每月 200 元的高龄津贴。有 8 名垦区孤儿免费送进黑龙江省孤儿学校学习，为 40 名贫困家庭残疾人免费资助装配康复器具，为 4 名贫困家庭儿童免费进行先天性心脏病手术治疗。在这些方面，以后还应继续加大投入力度，以使社会福利受益面更广。

9.4　农场社会保障服务

按照联合国国际劳工局社会保障司界定，社会保障是指社会采取一系列保护性措施，以帮助人们度过由于失业、年老、疾病、生育、工伤和死亡而造成工资或收入损失的难关。社会保障是社会为社会成员设置的安全网。国有农场从建场开始就形成了一套由国家负全责的社会保障制度，即国家负责农场职工的伤、残、病、退休、养老保障，高就业、高补贴、工资，这种保障制度在计划经济条件下发挥了重要作用，然而，随着社会的发展，这种保障制度的弊病越来越突出，国家负担重，不能充分调动职工的积极性，以至整个机制运转越来越困难。1979 年国家对国有农场的管理体制进行了重大调整，实行了财务包干办法，由国家统负盈亏改为农场自负盈亏，社会保障也随之由国家保障改为国有农场自己负担。国有农场的社会保障制度经过十多年的改革，至今仍在探索之中，随着国有农场现代企业制度改革，建立一套科学的与市场经济相适应的保障机制势在必行，因此，有必要对国有农场的保障制度进行认真研究。

9.4.1　卫生及计划生育管理

垦区卫生事业伴随着北大荒开发建设而诞生，随着农垦事业发展而发展，形成了医疗、预防、保健、康复、监督和计生的卫生服务网络。垦区卫生事业实行四级卫生机构和总局、分局、农场三级卫生管理，多年来，垦区各级党委和卫生战线广大职工，全面贯彻党的卫生工作方针，深化卫生改革，推进体制和机制创新，实施科技兴医战略，提高服务水平，卫生事业取得很大成就。

（1）卫生及计划生育事业发展的各个阶段。

① 初创时期：1948—1959 年。初创期，大多缺医少药，卫生所和卫生人员都很缺乏，在一批经验丰富的解放军专业卫生人员来到农场后，医疗和护理水平才有了显著提高。

② 恢复调整时期：1960—1965 年。在中央“调整、巩固、充实、提高”的方针下，农垦卫生事业得到了巩固和相应的发展，成立了一批专业的医院和医疗机构，垦区医疗卫生网络基本健全。

③ 受挫时期：1966—1976 年。由于“文革”的影响和“左”的思潮，卫生事业遭到严重损失和破坏，各项规章制度被否定，一大批卫生战线的干部和技术人员受到冲击，医护质量下降，管理混乱。

④ 调整、改革时期：1976—1985 年。形成了统一的卫生行政和医疗卫生体系，在总局开始设立卫生处，与计划生育部门合署办公。医疗设备陆续更新、添置，技术有所提高，医疗用房逐年扩大和改善。

⑤ 改革、发展时期：1986 年以后。开始实行院长负责制，强化医院的标准化管理和综合目标管理，引入竞争、激励和约束机制。加快推进垦区卫生改革和发展，坚持以科学发展观为统领，深化卫生管理体制、投资体制、人事制度和内部运行机制，调整布局，优化资源配置，实施科教兴医战略。规划卫生保健，加强基础设施建设，改善农场卫生及计生环境。

（2）卫生及计划生育管理机构。

主要由农场医院、卫生所、分局中心医院和总局直属医院构成，这些医疗卫生机构承担着农场职工的所有医疗卫生和计生工作，在通过一系列的调整机构布局，优化卫生资源，加大投入和改善医院条件等措施之后，医疗机构都有了质的飞跃和提升，为更好地服务垦区打下基础。

（3）卫生及计生工作主要内容。

① 医疗设施与科研。包括医疗设施建设，医疗科技提升和科研成果与奖励等三项。

② 爱国卫生运动和公益医疗保健。包括爱国卫生运动开展，初级卫生保健和医疗扶贫等三项。

③ 卫生监督、疾病预防控制及地方病防治。包括食品卫生，职业卫生，传染病防治，地方病防治和寄生虫防治等。

④ 人口和计划生育。包括强化人口计生工作基础建设，提升计划生育服务质量，完善部门指导、各方配合和群众参与的工作机制。

（4）不断完善垦区卫生及计生工作的对策。

① 加强农场社区卫生室的规范化管理。以农场社会化管理为契机，开展农场社区卫生服务是医疗机构改革服务模式，主动适应市场经济体制新形势，满足农民群众卫生保健需求的新举措。农场社区健康门诊的硬件建设和管理，对于提高农场社区卫生服务是非常重要的。要规范农场社区卫生室执业许可证公示及门头标牌，提高农场社区卫生室硬件建设，加强农场社区卫生室规章制度建设，完善农场社区卫生室人员配备，强化农场社区卫生室消毒管理，加强社场卫生室药品

管理，实行国家基本药物制度，从而促进农场社区卫生室的规范化管理，保证农场社区卫生室的服务质量，确保广大人民群众的就医安全。

② 强化卫生健康教育工作，定期举行多种形式的宣传教育。举办健康教育基层干部和健教工作人员培训班，通过宣传栏、广播、黑板报等多种形式向群众进行健康知识宣传，通过多种形式的宣传教育，引导群众转变观念。一是要采用群众喜闻乐见的方式，让政策宣传变得乐于接受，从而诱发其心灵的感悟和认同。二是要不断丰富宣传形式，创新宣传载体。在利用标语、阵地、入户、媒体、网络宣传的同时，采取灵活多样的方式，如召开座谈会，让群众评论身边有关计划生育的人和事，举办计划生育演讲赛和计划生育相关政策法律知识竞赛等。通过开展以群众为主体的活动，引导已婚育龄群众学习计划生育相关政策和法规常识，提高宣传教育的针对性和实效性。三是让思想素质较高、认识超前、能主动配合和支持计划生育工作的群众，来教育和引导其他群众，达到培养一个，带动一片的效果。要彻底突破群众的落后认识对计划生育工作形成的制约，宣传教育工作是关键。只有宣传载体丰富多样，教育方法深入人心，才能使群众传统守旧的生育观向适应形势、顺应政策要求的方向转变。

③ 尝试院站合一，规范运作。将妇产科、妇幼保健和计划生育服务站相互配合，各项工作相互渗透，计划生育服务站和妇幼保健人员主要负责生殖健康科普知识宣传，为育龄群众提供孕育、生育、节育知识咨询指导和相关服务；对妇女儿童进行健康检查，开展普查普治活动；免费发放避孕药具，做好各类服务对象的随访工作；筛查计划外怀孕并及时采取补救措施；掌握计划生育信息、动态，建立相关档案资料。妇产科作为妇幼保健和计划生育服务站的后方堡垒，一些下乡不能解决的计划生育手术和诊疗工作都由妇产科工作人员来承担，妇产科工作人员还积极配合开展婚前保健和孕产期保健指导，开展避孕节育知识宣传，搞好避孕节育的医学检查以及计划生育手术并发症及计划生育药具不良反应的诊断、治疗，施行避孕节育手术，开展围绕生育、节育、不育等其他生殖保健项目的服务工作，每一个环节都有人负责，解决了许多过去无法解决的问题，提高了工作效率和服务质量，更大限度地满足人民群众根本需要，人民群众的根本利益得到充分体现。

④ 因地制宜，合理布局，充分发挥科室的职能作用。尽管当前，大多数农场计划生育服务站虽然已纳入卫生院的统一合并管理，但在科室设置和设备配套方面存在诸多不必要的重复建设，再者因为两个单位的办公地点距离较远，工作程序存在诸多重复环节，前来咨询就诊的服务对象往返于两地之间，劳心费力。为此我们应该本着统筹规划，合理布局的原则，将计生站整体搬迁至卫生院，从现有的科室结构调整入手，利用现有的医疗资源，实行一个科室挂两块牌子的办法，综合协调工作职能，理顺各科室之间的关系，形成一个有效率的、方便群众的、

多功能的卫生服务网络。整体撤并后，计划生育不再设立独立的服务站点，除单独的避孕药具室外，治疗性的药品全部由卫生院药房统一管理发放；生殖保健与妇幼保健科室合并，负责生殖保健、妇女儿童保健、产前检查及产后随访等计划性任务和科普宣传工作；妇产科门诊负责节育手术、住院分娩、妇科病诊治和临床医学咨询等服务工作。同时加强与各临床科室的横向和纵向联系，如儿童系统管理和计划生育挂钩后，结合计划免疫接种实行一条龙服务，在定点定时实施育龄妇女环孕监测的同时开展儿童计划免疫和儿童健康体检。既完成了育龄妇女的环孕监测任务，又保证儿童计免“四苗”接种覆盖率和儿童健康体检率。

9.4.2　低保与救助管理

社会救助是国家和社会通过国民收入的分配和再分配，运用资金、实物或服务等手段，依据法律规定对无收入、无生活来源、无劳动能力、生活在最低生活标准以下的个人或家庭，以及因自然灾害、不幸事故而陷入生活困境的人，提供一定物质帮助以保障其基本生活，并有能力摆脱生活困境的一种社会保障制度。社会救助是社会保障的最后一张“安全网”，对于保障人的基本生存权，维护社会秩序稳定和促进社会政治、经济、文化等方面持续、全面发展具有重要意义。新中国成立以来，党和政府一直比较重视农场的社会救助工作，根据不同历史时期的经济社会状况，出台并实施了不同的社会救助制度和救助政策，较好地保障了最贫困群体的基本需要。

垦区自成立以来，始终把为民解困作为工作的重点，从维护困难群众的基本生活出发千方百计予以救助，在各级民政部门中开展了扶贫助学活动，民政干部包扶贫苦户、资助特困生、扶助孤儿生活，引起了良好的社会反响。农场社会救助一般包括农民最低生活保障，五保供养，贫困群众医疗救助，困难群众临时救助和自然灾害救助等。农场社会救助应是一个完整的救助体系，既应包括生活救助，也应包括医疗救助、教育救助、住房救助、法律救助、灾害救助等，这是陷入困境的农场居民在生产生活中所具有的需求多样化的特性所决定的。当然，救助项目的完善需要一个过程，它受经济发展水平及社会救助能力的制约。目前，我国许多垦区都提出了逐步构建以最低生活保障为基础，以养老、医疗、教育、住房等专项救助为辅助，以其他救助、救济和社会帮扶为补充的完善社会救助体系的基本原则。这是符合我国客观实际的。

在推进农场社会救助体系的建设中，一要加快救助项目建立步伐，已经具备条件的地区要积极拓宽救助项目。暂时不具备条件的地区，也要通过争取支持。鼓励社会兴办等方式。创造条件将一些必需的救助项目建立起来。二要根据地区实际，确立本地区应建立的社会救助项目，明确救助项目建立的优先顺序。对一些劳务输出较多的地区，是否应考虑设置劳务输出救助。对于生态环境恶劣，需要治理的地区应考虑设置生态救助。例如，针对因治沙、治水等需要而不能整体搬迁的村民，开展“一揽子”的生态救助活动。为了把有限的资金用在刀刃上，要结合地区实际确立优先建立的社会救助项目，例如，子女就学问题突出的地区，应优先考虑教育救助问题。农村危房问题突出的地区，应集中资金分批次开展危房改造工作。在完善农村社会救助体系的工作中，中央政府应承担更大责任，原因是许多救助项目具有外溢效应，如教育救助、技能培训救助等。

由于各救助项目之间缺乏有机的衔接与配合，存在重复补助以及漏补的情形，在农村社会救助体系的完善过程中，要加以适当规范和整合。例如，“五保”制度与其他专项制度之间的关系问题。“五保”制度在保障标准上一般要高于专项制度。但实施中也有不规范性。单独设立这样的制度会导致一些问题，例如，带有歧视性，同样贫困的，有的入“五保”，有的进低保；增加管理与运行成本，多套制度同时运作，必然要设立对应的管理机构，增加不必要的开支。可考虑在适当时机，逐步将“五保”制度并入农村各专项救助制度中来。以减少层次性、减少因制度过于复杂而产生的重复补助以及漏补的情形。对于在低保制度建立期间采取的一些过渡性的救助措施，例如，定期定量救助，也应纳入低保制度。同时，要明确各救助项目的性质，不能把常规性救助与临时性救助相混淆，留此去彼。

9.4.3　公益事业管理

自垦区成立以来，在交通、通信、水电等基础设施等方面从原始的初创时期达到了快速发展时期，取得了很大的成绩，公路建设和养护初见成效，道路、水路和铁路运输全面开展，电缆、光缆、无线电通信、微波通信等传输网络不断强化。但是，与发展较快的垦区经济相比较。还是有一些差距。例如，有一些公路还存在质量差，等级低的问题；水利设施也难以满足农业生产的需要，影响了垦区的稳定和和谐。社会保障设施缺乏。农场的社会保障，一直是农场公益事业的薄弱环节。由此，我们需要通过一些完善，不断提高垦区公共事业的发展。

① 把基础设施建设作为垦区城镇化建设的着手点。第一，要加强农田水利设施的建设，对于有险情、遭破坏的水库、山塘、溪坝、沟渠进行修复和加固，确保农田灌溉用水，确保农民丰产丰收，实现“生产发展”的目标；第二，要完成村村通路、通电、通水，改善下水道，进行“厨房革命”、“厕所革命”，“村容整洁”的目标就可以达到；第三，要加强教育、医疗、社会保障设施的建设，解决农村与城市在教育、医疗、社会保障享受的资源和待遇不平等的问题，解决农民入学难、就医难，保证农民老有所养、解除农民的后顾之忧；第四，建设和改善基础设施，可以改变垦区居民的消费环境，增加收入。垦区基础设施改善了，现代消费品在农村的巨大市场潜力就可以得到发掘，消化掉过剩生产能力，使农场居民的收入快速增长。

② 成立农村公益事业管护组织。成立管护组织，加强对公益事业的管护，促进公益事业的发展。可由垦区厂部当地热心公益事业、有声望、有能力、有公心的人组成，主要是老党员、老干部、老模范、老教师以及村里的能人等，由“促进会”负责公益事业的管护，解决道路建设、城镇容貌整洁管理、沟坑渠道疏通畅通等问题，对于发展公益事业收到以了良好的效果。

③ 创新公益事业资金筹措机制。一是社会融资。可以通过拍卖农村公路的冠名权、转让路边资源开发权等办法，吸纳企业或个体大户投资农村公路；采取租赁经营、股份制兴建等方式，建设文化娱乐场所、供水工程等。二是盘活“闲资”。对小型水库、山塘、宜林荒山、养殖水面的资产使用权、经营权全部推向市场，公共向社会拍卖转让，变“资产”为“资金”，为发展公益事业筹资。三是群众集资。坚持“谁受益、谁出资”的原则，采取“一事一议”制度，向职工群众直接筹资。但不能搞摊派、搞“一刀切”，要广泛征求职工群众的意见，保证资金的合理、规范使用。

农村公益事业的发展，可以促进农垦经济的发展，实现城镇化建设的目标。所以垦区党委要转变思想、推出新举措，从解决公益事业的问题着手，切实为垦区居民服务，将实现好、发展好垦区的根本利益落到实处，美好的垦区城镇化的壮丽图景就会展现在我们的面前。

9.4.4 教育管理

垦区的教育事业是伴随着垦区的开发建设开始创办的，随着农场的发展，职工子女的增多，逐渐办起了小学和中学，设置了教育行政管理机构，从地方各级政府中分离出来，自成体系，实行系统管理。垦区各级党委高度重视教育工作，确立了“科教兴垦”的战略方针，把教育发展纳入垦区经济和社会发展总体规划，摆在优先发展的战略地位，加强对教育的领导，加大对教育的投入，改善办学条件，促进了垦区教育事业持续稳定健康快速发展，形成了多层次、多门类，高等教育、职业教育、成人教育、基础教育协调发展，具有农垦特色的教育体系。多年来，垦区各级党委和教育战线的广大职工全面贯彻党的教育方针，深化教育改革，推进素质教育，教育事业取得了很大成就，教育教学质量稳步提高。

（1）垦区教育事业发展的各阶段。

① 初创时期：1947—1955 年。当时职工队伍的文化水平很低，文盲半文盲占 80%以上，教育以职业培训为主。冬季农闲，以扫盲为中心，兼学时事政治和规章制度，职业教育的重点是解决机械化生产所急需，培训拖拉机手、农具手。无师资来源，大都从职工和家属中挑选文化较高的充当老师，一个教室有几个班级轮流上课，教室大多是仓库等简单改造而成，条件艰苦。

农场无专门教育机构，成人教育工作归场长办公室领导，场长兼任校长，或由工会组织领导，成立业余教育委员会，普通教师由农场宣传部兼管，业务指导由地方教育部门负责。

② 发展时期：1956—1966 年。大批转业官兵和支边青年来到农场，成人教育事业有了进一步发展，扫盲和提高广大干部职工的文化水平成为当务之急。职工教育和各种业余教育、职工学校教育、大学函授教育都纷纷兴起。"文革"开始后，职业教育被迫中断。

各农场普遍兴办起了小学，师资力量也充实起来，但校舍条件依然比较差。教育机构上，相继成立文教科，专门负责文化和教育工作，但总局、分场等都未设置统一的教育行政机构。

③ 受挫时期：1967—1975 年。由于"文革"的影响和"左"的思潮，学校一律停课，校舍被占用，教学设施和工具遭到破坏，损失很大。教育行政管理从各级政府中分离出来，自成体系，专门负责各级教育工作，同时，把一大批知识青年充实到教师队伍中去。尽管如此，教学质量仍然低下。

④ 振兴时期：1976—1985 年。开始设立三级教育行政管理机构，实行系统管理，总局、管理局、农场、分场、生产队五级办学，稳定教师队伍，贯彻实施国家统编的教学大纲和教学计划，逐步改革教学结构，发展专业大学和中等专业学校。普通教育以提高教学质量为中心，压缩高中，办好初中，集中办学，加强幼儿和学前教育，农垦教育出现新局面。

⑤ 改革提高时期：1986 年以后。制定了"改革、调整、完善、提高"的教育方针，实施基本普及九年义务教育和基本扫除青壮年文盲，做出了三项重大决策：分级办学，分级负责；调整学校布局，实行中小学集中办学；广开资金渠道，增加教育投入。垦区教育有了很大发展，办学条件明显改善，办学水平不断提高，职工队伍素质明显提高。

（2）各级各类各层次教育机构。

① 基础教育。在农垦教育事业中，基础教育占很大比重和重要地位，关系到垦区职工子女文化素质的提高，关系到职工后备梯队的素质，垦区业已形成完整的体系。通过实行集中办学，建设规范化学校，普及九年义务教育，发展高中教育，使垦区的基础教育有了跨越式的进步，学校的管理水平，教育教学质量有了明显提高，办学条件明显改善。

在幼儿园教育上，应积极推动，提前部署，总结经验，发挥示范作用；中小学实行集中办学，提升规模效应，优化教育投资，加速改善办学条件，提高教师素质，提高教学水平；高中教育应加快高中布局调整，优化教育资源配置，加速教育信息化建设，以信息化带动学校教育的现代化，稳步推进示范化高中建设，以评促建，以评促发展。

② 中等职业教育。包括普通中等专业学校和职业高中教育。两种类型的职业

教育，为农垦系统的发展培养了很多专业化的技能人才，为垦区发展直接输送了新鲜力量。

③ 高等教育。高等教育为垦区培育和输送了具有高学历和高能力的综合性人才，他们立足垦区，服务社会，为现代化大农业和垦区发展培养人才，在科研和科技成果推广应用上都取得了丰硕成果。

④ 成人教育。最初，成人教育以举办生产急需的拖拉机手训练班为主，轮训期短，见效快，后来，逐渐由短期训练班发展成为定员、定期、定点的专业学校，形成以党校、干部学院、职工大学、职工中专、电大、函授教育为主要形式，由总局、管理局、农场三级分工负责的成人教育体系。利用正常教学、广播、电视等手段，采取脱产、函授、业余、短训等形式，对垦区职工进行学历教育、岗位培训和各种应用技术培训等，为垦区职工素质提高做出了贡献。

（3）教师队伍。

垦区应不断加强队伍建设，按照“一调整、二提高、三稳定”的方针，调整优化教师队伍，可通过补充师范院校毕业生，对在职教师进行学历教育和岗位培训等，会使教师队伍的素质有明显提高，形成一支数量充足、质量优良、机构基本合理，适应垦区教育事业发展需要的师资队伍。

（4）教育科研。

教育科研是有效提高教育管理质量的过程，所以，应在垦区设立农垦教育学会机构，靠挂在总局教育处，下设教育管理、职业技能教育、成人教育、中小学教育等研究会，并通过制定学会章程等方式，规范教育科研的范畴和运作，通过激励制度等来提升垦区教育科研的水平。

（5）不断完善和提高垦区教育管理的措施。

① 加大重视力度，加大财政投入。落实依法治教是根本，认真贯彻各项文件精神，实行教育管理体制，加大投入，完善经费保障机制，确保改革后教育经费的投入不低于改革前总体水平，并逐步有所增长。

② 更新现代教育理念，提高教学水平和教学质量。学校要端正办学思想，全面实施素质教育，从学校校长、教师、家长，都要先从思想上认识到教育对孩子一生的重要性，要通过各种媒体加大宣传，将先进教育理念深入人心；多给教师提供一些外出学习的机会开阔视野。

打破传统的教育思想对人们的束缚，锐意创新、开拓进取。新的教育环境要求学校管理者要树立正确的教育观念，改革原有的教学管理模式，树立创新、发展、以人为本的管理理念，使教学管理更有利于教师的成长，促进学生主动、健康地发展。当下的教育应该与现代化科技相结合，在改革管理理念的同时，发展现代化教育手段。

③ 完善教育体系，同时狠抓师资建设。重点增强教师的责任感和使命感，鼓

励农垦系统的大学生、师范生到基层地区从教。学校要注重教师培训的经常性，经常创造条件促使教师参加各种形式的学习，通过学习和培训，了解最新教学理念，熟悉全新教学方法，掌握现代教学手段，在知识的广度和深度上有所完善，从而提高教师的整体素质。教师本身要不断提高自身的教学技能和教育责任感，根据学生的不同特点和素质教育要求，不断改进教学方法。只有这样，垦区孩子才有享受优质教育资源的可能。

④ 加强教育教学管理，确立教育教学中心。教育教学质量是教师的生命线，同时也是教育这一行业的生命线，垦区各学校工作要切切实实以教育教学为中心。无论从时间上还是空间上，课堂教学都是学校育人工作中一项最经常、占用时间最多、涉及面最大、内容最广泛的活动。因此，在学校管理中要排除干扰，“咬定青山不放松，自始至终突出教学工作的地位。课堂教学时，坚决反对课堂教学的随意性，形式化，在课堂教学上，要重视激发学生学习兴趣，积极推进研究性学习，建立新型的教学关系和师生关系，大力倡导学生主动参与，自主探究，引导学生彼此相互讨论交流，重视合作方式的学习。为抓好课堂教学主渠道，提高教学授课水平和教学效率，我们对教学常规检查、质量检测、校本研究、骨干及课改典型教师的培养、教师的基本功、各种教学活动及竞赛活动等常规性的内容进行有效实施。学校管理是多因素整合而成的。管理是否科学，是否有效，作为管理者，要充分调动广大教师的积极性，加强学校管理，使学校的各项工作都朝着一个健康、有序的方向发展。

⑤ 加强学校德育管理工作，推进未成年人思想道德建设。德育是社会主义精神文明建设的奠基工程，是提高全民族思想道德素质的奠基性教育，是培养造就合格公民的起点。学校必须把德育工作摆在重要位置，并认真学习德育工作政策文件，提高认识，树立教书育人，管理育人，服务育人的思想。

主要参考文献

蔡大鹏．2005．社区管理信息化［M］．北京：北京工业大学出版社：110-121．

蔡莲花．2005．国有企业退休人员社会化管理问题研究［D］．吉林：吉林大学．

陈俊．2006．加强社区管理 构建和谐社会［J］．中国农垦，（5）：17-19．

段耀华．2012．弘扬传统文化 构建和谐农场［J］．中国农垦，（2）：38-40．

符树辉．1998．浅论海南垦区国有农场管理体制创新［J］．中国农垦经济，（7）：37-39．

顾永生，张兴仁．2009．农场社区管理工作的实践与思考［J］．中国农垦，（5）：51-52．

韩绪楼．2009．现代农场管理关键问题分析［J］．现代农业科学，（1）：144-145．

胡玉森，王福玉．2007．北大荒全书：社会事业卷［M］．哈尔滨：黑龙江人民出版社：165-178．

蒋奇．2008．社区建设与管理［M］．北京：北京大学出版社：216-234．

李方俭．2010．民主管理促进和谐发展［J］．中国农垦，（12）：35-36．

李良熙．2012．新时期农场职工思想政治工作初探［J］．中华民居：下旬刊，(6)：15-16．
李伟国．2007．推进职工民主管理 促进垦区和谐社会建设［J］．中国农垦，(11)：27-29．
林马增，韩颖．2008．新时期国有农场体制改革存在的问题与对策分析［J］．农场经济管理，(1)：19-20．
刘静，隋喜友．2009．现代农场管理关键问题浅析［J］．经济技术协作信息，(17)：23．
刘平．2007．国企思想政治工作与企业文化［J］．中外企业文化，(4)：29-30．
刘玉军．2007．吉林省农村城镇化建设问题研究［D］．吉林：东北师范大学．
牟峥．2013．引龙河国有农场城镇化规划建设研究［D］．黑龙江：东北林业大学．
宁夏农垦事业管理局．2012．加强和创新社会管理 推进农场办社会职能改革［J］．中国农垦，(12)：27-28．
邱金山．2012．加强和改进国企思想政治工作建设特色企业文化［J］．企业管理，(11)：22-24．
宋海青．2013．浅析国有企业文化建设与思想政治工作的融合［J］．会计业务，(5)：180-181．
孙良龙．2010．东营市出台关于国有农场管理体制改革的指导意见［J］．中国农垦，(10)：70-71．
唐晓阳．2010．社区管理理论与实务［M］．广州：华南理工大学出版社：234-257．
王芹．2006．提高新形势下农场思想政治工作的层次和水平［J］．中国农垦，(11)：36-37．
王晓樱．2011．海南红明农场管理模式构建研究［D］．天津：天津大学．
夏庆芳．2013．关于加快农场文化建设的思考［J］．中国农垦，(9)：25-27．

第10章 农场文化

在开发北大荒的艰苦岁月中，北大荒人创造出与他们经济建设伟大成就等量齐身的丰厚的精神文明成果——北大荒精神，这是中华民族宝贵的精神财富。而融合了军旅文化、知青文化和移民文化的北大荒文化，更是以其艰苦奋斗、勇于开拓、顾全大局、无私奉献的精神内涵，和服务垦区、服务大农业的文化使命，兼容并包的文化宗旨，以及与时俱进的文化价值，引导着、凝聚着、激励着北大荒人不断开拓进取、勇创佳绩。

10.1 北大荒文化内涵

10.1.1 北大荒文化起源

北大荒，特指黑龙江省农垦总局，人们常称之为黑龙江垦区。2012 年，“北大荒”品牌价值达到 365.36 亿元，位居“中国 500 最具价值品牌排行榜”第 38 位，为亚洲第一农业品牌。黑龙江垦区拥有土地总面积 5.62 万平方公里，拥有耕地 4 301 万亩。2012 年，垦区实现粮食总产 432 亿斤，提供商品粮 407 亿斤。垦区每年提供的商品粮可以养活中国 13 亿人口中的 1.2 亿人口。从 1947 年到现在，黑龙江垦区开发建设 65 年来，已累计生产粮食 5 275.4 亿斤，向国家交售商品粮 3 864.6 亿斤，成为我国耕地规模最大、现代化程度最高的、具有国际影响力的超大型现代农业企业集团，为维护国家粮食安全、食品安全和生态安全作出了重要贡献，被国家誉为“抓得住、调得动、能应对突发事件”的“中华大粮仓”。北大荒源于一个“荒”字，荒芜、荒野、荒蛮、荒瘠、荒寒——与它相伴的是“最”字，它曾是中国最偏僻、最荒凉、最落后、最恐怖、最寒冷的地域。其实，历史上的北大荒并不荒凉，中华民族及多个优秀的少数民族都曾在这里写下辉煌的历史，这里也曾建立过强大繁荣的国家，有过灿烂的文明。这些文明孕育和发展了北大荒文化。

（1）鲜明的地域文化。

北大荒文化是一种极具鲜明特色的地域文化，也是一种富有鲜明地域特色的文化。北大荒文化产生于北大荒这片广袤神奇的土地上，也是“艰苦奋斗、勇于开拓、顾全大局、无私奉献”的“北大荒精神”的载体。北大荒文化不是泛东北区域文化背景下形成的“东北文化”，它也不同于“关东文化”。当然，北大荒文化也不能等同于“黑土文化”，更不能相互替代。它是在特定的时代，特定的地域，特定的人群中逐渐形成的文化。北大荒文化从最初的孕育到逐渐发展成熟及其生成的过程，都凸显了其独特的魅力。它不同于其他区域文化和地域文化的形成，北大荒文化的生成是有其特殊机制的，而其特殊的生成机制也造就了其文化的特殊品格。作为一种地域（区域）文化的生成并呈现出其鲜明的特色，是应该有着一个相当漫长的成长过程，是在特定的空间区域内各种因素（包括自然、社会、时代、人群等）在时间向度上非目的性的逐渐累积叠加、碰撞融合的结果。它是自然的，渐进的，非目的性的，非功利性的。而考察北大荒文化，就可发现北大荒文化是一种不符合地域文化成长规律的，有其特殊性的文化形态，是一个特殊的文化范型。

北大荒文化的最初孕育有其特殊性。“北大荒”作为区域地理的概念，虽指说涵盖地域范围不同的说法不少，但相同的指向都是黑龙江三江平原为核心以及向周边延展的区域（也就是现在以黑龙江农垦总局耕种的土地为主的地域）。而这里恰恰是北大荒文化的发源地。从当下的东北历史研究和这一地区发现的地表文化遗存看，被称之为“北大荒”的这片土地上曾经有过人类的文明。但由于历史上诸多原因，人类文明在这里一度“中断”。无可否认的是，到中华人民共和国的成立，这片土地在国人心目中已是人迹罕至，野兽出没的荒原。

（2）成熟的军旅文化。

直到 1958 年，依据党和国家的号令指示，来自于祖国四面八方的十万复转军人以集团的方式奔赴黑龙江，开始了北大荒的开发建设。伴随着北大荒经济的开发建设，北大荒文化开始孕育生成。成建制的转业官兵密集地涌入北大荒，这不仅仅是区域经济建设的难得机遇，更是促成了一种地域（区域）文化孕育生成的新形态。他们带来了一种这片土地上从未有过的成熟文化——军旅文化。中国人民解放军的光荣革命传统，构成了军旅文化的重要内涵：祖国和人民的利益高于一切，为此不惜牺牲个人利益甚至生命；艰苦奋斗，无私奉献，英勇无畏，知难而进，勇于开拓。这一切在北大荒的开发建设中得以具体践行。他们爬冰卧雪，踏荒勘察，白手起家，艰苦创业，以大无畏的革命英雄主义和乐观主义精神，使千里荒原变成沃野良田。军旅文化根植于北大荒的沃土便催生孕育了一种新型的地域文化——北大荒文化。

北大荒文化最初孕育的形态便不同于一般的地域文化。它是一种成熟的文化形态（军旅文化）直接地植入某一地域，并直接成为这一地域的核心文化和主流文化。虽然在其后有其他形态的文化不断植入，相互叠加并与之周边东北文化交融渗透，构成新质素的北大荒文化，但是军旅文化的遗传基因在北大荒文化中的核心作用和主导地位没有变。北大荒精神“艰苦奋斗、勇于开拓、顾全大局、无私奉献”和北大荒核心价值观“诚信、务实、创新、卓越”的提出阐释便是明证，都是基源于军旅文化的提炼和升华。军旅文化正是北大荒文化形成的根基，也是北大荒精神和价值观的核心因子。

（3）繁华的知青文化。

在北大荒文化逐渐形成的过程中，一些不同的异质文化不断植入，与军旅文化融合构成北大荒文化的新质素。尤其是知青群体的加入，一方面，使人员的结构素质发生了变化，大批的支边青年和移民以及后来的“上山下乡”的城市知识青年的涌入，打破了北大荒以复转军人为主体的人员结构，形成了复转军人、中原移民、城市知青相混杂的人员格局，特别是城市知青具有相对高的文化，也改变了北大荒人群的文化素质的构成；另一方面，随着他们的迁徙，与之相关的文化也随之植入。从山东等地进入北大荒的支边青年和移民带来了中原文化（移民文化）、上山下乡的知识青年们也带来了城市文化（知青文化），这两种不同文化的植入打破了以军旅文化为主体的一元化文化结构。形成了军旅文化、中原文化（移民文化）、城市文化（知青文化）三种文化相互叠加累积的多元化文化结构，并酝酿着北大荒内部三种文化的融合与外部周边的东北文化的交融，从而生成具有独特外显文化特征的北大荒文化新景观。

知青文化也是北大荒文化影响力较大的文化，来自祖国最繁华的大都市的几十万个家庭，影响又进一步扩展到几百万人、几千万人。更为重要的是他们把这种影响力延伸到国家的各个领域、各个产业、各个层次，他们关心支持着北大荒的发展，与垦区的联系越来越紧密。与北大荒的其他文化形态有明显不同的是，知青文化虽然孕育和植根于垦区，但其大规模的发展却是在知青离开垦区之后，其拓展和壮大与北大荒事业发展相同步，并且越米越形成更紧密的联系，成为北大荒文化重要的组成部分。

与北大荒开发建设中其他移民群体一样，北大荒知青是在国家统一指挥组织下，以群体的方式来到北大荒的。他们是北大荒移民中规模最大，人数最多，年龄最小，时间最短的一支生力军。与在农村插队的知青不同，北大荒的知青进入的是生产建设兵团和国有农场，有较少但稳定的工资收入，有半军事化的强有力的组织形式，同时，也受到了北大荒转复军人为主体的老一代拓荒者的传统教育，他们较快地融入了这个新的群体，并且成为当时兵团和农场生产建设的主力军。北大荒的知青无论在屯垦戍边上，在开荒创业上，在文化建设上都作出了重大的贡献，在北大荒事业的发展史上留下了浓重的一笔。

知青们在北大荒学到了许多社会知识，也充实了他们的文化修养，发挥出了他们的知识和才能，在北大荒文化建设上体现出了他们的价值和作用。并且在离开垦区的岁月里，他们延续了这种精神风貌，冷静而果断地开拓自己的生活，发展和创造出更为丰富多彩的知青文化。

知青文化源于北大荒，又作用于北大荒，影响着北大荒，北大荒的发展壮大鼓舞和激励着知青文化的发展，同时知青文化也不断地以巨大的能量支持着北大荒。知青们为北大荒带来了信息文化。知青来自国内经济建设最发达的地区，他们家庭中的许多人都在各种重要的领导岗位和技术岗位上工作，因此，他们为农场的发展提供了大量有利的信息，特别是当时计划经济封闭的状况下，这些信息帮助农场解决了许多生产上和流通上的困难。而这种信息传播一直延续到今天，并且不断加强着频率和强度，从未间断过。知青上山下乡作为城市文明的传播者，打开了处于偏远农区人们的视野，在一定程度上也促进了他们的思想解放，这也为垦区加快改革开放的步伐发挥了积极作用。

知青这个群体是北大荒移民中流动性最大的一个群体，但同时，又是北大荒移民中与北大荒关联最紧密的群体。40 多年前，他们像潮水般涌入垦区，为垦区发展注入了强劲的生机和活力；30 多年前，他们又像潮水般退出垦区，给垦区各项事业的发展带来很大的影响和损失。40 多年来，他们难以割舍地出入于垦区，带着对黑土地的无比眷恋，带着对青春岁月的无比怀念，寻找着使他们人生事业坚韧不拔的动力之源和生命之根。

近几年来，随着垦区实现前所未有的跨越式发展，知青与垦区的联系和交往也出现了前所未有的热潮，数以万计的知青重返北大荒，与垦区在经济社会各个领域中全面对接和交流，垦区在全国各大城市举办的大型展销活动都得到了知青的广泛响应和热情支持。这个时期的知青文化也呈现出更加饱满、更加理性、更加成熟的态势。知青大返城后，仍留在北大荒的两万多知青继续在艰苦奋斗，把自己的一生都献给了北大荒的壮丽事业。

（4）多彩的移民文化。

北大荒文化具有多元文化的特征，这种多元文化的形成源于移民文化。北大荒最初开发时，吸纳了少量的原来在本地生活的农民，占垦区人口的 5%左右，而绝大多数是从外地移民到这里的。北大荒的移民是新中国成立以来最独特的一种移民方式，由此创造的北大荒移民文化同样是共和国最独特的。

北大荒的移民是有组织的集体移民，既不同于闯关东自发的松散的移民，也不同于新兴的城市深圳那样的完全是个体的移民，垦区大规模的移民共有十二个批次，总量超百万人，其中包括荣誉军人、解放团、农建二师、铁道兵、青年垦荒队、山东支边青年、十万转复军人和知识青年等，主体都是在不同时期，由国家组织进行的，因此，这种移民本身就带有较强的组织纪律观念的团队精神。北大荒在开发建设中也吸纳了周边许多农村的农民，他们大多也都是以整村整屯方式合并进来的，而这些村屯基本上都是由当年“闯关东”的以山东为主的关内移民组成的。如巨浪牧场就是由当年四个山东移民新村组建的。这些移民新村的成员大多源于同一个地域，也形成了独特的团队精神。

20 世纪 90 年代后期，三江平原开始水稻大开发，劳动力出现严重不足，这时，来自绥化各地的农民开着大车小车，拉着种水稻的物资，纷纷涌向三江地区。一到插秧季节，哈尔滨铁路局专门为三江增加专列，省交通厅增加汽运专线，为建三江运送农民工。出现了“十万农民下三江”的热潮。如今，这些移民也以团队的精神参加了北大荒的开发建设，现在已经成为建兰江水稻生产的主力军。

北大荒的移民来自五湖四海，也吸纳着各方面优秀的人才。这是北大荒发展的重要根基。据统计，目前垦区除台湾、香港、西藏等地外，其他所有省市自治区都有大量的移民来到垦区。人民解放军各兵种，包括解放军三总部、志愿军21军、空11师、南海舰队、哈军工、军医大学、高级步校、济南军区、坦克兵、军事通信学校、第二航空预校等单位。

在那个特定的年代，北大荒曾接纳了中央、国务院各大部以及总参、总政、国防部、训练总监部、军事交通部、空政、海政、航空兵部等处1 500名“右派分子”。在王震将军的安排下，这些优秀的文化人才与十万转业官兵一起，投身于北大荒的建设中。这种广泛的移民带来了不同区域多元化的文化因子，包括齐鲁文化、京津文化、江浙文化、川蜀文化、闽粤文化等，而使北大荒的文化呈现出丰富多彩的独有魅力。其文化的意识、文化的层次、文化的集聚力和影响力都是不同凡响的，具有较强的多元性、开放性和包容性。在北大荒的文化中，齐鲁文化占有着十分重要的位置，这一方面是历史上闯关东的山东移民在北大荒最初的创业中开始融入农垦的行列，一部分山东移民新村成为新兴的国营农场的新成员。另一方面，在垦区大规模开发进行中，以齐鲁儿女为主体的农建二师集体转业北大荒，此后又有十万山东支边青年进军北大荒，他们成为垦区稳定的劳动生力军，并构成了垦区永久性居民的主要成分之一。

北大荒的移民文化是创新的文化。人是文化和信息的载体，人的流动实际上就是文化的流动。来自四面八方形形色色的移民文化在这里交汇碰撞，最终融合在一起，在继承中扬弃，在创新中发展，显示出北大荒文化的强大生命力和创造力。移民首先带来的是不同的生活习惯和传统观念的碰撞。在艰苦的创业岁月里，来自祖国各地的创业者们不得不改变自己固有的生活习惯，入乡随俗，适者生存。不论是居住的住房，饮食的内容，穿戴的衣着，都要在严寒的环境里重新适应。随着垦区的不断发展壮大，劳动机械化水平的不断提高，社会组织化程度的加强，所有的新型移民都要适应大农业的产业化需求而进行自我改造，把具有传统的小农心理与散漫特征的青年培育成高度组织化和纪律化的农垦产业工人。这不仅是传统观念的更新，更是北大荒文化的一次大的升华。

随着大中专毕业生和各种高级专业人才的成功引入，十万知识分子为北大荒带来了更为丰厚的文化基因，使北大荒的移民文化变得更加丰富多彩，也更具发展创新的潜质和生命力。大规模的移民使原有的较为落后的生活环境和生产条件难以承负，他们最初的生活处于逆境之中，也正是这种困难的逆境使他们别无选择，激励着一批批北大荒人去艰苦创业，去开拓进取，去创新求生。每次大规模移民的涌入，带来的都是一次文化的交流创新，这种创新的文化构成北大荒文化的主体、主流，如浩荡的大江一样奔腾直下，不可阻挡。

先进的文化建设是北大荒生生不息的力量源泉，是事业发展的根本保证。这是北大荒新的经济增长点。北大荒的移民文化带来了整个北大荒的新生，文化的活力在于多元，移民作为文化最活跃的载体，是多元文化的主要源泉。不同文化之间既互补、认可，又彰显着自身的特点。各种文化杂糅融会，生成了兼容并蓄、一体多元的移民文化。

从以上阐述中，我们可以看出，在北大荒这一地域中，军旅文化、中原文化（移民文化）、城市文化（知青文化）的进入虽有时间上的差距，而且文化内涵也有着不同的因素，但没有优劣强弱之分。三种文化优势互补，构成北大荒文化的主体。在具体的北大荒文化的生成过程中，可以感触到其清晰的生成发展脉络。军旅文化是北大荒文化的基础核心，它与后进入的中原文化（移民文化）、城市文化（知青文化）有机融合，三者之间是累积叠加的融合，而非冲突碰撞的排斥，并逐渐与周边东北文化交融渗透，从而建构了新的北大荒文化。北大荒文化的这种生成发展方式是独特的，发展脉络也是清晰的，区别于一般地域文化的生成发展。北大荒文化是具有中国特色、多元文化特征和现代化大农业特质的先进文化。北大荒文化具有中国特色，是来自五湖四海的几代北大荒人，在艰苦创业、开拓创新、争先创优的伟大实践中，创造的中华民族历久弥新的宝贵精神财富。北大荒文化具有多元文化特征，在开发建设北大荒过程中，升华而成的现代农业文明成果，是集体智慧结晶。

10.1.2　北大荒文化内涵

以“艰苦奋斗，勇于开拓，顾全大局，无私奉献”为主要内涵的北大荒文化，虽然只有 16 个字，但思想深刻丰富，内容博大精深。它集中体现了北大荒人这个英雄群体高度的政治觉悟，崇高的思想境界，坚定不移的意志品格，奋发向上的精神风貌和对党、对祖国、对人民的一片赤诚。

（1）艰苦奋斗——北大荒文化的核心。

艰苦奋斗是北大荒人的立身之本和传家宝。它具体表现为北大荒人自力更生的创业精神、以苦为荣的乐观精神和勇往直前的革命英雄主义精神。北大荒开发的艰难程度在人类拓荒史上是罕见的。有作家这样描写道：这里是寒冷的世界。呼气为霜，滴水成冰。赤手则指僵，裸头则耳断。每逢“大烟泡”过后，时见雏鹰跌落于林下，孤狼陈尸于河谷；古泉咽涩，大江断流；没有顽强生命力的灵物，怎敢在此生息繁衍？北大荒人就是在这样极为恶劣的自然条件下开始了创业的悲壮征程。冬天，他们住在莽莽荒原上的马架子、地窨子里，喝着雪水，吃着冻干粮；夏天，风餐露宿，顶风冒雨，人拉肩扛，在丛林中、草甸上，开垦出一片片良田，建起了一批批国营农场，为我国农垦事业发展书写了最美的创业诗篇。而今天，时代前进了，生产发展了，我国农垦事业已经有了相当雄厚的物质技术基础，但创业者艰苦奋斗的精神不能丢，要代代传下去。

（2）勇于开拓——北大荒文化的精髓。

我国的农垦事业一开始就是开拓创新的事业。勇于开拓既是北大荒人的意志品格，又是北大荒精神的最重要的组成部分。突出表现为北大荒人勇往直前的进取精神，勤于探索的创新精神，尊重科学的求实精神。当年北大荒人通过艰苦奋斗，勇于开拓，开垦荒原，建房筑路，在亘古荒原上建成一个个国有农场，开创了人类拓荒史上的奇迹。新时期的北大荒人伴随着改革开放的脚步，从农场统管、统种、统收到建立独户和联户的家庭农场，再到职工分户经营，生产费、生活费完全自理的大农场套小农场的双层经营体制，北大荒人不断探索和创新经营体制和机制，实现由计划经济向社会主义市场经济的跨越；从兴办家庭农场，探索土地规模经营．实施现代农机装备工程，发展农业标准化、栽培模式化，实现由传统农业向现代农业的转变；从以市场为导向，以科技为先导，阔步迈向农区工业化；这些都是新的创业，依靠的依然是勇于开拓的精神。只要我国农垦事业在发展，北大荒人创新、进取、开拓的脚步就不会停止。

（3）顾全大局——北大荒文化的本色。

北大荒人从来就是胸怀坦荡的。顾全大局是他们恪守不渝的行为准则。它不仅包括北大荒人最宝贵的集体主义精神和爱国主义精神，而且还在实践中升华为社会主义主义精神和共产主义精神。党中央开发建设北大荒的战略定位旨在解决中国人的吃饭问题。从开发初期支援解放战争前线，建立巩固的东北根据地，到今天在北大荒建立粮食战略后备基地，保障国家粮食安全。北大荒人时刻牢记自己肩负的重要使命，无论遇到何种困难与挫折，始终把粮食生产放在首位，服从服务于全党全国工作的大局。1954 年 10 月，中央决定农建二师集体就地转业，而这时正是国家实行军衔制的前夕。连年征战，曾立下汗马功劳的官兵们，本来可以通过授衔获得较高的工资待遇，但是，他们服从了大局，8 300 名官兵默默拓荒，奋力创业。2003 年“非典”肆虐期间，北京一度出现抢购大米的现象。黑龙江省垦总局接到调运 2.5 万吨大米供应北京市场的指令，北大荒人不讲价钱、不讲条件，立即落实。北大荒米业集团的 46 条生产线全部开机，一周内即向首都北京输送 2.5 万吨大米。60 多年来，舍小家为大家，抛己利顾大局，北大荒人义无反顾！

（4）无私奉献——北大荒文化的境界。

无私奉献是北大荒精神的最高境界。北大荒人视党、国家和人民的利益高于一切，为此而甘愿牺牲个利益直到宝贵的生命。在北大荒开垦中，一大批功勋卓著的老红军、战斗英雄、特等功臣，怀着对党的无限忠诚，对新生的社会主义祖国的无限热爱，对壮丽的农垦事业的执着追求，在听到党中央的号令后，自觉地把国家前途和个人命运紧紧连在一起，为了开发建设北大荒，他们英雄解甲，身先士卒，甘愿奉献，捐躯无悔。无论是青年志愿垦荒队，还是数十万城市下乡青年，怀着满腔热血，追求理想，无怨无悔地奔向神奇的黑土地，他们不仅给北大荒带来了先进的科学文化知识，也带来了建功立业、奋发向上的精神风貌，在北大荒开发建设中印下了他们青春的足迹，无私奉献不仅仅是指创业者，而且还有继承者，在北大荒建设发展中，一批批大学毕业生告别城市，选择到北大荒基层农场创业，成为新一代北大荒人，他们怀着热爱北大荒、建设北大荒、献身北大荒的敬业信念，不讲条件，不怕艰辛，不计得失，不图名利，任劳任怨，忘我工作，为北大荒事业的发展打开新思路，开拓新市场。献了青春献终身，献了终身献子孙，代表了代代北大荒开发建设者的心声。

10.1.3　北大荒文化特点

北大荒文化是在特定的地域、特定的事业、特定的群体、特定时代形成的具有北大荒特色的精神成果，它既有民族精神的深基，又凝结着新时代的活力。北大荒精神在孕育发展过程中，有四个显著的基本特征：

一是独特性。独特性是指一事物区别于其他事物独有的特殊的性质。北大荒文化产生于独特的地域内。那是祖国北部边疆极其寒冷的地域，是充满着险恶的沼泽和难以想象的困难的地域，是几百年、上千年人类几乎难以在此立足的凶险地域。因此，在这个独特的地域环境中产生的北大荒精神充满着气壮山河的英雄气概。

北大荒文化产生于独特的伟大事业中。从垦区开发的最初岁月开始，北大荒人就肩负起神圣的历史使命，为解放战争的前线生产粮食，为新生的共和国建设最大的粮仓，为中国的现代化农业开辟前进的道路，为共和国保障粮食安全、食品安全和生态安全。哪一项不是开天辟地的壮举，哪一项不是惊天动地的伟大事业！就是在这样的创业创新发展过程中，形成了北大荒精神独特的不俗品格和高贵气质。北大荒文化是北大荒人半个多世纪开发建设历史的积淀、光荣传统的升华和时代文明的结晶。她是北大荒人所遵循的思维方式和行为方式所体现的理想信念和性格特征。在三代北大荒人把北大荒变成北大仓的历史壮举中，形成独特的精神风貌价值取向和高尚情操，她根植于北大荒开发建设的实践中。

二是时代性。北大荒文化是历史性和时代性的有机统一。时代性是指一个事物发展的历史必然性、现实选择性和动态生成性。它体现了时代的课题、发展的要求以及历史所赋予的使命。北大荒精神是历史性和时代性的有机统一。北大荒文化诞生于创业岁月，丰富于发展时期，辉煌于改革年代。不同时代，北大荒文化的表现也不同。以艰苦奋斗为核心的北大荒文化，与新中国的农垦事业同生、同育、同步发展，是代表历史方向，反映时代风貌，推动时代前进，引导人们走向未来，具有强大生命力的时代精神。北大荒文化诞生于人民解放战争的隆隆炮声中，拓荒者们在极其艰苦的条件下，头顶蓝天，脚踏荒原，战酷暑，斗严寒，在人烟罕至的荒原上安营扎寨。“马架子”精神和“人拉犁”精神，成为鼓舞北大荒人和全国人民战胜困难的精神支柱和力量源泉。进入改革开放时期以后，北大荒人顺应时代的要求，发扬战争年代和初创时期的那种革命精神，锐意改革，勇于开拓，大胆探索，打破传统的计划经济的管理体制、投资体制，建立了大农场套小农场的双层经营体制，寻找到一条适合垦情的农业改革之路。社会主义市场经济给北大荒人带来了新机遇和新挑战、新希望和新考验，北大荒文化被不断赋予新的时代内涵。自力更生、走出去的战略折射出新的艰苦奋斗精神；二次创业，科学发展的整体部署反映了新的开拓精新精神；敞开垦门，拆除体制性篱笆的行动反映了新的顾全大局精神；在尊重个人利益的基础上强调服从集体和国家利益的观念体现了新的无私奉献精神。

三是先进性。北大荒文化在漫长的发展进程中，之所以能够历经磨难而不衰，饱尝艰辛而不屈，千锤百炼而愈加坚强，就是因为她在长期的实践中，能够始终根据时代和社会的发展要求，不断丰富和发展，不断保持先进性，成为北大荒人奋发向上的精神支柱，成为北大荒先进文化建设的基本价值取向。这种精神具有巨大的历史震撼力和时空穿透力，她所包含的价值取向，在不同时代闪耀着人文精神的光辉和凝聚人心的现实效应。

北大荒文化具有强大的社会凝聚力和社会整合功能，是黑龙江衣垦事业稳定和发展的精神基础。以北大荒文化为纽带，可以把北大荒人不分地域、不分职业、不分年龄地维系和凝聚在一起，推动黑龙江垦区全面发展和进步。北大荒文化是北大荒人共同持有的价值标准、道德规范和行为准则的总称。这一文化将黑龙江垦区干部、群众的理想和奋斗目标，同社会主义农垦事业的发展，同祖国的繁荣昌盛有机地结合在一起。北大荒文化是适应现代文明发展和现代管理要求而产生的一种先进的观念形态，必然渗透到黑龙江垦区社会生活的各个领域和方面，成为规范人们思想和行为的无形力量。北大荒人在60多年的艰苦创业中，始终以北大荒文化为旗帜，始终把国家利益、集体利益放在首位，做到个人服从集体，局部服从整体，以优秀的局部工作支援了全省和全国的工作大局。北大荒文化的先进性，使北大荒的事业常新常青，使北大荒人不断站在时代的前列，引领现代化农业的发展。

北大荒文化的先进性体现在两个方面，一方面它是拓荒者的各种思想、品质、作风，相互结合、相互渗透、相互作用的结果，人民解放军的光荣传统、南泥湾精神是其形成发展的基础，中华民族的传统美德构成其基本内核，我国的知识分子科学求实、无私奉献的精神和新中国青年追求理想、建功立业的风貌是其重要内容。另一方面它是对传统的批判继承，吸纳了人民军队、中华民族、知识分子和青年一代最优秀的传统美德，通过“扬弃”，使其随着时代的进步得到不断更新、不断发展，具有了科学先进的本质特色。

四是群体性。这是北大荒文化的鲜明特色。特定的自然条件和社会环境，决定了北大荒的开发，不是个体的行为，也不是松散的群体行为。只有在强大精神凝聚下的垦殖群体大军，才能成为荒原真正的主人。共同的理想共同的目标，把北大荒人联结成一个团结一致的英雄群体。北大荒文化是一种群体精神。建设大粮仓，发展大农业，实现现代化，这是开发建设北大荒的初衷，是几代中国人梦寐以求的理想。北大荒人所要创造的，是现代的粮食工厂，是现代化的大农业。

这在客观上要求在组织生产、技术推广、经营管理等方面相对集中统一，搞集约化经营。北大荒人顾全大局、团结协作的群体精神是在继承人民军队高度组织性、纪律性的基础上，把爱国主义、集体主义、社会主义思想集于一身，在共同的价值取向、道德规范、行为准则和工作作风中孕育形成的。

有人提出了雁阵理论，这体现在北大荒人身上是十分吻合的。在自然界中，大雁从一出生就必须接受自然界的挑战，它们的生存环境非常恶劣。所以它们必须不断提升自己在自然界中的生存能力，迁徙是大雁而对恶劣的自然环境所做出的自我适应与调整。然而，若论单打独斗，大雁很难在迁徙途中获得成功，因为单一迁徙的大雁没有足够的能量完成它们的长途跋涉。所以，大雁必须依靠团队的力量才能完成迁徙的目的。在漫长的迁徙过程中，大雁总会努力保持“V”字队形，因为这样可通过共同扇动翅膀来形成气流，为后而的队友提供了“向上之风”，且“V”字队形可以增加雁群70%的飞行范围。而在雁阵中也总会有一只大雁带头搏击，并且所有的大雁在飞行过程中会大声嘶叫，以相互激励。雁阵体现了团结的精神，每个成员都要付出全部的力量才能跟上雁阵的飞行节奏，不使自己影响整个队伍的行进步伐；雁阵体现了奉献精神，必须有雁站出来当头雁，承受更大的压力；当雁群休息时，必须有雁站出来放弃休息机会，为雁群站岗放哨；当有伤雁弱雁掉队时，必须有雁站出来陪伴它们养伤养病，然后再想法南迁。雁阵体现了协作和顾全大局的精种，必须每隔一段时间就得有雁冲上前去，轮流当头雁分担艰险和困难。迁徙使得大雁在恶劣的自然环境中得以繁衍生息，一代接一代地传承下去，而大雁迁徙成功的一个关键因素就在于保持高绩效团队，这与北大荒的发展历程、精神内涵都极为相似。

10.2 北大荒文化主要内容

黑龙江垦区伴随着新中国的诞生发展而成长，历经 60 多年的开发建设，形成了拥有 170 万人口、113 个农（牧）场的高度现代化的国有农场群。北大荒群体的多元构成和独特的人文背景，铸就了北大荒文化独特的风格和魅力。发展繁荣北大荒文化，不仅是统一意志、凝聚人心的需要，更是锻造农垦队伍、建设现代化大农业、打造具有国际竞争力的特大型现代农业企业集团和实现“两个领跑”的需要。在加快新型工业化进程、建设国家重要安全食品生产基地的历史阶段，要增强北大荒文化自觉，提高北大荒文化自信，充分利用垦区当前经济发展、社会进步、风清气正的有利条件，创建先进文化建设示范区，努力推动北大荒文化大发展大繁荣。

10.2.1 北大荒文化使命

北大荒文化，是在北大荒开发建设实践的基础上形成的精神成果的总和，它反过来又影响和规范垦区的创业实践。它相当于上面所述的“中文化”，包括垦区的思想道德建设、科学教育、文学艺术，群众的日常文化活动等。先进的北大荒文化是推动垦区发展的巨大精神力量。毛泽东同志有一句名言：“没有文化的军队是愚蠢的军队，而愚蠢的军队是不能战胜敌人的。”这句话深刻揭示了文化的重要性。北大荒开发的艰难困苦程度在人类拓荒史上是罕见的。北大荒人是靠什么战胜恶劣的自然环境，克服难以想象的艰难困苦呢？靠的就是坚定的政治信念和革命理想，靠的就是北大荒精神，靠的就是北大荒的先进文化。北大荒开发建设的成功实质上也是先进文化的胜利。当今时代，文化越来越成为民族凝聚力和创造力的重要源泉、越来越成为综合国力竞争的重要因素。企业之间的竞争，最终是文化软实力的竞争。面对这种形势，垦区只有大力创新发展先进文化，才能占领竞争的制高点，才能建设现代化大农业。

北大荒现代化大农业文化植根于黑土文化，是黑土文化的升华。传统的黑土文化是世居在这里的少数民族创造的，随着时间的推移，移民成分的不断变化，以军旅文化为主体的北大荒文化溶入了知青文化、齐鲁文化，并与本地文化相交融，形成了独具特色的多元化的黑土文化，而这种文化与北大荒现代化的先进生产力结合在一起，使黑土文化发生了质的飞跃和升华，具有传统和现代的混合属性，形成了影响力、辐射力、带动力极强的北大荒现代化大农业文化。现代农业是一个动态的和历史的概念，它是农业发展史上的最新阶段。从原始农业、传统农业到现代农业，人类不断发展进步。现代农业的本质内涵可概括为：现代农业是用现代工业装备的，用现代科学技术武装的，用现代组织管理方法来经营的社会化、商品化农业，是国民经济中具有较强竞争力的现代产业。2009年6月，胡锦涛总书记到黑龙江省考察调研，明确指示“黑龙江农垦已经成为全国现代化农业的排头兵，要在建设现代化大农业中发挥示范引领作用”。这一提法，一方面肯定了黑龙江垦区在现代化农业建设上取得的成绩，在全国现代化联合收获农业建设上所处的排头位置；另一方面，向垦区提出了建设现代化大农业的任务和具体应发挥什么样的作用。

现代化农业与现代化大农业一字之差，其本质是一样的，但外延却有较大的变化。黑龙江垦区发展的“现代化大农业”，已经不是单纯的农业，也不仅仅是一般意义上的农业产业化，而是以贸易为龙头、以加工为中轴、以种养业为基础、以大科技为支撑、以社会化服务为保障的现代农业产业体系。具体定位为七个“大”，即：做成一、二、三产业有机融合的大产业；打造国际化超大型现代农业大集团；实现生产经营的大规模；实现场县共建“引领带动”的大合作；创造经济、社会和生态综合性的大效益；促进经济社会更好更快的大发展；为国家粮食安全、食品安全和生态安全做出大贡献。北大荒现代化大农业的提出，极大地促进了垦区生产力的发展，相应地也促进了垦区生产关系的变革，带来了垦区文化的发展和繁荣，使已经基本成型的北大荒文化进一步得到升华。

北大荒现代化大农业文化吸纳了军旅文化的豪放、知青文化的活力、移民文化的多元和黑土文化的坚韧，形成了具有民族精神、时代气息和垦区特色的思想文化体系，为垦区发展提供了强有力的精神动力和思想保证，是北大荒开发建设 60 多年来文化发展的最新成果。

忠诚奉献的北大荒文化升华发展。黑龙江农垦自诞生之日起，就以发展现代农业、维护国家粮食安全为己任，忠诚奉献，坚守忘我，建成了国家重要的商品粮生产基地和粮食战略后备基地。以北大荒精神为核心的北大荒文化，已发展成为极具成长力、竞争力，辐射全省、叫响全国、影响世界的优秀品牌文化。自 2005 年以来，黑龙江垦区粮食总产连续跨越 200 亿斤、300 亿斤、400 亿斤三大台阶，2011 年实现了 407.4 亿斤，肩负起了维护国家粮食安全的历史重任。北大荒集团在中国企业 500 强中的位次提高到第 79 位，北大荒品牌价值上升到第 42 位，农场职工家庭人均纯收入比农村高出 1 倍多，超过了城镇居民可支配收入水平。历经"城镇化"三年攻坚战，80%的垦区人口居住到现代化的生态园林型小城镇里，向世人展示了现代化大农业的美好前景。在加快自身发展的同时，北大荒又主动承担起了示范带动周边和谐发展的社会责任，自"十一五"初期省委省政府部署场县共建以来，累计完成"三代"作业面积 1.2 亿亩，预计为地方增收粮食 100 亿斤以上，将全省近 1/3 的与农场毗邻的农户纳入场县共建体系，实现了垦区文教卫生公共服务设施与周边农民共享。近两年，省委又将两个乡镇交给农垦统一规划、统筹建设，探索农垦直接带动地方加快城乡一体化发展的实现形式。这一切就是北大荒精神艰苦奋斗、勇于开拓、顾全大局、无私奉献的真实写照。

10.2.2　北大荒文化宗旨

北大荒文化是"开放、开拓、智慧、包容"的。开放，就是以五湖四海的胸怀迎接机遇应对挑战；开拓，就是以刚健自强的意志奋发向上、敢为敢当；智慧，就是以严谨科学的精神接纳文明、大胆创新；包容，就是以海纳百川的气度求同存异、实现和谐。忠诚是北大荒人履职尽责的朴素本色，对祖国和人民赤胆忠心，对工作和事业精益求精，对朋友和同志襟怀坦荡，对长辈和家人和睦忠贞；坚守是北大荒人坚定执著的意志品质，始终坚守共产主义理想信念，始终坚守马克思主义世界观人生观价值观，始终坚守共产党人道德情操，始终坚守国家队大局意识；忘我是北大荒人不计得失的崇高境界，始终表现为公而忘私的奉献精神，孜孜不倦的钻研精神，勇创一流的拼搏精神，包容和谐的集体主义精神。

北大荒开发建设的历程，就是北大荒人自力更生、艰苦奋斗的历程。北大荒精神就是北大荒人 60 多年艰苦奋斗的结晶。艰苦奋斗反映了北大荒人的精神本色。在极其艰苦的条件下，广大复转官兵、知识分子、知识青年、支边青年不畏艰难，忍受恶劣的自然环境，承受着繁重的体力劳动，用青春、热血和生命诠释了拓荒者的铮铮铁骨，表现出了大无畏的英雄气概。北大荒开发的艰难程度在人类拓荒史上是罕见的。北大荒位于东经123.40度至134.40度，横跨11个经度，北纬43.10度至50.20度，纵贯8个纬度，总面积5.62万平方公里。这里是冰雪之乡，属寒温带大陆性季风气候区，暴虐的西伯利亚寒流长久地在这里徘徊。冬季漫长，寒冷干燥，年平均气温从南至北由2.6摄氏度降至零下3.5摄氏度，极端最低温度达零下40多摄氏度。

北大荒人就是在这样极为恶劣的自然条件下开始了创业的悲壮征程。宁安农场是最早建立的第一个农场。1947年初，从延安来的老干部李在人，受松江省人民政府主席冯仲云派遣，带领16人，于6月在尚志县一面坡的荒原上开荒建农场。北大荒人在北大荒干的第一个工程，就是搭了一排马架子。马架子里的生活是非常艰苦的。冬天没有热炕，垦荒的人们不仅要穿棉衣上“炕”，还得戴帽穿靴，即使这样，晚上也常常被冻醒。四月开春，“炕”下的冻土开始融化，马架子里成了大泥塘。马架子是茅草顶，冬天下雪还没大问题，开春后下雨就麻烦了。大雨大下，小雨小下，外面不下，屋里滴答。到了夏天，荒野上的蚊虫在马架子里来去自如，威风八面。除了这些，马架子还有两个特点：一个是黑。它的窗户极小，不少马架子都没有窗户，太阳一偏西，屋里就黑透了；二是贴地，潮气重，屋里的东西很容易发霉，有时还能长出蘑菇来。马架子属于集体宿舍，吃喝拉撒都没法“隐私”，洗澡更成问题。有的老垦荒队员回忆说，他3月开进北大荒，天天干活，一身臭汗，从来没洗过澡，直到5月，大地彻底化冻，他才在野地的水泡子里痛快地洗了一次。

首批北大荒人收集日本“开拓团”遗留下的破旧拖拉机和农具，居住在农民的窝铺里，当年开荒1 350亩。不久，他们发现当地没有连片的大片荒原可开，于1948年3月搬迁到延寿县，当年开荒播种8 000亩，收获了第一批粮食。经过一段时间，他们发现这里的荒地多属山坡和洼地，不宜于大面积机械化工作，于1949年又迁到宁安县开荒建场，这个农场两次迁移、三次开荒建场的曲折道路，反映了建设第一批农场的艰难历程。

自力更生，这个写满了北大荒人创业史上的词句，在新的历史时期仍闪烁着耀眼的光辉。1978年，随着我国农村家庭联产承包责任制改革的东风，北大荒人开始探索国有农场经营新体制和新机制。创立了从农场统管、统种、统收到建立独户和联户的家庭农场，再到职工分户经营，生产费、生活费完全自理的大农场套小农场的双层经营体制，极大地调动人们生产的积极性，提高了劳动生产率。1984年至1996年，垦区先后兴办20多万个家庭农场，实现了垦区改革的历史性飞跃。几十年习惯于国家出钱、农场种地的职工转变为自己出钱种地的家庭农场主，北大荒人思想上经历了一次巨大的历练。在兴办家庭农场的基础上，北大荒人又积极探索农场规模经营的新路子。1997年，九三管理局进行土地适度规模经营试点，开始了垦区改革的又一次飞跃。这次改革为发展现代农业，实施现代农机装备工程，加快农业标准化、栽培模式化奠定了基础。从2004年开始，垦区启动现代农机装备工程，由于大马力拖拉机作业半径不断扩大，原有的组织模式已不适应生产力发展的需要，于是北大荒人又开始了撤队建区的改革，用三年时间把原来的 2 241 个生产队全部撤销，集中设立 661 个管理区。这项改革，压缩管理人员 1.27 万人，减少开支 4.6 亿元，降低了农业的生产成本，减轻了职工的负担，推动了农业现代化进程。

制度的创新洞开了北大荒人看世界的窗口，将他们引向了国际舞台。1978 年，垦区在友谊农场五分场 2 队全套引进美国农业机械，建立了 3 万亩耕地的北方旱作农业现代化综合科学实验基地。1980 年至 1983 年，垦区以补偿贸易、世行贷款等形式建立了洪河、二道河、鸭绿河、浓江四个现代化农场和 32 个引进外资生产队。现在，垦区已与 30 多个国家和地区建立了贸易往来和经济技术合作关系，主要农畜产品出口世界 24 个国家和地区。垦区发挥资源、品牌和诚信等优势，推进企业自主招商，招商引资实现重大突破，对外合作不断发展。北大荒农业股份成功上市，一次性融资 15.6 亿元，发行短期债元，同时完成股权分置改革，实现了农场股份制改革和资本市场融资的重大突破。“北大荒”品牌价值达到 276.88 亿元，位居“中国 500 最具价值品牌排行榜”第 42 位。对外合作项目质量和引进资金数量均创历史最好水平，垦区成为全省唯一一家国家级出口升级示范基地。垦区还先后与中粮、中旅、北京华联等一批“国字号”、“中字号”企业建立战略合作关系，实现了对外合作全面升级。“走出去”战略继续向纵深推进，垦区域外土地开发面积扩大到 150 万亩，境外粮食产量达到 4.6 亿斤。创业，常常是没有任何条件，或者是在条件恶劣的情况下进行的。冰冻馍、雪花汤、万重难，阻挡不住拓荒者的创业路，马架子、人拉犁、万般苦，动摇不了拓荒者的创业志。北大荒人敢于面对艰苦环境和不利条件，不等不靠，迎难而上，不断创造出人间奇迹。以艰苦奋斗、自力更生为核心北大荒精神已成为北大荒人思想中一种自觉意识，一面迎风飘扬的旗帜，并在新时期的建设开发中继续绽放着绚丽的光芒。

10.2.3　北大荒文化理念

从整体性方位上考虑，北大荒文化是中华民族文化的一个分支，几千年的中华文化传统对其发展有深刻的影响。社会文化可以分为理论文化和行为文化。理论文化就是经过思想家、艺术家的加工整理以理论及艺术的形式而存在的。北大荒的文化一直受中华文化的理论文化所指导，表现出“天人合一”这一文化形态，但是北大荒文化由于特定的地理环境和种种历史原因，又表现出一系列鲜明的特点。

北大荒文化具有流动性、多变性和强大的消化性。丹纳说：“一个民族的特性尽管屈服于外来的影响，仍然会振作起来，因为外来影响是暂时的，民族性是永久的，来自血肉、来自头脑与感官的结构与活动，这些都是持久的力量，不断更新，到处存在，决不因为暂时钦佩一种高级的文化而本身就消失或受到损害。”北大荒文化由于几千年中华文化重心在中原地区，其处在“被遗忘的”位置，没有形成本地区独特而丰厚的文化传统。在文化形态上以自然形态的行为文化散落民间，影响着人们的行为模式，感情取向和人们的思维方式，审美意识也是以自然形态存在，甚至一部分生活在北大荒上的民族只有语言没有文字，这就使北大荒文化没有纵向的承继性、凝滞性。我国西部曾有过汉代文化的兴盛和唐文化的顶峰，有丝绸之路的泽光，敦煌文化的遗风，再加入佛教的神灵渗入，以至互不相通的各民族精神风俗的多层次多色彩的文化板块的共存，遏止着新潮流的出现，呈现出一种固态：西部给人以凝重、苍劲、悲凉之感。而北大荒文化则呈现一种流动状态，具有随意性、多变性。一方面北大荒地处极限中，有无际的平原、浩翰的林海、沉寂的沼泽，构成北大荒的地理总貌，使北大荒便于交通、趋向开放、便于横向的交流。不像西部的山高水深呈格子式的局面，在横向上难以纳入总体格局。北大荒文化没有自己的本地文化传统，加上交流的有利条件，决定了北大荒文化接受外来文化的影响、渗透。中原移民的大流动迁移，带来了他们的生活方式和语言模式、伦理道德等，这使北大荒文化没有完全超出文化的规范，但是在北大荒这片土地上又表现出具有北大荒特色的意识形态。中国哲学上讲“天人合一”，主要强调人顺应自然、符合自然，忽视人对自然的改造，带有一定的消极出世的色彩。在远离中华文化统治中心的北大荒上，一批批流放的囚徒，闯关东的开拓者，他们受到较少的束缚，具有一种开拓精神。虽然他们受中华民族文化心理的统辖，但又有一种超然性，有时不重视表现个体内心与自然的和谐统一，而是表现人的改造自然的能力。庞壮国的《听赫哲老人唱莫日根的史诗》中有过这样的描述：“莫日根正打马奔向山背，他穿透太阳的光辉，留下了一路殷红，残缺的太阳底下，一只老虎踉跄着、哭泣着，原来，虎背上颤颤地插着莫日根的鱼叉子……”表现出人不为大自然所束缚，同自然相比肩的美，这不是对自然的神秘狂热的崇拜，也不是把自然作为兀然孤立的一种力的异己对象出现，而是一种超然的人的力量和自然的相统一，突出人力量的壮美。可以说，中华文化在北大荒表现出粗放化、松弛化，变成了北大荒性的中华文化——粗犷，豪放、深沉、清峻。

另一方面，从文化发展历史上，北大荒屹立于荒野边陲，保持自己原始的古老风俗，同时自身渴求向外寻求进步的文化形态，使北大荒文化出现了逆转和中断现象，这是一个特别要注意的现象。北大荒文化是在渤海文化的影响下发展起来的，但在契丹灭亡渤海，渤海采取“迁徙其民、荒废其地”，造成文化的逆转；女真进入中原，蒙古统治者野蛮掠夺，残暴的统治，造成北大荒文化的中断，以及 17 世纪清兵进入中原更大地破坏了北大荒本地文化的发展。一千多年中，北大荒文化处于一种原始社会与阶级社会逆回曲折的状态，这些历史现象造成北大荒文化传统的消失、中断、逆转，影响北大荒文化和北大荒精神的发展。由内向外突破和由外向内的渗透扩张两种对流方式，造成北大荒文化处在一种流动多变的状态下。但在考察北大荒文化所以不像西部文化那样呈固态，而具有流动性、随意性时，必须看到北大荒文化的强大消化性。这里是多种文化撞击吸收，共存多种文化板块，中华文化被北大荒所异化具有了粗放的一方面，同时还有原始狩猎的鄂伦春文化在这里扎根，俄罗斯和日本早期工业文化的侵浸。这多种文化的共存以中原文化规范为参照系，显示出了强大的消化性，具有特异的东北神奇色彩，产生强大的诱惑力，吸引着一批批开拓者。因此，北大荒文化在民族或群体意识上表现得丰富而复杂，北大荒文化的多种分支经过复杂的历史发展力的组合，形成一种主导倾向，支撑北大荒文化的架构，这就是北大荒精神。

任何一种文化形态总是潜在于人们的行为、意识等各个方面，影响一个民族和群体的心理素质和精神状态。文学作品中所应具有一种精神的整体性，融注整个群体意识，"我们隔了几世纪只听到艺术家的声音，但在传到我们耳边来的响亮的声音之下，还能辨别出群众的复杂而无穷无尽的歌声，在艺术家四周齐唱，只是因为有了这一片和声，艺术家才成为伟大"。北大荒文学努力开掘北大荒文化的岩层，表现北大荒的精神。北大荒精神就是流贯在北大荒这片土地上的体现在北大荒人身上的精神气质，这种气质同时也含有艺术家、作家在描述再现北大荒生活时自身的感受认识和独特的思考。北大荒文化不同于西部的静穆凝重，它是骚动不安的，是古老风俗和现代文明的冲击交错结合所体现的精神价值总和。北大荒精神表现在创作上，不像西部文学描写原始性和神秘感、荒凉感，更没有像现代小说（取其流行意）走向纯粹的抽象，北大荒文学以北大荒文化传统作为背景，在朴素的富有地方特色的形式里表现这片土地上所发生的变化和现代生活对这片土地的冲击，搏动着现代生活观念与古老风俗相撞击、相吸收的主题。可以说，北大荒文化是是古老与新鲜相融，历史和现实交叠，呈现出相融性。

北大荒文化处在两极的状态，开拓精神和保守封闭相并存。千百年来，流放于北大荒的罪犯以及关内各地遭受天灾、苛政、战祸来到这里的汉移民，与北大荒的土著居民重新组合群体部落，不同血缘不同民族的人们组合在一起，冲破中原文化中宗法血缘关系把人组织起来的纽带、冲破了原有的封闭性社会结构，远离中华文化中心统治，较少受到束缚，因此使他们在这片广阔肥沃的土地上洋溢着开拓的精神，人们重人伦，人与人之间讲究和睦相处，尽管这里充满了荒蛮、恐惧、角逐，也充满了人间的情欲、充满了希望和憧憬。同时北方自然资源丰富，容易获取维持生存的生活资料，生活在这块富有土地上的人们又是乐观的，但这种乐观缺少西部人面对自然的幽默性格，而形成朴实、豪放、讲究实际的性格。可终究不能摆脱儒家文化的中庸之道、"知足者常乐"，随着生活的安定，人身自由状况的改变，又表现出一种知足感，这就使北大荒精神又在一定程度上表现出封闭保守性。北大荒的精神主导意识是开拓的、粗犷的，决定了北大荒文化是雄健之气，缺少悲剧色彩，把主体等同于宇宙中来认识自身的力量，产生欢快昂扬的力量美，深沉清峻。

10.3 北大荒精神与核心价值观

10.3.1 北大荒精神

北大荒精神既属于历史，也属于当代，更属于未来。北大荒精神以其旺盛的生命力和巨大的历史作用，已经证明并将继续证明它是实现中华民族伟大复兴的宝贵精神财富。北大荒精神拥有和呈现出的与社会主义当代中国主流意识、主流文化、主流道德、主流价值观继承性和一致性，它作为政治传统、价值导向、精神支撑和行为规范，必然是开放的、动态的、发展的，既要有精神上的延续性，也要不断增添新的时代特征。垦区开发建设伟大事业的不断发展，为北大荒精神提供了与时俱进的舞台。北大荒儿女将在新的实践中，不断使北大荒精神适应时代发展要求，发挥新的时代价值，为我国农垦事业发展做出新的更大的贡献。

北大荒精神孕育于垦区最艰苦的创业年代，成长于垦区曲折的发展阶段，成熟于垦区奋进的改革时期，是北大荒厚重文化的核心成果。北大荒精神植根于华夏文明，体现了中华民族勤劳、朴实、勇敢的传统美德；它吸收、融合并发展了南泥湾精神、延安精神。一代代北大荒人在特定的自然、社会、历史条件下，继往开来，创造出具有浓郁地域特色的北大荒精神。北大荒精神的历史渊源主要有四个方面。一是继承了人民军队的光荣传统。从 1947 年创办第一个国营农场，到 20 世纪 50 年代王震将军率师开发北大荒，先后有 14 万复转官兵来到北大荒。他们用人民军队的革命英雄主义精神向荒原英勇进军，征服了难以想象的艰难险阻，攻克了世人感到不可思议的道道难关，创造了人类征服荒原的伟大奇迹。在这艰苦创业的伟大实践中，使北大荒精神继承了人民军队的不朽军魂。这是北大荒精神的根基。二是继承了中华民族的优秀美德。北大荒汇集了来自全国各地、多个民族的拓荒者。中华民族勤劳勇敢、吃苦耐劳、勤俭持家、团结互助的传统美德深深植根于北大荒的开发建设中，物化在社会实践和物质生产的成果中，成为北大荒精神的一个重要思想渊源。三是继承了中国知识分子科学求实、无私奉献的精神。征服荒原的战斗一要靠勇敢，二要靠科技。而对着恶劣的自然环境，而对着复杂的地理条件，而对着反复的挫折和失败，不同时期来到北大荒的 10 多万科技人员毫不气馁，他们用严谨的科学态度和无私奉献的精神，攻克了农业生产的难关，创造出适合北大荒实际的先进的农业科技体系，让垦区走上了高产高效的坦途。充分体现出中国知识分子的优秀道德品质，这构成了北大荒精神的重要内容。四是继承了新中国青年追求理想、建功立业的精神风貌。从 20 世纪 50 年代的青年志愿者垦荒队到 60、70 年代知识青年“上山下乡”，50 多万城市知识青年给北大荒带来朝气蓬勃、奋发向上的精神风貌，使北大荒持续地保有这种生机和活力，在曲折的发展道路上奋然前行，直到攀登事业的高峰。这成为北大荒精神的活力源泉。这些优秀的思想、品德和精神，构成了北大荒文化的重要组成部分，并经过长期的相互交汇、不断融合和锤炼升华，最终形成了具有历史传统和时代精神特色的北大荒精神。

北大荒人是一个整体，一个向心力、凝聚力和战斗力极强的团队，他们以北大荒为荣，以自己是北大荒人感到骄傲和自豪。在艰苦的创业岁月中，北大荒通过团结协作、顾全大局、无私奉献，形成了坚强的团队，形成了让社会、地方都感到羡慕和敬佩的高度的组织化程度和强大的执行力。这种团队精神随着垦区开发建设的不断深入，不仅没有削弱，反而逐渐增强；在现代化大农业的建设中，垦区的社会化大生产更加强大，专业化程度逐步提高，社会化服务体系日趋完善，以龙头企业联结基地、带动合作社和家庭农场的体制改革日益深化，这使北大荒的团队越加坚强有力。

当今世界，全球化、市场化和信息化快速发展，我国已经同世界紧密地联系在一起。改革开放，使我国走上了中国特色社会主义现代化建设的快车道，并不断创造着新的辉煌，经历着伟大的历史性飞跃。在中国特色社会主义理论体系的指引下，中华民族伟大复兴事业正健康稳步地向前发展。黑龙江垦区正是在这样一个新时代中，继续履行国家可靠大粮仓的历史使命。在这种历史条件下，北大荒人迎接新的挑战，必须继续弘扬“艰苦奋斗、勇于开拓、顾全大局、无私奉献”的北大荒精神，而改革开放和垦区现代化建设的生动实践，为弘扬和拓展北大荒精神提供了广阔的历史舞台。在深化改革、对外开放、学习国内外优秀文化成果中不断发展北大荒精神，赋予北大荒精神新的时代内涵，是北大荒精神永葆蓬勃旺盛生命力的关键。赋予“艰苦奋斗”新的时代内涵。“艰苦奋斗”是中化民族的传统美德，是中华民族历经数千年磨难而生生不息的内在动力，也是北大荒人的立身之本和传家之宝。新时期倡导“艰苦奋斗”，就是体现不等不靠，创造条件，追求卓越的自强不息精神。一方面要继承和发扬艰苦奋斗的创业精神，胸怀大志，以埋头苦干、兢兢业业的务实作风，百折不挠、顽强拼搏的坚韧斗志，激发全社会创造活力，创企业、创产业、创事业，在市场经济大潮的搏击中不断进取、不断发展，为实现中华民族伟大复兴建功立业。另一方面要克服“小富即安”的农耕文化意识，不能沉溺于享受、贪图安逸、比阔气、讲排场，做到“富而思进、富而思源、富而不奢、富而不惰”；加强党风廉政建设，反对任何以权谋私的腐败行为，时刻保持清正廉洁；树立过“紧日子”的思想，克服市场需求制约，用最低成本，生产出质量最好的产品、适销对路的产品，获取最佳效益；励精图治，增强实力，不等不靠，创造条件去开拓市场、挑战市场，赢得客户的需求和满意，提高垦区的核心竞争力。同时，随着垦区经济社会的快速发展，带来一定程度的资源短缺和生态退化，要树立节约就是财富的观念，居安思危，顾及子孙后代，建设资源节约型、环境友好型社会。

赋予“勇于开拓”新的时代内涵。勇于开拓是北大荒精神的精髓，也是支撑北大荒人在艰苦环境下始终履行好国家可靠大粮仓使命的关键所在。来自五湖四海的开发建设者构成了黑龙江垦区这样一个特殊群体，安家立业，繁衍生息，传承使命。在60多年的北大荒开发建设中，北大荒人始终怀着建设伟大祖国的崇高理想，把中华民族的优秀文化和开垦种田的实践活动紧密相连，勇于开拓，把所掌握的最先进的生产技术应用于实践中，把不同地域文化和生活方式带入垦区，不仅开创了现代化大农业的先河，也开创了现代工业的先河。在新的历史条件下，勇于开拓主要不再是向荒原要粮，将荒原变良田，不断开荒造地、扩大播种面积，也不仅仅要求不怕困难、奋勇向前，更不是人定胜天；而是要着力扩大垦区的开放程度，充分发挥国内外两个市场、两种资源的作用；着力加快垦区的改革步伐，打破旧精神枷锁，打破旧传统、旧框框，建立现代企业制度；着力促进垦区的创新发展，立足自身优势，不断提高自主创新能力；着力寻求垦区与市场经济相适应的新体制、新机制，加大科技创新、管理创新和文化创新，实现创新型垦区；着力探索垦区新的发展模式和实现新跨越的途径与方式。赋予“顾全大局”新的时代内涵。顾全大局是中华民族的传统美德，它是北大荒人恪守不渝的行为准则。“顾全大局”不是抽象的、空洞的口号，而是具体的、有丰富内涵的一种精神品格，它规范着北大荒人在建设垦区、坚守垦区、建设美好家园、实现富国强民和中华民族伟大复兴这一系列大是大非问题上的思想与行为方式，彰显了北大荒人的坦荡胸怀。北大荒人在开垦北大荒的战斗历程中，始终秉承着国家利益、集体利益高于一切的原则，正确处理国家利益和垦区利益、全局利益和局部利益、集体利益和个人利益的关系。在60多年的开垦建设中，北大荒人胸怀全局，勇于奉献，开拓草莽荒原，激战严寒酷暑，为国分忧，不计个人得失，用辛勤的汗水与对祖国的无限忠诚，谱写了一曲曲无私奉献、顾全大局的爱国主义颂歌。新时期倡导顾全大局，就是要在国内外形势变化与发展主题的统一中，体现国家意识、全局观念，在保障和维护国家战略利益的过程中，实现垦区自身全面发展的宽广胸怀；要把垦区经济纳入全国、全省的整体战略布局之中，正确处理局部与全局、眼前与长远的利益关系，自觉承担起社会责任，为维护国家的粮食安全和食品安全作出新贡献；要为取得长远利益，牺牲眼前利益、局部利益，打破局场之间、场县之间的封闭和垄断，促进垦区与地方经济的互利互惠，合作共赢，实现区域经济繁荣；要努力拓展国内、国际两个市场，把垦区融入全国、全球经济一体化大格局中，做大做强农垦企业；要坚持可持续发展原则，加强环境保护和生态建设，做到经济效益与社会效益、生态效益的有机结合、相互统一。

人是要有一点精神的，人无精神不立。组织也是要有一点精神的，组织无精神不强。无私奉献是北大荒儿女高尚情操的真实写照。几代北大荒人怀着对党的无限忠诚，对祖国的无限热爱，投身垦区，扎根垦区，建设垦区。在60多年的开发建设中，他们爱岗敬业，任劳任怨，埋头苦干，默默奉献，把青春年华和毕生的精力都奉献给了壮丽的农垦事业，有的甚至献出了生命，可谓“献了青春献终身，献了终身献子孙”。没有几代北大荒儿女的无私奉献，北大荒不可能谱写出无数辉煌的华章；新时代倡导无私奉献，就是要求北大荒儿女在开创现代化大农业道路的实践中，已为国家奉献出更多的粮食，为社会奉献更多的绿色安全食品的担当，不计一时一事的得失，坚持诚信为本，在合作包容，互利共赢中勇于奉献、甘于奉献、乐于奉献，为社会主义和谐社会作出新的更大贡献。

10.3.2　北大荒核心价值观

所谓价值，是来自人们生活实践的一种理论抽象。马克思指出：“价值这个普遍的概念是从人们对待满足他们需要的外界物的关系中产生。”它是“表示物对人有用或使人愉快等的属性。”价值观是人们把握价值关系的特殊观念系统，是人们认识和处理价值问题的立场、观点、方法和态度的总和，它直接决定人的思维方式、价值判断和行为取向。核心价值观是价值观的核心部分，是人们基于一定的世界观、人生观形成的最基本的价值取向和最高价值判断标准。对于一个群体来说，核心价值观就是一面精神旗帜，是最高的思想认同，是凝聚力和战斗力的不竭源泉，体现了北大荒精神的与时俱进，是新时期北大荒人的行为规范和准则，为实现垦区跨越发展提供了强大的精神动力。

在新的历史条件下，培育北大荒核心价值观既是垦区凝心聚气、强基固本的战略举措，又是一项重要的基础工程、灵魂工程，对于继承和弘扬北大荒精神，推进垦区跨越发展具有十分重大的现实意义和深远的历史意义。培育践行北大荒核心价值观，是继承和弘扬北大荒精神的迫切需要。北大荒精神，是在黑龙江垦区极其艰苦的环境和特定历史条件下形成和发展起来的，是几代北大荒人用青春、汗水乃至鲜血、生命培育和锤炼出来的。北大荒精神是北大荒人的根和魂，是垦区独特的政治优势，是中华民族历久弥新的宝贵精神财富。北大荒农垦事业栉风沐雨，从无到有，从小到大，从弱到强，创造了人类拓荒史上的奇迹，发生了翻天覆地的变化，由昔日恒古荒原变成了我国耕地规模最大、机械化程度最高的国有农场群，成为国家重要的商品粮基地、粮食战略后备基地和现代化农业示范基地，靠的就是“艰苦奋斗、勇于开拓、顾全大局、无私奉献”的北大荒精神。回归北大荒开发建设 60 多年的历史，北大荒精神始终同垦区的开发建设事业同生、同育、同发展。北大荒人虽然经历了不同的历史时期，经历着形势和任务不断变化，但北大荒精神始终一代代传下来，成为北大荒人战无不胜、攻无不克的强大精神支柱和法宝。正是这种精神，使北大荒人战胜了各种艰难困苦，实现了从北大荒到北大仓的历史性巨变，为维护共和国的粮食安全做出了巨大贡献。

北大荒精神具有与时俱进的品格，在不同的历史时期具有不同的时代内涵和表现形式。北大荒精神的内核、本质永远不会过时，但是，它的内涵是随着时代发展而不断丰富和发展的。凝固的理论是没有生命力的，只有发展的理论才会生机盎然。要想使北大荒精神之树常青，就必须不断赋予其时代内涵，使其随着时代的进步而发展。就理论体系说，北大荒核心价值观就是北大荒精神在当代的具体体现。在新世纪新阶段，面临着新形势新任务，尤其是随着工业化、信息化、城镇化、市场化、国际化深入发展，人们的思想观念、生活方式发生了深刻变化，我们适时提出了以“诚信、务实、创新、卓越”为主要内涵的北大荒核心价值观，充分体现了北大荒精神的与时俱进。

（1）诚信：北大荒人安身立命之本。

诚信是北大荒核心价值观的基本准则之一。诚信既是一种价值观，又是一种世界观和道德观，无论对于国家、社会、企业或者个人，都具有重要的意义和作用。在中华民族传统文化中，诚信是起于心终于行的社会美德，是做人最重要、最根本的思想品质，是建立良好社会道德风尚的重要前提。就诚信的社会内涵来说，它表现在社会的各个方面。在政治思想方面，诚信主要表现为对党、对祖国、对人民、对自己所追求事业的忠诚与信念；在职业工作方面，主要表现为诚实劳动、求真务实、遵纪守法；在经济生活方面，表现为公平交易、信守合同、诚恳服务；在日常生活方面，则表现为与人为善、坦诚相待、团结互爱、助人为乐等真诚的人际关系。

诚信是立业之本，是无形的生产力，它决定着事业的兴衰成败。总局党委提出，诚信是北大荒人安身立命之本，是垦区兴旺发达之道。诚信虽然看不到，抓不着，但它却能带来实实在在的效益。对于垦区来说，诚信就是诚实为本，信用至上，诚实守信，重规则、守契约、讲信用、践承诺；就是讲求个人诚信、企业诚信、产品诚信、服务诚信、社会诚信，视诚信为垦区的核心竞争力，倡导诚信伦理，增强诚信意识，形成诚信风尚，打造北大荒诚信品牌，构建诚信垦区。

例如，鸭绿河农场在经营管理中，以惠及民生为出发点和落脚点，每年在职代会中，承诺十件民生实事，由全体代表进行讨论表决，逐项推进。在推进过程中，农场成立了有老干部、老工人组成的监督小组，做到承诺十件事、件件有回音，形成了良好的企业诚信形象。在建三江管理局评选的道德楷模中，鸭绿河农场的李月秀被评为十大道德楷模提名人物奖。李月秀，用自己的实际行动，诠释了新一代北大荒人的诚信观。正是这种坚守，让李月秀十年如一日，照顾瘫痪的丈夫，并抚养出了一个优秀的大学生，多次被评为农场十大道德楷模，赢得了农场职工群众的赞誉，提高了农场整体的诚信美誉度。

诚信是垦区的核心竞争力，打造北大荒诚信品牌，构建诚信垦区，是北大荒经济社会发展的基石。在2010年（第七届）世界品牌大会暨中国500最具价值品牌发布会上，“北大荒”的品牌价值首次突破200亿元大关，达到205.36亿元，在本年度最具价值品牌榜上列第45位，开始向世界级品牌阵营坚实迈进，同时在国际化道路上迈出了坚实的步伐。只要诚信之花在北大荒绚丽绽放，常开不败，北大荒的事业就会蓬勃发展。

（2）务实：北大荒人一以贯之的品格和作风。

“空谈误国，实干兴邦”。一个国家如此，一个民族、一个区域、一个系统、一个单位、一个企业、一个人又何尝不是如此呢？务实是中华民族的优秀思想品德。明代学者王守仁在《传习录》中提道，“务实之心重一分，则务名之心轻一分。”这些思想，就是中华民族注重现实、崇尚实干精神的体现。它排斥虚妄，拒绝空想，鄙视华而不实，追求充实而有活力的人生，创造了中国古代社会灿烂的文明。深谙此理的北大荒人，一直把“务实”作为自己一以贯之的品格和作风。北大荒60余年开发建设史，实际上也是一部“务实”的历史。无论是新中国成立前荣转军人开荒种地支援前线，还是新中国成立后1958年转业官兵开荒打粮解决国人吃饭问题，还是20世纪90年代建设百亿斤商品粮生产基地解决21世纪谁养活中国人难题，每一步都是脚踏实地地走过来。可以说，没有务实精神，北大荒就不可能走到今天，也不可能有今天的辉煌成就。总局党委将“务实”作为北大荒核心价值观的内涵之一，这是审时度势之举、深谋远虑之策。大力倡导务实精神是北大荒人一以贯之的政治品格、思想作风和工作作风。在垦区讲务实就是实事求是，说实话，办实事，求实效；就是脚踏实地，真抓实干，在本职岗位上建功立业；就是树立强烈的跨越发展意识，咬定发展不放松，一门心思，一股劲头，一干到底；就是不等不靠，攻坚克难，顽强拼搏，百折不挠，竞相发展；就是崇尚科学，遵循规律，保护生态，永续发展。

因为只有如此，才能在新时代有所作为，有所创造，走向新的辉煌。可以预见，随着北大荒倡导务实精神活动的广泛深入开展，北大荒这片神奇的土地上，会有越来越多的人具备“务实”品格和作风，北大荒的宏伟事业定会随之发展得越来越好、越来越快，北大荒人的日子也会越过越红火。

（3）创新：北大荒事业生生不息的动力之源。

创新是人类文明进步的本质特征和独有的品格。对垦区来说，创新是北大荒事业生生不息的不竭动力，是北大荒人弃旧纳新、自觉求变的内在品质。创新就是要敢为人先，力求变革，永葆活力，与时俱进；就是始终保持不竭的创新激情，不断进行垦区体制创新、机制创新、管理创新、科技创新、文化创新和观念更新，深化改革、扩大开放；就是增强竞争意识，开拓市场，挑战市场，抢占市场制高点；就是以勇往直前的进取精神，做强本体垦区，拓展影子垦区，打造域外垦区。

在北大荒60多年开发建设历史中，英雄的北大荒人从来不墨守成规，他们以敢为人先的精神，实现了垦区经济一次又一次的创新发展。当年那些解甲归田的垦荒者，认真总结前人的经验教训，在沼泽遍地、人迹罕至的千古荒原上，创造性地采取了“一水二路三开荒四造田”的方法，开垦出万顷良田，建成了星罗棋布的国有农场群，创造了世界垦荒史上的奇迹。20世纪80年代中后期，八五八农场职工王木存大胆创新，办起了全国第一个家庭农场。随后，绥滨农场又进行了以兴办家庭农场为主的改革。此后，经过几年的探索实践，黑龙江垦区逐步完善了大农场套小农场的经营体制。体制创新调动了广大国有农场职工生产积极性，为黑龙江垦区大发展、快发展储备了后劲。寒地水稻之父——徐一戎，打破了北大荒是水稻高产“禁区”的魔咒，他创新的高寒地区水稻增产新技术，使这里的水稻亩产由 150 千克跃升到 700 千克，使北大荒变成了名副其实的“北大仓”。这都是北大荒人的壮举和骄傲。技术创新、体制创新、管理创新，极大地提高了黑龙江垦区的生产力水平。发展无止境，创新无穷期。新世纪新阶段，总局党委把创新作为北大荒核心价值观的基本要求之一，北大荒人在跨越发展的新号角中，将以持续不断的创新，续写北大荒的新辉煌。

（4）卓越：北大荒事业的最高追求。

卓越是北大荒核心价值观的重要组成部分，是北大荒农垦事业发展壮大的最高价值追求和目标指向。什么是卓越？卓越就是杰出、超出一般，就是要不断创造辉煌，就是要永不服输，永做赢家。在中华民族优秀传统文化中，卓越是一种成功理念，指的是“有为”、“成功”。孔子当时被称为“知其不可为而为之”的人。他鼓励自己要刚毅自强：“其为人也，发愤忘食，乐以忘忧，不知老之将至云尔。”孟子则有“如欲平治天下，当今之世，舍我其谁”的追求卓越的理想抱负。北大荒人以不甘人后，一往无前，追求卓越的精神和韧劲，不断成就宏伟事业。

可以说，北大荒开发建设的历史就是一部挑战自我、追求卓越的历史。在北大荒的开发建设史上，几乎历朝历代都试图挑战这块神奇土地，包括当年自认为强悍的日本开拓团都以失败而告终。只有在中国共产党领导下的北大荒人，以不断挑战自我、永不服输、追求卓越的精神，战胜各种艰难险阻，克服难以想象的困难，使这块神奇土地焕发出了青春活力。新世纪新阶段，总局党委把追求卓越作为垦区发展的价值目标，以一流的工作，做一流的企业，生产一流的产品，不断提高垦区的核心竞争力和综合实力。对垦区具体来说，追求卓越就是不断超越，争创一流，追求最佳。就是保持永不停息、豁出去的精神状态，强力推进抓城、强工、带农的垦区城乡一体化进程；就是饱含激情，勇攀顶峰，在全国率先实现农业现代化，在全省率先实现小康社会；就是不甘人后，挑战自我，既要打造“本体垦区”，还要打造“影子垦区”、“域外垦区”，努力把北大荒集团做成中国领军、世界一流的农业企业；就是勇担责任，不辱使命，全力打造国家重要商品粮战略基地，切实保障好国家粮食安全。总之，培育践行北大荒核心价值观，是发展和繁荣北大荒文化的需要。

10.4 北大荒文化功能

10.4.1 导向功能

北大荒精神是北大荒人共同持有的价值标准、道德规范和行为准则的总称。

这一精神将黑龙江垦区干部、群众的理想和奋斗目标，同社会主义农垦事业的发展，同祖国的繁荣昌盛有机地结合在一起，从而保证了北大荒人不论是在艰苦的创业初期，还是在改革开放，发展社会主义市场经济的今天，它始终引导北大荒人大力发展生产力，保持坚定正确的政治方向、旺盛的革命热情和崇高的革命理想，不断把农垦事业推向前进。

北大荒精神作为一种先进的群体意识，具有一种内在的号召力。60 多年来，北大荒人始终坚持以北大荒精神为核心，倡导健康文明的生活方式，树立社会主义道德风尚，把自己人生价值的实现融入垦区的整体奋斗目标，把北大荒的开发建设，作为报效国家，实现理想和抱负，发挥聪明才智的人生舞台，并积极发展科技教育事业，使北大荒人成为一支不仅政治强，而且业务精的适应现代企业制度发展需要的产业队伍。

10.4.2　凝聚功能

北大荒精神具有强大的社会凝聚力和社会整合功能，是垦区各项事业稳定和发展的精神基础。以北大荒精神为纽带，可以把拓荒者的个人理想和追求，同集体的利益和荣誉，不分职业、不分年龄地同农垦事业的前途和命运有机地结合起来，它像一块巨大的磁石，把北大荒人吸引到这一神圣的事业中来，凝聚形成统一的思想和意志，使之同甘共苦，团结奋斗，向着共同的目标开拓前进，创造出一个又一个人间奇迹。

北大荒精神这个强大的精神纽带，把北大荒儿女凝聚成一个坚强、团结的集体，它的巨大感召力，已经融入北大荒人的血液，改革开放的新历史时期，北大荒吸引了一大批外地人才和大中专毕业生到垦区工作，为北大荒的发展奉献聪明才智和力量，今天战斗在北大荒这片热土的人们，为了实现北大荒新的奋斗目标，齐心协力，团结奋进，北大荒精神已经成为北大荒人共同的精神支柱和精神动力。

10.4.3　激励约束功能

北大荒精神是适合现代文明发展和现代管理要求而产生的一种先进观念形态，必然渗透到北大荒人社会生活的各个领域和方面，成为规范人们思想和行为的无形力量，北大荒人共同的价值取向和行为准则，正是靠这种规范作用内在的约束力实现的，并且是衡量一个人是否是合格北大荒人的重要依据。

北大荒精神把个人的理想、信念、追求与祖国和人民的事业紧密地联系在一起，与农垦事业的前途命运联系在一起。当个人利益与集体利益、国家利益发生冲突时，无条件地服从国家和集体利益，在为国家和集体利益的奋斗中实现自身的人生价值。进入改革开放的新时期，北大荒人大胆探索，锐意改革，扩大开放，加快了发展步伐，勇敢地承担起建设百亿斤商品粮基地的重任，并以北大荒精神作为抵制拜金主义、享乐主义、极端个人主义侵蚀的思想武器。承包不忘国家，富了不忘集体，自主经营不忘团结互助。大多数到过垦区的人，无不为北大荒人创造的丰功伟绩所震撼，为北大荒人创业、奉献的精神所感动。他们在北大荒人身上看到了延安老八路的作风，看到了南泥湾精神的继承和发展，看到了中华民族的生机希望和美好的未来。

在北大荒开发建设初期，北大荒精神主要体现为拓荒者顾全大局，为国分忧，为民族争气的爱国热情，以及“一不怕苦、二不怕死”的大无畏英雄气概和“以苦为荣、以苦为乐”的革命乐观主义精神。正是在这种精神的激励和驱动下，北大荒的开发建设者们战胜了无数的艰难险阻，把北大荒变成了北大仓。进入改革开放、建立和完善社会主义市场经济体制的新的历史时期，北大荒精神又融入了北大荒人的开拓进取意识、求实创新意识和公平竞争意识，为率先实现农业现代化和全面建设小康社会提供了强大的精神动力。北大荒精神具有一种强大的驱动力，它激励北大荒人在开发建设北大荒的壮举中，表现了惊人的创造力，取得了卓越的成就。在艰苦的初创时期，把北大荒人为国分忧、为民族争气的爱国热情转化为艰苦创业的强大物质力量；在改革开放的新形势下，它把北大荒人的进取意识、创新意识、竞争意识、效益意识，转化为建设现代化国家的具体行动。

北大荒创业者面临的恶劣的自然环境，将北大荒人潜在的创造才能强烈的激发出来，使北大荒人坚忍不拔、勇往直前的意志品格得以更充分的发挥。他们战胜了无数艰难险阻，将报效国家的爱国热情，建设北大仓的理想，化作艰苦创业的物质力量。改革开放以来，在北大荒精神的激励下，北大荒人在大力发展粮食生产的同时，不断向新的领域进军，改革旧的管理体制，建立社会保障体系，积极开辟经济发展“第二战场”，大力调整产业结构，积极发展第二、三产业。在从计划经济体制向市场经济体制的转轨过程中，北大荒人用坚实的步伐为垦区经济腾飞探索着康庄大道。

10.4.4 辐射功能

北大荒作为我国农业装备水平最高、农业机械化程度最高、农业劳动生产率最高、粮食商品率最高的现代化垦区，代表了我国农业先进生产力的水平。农业现代化的快速发展带动了周边地区和全省农业的发展，农业产业化经营拉动了全省乃至全国部分地区经济的发展。

北大荒不仅产粮食，而且出经验、出精神。不论是利用现代的农业机械和科学技术实现了粮食的稳产高产，还是利用外资和世界先进技术进行农业综合开发，以及农业管理体制改革和农业现代科学新技术的推广等方面都积累了宝贵的经验，在拉动区域经济发展尤其是推动农业现代化上，实现了历史性的突破。60多年来，北大荒为国家培养输送了大批优秀的各类人才，成为传播北大荒精神的使者。为支援全国农垦事业的发展和地方建设，北大荒曾先后有一万余名干部被抽调到兄弟垦区和全国各地工作。北大荒还为全国农业系统培训了数万名专业技术干部，为国家培养了数万名大中专学生，向全国各大专院校输送了数万名合格的毕业生。他们把北大荒精神带到全国各地散热发光，成为推动社会进步和经济发展的巨大力量。20 世纪 60、70 年代来垦区上山下乡的城市知识青年，在北大荒经受了严峻的考验和磨炼，积累了一份宝贵的人生财富。前后几十年时间里，他们留给北大荒的事实最宝贵的的财富是青春；同时，在第一代北大荒创业者的言传身教下，知青们懂得了人生，增长阅历和才干。几十年过去了，当年的兵团战士，他们中有不少人成为社会知名人士，还有许多社会各界的先进人物。多数人已成为本单位、本行业的骨干，人们在他们身上，看到了北大荒精神的无穷力量。

主要参考文献

安思斯，李雪源. 2014. 文化的力量 跨越的足音 [J]. 中国农垦，(2)：57-58.

赫翯. 2004. 超越与征服下的文明——北大荒文化纵横谈 [J]. 学术交流，(10)：114-119.

洪铁军. 2007. 北大荒全书（简史）[M]. 哈尔滨：黑龙江人民出版社：110-121.

黄宏，高跃辉. 2012. 北大荒精神 [M]. 北京：人民出版社：167-195.

黄文仁. 2010. 浅谈北大荒文化的饯行与创新 [J]. 农场经济管理，(6)：37-40.

绛金明. 2008. 弘扬北大荒精神 展示北大荒形象 提升北大荒文化软实力 [J]. 中国农垦，(7)：21-23.

刘圣中. 2001. 社区管理社会化 [D]. 厦门：厦门大学.

刘增元. 2013. 文化引领发展 发展依托文化 [J]. 农场经济管理，(7)：48-50.

孙时彬. 2011. 北大荒文化生成的独特机制探析 [J]. 齐齐哈尔大学学报，(2)：65-67.

孙勇才. 1995. 北大荒精神 [M]. 哈尔滨：黑龙江人民出版社：260-272.

王飞，曹文，于建新. 1998. 农垦企业文化概论 [M]. 乌鲁木齐：新疆大学出版社：210-230.

张岱年，方克立. 1994. 中国文化概论 [M]. 北京：北京师范大学出版社：110-120.

张孝军. 2012. 关于北大荒文化和北大荒精神的浅思考 [J]. 北大荒文学，(5)：63-66.

赵明海. 2009. 培育具有鲜明时代特点的北大荒文化 [J]. 农场经济管理，(3)：30-33.

郑加珍. 1995. 北大荒移民录：1958 年十万官兵拓荒纪实 [M]. 北京：作家出版社：196-208.

第11章 家庭农场

本章主要介绍了家庭农场现状、概念、特征和意义；家庭农场模式，介绍了国内外主要家庭农场的典型模式；家庭农场管理制度，主要介绍对家庭农场的管理认定和家庭农场内部运行标准化管理；家庭农场相关扶持政策，主要介绍国家及政府相关部门对家庭农场的优惠扶持政策。

11.1 家庭农场概述

11.1.1 家庭农场现状

2013 年 3 月，农业部首次对全国家庭农场发展情况开展了统计调查。调查结果显示，目前我国家庭农场开始起步，表现出了较高的专业化和规模化水平。

一是家庭农场已初具规模。截至 2012 年年底（下同），全国 30 个省、自治区、直辖市（不含西藏，下同）共有符合本次统计调查条件的家庭农场 87.7 万个，经营耕地面积达到 1.76 亿亩，占全国承包耕地面积的 13.4%。平均每个家庭农场有劳动力 6.01 人，其中家庭成员 4.33 人，长期雇工 1.68 人。二是家庭农场以种养业为主。在全部家庭农场中，从事种植业的有 40.95 万个，占 46.7%；从事养殖业的有 39.93 万个，占 45.5%；从事种养结合的有 5.26 万个，占 6%；从事其他行业的有 1.56 万个，占 1.8%。三是家庭农场生产经营规模较大。家庭农场平均经营规模达到 200.2 亩，是全国承包农户平均经营耕地面积 7.5 亩的近 27 倍。其中，经营规模 50 亩以下的有 48.42 万个，占家庭农场总数的 55.2%；50～100 亩的有 18.98 万个，占 21.6%；100～500 亩的有 17.07 万个，占 19.5%；500～1 000 亩的有 1.58 万个，占 1.8%；1 000 亩以上的有 1.65 万个，占 1.9%。2012 年全国家庭农场经营总收入为 1 620 亿元，平均每个家庭农场为 18.47 万元。四是一些地方注重扶持家庭农场发展，提高管理服务水平。在全部家庭农场中，已被有关部门认定或注册的共有 3.32 万个，其中，农业部门认定 1.79 万个，工商部门注册 1.53 万个。2012 年，全国各类扶持家庭农场发展资金总额达到 6.35 亿元，其中江苏和贵州超过 1 亿元。

据了解，本次统计调查的家庭农场列出以下条件，主要包括：农场经营者应具有农村户籍（即非城镇居民）；以家庭成员为主要劳动力；以农业收入为主；经营规模达到一定标准并相对稳定［从事粮食作物的，租期或承包期在 5 年以上的，土地经营面积达到 50 亩（一年两熟制地区）或 100 亩（一年一熟制地区）以上；

从事经济作物、养殖业或种养结合的，应达到县级以上农业部门确定的规模标准]。调查结果显示，目前我国家庭农场已初具规模，表现出了较高的专业化和规模化水平。

11.1.2 家庭农场概念

家庭农场的概念起源于欧美，对此概念有多种界定和理解：

（1）国外概念理解。

俄罗斯的家庭农场法规定，家庭农场是享有法人权利的独立生产经营主体。它可由农民个人及家庭成员组成，并在利用终身占有、继承的土地和资产的基础上进行农业生产、加工和销售。

按照美国农业部 1998 年农业年鉴的定义，一个“家庭农场”应该满足以下条件：①生产一定数量用来出售的农产品，可以被认为是一个农场而不仅仅是一个乡下住户；②有足够的收入（包括非农收入）支付家庭和农场的运营、支付债务、保持所有物；③农场主自行管理农场；④由农场主及其家庭提供足够的劳动力；⑤可以在农忙时使用季节工，也可以雇佣少量的长期农工。

日本虽然没有关于家庭农场的明确规定，但是其关于农户与经营体的划分，尤其是关于“销售农户”和“家庭经营体”的划分，可以为我们理解家庭农场的定义提供帮助。农业经营体指直接或接受委托从事农业生产与农业服务，并且经营面积或金额达到一定规模的农业经济组织。根据组织属性，农业经营体可分为“家庭经营体”和“组织经营体”。日本“家庭经营体”的概念与本文的家庭农场比较接近。

（2）国内概念归纳。

有学者认为家庭农场是以农户家庭为基本组织单位，是一个面向市场，以利润最大化为目标，从事适度规模的农林牧渔的生产、加工和销售，实行自主经营、自我积累、自我发展、自负盈亏和科学管理的企业化经济实体。

也有学者认为，家庭农场是在家庭经营的基础上，以现代化技术、规模化经营、企业化管理为组织特征的一种现代农业经营主体，具有外向性、开放性、竞争性等特点，以市场为导向，以收益最大化为目标。

还有学者将家庭农场的制度特征归纳为市场化、专业化、社会化，而将家庭农场的组织特征概括为现代化技术、规模化经营、企业化管理和现代化农民。

不同于传统意义上的家庭农业，家庭农场是以家庭经营为基础，融合科技、信息、农业机械、金融等现代生产因素和现代经营理念，实行专业化生产、社会化协作和规模化经营的新型微观经济组织。它可以将传统农民转型升级为职业化、专业化的法人农民，是一种新型农业经营主体，也是农业现代化的重要组织形式。

在上述观点的基础上，本书认为家庭农场是指以家庭成员为主要劳动力，从事农业规模化、集约化、商品化生产经营，并以农业收入为家庭主要收入来源的新型农业经营主体。也可以简单地理解为，农业种养大户的升级版，对那些没有达到规模且仅是自给自足的家庭农业生产形式，本书认定为普通农户经营。

11.1.3 家庭农场特征

归纳家庭农场的主要特征，将有助于明确家庭农场的经济学定义。虽然研究者们各自的表述方式和侧重点不同，但几乎所有的学者都认为家庭农场应该具有企业化的法人特征，多数学者认为还应具备市场化、现代化等特征（表 11-1）。结合我国国情，家庭农场的特征可以归纳为家庭经营、适度规模、市场化经营、企业化管理等四个显著特征。

表 11-1 有关家庭农场特征的研究

研究者	家庭农场的特征
黎东升等（2000 年）	市场化、利润最大化、企业化、科学管理化、规模化
蒋辉（2008 年）	集约化、规模化、专业化、产业化
关付新（2005 年）	现代化技术、规模化经营、企业化管理和现代化农民
高志坚（2002 年）	现代化、专业化分工、规模化、社会化协作、企业化经营
朱学新（2006 年）	家庭性经营、市场为导向、利润最大化、适度规模化
何多奇（2009 年）	农业商品化、机械化、规模化、科学化、法人化

第一，家庭经营。家庭农场是在家庭承包经营基础上发展起来的，它保留了家庭承包经营的传统优势，同时又吸纳了现代农业要素。经营单位的主体仍然是家庭，家庭农场主仍是所有者、劳动者和经营者的统一体。因此，可以说家庭农场是完善家庭承包经营的有效途径，是对家庭承包经营制度的发展和完善。

第二，适度规模。家庭农场是一种适应土地流转与适度规模经营的组织形式，是对土地流转制度的创新。家庭农场必须到达一定的规模，才能够融合现代农业生产要素，具备产业化经营的特征。同时，由于家庭仍旧是经营主体，受资源动员能力、经营管理能力和风险防范能力的限制，使得经营规模必须处在可控的范围内，不能太少也不能太多，表现出适度规模性。

第三，市场化经营。为了增加收益和规避风险，农户的一个突出特征就是同时从事市场性和非市场性农业生产活动。市场化程度的不统一与不均衡正是农户的突出特点。而家庭农场则是通过提高市场化程度和商品化水平，不考虑生计层次的均衡，而是以盈利为根本目的的经济组织。

第四，企业化管理。根据家庭农场的定义，家庭农场是经过登记注册的法人组织。农场主首先是经营管理者，其次才是生产劳动者。从企业成长理论来看，家庭农户与家庭农场的区别在于，农场主是否具有协调与管理资源的能力。因此，家庭农场的基本特征之一，就是以现代企业标准化管理方式从事农业生产经营。

11.1.4　家庭农场与农业企业、家庭农户的区别

首先，从土地角度来看，农业企业经营的土地主要靠租赁。除东北地区之外，我国大部分地区的家庭农场要达到一定的经营规模，必须租赁土地。可见，土地能否顺利流转，是农业企业和家庭农场得以生存的前提条件，而普通农户往往成为土地的供给方。

其次，从资本角度来说，农业企业是以盈利为目的的经济组织，主要靠外投资本，具有明晰的资本收益率。与之相对，普通农户是一个生产与消费相结合的经营单位，其生产也主要以自有资本为主，以生计成本来衡量效益，而不是资本收益率。而家庭农场则需要外投资本与自有资本相结合，资本收益率更接近于农业企业。

再次，从劳动角度来说，除一些农户联合经营组成的合伙企业之外，农业企业的劳动要素主要依靠雇佣劳动力，而普通农户的劳动要素主要依靠自有劳动力，偶有邻里间换工。家庭农场的劳动要素则同时来源于自有劳动力与雇佣劳动力，但是以自有劳动力为主。

最后，从经营者劳动性质来看，农业企业的经营者更多地表现出企业家才能，以管理性劳动为主。普通农户主要以生产性劳动为主，而家庭农场主处于一种过渡形态，以生产性劳动与管理性劳动相结合，二者之间的比例会根据经营规模与经营项目不同而变化。最后，从产品属性上看，农业企业和家庭农场的农产品主要用于出售，担负着交换盈利功能，而普通农户生产的农产品更多是担负着维持生计功能。

可见，无论是在土地、资本和劳动等生产要素构成上，还是经营者劳动和产品属性上，家庭农场都比较接近于农业企业。相对于普通农户，家庭农场更加注重农业标准化生产、经营和管理，重视农产品认证和品牌营销理念。在市场化条件下，为了降低风险和提高农产品的市场竞争力，家庭农场更注重搜集市场供求信息和建立农产品营销体系。同时，为了追逐更大的收益，家庭农场针对市场需求，依托当地的自然资源条件，采用新技术和新设备，生产高附加值农产品的动力和能力。

家庭农场区别于普通农户的根本特征，就是以市场交换为目的，进行专业化的商品生产，而非满足自身需求，而区别于农业企业的根本特征，就是以自有劳动为主，依靠家庭劳动力就能够基本完善经营管理（表 11-2）。

表 11-2　家庭农场与农业企业、普通农户的区别

项目	农业企业	家庭农场	普通农户
土地	主要靠租赁土地	以租赁土地为主，以自有土地为辅	以自有土地为主，以租赁土地为辅

续表

项目	农业企业	家庭农场	普通农户
资本	以外投资本为主，拥有明晰的资本收益率	外投资本与自有资本相结合，拥有较为明晰的资本收益率	以自有资本为主，缺乏明晰的资本收益率
劳动	以雇佣劳动为主，很少自有劳动	以自有劳动为主，以雇佣劳动为辅	以自有劳动为主，偶有邻里间换工
经营者劳动	以管理性劳动为主，以生产性劳动为辅	生产性劳动与管理性劳动相结合	以生产性劳动为主，以管理性劳动为辅
产品属性	产品担负着交换盈利功能	产品主要担负着交换盈利功能	产品担负着维持生计功能

11.1.5　家庭农场的意义

（1）家庭农场兼有家庭经营和企业经营的优势。

家庭农场不仅拥有家庭成员特有的生产积极性，还可以发挥企业的市场经营性，是一种融合家庭经营与企业经营双重优势的新型生产经营形态。

一方面，农业独有的产业特征决定了家庭是最佳的农业经营主体。从农业自身特点来看，农业是自然再生产与经济再生产相交织的过程，农业劳动对象的生命性、生产的季节性、自然环境的复杂多变性和不可控制性等因素，都要求生产者收益与生产过程直接相关。只有家庭能满足决策者和生产者的同一性，在农业生产领域具有其他经营主体无法比拟的优势。家庭经营可以实现对农业生产全过程和最终产品负责，以及对各种难以预料的变化做出反应，符合农业作为生物再生产过程的特点。家庭经营的要素所有权属于家庭成员共同拥有，他们既是土地所有者和资本所有者，又是劳动者。这种要素所有权的同一性有助于将资本、土地和劳动的收益结合起来，经济组织内部不存在不同要素主体权益对立，没有外部力量控制生产决策并分配劳动成果。此外，家庭农场可以充分发挥家庭成员的利他性动机，减少组织运转费用和生产监督成本。家庭作为最紧密的利益共同体，不会从纯经济的角度计较个人的劳动付出和收益，不需要外界监督和管理。由于继承了家庭的利他主义原则，家庭农场在维系劳动力稳定方面，可以利用血缘关系、感情和道德习俗等力量，将生产过程中的组织成本和交易费用压缩到最小。因此，家庭农场特别适合劳动和资本双密集化的新农业，能够使得家庭劳动力可以不计工时、借用辅助劳动力来提高生产效率。因此，相比企业化经营来说，它具有不可比拟的经济效率和绝对优势。

另一方面，家庭农场的农业法人化经营，可以更好地参与市场经济。家庭农场需要在工商部门注册，并受到工商、税务和农业等部门的监督和管理。作为一个生产经营实体，家庭农场与企业法人具有很多相似性，例如，产权清晰、收益稳定，有较多的专用性资产等。因此，家庭农场比传统农户更容易进入金融、劳动力、土地等生产要素市场，也更容易获得金融机构贷款。与普通农户相比，家庭农场会有更多的激励进行企业式管理，努力采用新品种、新技术与新设备，并根据市场信息变化，进行生产调节，获取最大利润。家庭农场的内聚力也有助于克服市场进入壁垒，有助于摆脱小生产者在市场竞争中的困境。在经营方面，家庭农场通过生产、销售一体化，可以克服农产品契约的不完全性，掌握较为完整的供应链信息，获取更高的产品收益。另外，家庭农场具有一定的专用性资产，具有较高的违规成本，有利于克服传统小农的机会主义行为。同时，家庭农场作为市场中的“非匿名交易者”，为了维护市场信誉，获取持续的市场交易机会，不得不注重经营过程中的生产控制，保证农产品质量。可以看出，家庭农场在一定程度上，摆脱了传统农户的生存经济特征和高风险规避倾向，更加注重长期经营收益，更有利于保证农产品质量安全。

（2）家庭农场可以弥补专业大户和农民合作社的不足。

近几年来，我国专业大户、农民专业合作社等新型经营主体取得了快速发展。而家庭农场的兴起，可以在某些方面弥补专业大户和农民合作社的不足，进一步优化新型农业经营体系，提高农村经济发展活力。据农业部统计，截至 2012 年年底，全国有 50 亩以上的种植专业大户 276 万户，依法登记的农民专业合作社 68.9 万个。在粮食生产方面，种粮专业大户和粮食生产合作社已成为粮食生产经营的重要力量。根据农业部种植司的数据，目前全国共有种粮大户 68.2 万户，经营耕地面积 1.34 亿亩，粮食产量达 1 492 亿斤，占全国粮食总产量的 12.7%；全国共有粮食生产合作社 5.59 万个，入社社员 513 万人，经营耕地 7 218 万亩，粮食产量 971 亿斤，占全国粮食总产量的 8.2%。以上数据表明，专业大户和合作社在我国粮食生产中占据重要地位，同时也说明了我国近 80%的粮食仍然由分散的小农户生产，家庭农业仍然是我国最基本的农业经营形式。

由于受收益稳定性、市场竞争性及不完全契约性等一些条件的制约，专业大户和农民合作社的发展存在客观边界。而家庭农场因具有上面提及的多种优势，可以与专业大户、合作社功能互补，成为我国农业经营模式的一种重要选择。具体来讲，专业大户和农民合作社在土地流转与规模经营过程中，日益面临土地流转费用高、稳定性差和盈利空间缩小等问题。调查发现，由于受恋地情结、升值预期和规避风险等因素的影响，大多数农户倾向于短期流转，以三五年居多，有的甚至一年一租。据调查，湖南省 60%以上的种粮大户土地流转期限是 1 至 2 年，20%的流转期限为 3 至 5 年。不少土地流转采用的是口头协议，即使签订合同也存在手续不规范、条款不完备等问题，导致纠纷不断。过高、过快上涨的土地流转费，也让很多专业大户和合作社望地兴叹，有些大户和合作社因为无法接受农民的高报价而放弃租地。而且，近两年随着雇工、农资等成本的持续走高，大户和合作社的利润空间日益受到挤压，扩大经营规模的动力和能力不足。调查发现，在春耕、夏收、秋收时节，雇工的成本已经超过 100 元/天。由于耕地面积较大，种粮大户的农事生产主要靠农机来完成，农机具购买和作业成本大幅增加，每亩费用超过 90 元。

在这些方面，家庭农场具有多种优势，可以避免专业大户和农民合作社面临的上述难题：一是家庭农场主要是利用家庭劳动力，部分使用自有土地，较少受到土地流转成本与雇工成本的制约；二是与合作社相比，家庭农场更贴近当地社区，可以充分依托地缘、血缘关系，减少交易谈判成本，稳定土地流转合同；三是与专业大户和合作社相比，家庭农场作为法人主体，能够通过资产抵押、信用贷款等方式获得金融机构的资金支持。而且，未来五年我国土地承包经营权确权颁证工作完成后，家庭农场的融资能力将进一步提升。

总之，发展家庭农场，既可以改善成为专业大户的门槛较高、承受风险过大，以及日益增加的各种成本等问题，也可以弥补农民专业合作社的经营贷款难、组织凝聚力弱等不足。由于我国各地区资源禀赋与发展程度不同，家庭农场的兴起可以弥补这种土地流转与规模经营的空白地带，有利于新型经营体系的完善。

（3）家庭农场有利于城镇化与建设新农村。

一方面，家庭农场能够降低农民市民化进程中的失地风险，促进土地流转与规模经营，为城镇化提供良好的社会环境。中国的“三农”问题不仅仅是一个经济问题，更是一个社会问题和政治问题。在农村劳动力持续转移和城镇化快速推进的背景下，越来越多的农民脱离农业生产，但是无法做到脱离农村。究其原因在于城市收益不稳定与社会保障不完善，因此大多数农民不敢轻易放弃土地，也不会倾向于长期流转土地，更多地是采取在城市与农村之间游离的生成状态。这既阻碍了城镇化的进程，也不利于新农村建设。对家庭农场而言，由于其自身的社区扎根性、生产经营灵活性等特点，可以在土地转出农户难以在城市立足而返乡时，有条件地将土地返还给农户耕种。与之相对，与其他经营主体相比，家庭农场还能够充分利用社区信任性、信息共享性等特点，可以长期流入在城市有稳定收入的农户的土地。由此可见，家庭农场不仅可以为城镇化提供一个缓冲，给市民化失败的农民保留一份最后的生活保障，还可以为进城农民提供更多的启动资金，促进城镇化健康发展。

另一方面，家庭农场的发展有利于改善农村劳动力结构，增加农业投资，为新农村建设提供动力。家庭作为农村社会生活的基本形态，从来就不是一个单纯的经济组织，还承担着情感交流、教育抚育、社会保障等社会功能。现阶段，我国大量外出务工的农村劳动力并没有完全实现市民化，而是出现了两栖化、兼业化特征。这也决定了中国以村庄聚居为特征的农村社会形态，在较长的时期内不会改变。换句话说，中国没有依靠大规模雇佣劳动力发展公司化经营的社会基础。因此，中国土地流转政策导向只能是土地有限集中和适度规模经营。近年来，政府组织实施了以新农村建设为代表的一系列政策安排。然而，与强大的外界推动力量相比，农村内生动力严重不足，深深影响了新农村建设的进程与实施效果。对于普通农户来说，工资性收入已经成为家庭收入主要来源，家庭农业也逐渐演化为化解外出打工风险的载体，农业投资动力逐渐丧失。家庭农场作为一种以农业收入为主要来源的规模经营主体，有采用新技术、发展新农业的意愿和动力。同时，在激烈的市场竞争下，家庭农场比普通农户，更有利于进行资本积累和改进农业生产技术，也有利于自身经济力量的壮大。从某种程度上说，家庭农场是农村先进生产力的代表。因此，家庭农场的发展意味着农村一个稳定的“中农”阶层的诞生，是我国新农村建设的主要依靠力量和建设力量。

家庭农场是以家庭经营为基础，融合科技、信息、农业机械、金融等现代生产因素和现代经营理念，实行专业化生产、社会化协作和规模化经营的一种新型农业经营主体。家庭农场的发展是对我国家庭经营制度的继承和完善，既有利于促进农业经济发展，也有利于维护农村稳定，但是，这种优势作用的发挥将受到一定条件的制约。为了解决分散经营的小农户与高度市场化之间的矛盾，在家庭经营基础之上演化为规模化生产的家庭农场并不是必然，需要一套完整的制度安排。在发展家庭农场的同时，以农户家庭经营为依托，组建经济合作组织也是一条可行的途径。近年来，全国各地蓬勃发展的农民专业合作社就是很好的证明。国际经验表明，发达农业国家虽然农业经营主体是家庭农场，但是农产品的包装、运输、加工与销售主要是通过农民专业合作组织完成的。这说明，农业纵向一体化各个环节之间的互补经济，要小于交易费用，从而不得不依靠合作制度来保障收益。改革开放30多年来，广大农民在职业分化过程中逐渐形成了大约1亿左右的专业农户，其中相当一部分是专业大户，在适当的制度引导下，这些专业大户完全可以演化为家庭农场。在未来的农业发展中，这些家庭农场是现代农业的主体，是商品农产品生产的主体，是食品安全监管的主要对象当然也是承担各项农业政策的主体。

11.2　家庭农场模式

现有的家庭农场模式有很多种，本节我们将主要从两个方面来了解家庭农场模式，一是国外家庭农场模式，主要包括美国大中型家庭农场、法国中型家庭农场及日本小型家庭农场模式；二是国内家庭农场模式，主要包括现今国内研究比较多的浙江宁波家庭农场、上海松江家庭农场、湖北武汉家庭农场、吉林延边家庭农场、安徽郎溪家庭农场等模式。

11.2.1　国外家庭农场模式

（1）美国：大中型家庭农场。

美国的农业以家庭农场为主，由于许多合伙农场和公司农场也以家庭农场为依托，因此美国的农场几乎都是家庭农场。可以说美国的农业是在农户家庭经营基础上进行的，具有如下特点。

① 经营规模化和组织方式多样化。从经营规模来看，其发展与趋势表现为农场数目的减少和经营规模的扩大。20 世纪以来，美国家庭农场在数量上上升至 89%，拥有 81%的耕地面积、83%的谷物收获量、77%的农场销售额。

② 生产经营专业化。美国把全国分为 10 个“农业生产区域”，每个区域主要生产一、两种农产品。北部平原是小麦带，中部平原是玉米带，南部平原和西北部山区主要饲养牛、羊，大湖地区主要生产乳制品，太平洋沿岸地区盛产水果和蔬菜。就是在这种区域化布局的基础上，建立和发展了生产经营的专业化。

③ 土地所有权私有化。美国经过几十年的探索，于 1820 年建立了将共有土地以低价出售给农户、建立家庭农场的农业经济制度，正是这种制度的建立，促进了美国开发西部的热潮。

（2）法国：中型家庭农场。

法国作为欧盟第一农业生产国，世界第二大农业和食品出口国，世界食品加工产品第一大出口国，其家庭农场的发展功不可没。

目前，法国有各类家庭农场 66 万个，平均经营耕地 42 公顷，其中 60%的农场经营蔬菜、11%的农场经营花卉、8%的农场经营蔬菜、5%的农场经营养殖业和水果，其余为多种经营。75%以上的家庭农场劳力由经营者家庭自行承担，仅 11%的农场需雇佣劳动力进行生产。由于近年来农产品市场竞争日趋激烈，加上用工成本的不断提高，法国的家庭农场出现了以兼并的形式不断扩大规模和发展农工商综合经营的产业化趋势。

法国农场专业化程度很高，按照经营内容大体可以分为畜牧农场、谷物农场、葡萄农场、水果农场、蔬菜农场等，专业农场大部分经营一种产品，以突出各自产品的特点为主。

（3）日本：小型家庭农场。

1946 至 1950 年，日本政府采取强硬措施购买地主的土地转卖给无地、少地的农户，自耕农在总农户中的比重占到了 88%，耕地占到了 90%，并且把农户土地规模限制在 3 公顷以内。于 1952 年制定了《土地法》，把以上规定用法律形式固定下来，从此形成了以小规模家庭经营为特征的农业经营方式。20 世纪 70 年代开始，日本政府连续出台了几个有关农地改革与调整的法律法规，鼓励农田以租赁和作业委托等形式协作生产，以避开土地集中的困难和分散的土地占有给农业发展带来的障碍因素。以土地租佃为中心，促进土地经营权流动，促进农地的集中连片经营和共同基础设施的建设。以农协为主，帮助核心农户和生产合作组织妥善经营农户出租或委托作业的耕地。这种以租赁为主要方式的规模经营战略获得了成功。

11.2.2　国内家庭农场典型模式

我国农村实行家庭承包经营后，有的农户向集体承包较多土地，实行规模经营，也被称之为家庭农场。其发展过程中形成了一些有特色的家庭农场模式，下面我们简单了解一下。

（1）浙江宁波模式。

以市场为主导，培育一批生产蔬菜、瓜果、畜禽养殖等规模大户，规模大户还进行了工商注册登记，成立了公司，进一步寻求贴近市场的发展方式。

① 家庭农场数：600 多户。

② 平均年收入：租金＋薪金收入。

③ 单户家庭农场面积：一般在 50 亩以上。

④ 年销售额 50 万元以上：355 家。

⑤ 特色：一般雇佣工人，有自主商标等。

（2）上海松江模式。

采取以农户委托村委会流转的方式，将农民手中的耕地流转到村集体。土地流转到村委后，由区政府出面将耕地整治成高标准基本农田，再将耕地发包给承租者。

① 家庭农场数：1 200 户左右。

② 平均年收入：已达 7 万～10 万元。

③ 单户家庭农场面积：100～150 亩。

④ 持证农场主：1 000 多人（中高级）。

⑤ 特色：持证上岗、政府衔接产业链等。

（3）湖北武汉模式。

2011 年确定“支持发展家庭农场等新型经营模式”，鼓励农村有文化、懂技术、会经营的农民，通过承包、投资入股等形式，集中当地分散的土地进行连片开发。

① 家庭农场数：167 户。

② 平均年收入：超过 20 万元。

③ 单户家庭农场面积：15～500 亩。

④ 特色：家庭农场主必须是武汉市农村户籍农户，具有高中及以上文化水平等。

（4）吉林延边模式。

从 2008 年开始，延边州在全州范围内探索“家庭农场”模式。农村种田大户、城乡法人或自然人，通过承租农民自愿流转的承包田创办的土地集中经营的经济组织。

① 家庭农场数：451 户。

② 平均年收入：10 万元以上。

③ 平均经营土地面积：1 275 亩。

④ 特色：可享受各项国家农业财政补贴政策，实施相关税收优惠政策等。

（5）安徽郎溪模式。

从 2009 年起，郎溪县连续 3 年安排项目资金 90 万元，在全县优选 10 个家庭农场，每年为每个农场投入项目资金 3 万元，开展示范家庭农场建设。实行家庭承包经营后，农民家庭通过租赁、承包或者经营自有土地实现规模经营的形式。

① 家庭农场数：216 户。

② 农场内人均纯收入：28 910 元。

③ 单户农场面积：50 亩以上。

④ 特色：成立“郎溪县家庭农场协会”，创建科技示范基地，目前已创办示范农场 20 个。

11.3　家庭农场管理制度

家庭农场一个鲜明的特征就是企业化运营，那么其必须有相应的制度环境和制度安排来保障其稳定运行。各级农业管理部门要探索建立家庭农场管理服务制度。为增强扶持政策的精准性、指向性，基层农业部门要建立家庭农场档案，明确家庭农场认定标准，对经营者资格、劳动力结构、收入构成、经营规模、管理水平等提出相应要求，依照自愿原则，家庭农场可自主决定办理工商注册登记，以取得相应市场主体资格。

引导承包土地向家庭农场流转。健全土地流转服务体系，为流转双方提供信息发布、政策咨询、价格评估、合同签订指导等便捷服务。引导和鼓励家庭农场经营者通过实物计租货币结算、租金动态调整、土地经营权入股保底分红等利益分配方式，稳定土地流转关系，形成适度的土地经营规模。鼓励有条件的地方将土地确权登记、互换并地与农田基础设施建设相结合，整合高标准农田建设等项目资金，建设连片成方、旱涝保收的农田，引导流向家庭农场等新型经营主体。

11.3.1　家庭农场申报制度

由于刚刚起步家庭农场的培育发展还有一个循序渐进的过程。鼓励有条件的地方率先建立家庭农场注册登记制度明确家庭农场认定标准、登记办法定专门的财政、税收、用地、金融、保险等扶持政策。

① 申请人农业的身份证明，即，户口本或者其他农业户口证明。

② 设立登记申请书。

③ 经营规模相对稳定，土地相对集中连片。土地租期或承包期应在 5 年以上，土地经营规模达到当地农业部门规定的种植、养殖要求。有农村土地承包经营权证、林权证、农村土地承包经营权流转合同等经营土地、林地的证明。

④ 选择经济组织模式。个体工商户、个人独资企业、合伙企业、公司等其他组织形式。专业农场申报材料包括以下内容。

专业农场申报人身份证明原件及复印件；专业农场认定申请及审批意见表；土地承包合同或经鉴证后的土地流转合同及公示材料（包括土地承包、流转等情况）；专业农场成员出资清单；专业农场发展规划或章程；其他需要出具的证明材料。例如，土地流转以双方自愿为原则，并依法签订土地流转合同；土地经营规模：水田、蔬菜和经济作物经营面积 30 公顷以上，其他大田作物经营面积 50 公顷以上。土地经营相对集中连片；土地流转时间：10 年以上（包括 10 年）；投入规模：投资总额（包括土地流转费、农机具投入等）要达到 50 万元以上。

⑤ 有符合创办专业农场发展的规划或章程。

乡（镇）政府对辖区内成立专业农场的申报材料进行初审，初审合格后报县（市）农经部门复审。经复审通过的，报县（市）农业行政管理部门批准后，由县（市）农经部门认定其专业农场资格，做出批复，并推荐到县（市）工商行政管理部门注册登记。

11.3.2　家庭农场制度环境

如果将家庭农场视为一种制度安排，那么其产生和发展必然受制于特定的制度环境，需要满足一定的基本条件。国内外发展经验与我国的发展实践表明，家庭农场的形成与壮大，需要的制度条件至少应该包括：以专业化分工为基础的劳动力市场制度；具有稳定明晰的产权，并且可规模化集中的土地制度；以农业机械化、金融服务、市场信息与科技信息服务为主的社会化服务制度等。

（1）劳动力市场制度。

家庭内部分工出现以后，产生了劳动力兼业化和专业化两种趋势。一方面，自给自足的小农经济瓦解，农户在市场体系中的独立性逐渐丧失，农民越来越多地依靠非农收入；另一方面，部分农民不断扩大农业生产规模，演化为专业农户。在这个双向变动的过程中，劳动力流动既是必然要求，也是前提条件，而劳动力的顺畅流动需要城乡统一的劳动力市场制度作保证。城乡统一的劳动力市场，一方面可以进一步推动农村劳动力职业分化，促进土地流转与集中；另一方面也可以满足家庭农场的雇工需求，推动农业的商品化、产业化经营。正如黄宗智和彭玉生指出，由于农村劳动力的大规模非农就业，农村出现越来越多的土地流转，从而使得适度规模生产的大户或家庭农场大量产生。这些农场由此达到自家劳动力充分就业的规模，一反过去因土地稀缺而处于“劳动力过剩”或“就业不足”的状态。工业化、城镇化的快速发展，可以为农村劳动力提供就业空间，也为家庭农场的产生创造了条件。例如，2011 年，吉林延边州城镇化率达到 67.04%，家庭农场发展迅速的图们市城镇化率更是高达 81%。在城镇化的带动下，延边州农村劳动力转移进程大大加快。为进一步解决农民的兼业问题，促进土地流转，延边州开始大力加强劳动力市场建设，给予进城农民在就业、教育、生活等方面同等市民待遇，积极解决进城农民住房、医疗和养老问题。经过几年的发展，农民进城定居者越来越多，推动了家庭农场的发展。同样，上海市松江区家庭农场的产生也是建立在劳动力大量向非农转移的基础上。2009年，松江区农民非农就业达到17.75万人，占农村总劳动力的90.28%，为家庭农场产生奠定了基础。可见，家庭农场制度产生的前提在于，劳动力能否在城乡之间的自由流动和迁徙，城乡统一的劳动力市场制度能否建立和完善。

（2）土地流转制度。

土地制度是所有农业制度安排的基础和核心。家庭农场区别于传统家庭经营的重要特征之一就是土地实现适度规模集中。众所周知，家庭联产承包责任制的推行，调动了农民生产积极性，但也使得土地经营细碎化，导致土地利用效率难以提高。同时，由于现行土地制度产权不明晰，制约了土地商品属性的充分发挥，制度性排斥了市场机制在土地资源配置中的基础作用。

家庭农场作为一种新型经营主体，需要以明晰而稳定的土地产权作为基础。因此，一方面，要保证土地承包经营权稳定并长久不变，依法完成确权、颁证制度，赋予农民稳定的土地发展权利；另一方面，需要创新土地流转机制，充分发挥市场的资源配置作用，保证土地经营权的合法有序转让，实现土地适度规模集中。延边州在支持和鼓励家庭农场发展的同时，积极引导农民流转土地，通过固化土地基本收益权、确保土地流转收益权和稳定农村集体经济收益权等方式，保障土地流转双方的权益。松江区对于家庭农场的经营者，采用延长土地流转期限、严格资格认定和考核标准等措施，建立农场主租赁农地的进入与退出机制。武汉市在发展家庭农场过程中，实施了农民土地入股、合作社中介、整村流转等模式，依靠发展产业、强化服务推动土地流转机制创新。浙江慈溪更是通过资金补助等方式，建立土地信托机构，大力扶持家庭农场流转土地。可见，能否建立明晰而稳定的土地产权体系和灵活多样的土地流转机制是家庭农场产生和发展的基本制度条件。

（3）社会化服务制度。

建设覆盖全程、综合配套、便捷高效的社会化服务体系，是实现现代农业的必然要求，也是家庭农场发展壮大的重要支撑。功能健全、运行良好的社会化服务，可以有效地把各种现代生产要素注入家庭经营之中，不断提高农业物质技术装备水平，可以在家庭经营的基础上发展规模经营与集约经营，推进农业生产专业化、商品化和社会化。吉林延边州针对专业农场的发展特点，一方面，积极推进基层公共服务机构改革和建设，鼓励基层农技人员加强与家庭农场对接，为其提供个性化、综合性服务；另一方面，以市场为导向，促进民间性农业服务机构，鼓励龙头企业、合作社、专业服务公司、专业技术协会等各类社会化服务主体发展。例如，上海市松江区为支持家庭农场发展，制定了《粮食家庭农场服务规范》，明确提出要从技术指导、农机服务、农资供应和经营管理等方面，为家庭农场提供便捷、优厚服务，并结合家庭农场的经营特点，开展针对性的培训和指导，提高家庭农场生产技术和经营水平。实践表明，这些措施都促进了以上地区家庭农场的快速发展。可见，社会化、市场化和专业化的服务体系是家庭农场发展壮大必不可少的制度环境条件。反过来，家庭农场作为组织化经营主体，具有服务需求和供给双重属性，其发展壮大也会使得我国多主体、多元化的农业社会化服务体系更加健全。

11.3.3　家庭农场制度安排

为了保证家庭农场规范标准生产作业，家庭农场内部需要完善的规章制度来对其生产行为进行约束，这主要包括农场管理制度和生产质量安全管理等内容。家庭农场作为我国近年大力提倡发展的新型农业经营主体，为更好地规范家庭农场内部运行机制，应该制定《家庭农场经营管理制度》。其主要内容应包括：岗位责任、标准化生产、财务管理、品牌和示范创建、雇用工管理、学习培训等制度。还要考虑《家庭农场农产品生产经营登记簿》、《家庭农场畜禽产品生产经营登记簿》、《家庭农场财务记录》等规范文本，力促家庭农场生产经营标准化，财务管理规范化，确保家庭农场有效管理。

具体地家庭农场标准化生产和质量管理主要包括以下作业记录，例如，家庭农场（种植类）农产品生产记录表；生产资料采购记录表；田间农事操作记录表；产品销售记录表等。对于养殖类家庭农场还需要家庭农场（养殖类）养殖档案；畜禽免疫记录表生产记录表；饲料、饲料添加剂和兽药使用记录表；以及消毒、诊疗、防疫、检疫检测和病死畜禽无害化处理记录表、监管记录表等。

11.4　家庭农场相关扶持政策

十七届三中全会《中共中央关于推进农村改革发展若干重大问题的决定》在论述适度规模经营时，明确指出："有条件的地方可以发展大户、家庭农场、农民专业合作社等规模经营主体。"党的十八报告进一步指出，要"坚持和完善农村基本经营制度"，"培育新型经营主体，发展多种形式规模经营，构建集约化、专业化、组织化、社会化相结合的新型农业经营体系"。2013 年中央一号文件也明确指出，要"创造良好的政策和法律环境，采取奖励补助等多种办法，扶持联户经营、专业大户、家庭农场"。本节我们将详细了解一下我国目前对家庭农场的财政、税收、保险等方面实施优惠政策。

11.4.1　家庭农场政策红利

2014 年中央一号文件明确提出：新增加的农业补贴要向专业大户、家庭农场、农业合作社倾斜。以往国家在农业项目的扶持多以提供财政补贴为主，而这次针对家庭农场则在财政、税收、用地、金融、保险等多个方面给出空前的力度，这也是保障家庭农场顺利推行的根本（表 11-3）。

表 11-3　相关扶持政策

财政直补	税收减免	保险支撑	用地扶持
积极牵线搭桥，协调各金融机构和涉农保险公司，加大信贷投放，帮助家庭农场拓宽信贷渠道	创新担保方式，优惠贷款利率，成立小额贷款担保公司，建立农村资金互助合作，扶持家庭农场主创业	积极为家庭农场拓展保险品种，提高保险赔付标准，最大限度降低家庭农场经营风险	要积极探索家庭农场用地入股和抵押，农村不动产或农产品抵押贷款等路径

当前，中国农业农村发展进入新阶段，要应对农业兼业化、农村空心化、农民老龄化，解决“谁来种地、怎样种好地”的问题，亟须加快构建新型农业经营体系。家庭农场作为新生事物，还处在发展的起步阶段，要鼓励发展、支持发展，并在实践中不断探索、逐步规范。加强对家庭农场政策扶持，在注册管理、土地流转、金融信贷等方面提出一系列支持家庭农场发展的措施，推动家庭农场的发展，促进农业规模化、集约化。

11.4.2　中国人民银行对家庭农场金融服务扶持政策

2014 年 3 月中国人民银行发布，关于做好家庭农场等新型农业经营主体金融服务的指导意见，将加大对家庭农场等信贷支持，重点支持购置农机具、受让土地承包经营权等用途。

意见指出，各银行业金融机构要切实加大对家庭农场等新型农业经营主体的信贷支持力度。重点支持新型农业经营主体购买农业生产资料、购置农机具、受让土地承包经营权、从事农田整理、农田水利、大棚等基础设施建设维修等农业生产用途。

此外，还应合理确定贷款利率水平，有效降低新型农业经营主体的融资成本。对于地方政府出台了财政贴息和风险补偿政策以及通过抵质押或引入保险、担保机制等符合条件的新型农业经营主体贷款，利率原则上应低于本机构同类同档次贷款利率平均水平。

同时，适当延长贷款期限，满足农业生产周期实际需求。对日常生产经营和农业机械购买需求，提供 1 年期以内短期流动资金贷款和 1 至 3 年期中长期流动资金贷款支持；对于受让土地承包经营权、农田整理、农田水利、农业科技、农业社会化服务体系建设等，可以提供 3 年期以上农业项目贷款支持；对于从事林木、果业、茶叶及林下经济等生长周期较长作物种植的，贷款期限最长可为 10 年，具体期限由金融机构与借款人根据实际情况协商确定。在贷款利率和期限确定的前提下，可适当延长本息的偿付周期，提高信贷资金的使用效率。对于林果种植等生产周期较长的贷款，各银行业金融机构可在风险可控的前提下，允许贷款到期后适当展期。

意见要求，各银行业金融机构要合理确定贷款额度，原则上，从事种植业的专业大户和家庭农场贷款金额最高可以为借款人农业生产经营所需投入资金的70%，其他专业大户和家庭农场贷款金额最高可以为借款人农业生产经营所需投入资金的 60%。家庭农场单户贷款原则上最高可达 1 000 万元。鼓励银行业金融机构在信用评定基础上对农民合作社示范社开展联合授信，增加农民合作社发展资金，支持农村合作经济发展。

此外，意见还强调，要积极拓宽新型农业经营主体抵质押担保物范围。对于种植粮食类新型农业经营主体，探索开展粮食生产规模经营主体营销贷款创新产品；对于畜禽养殖类新型农业经营主体，要重点创新厂房抵押、畜禽产品抵押、水域滩涂使用权抵押贷款业务；对产业化程度高的新型农业经营主体，要开展“新型农业经营主体＋农户”等供应链金融服务；对资信情况良好、资金周转量大的新型农业经营主体要积极发放信用贷款。

11.4.3 中国农业银行对家庭农场扶持政策

中国农业银行于 2013 年 7 月发布，中国农业银行专业大户（家庭农场）贷款管理办法。这是国有大型商业银行首次针对农村新型经营主体出台专项信贷管理办法。

① 根据专业大户和家庭农场规模经营的融资需求特点，提高了单户贷款额度，最高可到 1 000 万元。

② 根据客户经营现金流的特点设定了更加科学灵活、符合实际的贷款约期和还款方式，贷款期限最长可达 5 年。

③ 针对农村地区担保难的问题，创新了农机具抵押、农副产品抵押、林权抵押、农村新型产权抵押、“公司＋农户”担保、专业合作社担保等担保方式，还允许对符合条件的客户发放信用贷款。

④ 为提高业务办理效率，要求相关分行绘制专业大户和家庭农场金融生态图谱，明确目标区域和客户群体，集中客户经理依托政府主管部门、产行业协会、农民专业合作社等组织主动上门调查，集中审查审批，实现集约化经营。并且还明确，各级行要加快农户贷款经营转型的步伐，优先保证专业大户和家庭农场的融资需求。

⑤ 为有效防控风险，进一步要求加强贷款用途和销售收入资金监管，防止将贷款挪用到农业生产经营之外的用途，对于“公司＋农户”方式下的贷款实行资金封闭运行。同时《办法》还针对专业大户和家庭农场贷款在调查、审查、审批以及贷后管理中的特点做了全面、细致的规定，确保风险可控。

据统计，截至 2012 年年末，农行已支持专业大户 125 万户，贷款余额达 960 亿元；支持家庭农场 2 443 家，贷款余额达 24 亿元。农业银行表示，下一步将制定出台其他支持农业现代化的相关政策制度，按照服务到位、风险可控、发展可持续的原则进一步做好金融服务，实现服务“三农”和商业运作的有机结合和协调发展。

主要参考文献

陈锡文．2012．把握农村经济结构、农业经营形式和农村社会形态变迁的脉搏［J］．开放时代，(3)：112-115．

邓志敏．1988．认清社会化生产特点，完善家庭农场分配制度［J］．中国农垦经济，S1．

丁志帆，刘冠军．2014．家庭农场是我国农业现代化发展的现实选择［J］．农业经济，01．

董亚珍，鲍海军．2009．家庭农场将成为中国农业微观组织的重要形式［J］．社会科学战线，(10)：96，97．

方康云．2001．俄罗斯的家庭农场［J］．世界农业，(12)：23．

冯华．种了1/10地产出1/5 ［N］．人民日报，2013-03-23 (03)．

弗兰克·艾利思．2006．农民经济学：农民家庭农业和农业发展［M］．胡景北，译．上海：上海人民出版社．

高强，高桥五郎．2012．日本农地制度改革及对我国的启示［J］．调研世界，(5)：60-64．

高强，刘同山，孔祥智．2013．家庭农场的制度解析：特征、发生机制与效应［J］．经济学家，06．

关付新．2005．我国现代农业组织创新的制度含义与组织形式［J］．山西财经大学学报，(3)：47-51．

何多奇．2009．19世纪美国西部家庭农场制度与传统农业转型［J］．华南师范大学学报：社会科学版，(4)：30．

黄宗智，彭玉生．2007．三大历史性变迁的交汇与中国小规模农业的前景［J］．中国社会科学，(4)：74-88．

黄宗智．2010．中国的隐性农业革命［M］．北京：法律出版社．

蒋辉．2008．苏南地区进一步发展家庭农场的探讨［D］．苏州：苏州大学．

黎东升，曾令香，查金祥．2000．我国家庭农场发展的现状与对策［J］．福建农业大学学报：社会科学版，(3)：5-8．

李尚红．2006．从美国的家庭农场制度看我国农业生产组织形式的创新［J］．全国商情，07．

生秀东．2007．订单农业的契约困境和组织形式的演进［J］．中国农村经济，(12)：35-39．

王晶．2009．松江区发展粮食家庭农场的探索与实践［J］．上海农村经济，(1)：22．

张敬瑞．2003．家庭农场是我国农业现代化最适合的组织形式［J］．乡镇经济，(9)：18，19．

Mint Z，Sidney W. 1974. The Rural Proletariat and the Problem of Rural Proletarian Consciousness[J]. Journal of Peasant Studies，1 (3)：291-325.

USDA．1998．Agriculture Fact Book ［M］．Hallberg：Springer-Verlag，6．